Nelson Mandela e Mandla Langa

A cor da liberdade

Os anos de presidência

Tradução:
Denise Bottmann

2ª reimpressão

ZAHAR

Tradução autorizada por Blackwell and Ruth Limited, produtores e criadores do projeto
deste livro 405 IronBank, 150 Karangahape Road, Auckland 1010, Nova Zelândia
www.blackwellandruth.com

Proibida a venda em Portugal

*Grafia atualizada segundo o Acordo Ortográfico da Língua Portuguesa de 1990,
que entrou em vigor no Brasil em 2009.*

A edição original deste livro contou com o apoio da Industrial Development Corporation

NELSON MANDELA
FOUNDATION
Living the legacy

Industrial Development Corporation
Your partner in development finance

Título original
Dare Not Linger: The Presidential Years

Capa
adaptada da arte de Rodrigo Corral

Imagem da capa
© Jillian Edelstein/Camera Press London

Preparação
Diogo Henriques

Revisão
Eduardo Monteiro, Carolina M. Leocadio

CIP-Brasil. Catalogação na publicação
Sindicato Nacional dos Editores de Livros, RJ

M239c   Mandela, Nelson, 1918-2013
         A cor da liberdade: os anos de presidência / Nelson Mandela, Mandla Langa; tradução
         Denise Bottmann. – 1ª ed. – Rio de Janeiro: Zahar, 2018.

                                                                                          il.

         Tradução de: Dare Not Linger: The Presidential Years.
         Inclui índice
         Anexos
         ISBN 978-85-378-1770-4

         1. Mandela, Nelson, 1918-2013 . 2. Prisioneiros políticos – África do Sul – Biografia. 3.
         Presidentes – África do Sul – Biografia. 4. África do Sul – Política e governo – séc.XX. I.
         Langa, Mandla. II. Bottmann, Denise. III. Título.

                                                                     CDD: 920.936545
18-49788   CDU: 929:343.301

Leandra Felix da Cruz – Bibliotecária – CRB-7/6135

Todos os direitos desta edição reservados à
EDITORA SCHWARCZ S.A.
Praça Floriano, 19, sala 3001 – Cinelândia
20031-050 – Rio de Janeiro – RJ
Telefone: (21) 3993-7510
www.companhiadasletras.com.br
www.blogdacompanhia.com.br
facebook.com/editorazahar
instagram.com/editorazahar
twitter.com/editorazahar

Sumário

A verdade é que ainda não somos livres; alcançamos apenas a liberdade de sermos livres, o direito de não sermos oprimidos. Demos não o passo final de nossa jornada, mas o primeiro numa estrada mais longa e ainda mais difícil. Pois ser livre não é apenas se desvencilhar dos grilhões, mas viver de uma maneira que respeite e fortaleça a liberdade dos outros. O verdadeiro teste de nossa dedicação à liberdade está apenas começando.

Percorri aquela longa estrada para a liberdade. Tentei não vacilar; pisei em falso durante o caminho. Mas descobri o segredo de que, após escalar uma grande montanha, constatamos apenas que há muitas outras montanhas a escalar. Tirei agora um momento para descansar, para fitar rapidamente a visão gloriosa que me cerca, para olhar para trás e ver a distância que percorri. Mas só posso descansar por um momento, pois com a liberdade vêm responsabilidades, e não posso me demorar, pois minha longa caminhada ainda não terminou.

NELSON MANDELA, *Longa caminhada até a liberdade*

A cor da liberdade

I have to be bossy and

the subpoena out of str

These two escar

that in the new South a

even the President, is ab

law generally, and in y

of the judiciary should

stablish that I obeyed

h and not weakness.

es clearly demonstrated

a There is nobody, not

The law, that the rule of

icular the independence

respected.

Prólogo

FAZIA TRÊS MESES que estávamos casados, Madiba e eu, quando ele se sentou para redigir o primeiro capítulo do texto que pretendia escrever como continuação de sua autobiografia, *Longa caminhada até a liberdade*.

Ele decidiu escrever esse livro movido pelo senso de dever para com sua organização política e a luta mais ampla pela libertação na África Austral. E foi movido pelo senso de dever para com os sul-africanos e os cidadãos do mundo que começou a obra que agora se tornou *A cor da liberdade*.

Madiba queria contar a história de seus anos como o primeiro presidente de uma África do Sul democrática, refletir sobre as questões que ocuparam a si e a seu governo e examinar os princípios e as estratégias que eles procuraram aplicar ao lidar com os inúmeros desafios que se apresentavam à nova democracia. Mais do que tudo, ele queria escrever sobre a implantação das bases para um sistema democrático na África do Sul.

Durante cerca de quatro anos, esse projeto teve grande presença em sua vida e na daqueles que lhe eram próximos. Ele escrevia meticulosamente, com caneta-tinteiro ou esferográfica, aguardava os comentários de seus companheiros de confiança, então reescrevia várias vezes, até sentir que poderia passar para o capítulo ou a seção seguinte. Cada etapa vinha marcada pelo compromisso com a consulta. Agradeço em especial ao professor Jakes Gerwel e a Zelda la Grange, assistente pessoal de Madiba, que lhe deram o máximo de incentivo e apoiaram o projeto de várias formas durante esse período.

As exigências que o mundo lhe fazia, distrações de várias espécies e a idade avançada dificultaram o projeto. Seu ímpeto diminuiu e, por fim, o manuscrito ficou parado. Nos anos finais de vida, ele falava muitas vezes sobre isso – aflito com o trabalho iniciado, mas não concluído.

Este livro representa um esforço coletivo para concluir o projeto de Madiba. Apresenta a história que ele queria partilhar com o mundo. Completada e narrada pelo escritor sul-africano Mandla Langa, com os dez capítulos originais de Madiba elegantemente entremeados com suas outras anotações e reflexões desse período, a história traz sua voz ressoando claramente do começo ao fim.

Mandla fez um trabalho excepcional escutando Madiba e respondendo à sua voz numa narrativa. Joel Netshitenzhe e Tony Trew, assessores de confiança e integrantes da equipe de Madiba durante os anos de presidência, forneceram pesquisas e análises abrangentes e ricamente entrelaçadas, bem como uma formulação preliminar do texto, e a Fundação Nelson Mandela abrigou institucionalmente nossa empreitada. Agradeço a todos eles, e a nossos parceiros de publicação, por nos permitirem concretizar o sonho de Madiba.

Meu desejo é que todos os leitores se sintam instigados pela história de Madiba e se inspirem a trabalhar por soluções sustentáveis para os múltiplos problemas complexos do mundo. Na epígrafe do livro, extraída da passagem final de *Longa caminhada*, Madiba diz que chegou ao topo de uma grande montanha e parou para descansar brevemente antes de retomar sua longa caminhada. Possamos todos nós encontrar um local de descanso, mas nunca demorarmos demais na jornada a que fomos chamados.

GRAÇA MACHEL

Nota ao leitor

Uma proporção significativa das palavras neste livro provém dos escritos do próprio Nelson Mandela, abrangendo o texto de suas memórias inacabadas sobre os anos na presidência, anotações pessoais e discursos feitos no Congresso, em comícios públicos ou no cenário internacional em sua condição de respeitado defensor dos direitos humanos.

As memórias inacabadas, *Os anos de presidência*, consistem em dez capítulos em rascunho, a maioria deles com várias versões, além de notas para capítulos adicionais. A sequência dos capítulos, nessas versões, nem sempre fica clara a partir do material documental. O texto para este livro foi extraído dessas versões e do conjunto das anotações.

Na tentativa de preservar a integridade histórica da escrita de Mandela, fizemos pouquíssimas intervenções editoriais no texto extraído, afora a padronização nos casos de citações, o uso do itálico nos títulos de livros e jornais, a ocasional inserção de uma vírgula por questão de sentido e a eventual correção dos raros nomes que aparecem com grafia errada. As interpolações editoriais em que se fornecem informações adicionais ao leitor aparecem entre colchetes. Preservamos o estilo característico de Mandela no uso de maiúsculas em títulos profissionais e também algumas variações, como o eventual uso da caixa-alta em termos como "Negros" e "Brancos". O material citado de entrevistas em que Mandela falava sem recorrer a notas foi padronizado para manter a coerência com o estilo editorial da narrativa.

Como apoio para o leitor, incluímos um extenso glossário de pessoas, lugares e eventos importantes mencionados no livro na p.385, além de uma lista de abreviaturas de organizações, um mapa da África do Sul e uma linha cronológica sucinta do período da vida de Mandela desde sua saída da prisão, em 1990, até a posse de seu sucessor, Thabo Mbeki, em 1999.

Prefácio

PARA MUITOS SUL-AFRICANOS, em 1997 o feriado nacional de 16 de dezembro foi celebrado mais como um marco fundamental na longa jornada de Nelson Mandela do que por sua dolorosa origem – que comemora a vitória dos Voortrekkers sobre os exércitos amaZulus em 1838 e ao mesmo tempo marca a criação do Umkhonto weSizwe (MK – Lança da Nação), o braço armado do Congresso Nacional Africano (CNA), em 1961. Depois de passar por várias denominações, por fim a data recebeu o nome de Dia da Reconciliação, em 1994.

Naquela terça-feira à tarde, quando a temperatura na cidade provincial de Mafikeng, no noroeste, já passava dos 35 graus, os delegados do CNA reunidos na 50ª Conferência Nacional do CNA, somando mais de 3 mil representantes, aguardavam num silêncio fascinado que o presidente Mandela apresentasse seu relatório político. Poucos minutos antes, ele tomara lugar no estrado entre a direção do Comitê Executivo Nacional (CEN), com um discreto sorriso no rosto enquanto ouvia entoarem animadamente as canções da libertação, que foram acompanhadas por vigorosos aplausos quando ele se dirigiu ao pódio.

Ao contrário do que ocorre com a maioria das pessoas que são altas, Mandela não se apercebia de sua altura, mantendo-se de pé ao ler o relatório, numa apresentação em termos simples e diretos. Ele confiava na importância de suas palavras e, portanto, não via razão para utilizar os recursos retóricos tão apreciados por alguns compatriotas. A nova África do Sul, que viera ao mundo nas primeiras eleições democráticas de 1994 entre grande júbilo e muitas comemorações, já vinha enfrentando as consequências traumáticas de um nascimento difícil.

Sobre o papel do CNA como partido no poder, Mandela disse:

Durante esses últimos três anos, um princípio básico de nossa condução tem sido que, apesar das conquistas de nosso povo em estabilizar a implantação democrática, ainda estamos envolvidos num delicado processo de alimentar o recém-nascido até chegar à idade adulta.

Se sobre o futuro não pairavam dúvidas, o passado vinha se mostrando imprevisível. Diariamente, as manchetes eram ocupadas por crimes violentos, herança de desigualdades e injustiças anteriores. O desemprego, que o governo tentava enfrentar com políticas de desenvolvimento e ações afirmativas, causava certo descontentamento entre a maioria, o que era explorado pelos partidos políticos de oposição, em especial pelo Partido Nacional. Este, que era o partido no governo durante o regime de apartheid, retirara-se do Governo de Unidade Nacional (GUN) em 1996, declarando sua incapacidade de influir na política governamental.

"Seus membros mais honestos", disse Mandela sobre os políticos do Partido Nacional, "que ocupavam posições no Executivo e eram movidos pelo desejo de proteger os interesses tanto dos africâneres quanto do resto da população, não apoiaram a decisão de saírem do GUN."

Quando Mandela falou em dezembro de 1997, o clima era de expectativa. Os acontecimentos dramáticos do ano anterior na África do Sul, como a expulsão do general Bantu Holomisa do CNA e a formação de um partido político dissidente, o Movimento Democrático Unido, devem ter redespertado o trauma do cisma que dera origem ao Congresso Pan-Africanista da Azânia (CPA) em 1959. Outrora filho dileto, conhecido por expor claramente suas posições, Holomisa também era tido como responsável pelo surgimento de tendências populistas dentro do CNA, incentivadas igualmente por Winnie Madikizela-Mandela e Peter Mokaba, o veemente presidente da Liga da Juventude do CNA (LJCNA).

E havia a questão da sucessão. Mandela já anunciara sua intenção de deixar a presidência do CNA nessa conferência. Numa transmissão pela tevê no domingo, 7 de julho de 1996, Mandela confirmou os rumores de que não concorreria às eleições em 1999. Mantendo a promessa que fizera ao assumir o cargo de primeiro presidente democrático do país, em 1994, ele julgava que, embora pudesse cumprir dois mandatos conforme autorizava a Constituição, um mandato era suficiente, na medida em que já lançara as bases de um futuro melhor para todos.

Editorialistas e analistas apresentaram a conferência como uma arena em que um reconhecido herói iria passar o bastão. A questão sobre o sucessor, Thabo Mbeki ou Cyril Ramaphosa, já estava decidida. Ambos dispunham de impecáveis credenciais de luta. Ramaphosa se destacara no Fórum Pluripartidário de Negociações da Convenção para uma África do Sul Democrática (Codesa, na sigla em inglês), iniciado em outubro de 1991 e encerrado em 1993, culminando na adoção da Constituição em 8 de maio de 1996. Mbeki era amplamente reconhecido pelo comando dos assuntos do país como vice de Mandela.

Com a intenção de se contrapor às várias críticas de que o grupo de língua isiXhosa dominava o CNA, em 1994 Mandela sugerira o nome de Ramaphosa ao tratar da questão da sucessão com os três últimos integrantes mais antigos do CNA: Walter Sisulu, Thomas Nkobi e Jacob Zuma. Aconselharam-no, porém, a optar por Mbeki. Mbeki veio a ser eleito presidente do CNA em 1997, entrando assim na fila para a presidência do país na frente de Ramaphosa.

O drama dos cinco dias da conferência recebeu um tempero adicional com as eleições para os seis cargos mais altos no CNA, em que apenas dois tinham candidatos disputando a vaga. Mbeki foi eleito por unanimidade como presidente do CNA e Jacob Zuma ficou como vice. Winnie Madikizela-Mandela pensara em disputar a vice-presidência contra Zuma, mas não conseguiu reunir apoio suficiente entre os delegados para respaldar sua indicação e foi obrigada a desistir. Muitos achavam que suas simpatias por causas populistas e os comentários ferinos sobre as falhas do governo, que às vezes pareciam provocações contra seu ex-marido, haviam criado indisposição entre os filiados e gerado humilhação para ela. Kgalema Motlanthe, antigo sindicalista e, como Mandela e Jacob Zuma, ex-detento da ilha Robben, foi eleito secretário-geral, e Mendi Msimang assumiu como tesoureiro-geral no lugar de Arnold Stofile. Nos dois cargos com disputa entre candidatos, o de presidente nacional e o de vice-secretário-geral, Mosiuoa "Terror" Lekota derrotou seu ex-colega detento da ilha Robben, Steve Tshwete, para o cargo de presidente nacional; Thenjiwe Mtintso venceu Mavivi Myakayaka-Manzini por estreita margem para o cargo de vice-secretário-geral.

No encerramento da conferência, na tarde de 20 de dezembro de 1997, Mandela parecia melancólico ao fazer o discurso de despedida. Com as mãos cruzadas diante de si, deixou o roteiro escrito e passou a falar de improviso. Sem citar nomes, recomendou ao novo líder que não se cercasse apenas de pessoas que concordassem cegamente com ele.

> Um líder, especialmente com uma responsabilidade tão grande, que foi eleito sem oposição, seu primeiro dever é acalmar as inquietações de seus colegas no comando, para que possam discutir livremente, sem medo, dentro das estruturas internas do movimento.

Depois que os aplausos cessaram, ele discorreu sobre a contradição que se apresentava a um líder que devia unir a organização e, ao mesmo tempo, permitir as divergências internas e a liberdade de expressão.

> As pessoas devem inclusive poder criticar o líder sem medo ou favoritismo somente no caso em que você é capaz de manter os colegas unidos. Há muitos exemplos disso – permitir diferenças de opinião desde que não tragam descrédito à organização.

Como exemplo, Mandela citou um crítico das políticas de Mao Tsé-Tung durante a Revolução Chinesa. O comando chinês "examinou se ele comentara algo fora das estruturas do movimento, que lançasse descrédito ao movimento". Constatando que não fora este o caso, o crítico foi conduzido ao Comitê Central como presidente da Câmara dos Trabalhadores da China, o movimento sindical.

Deram-lhe "encargos pelos quais tinha de responder", disse Mandela entre gargalhadas do público, "e ele foi obrigado a falar menos e a ser mais responsável".

E prosseguiu:

Felizmente, sei que nosso presidente entende a questão. Uma coisa que sei é que ele, em seu trabalho, tem aceitado críticas com espírito de camaradagem, e não tenho a menor dúvida de que não ... deixará ninguém de fora, porque sabe que [é importante] você se rodear de pessoas fortes e independentes que, dentro das estruturas do movimento, podem criticá-lo e melhorar sua própria contribuição, de forma que, quando você sai a público com sua política, suas decisões são plenamente seguras e ninguém conseguirá criticá-las de maneira efetiva. Ninguém nesta organização entende melhor esse princípio do que meu presidente, o camarada Thabo Mbeki.

Mandela retomou a leitura do discurso, reiterando que a ligação dos líderes com "indivíduos poderosos e influentes que têm muito mais recursos do que todos nós juntos" poderia levá-los a esquecer "aqueles que estavam conosco quando estávamos inteiramente sozinhos em tempos difíceis".

Após outra rodada de aplausos, Mandela passou a justificar a continuidade das relações do CNA com países como Cuba, Líbia e Irã. Isso contrariava os conselhos de governos e chefes de Estado que haviam apoiado o regime de apartheid. Aos convidados estrangeiros presentes no salão, incluindo desde todos os países que eram evitados até o movimento mundial contra o apartheid, Mandela apresentou seus agradecimentos. "Permitiram-nos vencer. Nossa vitória é a vitória deles."

Perto de encerrar o discurso, Mandela aproveitou para admitir a vulnerabilidade e as conquistas da luta. Se houve sucessos importantes, também houve retrocessos.

"Não porque fôssemos infalíveis", disse ele, afastando-se do discurso escrito.

Tivemos dificuldades no passado, como qualquer outra organização.

Tínhamos um líder que também foi escolhido por unanimidade, mas aí fomos presos junto com ele.* Mas ele era rico pelos padrões daquela época e nós éramos muito pobres. E a polícia política foi até ele com uma cópia da Lei de Eliminação do Comunismo e disse: "Agora, veja isso, você tem terras. Aqui está um decreto que diz que, se você for condenado, vai perder essas propriedades. Seus associados aqui são gente pobre, não têm nada a perder." O líder então decidiu ter seus advogados próprios e se recusou a ser defendido junto com os outros acusados. Então o advogado, conduzindo a testemunha, falou ao tribunal que havia muitos documentos em que os acusados estavam exigindo igualdade com os brancos: o que sua testemunha achava? Qual era sua opinião?

E Mandela continuou, dando uma risadinha ao se lembrar da cena: "O líder disse: 'Nunca vai existir uma coisa dessas.' E o advogado falou: 'Mas você e seus colegas aqui aceitam isso?'" O líder "estava para apontar Walter Sisulu quando o juiz disse: 'Não, não, não, não, não, fale por si mesmo.' Mas aquela experiência de ser preso estava sendo demais para ele". Mandela parou, refletiu e acrescentou: "Agora, mesmo assim, agradecemos o papel que ele desempenhou antes de sermos presos. Tinha se dado muito bem."

Sem parar para explicar a ambiguidade da última frase, que despertou grandes risadas – "se dar muito bem" era um reconhecimento aos préstimos do chefe à organização ou uma alfinetada sugerindo que ele se dera muito bem na vida, com suas riquezas materiais? –, Mandela encerrou o comentário fora do roteiro.

"Estou dizendo isso", concluiu com um brilho malicioso nos olhos, "porque, se algum dia eu mesmo ceder e disser 'Fui enganado por esses rapazes', lembrem apenas que uma vez fui colega de vocês."

---

* Mandela se refere ao dr. James Moroka, que denunciou Mandela e outros detidos durante a Campanha de Desafio contra Leis Injustas em 1952. Mais tarde, Mandela o perdoou e o convidou para ser padrinho de seu neto.

Voltando ao roteiro, Mandela disse ter chegado a hora de passar o bastão e prosseguiu:

E pessoalmente apreciarei muito o momento em que meus companheiros veteranos, que vocês viram aqui, e eu pudermos observar de perto e julgar de longe. Aproximando-se 1999, vou me empenhar como Presidente do Estado em delegar cada vez mais responsabilidades para assegurar uma transição tranquila para a nova presidência.

Assim poderei ter oportunidade em meus anos finais de mimar meus netos e tentar ajudar de várias maneiras todas as crianças sul-africanas, especialmente as que foram vítimas infelizes de um sistema negligente. Também terei mais tempo para continuar os debates com Tyopho, isto é, Walter Sisulu, Tio Govan (Govan Mbeki) e outros, que os vinte anos de *umrabulo* [intenso debate político sobre questões educacionais] na Ilha não conseguiram resolver.*

Garanto-lhes ... que, à minha modesta maneira, continuarei a serviço da transformação e do CNA, o único movimento que é capaz de realizar essa transformação. Como membro comum do CNA, suponho que também terei muitos privilégios de que estive privado ao longo dos anos: ser o mais crítico que puder, contestar qualquer sinal de autocracia da Shell House e pressionar por meus candidatos preferidos desde a seccional para cima.**

Mas, em tom mais sério, quero reiterar que continuarei como membro disciplinado do CNA; e, em meus meses finais no governo, sempre me guiarei pelas políticas do CNA e encontrarei mecanismos que lhes permitam me dar uns cascudos por qualquer indiscrição ...

Nossa geração atravessou um século caracterizado pelo conflito, o morticínio, o ódio e a intolerância; um século que tentou, mas não conseguiu resolver inteiramente os problemas de desigualdade entre os ricos e os pobres, entre os países em desenvolvimento e os países desenvolvidos.

Espero que nossos esforços enquanto CNA tenham contribuído e continuem a contribuir para essa busca de uma ordem mundial justa.

---

* Tyopho era o nome tribal de Walter Sisulu.
** A Shell House foi a sede do CNA de 1990 a 1997.

O dia de hoje marca a realização de mais um salto naquela corrida de revezamento – que ainda continuará por muitas décadas –, quando saímos para que a competente geração de advogados, especialistas em computação, economistas, financistas, industriais, médicos, engenheiros e, acima de tudo, operários e camponeses comuns possa conduzir o CNA ao novo milênio.

Anseio pelo momento em que poderei me levantar com o sol e andar pelos montes e vales de Qunu com paz e tranquilidade. E confio que assim certamente será, porque, ao fazer isso e ver o sorriso nos rostos das crianças refletindo a luz do sol em seus corações, saberei, camarada Thabo e equipe, que vocês estão no caminho certo, estão conseguindo.

Saberei que o CNA vive – continua a liderar![1]

Os delegados e convidados da conferência se ergueram de uma vez só e começaram a cantar, bater palmas e ondular ao som de várias canções misturadas, até se deterem numa que era, ao mesmo tempo, uma canção de adeus a um filho único e um triste reconhecimento de que a África do Sul, em nenhuma hipótese, voltaria a ser a mesma.

"Nelson Mandela", dizia a letra, "não há outro igual."

1. O desafio da liberdade

Nelson Mandela ouvira essa canção da liberdade e suas múltiplas variações muito antes de sair da prisão Victor Verster em 1990. O esforço conjunto do aparelho de segurança do Estado e das autoridades carcerárias em isolá-lo do drama da luta que se desenrolava – com sua sugestiva trilha sonora – não era capaz de deter o fluxo de informações entre o precioso prisioneiro e seus diversos interlocutores. No final dos anos 1980, a chegada de novos prisioneiros às penitenciárias, inclusive na ilha Robben, consistindo principalmente em jovens de várias formações políticas – precedida em 1976 pela torrente de estudantes ativistas após as revoltas em Soweto e outros locais –, marcava a escalada da luta e trazia novas canções, cada verso sendo um comentário codificado sobre os avanços ou retrocessos, tragédias ou comédias, que ocorriam nas ruas. O refrão constante das canções era que o regime sul-africano estava do lado errado da história.

Como muitos que creem que a história lhes designou um lugar especial, e provavelmente conhecendo a máxima mordaz de Emerson – "ser grande é ser mal compreendido"[1] –, Mandela sabia que seu legado dependia do curso que defendera: as conversas entre o governo e o CNA. Elas haviam começado cinco anos antes de sua libertação, quando, saindo de um check-up no Volks Hospital, onde recebeu a visita do ministro da Justiça, Kobie Coetsee, Mandela trouxera à tona a questão das conversas entre o CNA e o governo. A presença de Coetsee era um raio de esperança numa densa escuridão. O ano de 1985 marcou o período mais sangrento da luta, época caracterizada pela inflexibilidade dos propósitos e pelo endurecimento nas posições das duas partes em guerra, que se encaravam por sobre um largo abismo.

Oliver Tambo, presidente do CNA e compatriota de Mandela, acabava de conclamar os sul-africanos a deixarem o país ingovernável.[2] Mandela, porém, percebeu que as baixas seriam maiores entre as massas desarmadas, diante de um inimigo que usava toda a panóplia do poder de Estado. Mas era prisioneiro, um prisioneiro político que, como um prisioneiro de guerra, tinha uma única obrigação – livrar-se dali. Só que o livrar-se mais imediato da prisão estava inevitavelmente entrelaçado com a necessidade do livrar-se mais abrangente do povo da África do Sul, libertando-se dos grilhões de uma ordem injusta. Tendo estudado longamente o inimigo e lido suas obras de história, jurisprudência, filosofia, língua e cultura, Mandela chegara à conclusão de que os brancos fatalmente descobririam que o racismo os prejudicava tanto quanto aos negros. O sistema baseado em mentiras que lhes dera uma falsa noção de superioridade se demonstraria venenoso para eles e as gerações futuras, tornando-os ineptos para o mundo em geral.

Separado dos camaradas de prisão ao voltar do hospital para a prisão de Pollsmoor, período que Mandela chamou de "esplêndido isolamento", ele percebeu com clareza que seria preciso conceder alguma coisa. Concluiu que "simplesmente não fazia sentido para nenhum dos lados perder milhares, se não milhões, de vidas num conflito desnecessário".[3] Era hora de conversar.

Ciente das repercussões de suas ações para a luta de libertação em geral e para o CNA em particular, Mandela estava resignado com seu destino: se as coisas dessem errado, raciocinou ele, o CNA ainda poderia salvar a cara atribuindo suas ações aos desvarios erráticos de um indivíduo isolado, que não representava o partido.

"Os grandes homens fazem a história", escreve C.L.R. James, o importante historiador afro-trinidadense, "mas apenas a história que lhes é possível fazer. Sua liberdade de realizar é limitada pelas necessidades de seu meio."[4]

Em quase trinta anos de encarceramento, Mandela se dedicara a analisar o país que estava destinado a comandar. Naqueles momentos em que esperava uma palavra dos carcereiros ou um sinal clandestino de seus compatriotas, refletia sobre a natureza da sociedade, sobre seus santos e monstros. Embora preso – sua liberdade de realizar limitada pelas necessidades do meio –, aos poucos ganhou acesso aos conselhos mais altos do regime de apartheid, finalmente se encontrando com o presidente P.W. Botha, então enfermo, e depois com seu sucessor, F.W. de Klerk.

Fora da prisão, as mortes se multiplicavam e os esquadrões da morte proliferavam; mais funerais geravam mais ciclos de matanças e assassinatos, inclusive de acadêmicos. Surgiu uma nova linguagem nas ruas e as pessoas se habituaram com unidades de autodefesa e métodos mais brutais de execução, como o horrível "colar", usado naqueles que eram tidos como colaboradores do apartheid.*

Em todas as reuniões que Mandela manteve com representantes do governo, sua preocupação máxima era uma solução para a tragédia sul-africana. Desde De Klerk até o policial de dezenove anos de idade da tropa de choque tentando afastar as multidões enfurecidas, eram todos homens e mulheres de carne e osso que, como crianças brincando com granadas de mão, pareciam não perceber que rumavam para a destruição – e levando junto milhões de outras vidas.

Mandela esperava que a sensatez prevalecesse antes que fosse tarde demais. Aproximando-se dos setenta anos de idade, tinha consciência da mortalidade. Talvez tenha sido num arroubo que, muito depois, escreveu algo realmente profético:

> Homens e mulheres em todo o mundo, ao longo dos séculos, vêm e partem. Alguns não deixam nada atrás de si, nem mesmo o nome. É como se nunca tivessem existido. Já outros deixam algo: a lembrança persistente dos males que praticaram contra outros seres humanos; o abuso de poder de uma ínfima minoria branca contra uma maioria negra de africanos, mestiços e indianos, a negação de direitos humanos básicos para essa maioria, o violento racismo em todas as esferas da vida, a prisão sem julgamento, a tortura, os

---

* O "colar" é um torturante método de execução em que se coloca no pescoço da vítima um pneu cheio de gasolina, ao qual então se ateia fogo.

ataques brutais dentro e fora da prisão, a dissolução de famílias, forçando as pessoas ao exílio, à clandestinidade e à prisão por longos períodos.[5]

Como quase todos os sul-africanos negros, Mandela tinha experiência própria de todas as violações que citava ou conhecia de perto pessoas que haviam sofrido pavorosamente nas mãos das autoridades. Era o período das mortes súbitas, em que as ocorrências faziam lembrar os nomes de filmes americanos de segunda categoria: Os Sete de Gugulethu; Os Quatro de Cradock; O Massacre do Cavalo de Troia.* Em todas essas ocorrências, nas quais jovens militantes e líderes comunitários foram brutalmente mortos no auge da repressão do governo, em meados dos anos 1980, os órgãos de segurança do Estado ou negavam a cumplicidade ou alegavam terem sido atacados.

Lembrando Sharpeville e outros massacres cometidos pelas forças de segurança do apartheid, em que inúmeras pessoas tinham sido feridas ou mortas pela ação policial, Mandela evoca as terríveis imagens de uma "força policial satisfeita em atirar, que massacrou milhares de inocentes e indefesos", que blasfema, usando

> o nome de Deus ... para justificar que se cometa o mal contra a maioria. Em seu cotidiano, esses homens e mulheres, contra os quais o regime cometeu essas atrocidades sem igual, vestiam roupas caras e iam regularmente à igreja. Na verdade, representavam tudo o que o demônio significava. Apesar de todas as suas alegações de que eram uma comunidade de fiéis devotos,

---

* Os Sete de Gugulethu eram sete jovens ativistas contra o apartheid que foram mortos a tiros pela polícia em 3 de março de 1986 em Gugulethu, perto da Cidade do Cabo; os Quatro de Cradock eram quatro ativistas contra o apartheid que estavam em viagem de Port Elizabeth para Cradock, no Cabo Oriental, em 27 de junho de 1985, quando foram sequestrados pela polícia dos serviços de segurança e então torturados e assassinados; o Massacre do Cavalo de Troia ocorreu em 15 de outubro de 1985, quando a polícia dos serviços de segurança de Athlone, na Cidade do Cabo, se escondeu atrás de engradados de madeira num vagão das Linhas Ferroviárias Sul-Africanas, depois se levantou e abriu fogo contra uma manifestação antiapartheid, matando três jovens, um deles com onze anos de idade.

suas políticas eram denunciadas por quase todo o mundo civilizado como um crime contra a humanidade. Foram suspensos das Nações Unidas e de uma série de outras organizações mundiais e regionais ... [e] se tornaram a escória do mundo.[6]

A queda do Muro de Berlim, em novembro de 1989, foi um acontecimento internacional que quase obscureceu um importante desdobramento interno que ocorrera um mês antes. Em 15 de outubro de 1989, Walter Sisulu foi libertado da prisão, junto com Raymond Mhlaba, Wilton Mkwayi, Oscar Mpetha, Ahmed Kathrada, Andrew Mlangeni e Elias Motsoaledi. Cinco deles, além de Mandela, tinham estado entre os dez réus do Julgamento de Rivônia, de 1963-64, e eram seus camaradas mais próximos.* Jafta Kgalabi Masemola, cofundador do CPA junto com Robert Sobukwe, também foi libertado. Seis meses depois, Masemola morreu num acidente de carro, que alguns membros do CPA ainda consideram suspeito.

Mandela convencera as autoridades a libertar os homens em Pollsmoor e na ilha Robben como mostra de boa vontade. As negociações para a soltura deles haviam se iniciado com Mandela e Botha e foram suspensas quando, segundo Niël Barnard, ex-diretor do Serviço Nacional de Inteligência (SNI), devido a "fortes antagonismos no Conselho de Segurança do Estado, esses planos [de libertar Sisulu em março de 1989] foram postos de molho".[7] A soltura despertou emoções contraditórias em Mandela: alegria pela libertação dos compatriotas e tristeza por sua solidão pessoal. Mas sabia que em poucos meses chegaria sua vez.

Kathrada relembrou a última vez em que o "prisioneiro Kathrada" viu o "prisioneiro Mandela": foi na prisão Victor Verster, em 10 de outubro de 1989, quando fora com outros camaradas visitar Mandela na casa em que este estivera detido nos catorze meses finais de sua prisão.

---

* Wilton Mkwayi e Oscar Mpetha não foram réus no Julgamento de Rivônia. Mkwayi foi condenado à prisão perpétua em janeiro de 1965 e Mpetha foi condenado a cinco anos de prisão em 1983.

Mandela disse ao grupo: "Amigos, esta é uma despedida", e Kathrada e os demais responderam: "Acreditaremos quando acontecer." Mandela insistiu que acabara de se encontrar com dois ministros do governo, que lhe garantiram que seus camaradas seriam libertados. Naquela noite, eles receberam o jantar no refeitório da prisão Victor Verster, em vez de serem reconduzidos a Pollsmoor. E então, bem na hora do noticiário noturno, um aparelho de tevê foi levado ao refeitório, com o anúncio de que o presidente F.W. de Klerk decidira libertar os oito prisioneiros: Kathrada, Sisulu, Mhlaba, Mlangeni, Motsoaledi, Mkwayi, Mpetha e Masemola.

Os homens foram reconduzidos à prisão de Pollsmoor e, três dias depois, foram transferidos. Kathrada, Sisulu, Mlangeni, Motsoaledi, Mkwayi e Masemola foram postos num avião para Joanesburgo, onde ficaram na prisão de Joanesburgo. Mhlaba foi para sua cidade natal, Port Elizabeth, e Mpetha, que era da Cidade do Cabo, ficou no Groote Schuur Hospital, detido sob vigilância armada enquanto era tratado. Então, na noite de sábado, 14 de outubro, o comandante da prisão de Joanesburgo se aproximou dos prisioneiros e disse: "Acabamos de receber um fax da central avisando que vocês serão liberados amanhã."

"O que é um fax?", perguntou Kathrada. Fazia mais de 26 anos que ele estava na prisão.[8]

Em 2 de fevereiro de 1990, F.W. de Klerk se levantou no Congresso e anunciou o fim da ilegalidade do CNA, do CPA, do Partido Comunista Sul-Africano (PCSA) e de cerca de outras trinta organizações políticas clandestinas. Anunciou também a libertação de presos políticos encarcerados por delitos não violentos, a suspensão da pena capital e a anulação de inúmeros degredos sob o Estado de Emergência. Para muitos sul-africanos que sofriam sob a ditadura do governo de apartheid, este foi o proverbial primeiro dia do resto de suas vidas.

Como quase todos os presos políticos que seriam chamados pela história a servir a uma humanidade maior, entre eles Mahatma Gandhi, Antonio Gramsci, Václav Havel e Milovan Djilas, Mandela conseguiu impor sua vontade a si mesmo e, em certa medida, a seus carcereiros. Lera tudo o que estava disponível para ele sobre a imensa paciência de líderes como

Ahmed Ben Bella, Jomo Kenyatta e Sékou Touré, que haviam perseverado entre as dificuldades impostas pelos governos coloniais e ressurgido fortes – talvez até mais fortes, visto que haviam demonstrado que a prisão não lhes conseguira alquebrar o ânimo. Mas Mandela estava ciente das transformações geradas pela realidade da vida fora da prisão. A sedução do cargo e o irresistível fascínio do poder. Já vira isso acontecer, em alguns casos a conhecidos seus, sobre os quais escreveu:

> Havia também aqueles que antes comandavam exércitos de libertação invencíveis, que sofreram privações sem precedentes, e por fim conseguiram não só libertar seu povo, mas também melhorar suas condições de vida. Conquistaram amplo respeito e admiração e inspiraram milhões de pessoas em todos os continentes a se erguerem contra a opressão e a exploração.

Para Mandela, era triste ver alguns desses líderes, antigos combatentes pela liberdade, perderem o rumo. Ao criticar a terrível arrogância deles, Mandela tentou transmitir a amplitude da consequente traição à causa. Talvez também estivesse expressando seu receio íntimo do que poderia acontecer, quando escreve sobre situações em que "a liberdade e a instauração de um governo democrático trazem das moitas antigos libertadores para os corredores do poder, onde agora transitam entre os ricos e poderosos".

Ele prossegue dizendo que é "em situações dessa natureza que alguns ex-combatentes pela liberdade correm o risco de esquecer princípios e os paralisados pela pobreza, pela ignorância e por doenças; alguns então começam a aspirar ao estilo de vida dos opressores que antes detestavam e que derrubaram".[9]

Pode-se ver a origem dessas observações na vida do próprio Mandela, cuja característica era a disciplina. Ele seguia um rigoroso regime de exercícios e se mantinha em boa forma física. Estava acostumado a fazer as coisas por si e assim continuou após ser libertado, certa vez causando espanto no cozinheiro designado para atendê-lo, o subtenente Swart, ao insistir que ele mesmo prepararia suas refeições e lavaria a louça.

Mandela escreve:

Um dia, depois de uma refeição deliciosa preparada pelo sr. Swart, entrei na cozinha para lavar os pratos. "Não", ele disse, "é tarefa minha. O senhor deve voltar à sala de estar." Insisti que tinha de fazer alguma coisa e que, se ele cozinhava, era justo que eu lavasse os pratos. O sr. Swart protestou, mas por fim cedeu. Também protestou contra o fato de que eu arrumava minha cama de manhã, dizendo que era responsabilidade dele. Mas eu arrumava minha cama fazia tanto tempo que tinha virado um reflexo.[10]

Mandela já observava em larga medida um código militar de conduta muito antes de ser preso em 1962. Esperava que seus companheiros, membros de um seleto grupo de combatentes engajados, fossem irrepreensíveis; a máquina do apartheid era rígida e regulamentada e seria preciso uma força igualmente disciplinada para resistir e por fim vencê-la.

A menos que sua organização política se conserve forte e com princípios, impondo igualmente rigorosa disciplina aos líderes e aos membros comuns, [e] inspire o conjunto dos membros a desenvolver, à parte dos programas governamentais, iniciativas sociais para erguer a comunidade, a tentação de abandonar os pobres e começar a acumular uma enorme riqueza para si mesmos se torna irresistível.[11]

De dentro da prisão, Mandela acompanhara os assuntos mundiais, notando desalentado que não poucos líderes no continente africano estavam tomados de megalomania. Desde o extremo norte até a ponta sul do continente, líderes autonomeados, com uniformes reluzentes de medalhas, infligiam uma miséria indescritível a seus súditos em países onde a ordem do dia era pilhar os recursos do Estado. O povo se tornava presa da fome, da violência, da peste e da extrema penúria. Mandela comenta a respeito:

Eles passaram a crer que são líderes insubstituíveis. Nos casos em que a Constituição permite, tornam-se presidentes vitalícios. Naqueles casos em que a Constituição do país impõe limitações, geralmente emendam a Constituição para poderem se agarrar ao poder por toda a eternidade.[12]

Quando chegou o momento de ser libertado, Mandela pensava constantemente como exerceria a liderança. O mundo lá fora prometia trazer complicações mais difíceis do que as negociações que mantivera com seus captores, inclusive quando prevaleceu sobre as autoridades carcerárias quanto ao momento e ao local em que o soltariam. O governo de De Klerk teria preferido libertá-lo muito antes e, evidentemente, sem maiores alardes, em sua casa em Soweto, mas Mandela fincou pé. Queria ser libertado na Cidade do Cabo, onde poderia agradecer à população antes de ir para casa:

> Eu estava dizendo que quero ser solto no portão da Victor Verster. Dali eu me viro por conta própria. Vocês não têm o direito de me dizer que devo ser levado a Joanesburgo. Quero ser solto aqui. E assim, no final, eles concordaram em me soltar no portão da Victor Verster.

Além disso, Mandela pediu que adiassem a soltura por sete dias, para o povo "se preparar".[13]

Foi na prisão que Mandela aperfeiçoou aquela capacidade que, mais tarde, viria a ser um de seus pontos mais fortes: a de perceber que a pessoa diante dele, amiga ou inimiga, era um ser humano complexo, com personalidade multifacetada. Uma das coisas que lamentou, enquanto tiravam fotos e a multidão entrava em êxtase com sua libertação na tarde de 11 de fevereiro de 1990, foi não ter conseguido se despedir da equipe da prisão. Para ele, eram mais do que meros funcionários uniformizados na ponta final de um regime injusto: eram pessoas com famílias, que tinham suas preocupações na vida, como todos.

Evidentemente, isso não significava que Mandela fecharia os olhos ao mal nem que deixaria passar os excessos do regime de apartheid dos brancos. Concentrando-se na preparação para o futuro, que se iniciara quando os portões da prisão se fecharam atrás de si, ele sabia que precisava se livrar do peso do ressentimento e se dedicar ao que estava pela frente. Embora tivesse começado a cumprir a sentença como indivíduo, Mandela pertencera a um grupo de camaradas engajados, a quem a luta exigia que sacrificassem os melhores anos de vida por um bem maior.

Saindo sozinho, já libertados os demais réus de Rivônia e os camaradas de prisão, ele sabia que seria alvo dos olhos de milhões de pessoas,
querendo ver em que se transformara. Fazia meses que Mandela vinha
se reunindo e mantendo conversas por telefone com várias pessoas do
CNA e da Frente Democrática Unida (FDU), ampla organização que
abrigava um grande leque de filiados, inclusive centenas de organizações
da juventude e dezenas de associações cívicas e estudantis. Horas antes
da soltura, ele conferenciara com integrantes do Comitê Nacional de
Recepção,* grupo de militantes experientes e líderes do movimento
democrático de massas que incluía Cyril Ramaphosa, Valli Moosa, Jay
Naidoo e Trevor Manuel, que viriam a ter papel importante no futuro
governo. Quase todos os presos com longas sentenças têm uma percepção mais aguçada das situações e as entendem mais depressa do
que os outros pela simples razão de que dependem disso para sobreviver. Assim, embora entusiasmado com a perspectiva de ser libertado,
Mandela captou a inquietação dos representantes do CNA, que tinham
pouquíssimas informações sobre a mudança do local da soltura, que
passara de Soweto para a Cidade do Cabo.

"A notícia tinha menos de 24 horas", disse Valli Moosa. "Ficamos absolutamente perplexos, mas nenhum de nós caiu na tentação de pedir que o
retivessem por mais tempo, embora sentíssemos vontade."[14]

Para Mandela, o dilema que sua libertação colocava tanto para o governo quanto para o CNA dava uma medida da complexidade do caminho
pela frente. Na saída da Victor Verster, ele já dissera a si mesmo que a missão de sua vida era "libertar os oprimidos e os opressores".[15] Isso significava
que teria de franquear o abismo entre os opressores, representados pelo
governo que o encarcerara, e os oprimidos: a maioria do povo sul-africano
em toda a sua diversidade. Já aceitara o que custaria alcançar esse objetivo.
Era um objetivo que o destino lhe traçara.

---

* O Comitê Nacional de Recepção, com quatrocentos importantes ativistas contra o
apartheid, foi criado para os preparativos da soltura de Mandela e a organização das
atividades subsequentes.

"O verdadeiro teste de um homem", escreve Václav Havel, "não é quando ele desempenha o papel que quer para si, mas quando desempenha o papel que o destino lhe traz."[16]

Tempos depois, Barbara Masekela, renomada escritora e diplomata que foi chefe de gabinete de Mandela, comentou essa percepção: "Mandela sabia que ser presidente era desempenhar um papel – e estava decidido a desempenhá-lo bem."[17]

Mas desempenhá-lo bem não era fácil, e Mandela iniciara seus preparativos muito tempo antes. Em meados dos anos 1980, enfrentara a questão de frente e explorara a possibilidade de iniciar conversações entre o CNA e o Partido Nacional no governo, com o presidente P.W. Botha, predecessor de De Klerk. Figura que se prestava a charges com sua carranca e o dedo em riste enfeitando os jornais nacionais, o presidente Botha era um dos últimos durões, um militarista com o apelido de "Die Groot Krokodil" [O Grande Crocodilo] por causa de suas posições rigoristas, que considerava a força bruta como resposta para os conflitos. Mas mesmo Botha entendera o que alguns de seus generais mais linha-dura lhe explicaram: não se alcançaria a solução do pesadelo sul-africano apenas pela força militar.

Mandela sabia que o ciclo de violência estava cobrando seu preço aos setores mais pobres e marginalizados do povo. A maioria negra indócil tinha suas expectativas. Os patrocinadores do regime de apartheid – muitos deles armados e dotados de uma enorme capacidade de destruição – também estavam preocupados, temendo uma ameaça significativa ao status quo.

Em meio a tudo isso, Mandela precisou assinalar que F.W. de Klerk era um indivíduo íntegro, quando menos para desarmar o pessoal mais linha-dura que adoraria ver o presidente sul-africano ainda mais enfraquecido se o ex-prisioneiro o repudiasse. Pela lógica da direita, uma coisa era De Klerk soltar o terrorista, outra coisa era o mesmíssimo terrorista mandar no jogo, cuspindo na mão de seu libertador.

Para Mandela, manter o diálogo com o regime de Pretória era como trafegar num trânsito muito intenso. Tinha de atuar como elemento-tampão entre o grupo de negociadores encabeçado por De Klerk e dois veículos vindo em direções contrárias – um movido pelas expectativas de uma maioria negra que não ia mais esperar, o outro pela direita linha-dura, movida pelo medo e um senso equivocado de estar com a razão. Para Mandela, a maior tragédia seria que as negociações desandassem antes mesmo de começarem. Nesse aspecto, ele contrariava as recomendações dos representantes de suas próprias organizações, que se sentiam incomodados com sua intenção de qualificar De Klerk como homem íntegro. Quando os colegas se exasperavam com sua atitude conciliatória com De Klerk, Mandela sempre repetia que continuaria a considerar De Klerk um homem íntegro, até o momento em que ele desse provas em contrário. Até lá, De Klerk ia ser seu futuro parceiro de negociações.

Mandela era capaz de ver e distinguir entre F.W. de Klerk indivíduo e De Klerk representante, se não vítima, de uma máquina estatal repressora e onipotente. Talvez o único desejo de Mandela fosse manejar sua contraparte política e afastá-lo do partido que adotava o apartheid como plataforma, posição que lhe era totalmente repulsiva.

Mais tarde, ele comentou a esse respeito:

> O regime de apartheid, mesmo no período de negociações ... ainda acreditava que conseguiria salvar a supremacia branca com o consentimento negro. Embora os negociadores do apartheid procurassem ser sutis, desde o começo das negociações ficou claro que a ideia principal era nos impedir de governar o país, mesmo que vencêssemos numa eleição democrática.

Mandela tivera uma amostra dessa posição no primeiro encontro com o presidente De Klerk, quando ainda estava preso na Victor Verster, em 13 de dezembro de 1989. Escreve ele:

> Logo antes daquela reunião, eu tinha lido um artigo escrito pelo editor do *Die Burger*, então o porta-voz oficial do Partido Nacional, sob o pseudônimo de Dawie, em que criticava agudamente o conceito de Direitos de Grupo, que estava sendo anunciado por aquele partido como a melhor solução para os problemas do país. Isso significava que cada grupo populacional após as

primeiras eleições democráticas manteria em caráter permanente os direitos e privilégios de que gozava antes dessas eleições, independentemente do partido político que vencesse.

Esse artifício significava que

a minoria branca continuaria a monopolizar todos os direitos de cidadania importantes. As mudanças revolucionárias exigidas pelo movimento de libertação, e pelas quais [muitos] mártires tinham pagado o mais alto preço ao longo dos séculos, seriam sufocadas. O novo governo não forneceria abrigo para o povo nem ensino de qualidade para seus filhos. A pobreza, o desemprego, a fome, o analfabetismo e as doenças se alastrariam de maneira desenfreada. *Die Burger* criticava essa pseudopolítica como forma de introduzir o apartheid pela porta dos fundos.

Mandela comentou com De Klerk que, "se o próprio porta-voz deles condenava essa ideia, ele bem podia imaginar o que nós pensávamos. Rejeitaríamos sumariamente".[18]

"Foi nesse momento que o presidente me impressionou", escreve Mandela. "Ele admitiu que, se nosso movimento nem sequer consideraria a ideia, iria descartá-la. Enviei imediatamente uma mensagem à direção do CNA na Zâmbia, em que descrevi o presidente como um homem íntegro, com o qual podíamos negociar."[19]

Mandela pode ter se impressionado com De Klerk, mas outra coisa era vender a proposta ao CNA. O CNA, como já se observou inúmeras vezes, é, em si, um ser muito peculiar: ao mesmo tempo uma ampla igreja, um movimento de libertação e um modo de vida para milhões de sul-africanos. Está em certas famílias há diversas gerações, transmitido de uma a outra como uma antiga peça de herança. Organizações desse tipo aderem inevitavelmente à tradição, encarando qualquer inovação com suspeita. Tendo 77 anos de existência no momento em que as conversações entre Mandela e os presidentes do apartheid atingiram o ponto culminante, em 1989, a questão das negociações nunca fizera parte de seu programa. Mas, no exílio, o

CNA tivera de fazer uma avaliação realista da conjuntura e do equilíbrio de forças. Os ataques incessantes da máquina militar sul-africana contra os Países da Linha da Frente, aliança de nações da África Austral que se uniram contra o apartheid de 1960 ao começo de 1990, por abrigarem o CNA, modificaram o caráter geopolítico da região.

Mais crítica foi a remoção forçada do CNA de várias zonas estratégicas, sendo Moçambique a mais importante, depois que o presidente Samora Machel assinou em 16 de março de 1984 o Acordo de Nkomati, um tratado de não agressão com a África do Sul. Isso significava que o CNA tinha de prosseguir na luta armada sem dispor de bases nos Estados vizinhos, e constituía uma pressão sobre o comando do partido para começar a pensar no que faria com os milhares de quadros do CNA na Zâmbia e na Tanzânia. Naquele mesmo ano, irrompeu um motim nos acampamentos do MK em Angola que abalou a liderança, sobretudo porque sua razão de ser foi a impaciência dos soldados do MK que queriam voltar para a África do Sul e combater o inimigo, em vez de se verem envolvidos no conflito interno entre os soldados do Movimento Popular de Libertação de Angola (MPLA) e os mercenários da União Nacional para a Independência Total de Angola (Unita), que tinham o apoio da África do Sul.* Uma pressão semelhante obrigara o CNA a designar desde 1967 o Destacamento Luthuli do MK para as batalhas de Wankie e Sipolilo na então Rodésia.** Nos acampamentos, em muitas áreas onde havia uma considerável comunidade de exilados, as pessoas entoavam canções invocando um panteão de heróis e mártires, em que se incluíam os nomes de Nelson Mandela e de Oliver Tambo. As letras falavam de sua dedicação à luta e da marcha que fariam sobre Pretória. Às

---

* O MPLA forneceu ao CNA instalações para o treinamento militar de seu braço armado, o MK. Durante a guerra civil após a chegada do MPLA ao poder, em 1975, as Forças Armadas Sul-Africanas apoiaram a Unita em sua tentativa de desestabilizar Angola e impedir a independência da Namíbia.
** A Campanha Wankie de 1967 foi a primeira operação militar conjunta do MK (com seu Destacamento Luthuli) e das forças do Exército Revolucionário do Povo, do Zimbábue, para infiltrar combatentes na África do Sul a partir do território da então Rodésia. Outra unidade do MK, chamada Sipolilo, foi então enviada à Rodésia para atacar do lado leste, na direção de Sipolilo, a fim de abrir uma segunda rota.

vezes, as canções revolucionárias versavam sobre a perfídia dos agentes do regime sul-africano, alguns deles ex-camaradas que haviam passado para o lado do inimigo. Mas as figuras mais abominadas, que mais sobressaíam na imaginação coletiva dos que cantavam fervorosamente, eram os vários líderes do apartheid, sobretudo Botha e De Klerk.*

Mesmo antes que Mandela tivesse contato efetivo com Botha e De Klerk, já corriam rumores sobre as conversações e sua iminente soltura. No começo de julho de 1989, um grupo de escritores exilados do CNA a caminho de um encontro com escritores e acadêmicos africâneres em Victoria Falls topou com uma legião de jornalistas e repórteres de tevê sul-africanos e internacionais, com os olhos vermelhos de sono pela vigília, acampados na frente do Hotel Pamodzi, em Lusaka. Levados por uma informação grosseiramente errônea, os meios de comunicação estavam de plantão no lado de fora do aeroporto e junto aos portões da sede do CNA na Chachacha Road, no centro da cidade, para a improvável chance de conseguirem um furo, caso Nelson Mandela fosse entregue à custódia do CNA na Zâmbia, conforme tinham ouvido falar. Mais preocupantes, porém, eram as acusações de alguns jovens agitadores no país e no exílio, de que "o velho tinha se vendido". Havia até boatos de ameaças à vida de Mandela.

Mas, apesar disso, o CNA sempre teve um instinto político certeiro, procurando, ao longo dos anos, encontrar solução para seus problemas. Mesmo os homens e as mulheres em armas, em acampamentos ou operando na clandestinidade dentro do país, eram guiados por princípios políticos. Havia membros do Comitê Executivo Nacional, o órgão decisório mais alto entre as conferências, que se sentiam extremamente incomodados

---

* Em 16 de junho de 1976, a polícia abriu fogo contra uma multidão de 10 a 20 mil colegiais em Soweto enquanto estes seguiam para um comício no estádio Orlando a fim de protestar contra o Decreto do Africâner como Meio de Comunicação, que determinava que todas as escolas negras utilizassem o africâner e o inglês, meio a meio, em suas aulas e que algumas matérias fossem ensinadas apenas em africâner. Foi o início da Revolta de Soweto, que prosseguiu por vários meses em muitas partes do país, até que o governo revogou o decreto, período que registrou um total estimado de cerca de setecentos estudantes mortos.

com a possibilidade de uma aproximação com Pretória. Mas havia Oliver Tambo, o presidente, cuja posição era que as decisões fossem tomadas por consenso, o qual insistia que todos os aspectos de um problema difícil deviam ser discutidos e analisados, por mais demorado que fosse, até se chegar a um acordo.

Todo movimento de libertação chega inevitavelmente a uma encruzilhada em que é preciso tomar decisões cruciais, com impacto na vida das pessoas. OR, como Tambo era carinhosamente chamado, tomou essas decisões. Incansável e meticulosamente escrupuloso, ele consultou líderes do partido e também garantiu que os líderes dos Países da Linha da Frente ficassem a par dos desdobramentos.

Por fim, ficou absolutamente claro para todos que chegara a hora de conversar com o inimigo. Para fortalecer essa ideia, vários representantes de sindicatos e organizações políticas e civis foram a Lusaka a fim de conferenciar com o CNA e começar a elaborar estratégias para lidar com o cenário que se desenhava. A chegada a Lusaka de grandes figuras como Walter Sisulu, Govan Mbeki (que fora libertado dois anos antes), Wilton Mkwayi, Raymond Mhlaba, Elias Motsoaledi e Ahmed Kathrada, bem como seus contatos com os membros do partido, deu realidade a tudo. Também funcionou como válvula de escape para as emoções represadas de camaradas do MK, em sua maioria membros de Operações Especiais trabalhando na clandestinidade, que tinham sérias reclamações sobre o aumento no índice de baixas entre os membros do MK se infiltrando no país. Foi Walter Sisulu quem anunciou aos membros do CNA reunidos no Mulungushi Hall, em Lusaka, que se preparassem para voltar para casa.[20]

2. Negociando a democracia

FINALMENTE, em 11 de fevereiro de 1990, chegou a hora de Nelson Mandela ir para casa. Naquela tarde, uma porcentagem considerável da comunidade mundial assistiu ao vivo o momento em que Mandela saiu pelo portão da prisão Victor Verster.

Quase dois anos antes, em 11 de junho de 1988, uma audiência estimada em cerca de 600 milhões de telespectadores de 67 países assistira à transmissão de um show de música popular em homenagem ao septuagésimo aniversário de Mandela, no Wembley Stadium de Londres. Descrito em 1989 por Robin Denselow, apresentador da BBC, como "o maior e mais espetacular evento pop-político de todos os tempos", ele foi organizado pelo Movimento contra o Apartheid britânico sob a condução de seu presidente, o arcebispo Trevor Huddleston.[1] O show demonstrou mais uma vez como Mandela podia se fazer presente pela própria ausência.

Mas agora ali estava ele, a encarnação viva do fracasso da prisão e do regime de apartheid, entrando no Cabo Ocidental à luz do sol, sorrindo, saudando a multidão.

Fazer parte da nova e nascente África do Sul significava que Mandela tinha de entrar na agitação – e na confusão – do país e do povo que pretendia liderar. Seu percurso desde os portões da prisão até a praça Grand Parade, na Cidade do Cabo, onde milhares de adeptos aguardavam seu discurso, foi marcado por desvios de rota e temores, prenúncios, talvez, dos rodeios e guinadas que o país estava fadado a fazer em seu caminho até a democracia. Houve um pequeno drama quando o motorista de Mandela, intimidado com as multidões ao longo da rua perto da prefeitura, primeiro seguiu para o subúrbio vizinho de Rondebosch, onde a comitiva aguardava numa rua tranquila. Lá, Mandela viu uma mulher com seus dois bebês e pediu para segurá-los. Depois, um dos ativistas presentes, Saleem Mowzer, propôs irem até sua casa em Rondebosch East. Mais tarde, o arcebispo Desmond Tutu, preocupado, foi procurá-los e insistiu com o grupo de Mandela que fossem logo para a prefeitura ou haveria um tumulto.

Por fim, ao anoitecer, Mandela pôde falar ao povo. Saudou a multidão atenta em nome da paz, da democracia e da liberdade para todos: "Estou aqui diante de vocês não como profeta, mas como humilde servidor do povo. Seus sacrifícios heroicos e incessantes me permitiram estar aqui hoje. Portanto, coloco nas mãos de vocês os anos que me restam de vida."[2]

Escrevendo na *New Yorker*, Zoë Wicomb captou bem o momento:

> Mandela não tinha nada a ver com os retratos que andavam circulando, em que os artistas mostravam um lutador idoso. Naquele dia, entrou no mundo um desconhecido alto e bem-apessoado. Seu rosto havia se transfigurado em planos esculpidos que falavam de antigas linhagens Xhosa-Khoi e o repartido esquisito do cabelo desaparecera. Ele arrancou suspiros de supermodelos e de filósofos.[3]

Embora continuasse o primeiro entre seus pares, Mandela agora percebia o perigo, como todos. Também estava ciente da violência que devastava o país. Todas as províncias tinham suas histórias de desgraças, Natal arcando com o maior peso da brutalidade. Era ali que o Partido da Liberdade Inkatha, com o respaldo de agentes do Serviço Policial Sul-Africano, travava guerra ao CNA e seus seguidores. O interior e muitas partes urbanas de Natal se tornaram zonas de acesso vedado tanto pela polícia quanto pelo CNA.

Um dos momentos memoráveis e purificadores para Mandela ocorreu duas semanas após a saída da prisão, num período de intenso combate em Natal, quando discursou para uma multidão de mais de 100 mil pessoas no Kings Park Stadium de Durban.

"Peguem suas armas, suas facas e suas *pangas* e joguem no mar!",* conclamou ele. Entre a multidão iniciou-se um som surdo e baixo de desa-

---

* *Panga* é um facão africano de cortar cana.

provação, que foi crescendo e se transformou num coro de vaias. Mandela prosseguiu estoico; tinha de passar sua mensagem. "Fechem as fábricas de morte! Terminem já essa guerra!"[4]

A guerra que não terminou a esse pleito de Mandela tinha raízes no passado e procurava impedir o surgimento do futuro. Lenta e inexoravelmente, o sonho de Mandela de uma África do Sul democrática vinha se realizando. Os últimos obstáculos estavam sendo derrubados e caíam como pinos de boliche. Um notável desdobramento foi o retorno, em 13 de dezembro de 1990, de Oliver Tambo, o qual deixara a África do Sul em 1960 numa missão secreta de reconstruir no exílio o CNA, que fora proibido no país. Recebendo uma ruidosa acolhida depois de três décadas como líder do movimento de libertação no exterior, o presidente do CNA, com 73 anos de idade, parecia frágil, mas feliz ao agradecer as saudações de inúmeros dirigentes do CNA, de embaixadores estrangeiros e dos mais variados dignitários. De pé ao lado de seu antigo sócio na firma de advocacia, Nelson Mandela, Tambo acenava do balcão do Aeroporto Internacional Jan Smuts, perto de Joanesburgo, para cerca de 5 mil seguidores que gritavam, cantavam e dançavam. Nelson Mandela, então vice-presidente do CNA, disse à multidão: "Nós o recebemos de braços abertos como um dos maiores heróis da África."[5] Então os dois desapareceram num sedã enquanto a comitiva de carros partia com escolta policial.

Dois dias depois, o CNA realizou sua primeira conferência consultiva nacional em Nasrec, perto de Soweto. Foi um momento de grande emoção quando Tambo fez sua apresentação, devolvendo efetivamente o CNA ao povo da África do Sul. Foi uma cantoria eletrizante, as canções do exílio em contraponto com as cançonetas, as nênias e os hinos de indivíduos em sua maioria jovens, que no dia seguinte iriam guarnecer as barricadas nos distritos indóceis do East Rand. De tempos em tempos, um espírito festivo entre os delegados aliviava a solenidade da ocasião. Camaradas recém-saídos do cárcere, alguns carregando mochilas de lona da prisão, encontravam parentes e amigos depois de longos anos de separação. Um deles, apontando a concentração de vários escalões do comando do CNA – de Mandela e Tambo e a velha guarda da ilha Robben, luminares grisalhos, veteranos e membros do Comitê Executivo Nacional até os *kursanti* (recrutas) em uniformes de camuflagem –, falou brincando que a ideia toda da conferência consultiva tinha sido uma armação do inimigo, para liquidar de vez o CNA com uma única bomba.

Uma parte dos trabalhos que levou às lágrimas até mesmo alguns delegados calejados em combate foi o desfile de uns doze homens que tinham voltado de prisões no Zimbábue. Eles estavam no cárcere desde as campanhas conjuntas da União do Povo Africano zimbabuense e do CNA, valentes, porém mal direcionadas, que haviam ocorrido em Wankie e Sipolilo em 1967 e 1969, respectivamente, quando foram capturados após escaramuças com a Polícia Britânica da África do Sul, do primeiro-ministro Ian Smith, da Rodésia, e as forças de segurança sul-africanas. Todos eles tinham ficado no corredor da morte à espera da execução, antes de receberem o indulto, quando a aliança União Nacional Africana-Frente Patriótica, de Robert Mugabe, tomou o poder no Zimbábue em abril de 1980.

A conferência se deu numa época de grande violência, quase chegando a uma guerra de baixa intensidade. Assim, não surpreende que os delegados defendessem a criação de unidades de autodefesa.

Significativamente, dois dias depois, em 18 de dezembro, o governo enfim publicou no Diário Oficial um decreto, longamente aguardado, que permitia a volta dos exilados à África do Sul. Era uma medida para remover um dos obstáculos finais à negociação. Quando os veículos de informação perguntaram a Mandela, dois ou três dias depois de sua libertação, se concordava com os termos de De Klerk para suspender o Estado de Emergência, ele disse:

> A posição do CNA é absolutamente clara. Não haverá nenhuma negociação enquanto o governo não atender a todas essas condições prévias, porque é impossível obter autorização de nosso povo com essas condições, sem o fim do Estado de Emergência, sem a libertação dos presos políticos e sem a garantia aos exilados de que, se voltarem, voltarão amparados por uma anistia e nenhum deles será processado.[6]

A animação e diversidade dos mais de "1.500 delegados de 45 regiões, no país e no estrangeiro", deram a Mandela uma ideia da colcha de retalhos que era a comunidade do CNA.[7] Uma porcentagem expressiva dos delegados era composta pelos exilados que haviam retornado, muitos dos quais faziam parte da missão diplomática do CNA. O fato de que essas pessoas tinham ajudado a garantir que, como disse Mandela,

> quase todos os países do mundo viessem com o tempo a se afastar da África do Sul, e [que] o apartheid [fosse] condenado como crime contra a humanidade, dava uma medida do êxito de sua histórica campanha. Os que viviam no exílio cruzaram os cinco continentes para informar os governos e chefes de Estado sobre nossa situação, comparecendo a encontros mundiais e regionais, inundando o mundo com documentos que expunham a desumanidade do apartheid. Foi essa campanha mundial que fez do CNA e seus líderes, dentro e fora do país, um dos movimentos de libertação mais conhecidos do mundo.[8]

Mandela já se reunira em março com membros do CNA em Lusaka, na Zâmbia, mas esta era a primeira vez que se realizava uma reunião em solo natal. A realidade da situação sul-africana, a ameaça de violência pairando no ar, significava que o Estado tinha de se manter alerta ao inesperado e, por extensão, a seus próprios fanáticos radicais que podiam criar problemas com a realização da conferência do CNA em Nasrec. Por causa disso, o perímetro do local parecia um espinheiro, repleto de antenas nos carros de aparência oficial com seguranças de ar impassível; de vez em quando, uma viatura blindada percorria lentamente a rua, com os faróis, protegidos por uma tela de aço, sondando as sombras projetadas pelo crepúsculo. O destacamento de seguranças do CNA também estava de vigilância, em grupos de dois e três a pequena distância da tenda central. Lá dentro, era enorme o número de pessoas cuja perda lançaria o país num turbilhão; eram as peças-chave do novo regime que se vinha desenhando.

Foi ali, sob as tendas no campo de esportes, e lá fora, durante os intervalos dos trabalhos, que Mandela viu a interação dos delegados com a direção, em especial os membros do MK e seus comandantes. Na condição de um dos fundadores do MK, evidencia-se sua alta consideração por seus membros:

> Os combatentes do Umkhonto weSizwe (MK) demonstraram coragem ex-cepcional e se infiltraram no país em muitas ocasiões, atacaram instalações do governo, enfrentaram reiteradas vezes as forças do apartheid e em vários confrontos puseram-nas em fuga. Outros combatentes da liberdade traba-lharam dentro do país, na legalidade ou na clandestinidade, incentivando as massas a se erguerem e resistirem a todas as formas de opressão e exploração. Eles desafiaram a brutalidade do regime a despeito do que lhes pudesse acon-tecer. Estavam preparados para pagar o mais alto preço por sua libertação. Outros ainda definhavam em cadeias do apartheid, afirmando, destemidos, seu direito de serem tratados como seres humanos em sua terra natal. Entra-ram literalmente na toca do leão, demonstrando uma vez mais o princípio universal de que os maus não são capazes de extinguir a chama da liberdade. Alguns desses bravos combatentes ainda estão vivos, ajudando a tratar dos problemas nacionais, e agora finalmente gozam os frutos de seu trabalho. Embora muitos deles estejam velhos, fracos e desempregados, reanimaram-se quando lhes lembramos sua conquista histórica. Outros se foram para nunca mais voltar. Agradecemos a todos eles como homens e mulheres que deram [uma] contribuição decisiva para nossa libertação.[9]

O ANO TERMINOU, mas a violência continuou. Isso, porém, não impediu que se procedesse às fases iniciais das negociações para uma saída democrá-tica, apesar das graves tentativas da direita de sabotar o processo. Sydney Mufamadi, ex-secretário-geral do Sindicato dos Trabalhadores Gerais e Aliados e depois membro da executiva do CNA, relembra os primeiros esforços para criar uma paz duradoura num país que vivia uma espiral crescente de violência incontrolável. Diz ele:

> Agora, antes da libertação de nossos principais líderes políticos, que culmi-nou na libertação de Madiba, a FDU [Frente Democrática Unida] e o Cosatu

[sigla em inglês para Congresso dos Sindicatos Sul-Africanos] começaram a procurar o Inkatha ... para formas de acabar com a violência, especialmente em Pietermaritzburg ... onde a violência era mais intensa. Fizemos ... viagens a Lusaka para discutir essa iniciativa porque nossos interlocutores no Inkatha – dr. Mdlalose, dr. Madide e dr. Dhlomo –, os três médicos, tinham instrução expressa de Buthelezi (o presidente do Partido da Liberdade Inkatha, chefe Mangosuthu) de nos dizer [que] continuarão a tratar conosco se ... nossos contatos com eles tiverem o apoio de Lusaka ... [que] não se oporia a nenhuma iniciativa buscando a paz.[10]

Mas, raivosos "com essa brutalização que estava ocorrendo", os militantes na legalidade "não estavam dispostos a negociar". Se Lusaka se envolvesse, teria de ser "armando-os para revidar. Assim, tínhamos todas essas dificuldades de precisar persuadir nosso próprio povo sobre os méritos das negociações".[11]

A confusão aumentou com a soltura de dirigentes do CNA, em especial do lendário Harry Gwala, ardoroso e inflexível, com o adequado apelido de "O Leão das Savanas", que "não estava convencido da utilidade de negociar".[12] Para Gwala, qualquer encontro entre o CNA, Buthelezi e o rei Goodwill Zwelithini, chefe da família real zulu, seria um anátema. (Gwala não era o único a pensar assim. Mais tarde, Mandela contou para Richard Stengel, seu colaborador em *Longa caminhada até a liberdade*, que, visitando Pietermaritzburg em 1990, o povo quis "estrangulá-lo" quando mencionou Buthelezi.)[13]

"Isso não ajudava", diz Mufamadi, "porque tínhamos feito alguns progressos entre as bases, no sentido de persuadir os camaradas mais jovens", e esse resultado estava sendo ameaçado por "um camarada que é mais velho do que todos nós". Madiba saiu e "fez um apelo ao povo de KwaZulu-Natal para depor as armas ... Inicialmente houve alguma resistência, que tivemos de trabalhar para vencer".[14]

Com o aumento do número de revelações sobre o envolvimento secreto do Estado, o que obrigou o governo a tomar providências, houve uma significativa redução em algumas das violências mais horrendas, como os ataques a passageiros de trens. Esses ataques tinham contribuído muito para afetar e intimidar o apoio de massa ao CNA. A capacidade dos crescentes partidos de direita de atrapalhar o avanço por meios políticos se diluiu em 1992, quando De Klerk convocou um referendo dos eleitores brancos para aprovar "negociações contínuas" e teve larga aprovação, com quase 69% dos votantes. Irritados com essa derrota, os partidos de direita substituíram o terrorismo pela resistência e se mobilizaram para a revolta armada. Diversas alas da direita africâner sonhavam com um Estado separado e houve muitos conflitos.

Numa entrevista de 1992 com o pacificador irlandês Padraig O'Malley, o líder do Partido Conservador (PC), Ferdinand Hartzenberg, disse que o PC, ao não participar, estava ajudando outros partidos,

> porque [Mandela] quer que participemos e concordemos em aceitar o resultado das negociações – e isso não estamos preparados para fazer. Dizemos que, se tivermos um governo do CNA neste país, faremos o mesmo que fizemos no começo deste século, quando a Grã-Bretanha tentou governar este país. Resistiremos.[15]

Três meses depois do referendo, em 17 de junho de 1992, uma quinta-feira, em Boipatong, no sul de Joanesburgo, um grupo de homens de língua zulu de uma hospedaria próxima matou 45 pessoas e feriu gravemente 27, entre homens, mulheres e crianças, num massacre covarde, usando metralhadoras AK-47 e *assegais* (azagaias). Havia algo especialmente arrepiante na chacina: 24 das vítimas eram mulheres, uma delas grávida, e um bebê de nove meses também foi morto. A polícia, na sequência, fez poucas prisões. Como aconteceu em muitos casos similares em que as vítimas apoiavam o CNA, a investigação foi falha, levando a um resultado inconclusivo que não rendeu nenhuma prisão significativa. Respondendo à pergunta do jornalista John Carlin sobre o massacre, Jessie Duarte, ex-assistente pessoal de Mandela e agora atuando na política pelo CNA, contou a reação de Mandela: "Nunca esquecerei o rosto dele ... Era um homem que ficava profundamente chocado que as pessoas fizessem isso umas com as outras... Tive a impressão de que Madiba nunca encarara de frente o rosto frio da violência durante os 27 anos de sua prisão."[16]

Após a muda reação do presidente F.W. de Klerk sobre as medidas tomadas para controlar a violência e levar os perpetradores a tribunal, Mandela anunciou a decisão do CNA de suspender as conversações. A violência estava gerando uma decepção cada vez maior das massas com a posição do CNA em favor das negociações. Num comício em Boipatong em homenagem aos mortos, o povo enraivecido cantou: "Mandela, você nos leva como carneiros para o abatedouro."

Por insistência de Mandela, o CNA levou a questão à ONU, a despeito da posição anterior de que não haveria nenhum envolvimento internacional nas negociações.

Mesmo assim, as negociações foram retomadas alguns meses depois por meio de um Termo de Entendimento detalhado nos bastidores – por uma linha de comunicação sigilosa para evitar crises estabelecida entre Cyril Ramaphosa e Roelf Meyer, seu correlato no Partido Nacional – e com o incentivo do presidente Julius Nyerere, da Tanzânia. Quando Mandela explicou que a retirada do CNA das conversações se devia à orquestração da violência empreendida pelo regime de apartheid, Nyerere relembrou-o de que os combatentes da liberdade sul-africanos sempre haviam afirmado que o regime de apartheid era intrinsecamente violento. E lhe perguntou como, então, seria plausível argumentar e defender que se eliminasse totalmente a violência antes que o próprio regime de apartheid fosse abolido.

As brigas, os atritos, as barganhas e concessões entre as partes em negociação foram bruscamente interrompidos com o assassinato de Chris Hani, sem dúvida um dos líderes mais populares da África do Sul, em 10 de abril de 1993, por Janusz Waluś, um imigrante polonês de direita, sob ordens de Clive Derby-Lewis, um parlamentar do Partido Conservador.*

Mandela escreve que o assassinato de Hani, homem "que facilmente poderia ter chegado à mais alta posição no governo", quase precipitou uma crise catastrófica.[17] Os inúmeros seguidores de Hani ficaram indignados. Dezenas

---

* Até hoje persiste a insatisfação pelo fato de apenas Waluś e Derby-Lewis terem sido acusados pelo crime, pois diz-se que a arma veio de um arsenal militar do Estado, o que indica ter havido uma concatenação de eventos, envolvendo outras pessoas, que culminou no assassinato de Hani.

de milhares de pessoas afluíram espontaneamente às ruas em todo o país. Amplos setores da população sul-africana ficaram paralisados com o choque.

> Enquanto o país cambaleava, a Televisão Sul-Africana [me] concedeu tempo no ar para falar à nação conclamando que mantivessem a disciplina e evitassem ceder a provocações. Muitos comentaristas de nossa transição negociada iriam observar mais tarde que a efetiva transferência de poder do Partido Nacional de De Klerk para o CNA se deu não com as eleições em abril de 1994, mas um ano antes, naquela semana crítica.[18]

Não faltam à África do Sul exemplos de situações em que ela chegou à beira da autodestruição e teve de recuar. Entre elas estão Sharpeville, em 21 de março de 1960; Soweto, Nyanga, Langa e Gugulethu, depois de junho de 1976; e, evidentemente, os inúmeros casos de insanidade sob o manto de uma sucessão de Estados de Emergência. Mas a fúria e o desespero coletivos nunca tinham atingido intensidade tal que bastaria uma faísca para que tudo explodisse, como naquele fatídico final de semana da Páscoa em que Hani foi assassinado.

A faísca arrefeceu com a intervenção de Mandela na televisão, em 13 de abril de 1993. Num tom que trazia a mescla certa e precisa de indignação e força moral, ele discursou para o povo sul-africano:

> Hoje eu me dirijo a cada um dos sul-africanos, negros e brancos, do mais fundo de meu ser.
>
> Um homem branco, cheio de preconceito e ódio, veio a nosso país e cometeu uma ação tão sórdida que nossa nação inteira agora cambaleia à beira do desastre.
>
> Uma mulher branca, de origem africâner, arriscou a própria vida para que possamos conhecer esse assassino e levá-lo à justiça.*
>
> O assassinato de Chris Hani a sangue-frio espalhou ondas de choque por todo o país e pelo mundo. Estamos dilacerados de dor e de raiva.

---

* Mandela se refere à vizinha de Hani, que anotou o número da placa do carro de Waluś e ligou para a polícia.

O que aconteceu é uma tragédia nacional que comoveu milhões de pessoas, atravessando as divisões políticas e raciais.

A dor e a raiva legítimas que compartilhamos se expressarão em celebrações por toda a nação, em conjunto com os serviços fúnebres.

Amanhã, em muitas cidades e vilas, realizar-se-ão cerimônias para prestar homenagem a um dos maiores revolucionários que este país já conheceu. Cada cerimônia terá um Livro Comemorativo pela Liberdade, em que todos os que desejam paz e democracia registrarão seu compromisso.

Agora é hora de todos os sul-africanos se unirem contra aqueles que, de qualquer quadrante, desejam destruir aquilo pelo qual Chris Hani deu a própria vida – a liberdade de todos nós.

Agora é hora de nossos compatriotas brancos, cujas inúmeras mensagens de condolências continuam a chegar, somarem-se, com a consciência da triste perda para nossa nação, aos ofícios e celebrações fúnebres.

Agora é hora de a polícia atuar com sensibilidade e autocontrole, de policiais homens e mulheres atuarem em prol da comunidade, servindo à população como um todo. Não pode haver perda de outras vidas nessa hora trágica.

Este é um momento decisivo para todos nós. Nossas decisões e ações determinarão se usaremos nossa dor, nosso sofrimento e nossa indignação para avançar para aquela que é a única solução duradoura para nosso país – um governo eleito do povo, pelo povo e para o povo.

Não podemos deixar que os homens que cultuam a guerra e anseiam por sangue precipitem ações que mergulharão nosso país numa outra Angola.

Chris Hani era um soldado. Acreditava na disciplina férrea. Cumpria as instruções fielmente. Praticava o que pregava.

Qualquer falta de disciplina é pisotear sobre os valores que Chris Hani representava. Os que cometem tais ações servem apenas aos interesses dos assassinos e profanam sua memória.

Quando nós, como um só povo, agimos juntos com disciplina e determinação, nada pode nos deter.

Honremos este soldado da paz da maneira adequada. Voltemos a nos dedicar a trazer a democracia pela qual ele lutou durante toda a sua vida; a democracia que trará transformações reais e concretas para a vida dos trabalhadores, dos pobres, dos desempregados, dos sem-terra.

Chris Hani é insubstituível no coração de nossa nação e de nosso povo. Ao voltar para a África do Sul depois de três décadas no exílio, ele disse: "Vivi com a morte durante a maior parte de minha vida. Quero viver numa África do Sul livre, mesmo que tenha de dar a vida para isso." O corpo de Chris Hani estará com honras cerimoniais no estádio FNB, em Soweto, do meio-dia do domingo, 18 de abril, até o começo do velório, às seis da tarde. A cerimônia fúnebre começará às nove da manhã na segunda, 19 de abril. O cortejo sairá para o Cemitério de Boksburg, onde o sepultamento está marcado para a uma da tarde.

Esses comícios e cerimônias fúnebres devem ser conduzidos com dignidade. Daremos expressão disciplinada a nossas emoções em nossos piquetes, reuniões e orações coletivas, em nossos lares, igrejas e escolas. Não nos deixaremos provocar a qualquer ação impulsiva.

Somos uma nação em luto. Para os jovens da África do Sul, temos uma mensagem especial: vocês perderam um grande herói. Vocês têm mostrado constantemente que seu amor pela liberdade é maior do que a mais preciosa dádiva, a própria vida. Mas vocês são os líderes do amanhã. Seu país, seu povo, sua organização precisam que vocês ajam com sabedoria. Sobre seus ombros pesa uma especial responsabilidade.

Rendemos tributo a todo o nosso povo pela coragem e pelo controle que tem demonstrado perante tão extrema provocação. Temos certeza de que esse mesmo espírito indômito nos conduzirá entre os difíceis dias pela frente.

Chris Hani fez o sacrifício supremo. O maior tributo que podemos render à obra de sua vida é garantir que conquistaremos a liberdade para todo o nosso povo.[19]

A filha de Hani, Nomakhwezi, de quinze anos de idade, presenciara o fato. O absoluto horror do assassinato de Hani, que poderia facilmente ter mudado a história da África do Sul, foi contrabalançado pela pronta reação de Retha Harmse, vizinha africâner de Hani, que ligou para a polícia e deu o número da placa do carro de Waluś, ajudando a polícia a prendê-lo ainda em posse da arma.

Mandela tinha especial consideração por Chris Hani. Alguns dirão que era por causa de sua liderança exemplar, que o fazia estimado pelos membros do partido, especialmente do MK, que procuravam ao máximo seguir seu exemplo. Ele era corajoso e carismático e, como comandante no front, não receou liderar os quadros do MK que se infiltravam na África do Sul, como tampouco receou a autoridade do CNA quando redigiu seu famoso memorando à direção da organização.

Aguardando impaciente quando estava nos acampamentos do CNA na Tanzânia, Hani criticara seus dirigentes no exílio, acusando-os de abandonar a missão de libertação e se afundar na corrupção, o que enfraquecia a perspectiva de que o MK voltasse a lutar dentro da África do Sul. Ele e os demais signatários do memorando foram acusados de traição e condenados à morte. Só receberam o indulto graças à intervenção de Oliver Tambo. A ação de Hani contribuiu para a campanha do Destacamento Luthuli do CNA em Wankie e Sipolilo.

De maneira parecida, mais de vinte anos antes, em 1944, Mandela estivera entre os pioneiros da Liga da Juventude do CNA – os antigos Jovens Leões – que questionaram as posições ortodoxas no intuito de redinamizar o CNA. Um dos veteranos de Wankie, o general de divisão reformado Wilson Ngqose relembra Hani num acampamento chamado Kongwa, na Tanzânia, no final dos anos 1960, que o CNA dividia com o MPLA, a Frelimo (Frente de Libertação de Moçambique) e a Swapo (sigla em inglês para Organização do Povo do Sudoeste da África). O MPLA já dispunha de zonas libertadas em Angola, ocupada pelos portugueses. Foi em Kongwa, conta Ngqose, que o líder do MPLA, dr. Agostinho Neto, vendo que o CNA enfrentava problemas na Tanzânia, convidou Oliver Tambo a enviar recrutas para treinamento aos acampamentos.[20] Já um célebre poeta, o retumbante chamado às armas de Agostinho Neto, num poema intitulado "Depressa", pode ter inspirado a impaciência de Hani com a indolente liderança da época. O poema também fala ao espírito combativo que levou Mandela e seus companheiros da Liga da Juventude a questionarem a liderança do CNA, a qual acreditava em petições e apelos à consciência de um regime desapiedado.

Impaciento-me nesta mornez histórica
das esperas e de lentidão

quando apressadamente são assassinados os justos
quando as cadeias abarrotam de jovens
espremidos até à morte contra o muro da violência

Acabemos com esta mornez de palavras e de gestos
e sorrisos escondidos atrás de capas de livros
e o resignado gesto bíblico
de oferecer a outra face

Inicie-se a acção vigorosa máscula inteligente
que responda dente por dente olho por olho
homem por homem
do exército popular pela libertação dos homens
Venham os furacões romper esta passividade.[21]

Muito tempo depois, Mandela iria reconhecer a dívida de gratidão que a África do Sul democrática tinha para com o povo de Angola. Em seu discurso de 1998 à Assembleia Nacional Angolana em Luanda, ele declarou que a solidariedade de Angola com os sul-africanos "lutando por sua libertação foi de proporções heroicas":

Antes que a própria liberdade de vocês estivesse assegurada, e sob a mira de nosso implacável inimigo, vocês tiveram a coragem de seguir o princípio de que a liberdade na África Austral era indivisível. Conduzidos pelo fundador da Angola libertada, aquele grande africano patriota e internacionalista, Agostinho Neto, vocês insistiram que todos os filhos da África deviam ser libertados da servidão.[22]

Sobre o jovem herói, Chris Hani, Mandela prossegue:

Em 1959, Hani se matriculou na Universidade de Fort Hare [alma mater do próprio Mandela] e atraiu a atenção de Govan Mbeki, o pai de Thabo Mbeki. Govan teve papel formador no desenvolvimento de Hani. Foi aqui que Hani conheceu as ideias marxistas e se filiou ao Partido Comunista da África do Sul, já na ilegalidade. Ele sempre frisou que sua conversão ao marxismo também aprofundou sua perspectiva antirracista.

Hani era um jovem corajoso e franco e não hesitava em criticar nem mesmo sua própria organização, quando sentia que ela falhava em dar uma orientação correta. Ele lembrava que "nós que estávamos nos acampamentos nos anos 1960 não tínhamos uma compreensão profunda dos problemas. Éramos, na maioria, muito jovens – na casa dos vinte anos. Estávamos impacientes para entrar em ação. 'Não nos digam que não há uma rota', costumávamos dizer. Deviam nos designar para descobrir rotas. Era para isso que éramos treinados".[23]

Hani se tornou o principal porta-voz dos soldados do MK, que achavam que a liderança era complacente demais. Depois de escrever uma petição formal, ele se viu em apuros com a direção do acampamento e ficou detido por algum tempo por sua própria organização. Mas foi libertado quando sua situação chegou aos ouvidos dos líderes mais graduados do CNA, notadamente Oliver Tambo e Joe Slovo.

Hani voltou à África do Sul em agosto de 1990, um herói para a grande maioria dos sul-africanos. Várias pesquisas de opinião da época mostravam que era, com folga, o segundo político mais popular no país.[24] Em dezembro de 1991, tornou-se secretário-geral do PCSA.

Hani [passou] os anos finais de sua vida discursando incansavelmente em encontros de norte a sul, de leste a oeste do país, em reuniões de aldeia, de sindicatos, conselhos e comitês de rua. Emprestou toda a sua autoridade e prestígio militar para defender as negociações, muitas vezes falando com grande paciência a jovens muito céticos ou a comunidades que sofriam o ímpeto da violência da Terceira Força.*

No pedido de anistia que submeteram à Comissão de Verdade e Reconciliação, os dois assassinos condenados de Hani – Janusz Waluś e Clive Derby-Lewis – admitiram que seu objetivo era arruinar as negociações desencadeando uma onda de ódio racial e a guerra civil. É um tributo à maturidade

---

* Mandela e outros dirigentes do CNA acreditavam que havia uma "terceira força", uma força clandestina responsável pelo súbito aumento da violência.

dos sul-africanos de todas as linhas, e à memória de Hani em particular, que sua morte por fim tenha dado, de maneira trágica porém efetiva, foco e urgência à nossa decisão de uma solução negociada.[25]

Se o caminho trilhado para elaborar um acordo sobre a data das eleições fora muito custoso e ficara semeado de mortes, a tentativa de chegar a uma solução negociada estava se mostrando um problema ainda mais espinhoso. Em 1993, aproximando-se a data das eleições, esboçava-se a possibilidade de uma perigosa revolta armada da direita. Apesar da remoção de enormes obstáculos, havia um imenso potencial para a retomada da violência e o tumulto das eleições. As frágeis condições para a eleição de um Governo de Unidade Nacional (GUN) legítimo eram recentíssimas e precisavam se consolidar.

Mandela estava muito preocupado e escreveu: "Pairava uma nuvem escura sobre a África do Sul, que ameaçava bloquear e até reverter todas as conquistas obtidas pelos sul-africanos com vistas à transformação pacífica do país."[26]

O corpo de Chris Hani mal esfriara na tumba quando, menos de um mês após seu assassinato, quatro ex-generais das Forças Armadas Sul-Africanas, inclusive o ex-comandante-chefe Constand Viljoen, altamente respeitado, criaram um comitê de generais, a Frente do Povo Africâner (FPA). Isso pode ter sido uma reação ao grande estrago que se seguiu ao assassinato de Hani, quando os meios de comunicação noticiaram que havia algumas vítimas brancas entre os mais de quinze mortos no dia do funeral. A intenção declarada dos generais era unir africâneres desiludidos com o Partido Nacional de De Klerk e promover uma agitação em favor de um *volkstaat*, uma pátria africâner. A maioria da imprensa, sobretudo o *Weekly Mail*, entendeu essa iniciativa como parte de um programa de secessão.[27]

Mandela estava recebendo relatórios confidenciais informando que

os africâneres de direita tinham decidido deter pela violência as eleições que se aproximavam. Por questão de segurança, o presidente de uma organização deve verificar cuidadosamente a veracidade de tais informes. Foi o que fiz, e, ao descobrir que eram verazes, decidi agir.[28]

Segundo o historiador Hermann Giliomee, Mandela ficara sabendo que "Viljoen planejava tumultuar as eleições, depor De Klerk do comando e reiniciar as negociações".[29] Alguns julgavam que ele conseguiria arregimentar 50 mil homens entre a Força Civil Ativa de reservistas e também algumas unidades das Forças Armadas. Giliomee, em seu livro *The Afrikaners*, apresenta dois importantes generais debatendo as implicações de uma resistência armada:

> Num informe militar, o general Georg Meiring, chefe das Forças Armadas, alertou o governo e o CNA sobre as terríveis consequências da oposição de Viljoen à eleição. Para dissuadir Viljoen, por quem tinha "a mais alta consideração", Meiring manteve várias reuniões com ele. Numa delas, Viljoen disse: "Você, eu e nossos homens podemos tomar este país numa tarde." Ao que Meiring respondeu: "Sim, é verdade, mas o que faríamos na manhã seguinte ao golpe?" A proporção demográfica brancos-negros, as pressões internas e estrangeiras e todos os problemas intratáveis ainda persistiriam.[30]

Mandela não seria tolo de subestimar um adversário firmemente decidido a causar estragos, em especial um que se considerasse paladino numa cruzada para preservar glórias em vias de desaparecimento. Na busca de uma solução, talvez Mandela tenha pensado em alguns dos bravos, como o chefe Albert Luthuli, laureado com o Prêmio Nobel da Paz, que estivera no comando do CNA num período dificílimo dos anos 1960. O que ele teria feito nessa situação? Ou Oliver Tambo, seu amigo e camarada que morrera em 24 de abril, duas semanas depois do enterro de Chris Hani – que curso de ação ele defenderia? Mas, ao tomar sua decisão, Mandela devia estar ouvindo ecos do discurso de Martin Luther King Jr. ao receber o Prêmio Nobel da Paz, em 1964. O pastor americano dissera:

> A violência como forma de alcançar a justiça racial é inviável e imoral. Não desconheço o fato de que a violência muitas vezes traz resultados momen-

tâneos. As nações frequentemente conquistaram sua independência em batalhas. Mas, apesar das vitórias temporárias, a violência nunca traz paz permanente. Ela não resolve nenhum problema social: apenas cria problemas novos e mais complicados. A violência é inviável porque é uma espiral descendente que termina em destruição para todos.[31]

Para impedir tal destruição, Mandela sabia que precisava angariar o apoio de alguém que tivesse o apreço da direita. Nas pequenas comunidades, era comum negociar com o irmão mais velho do agressor para conseguir uma trégua.

> Peguei um voo para Wilderness, para o lar de idosos onde agora morava o ex-presidente P.W. Botha, [e] lhe relembrei o comunicado que lançamos juntos em julho de 1989, quando eu ainda estava na prisão. Naquele comunicado, comprometemo-nos a trabalhar juntos pela paz em nosso país.[32]

O percurso de 25 minutos do George Airport até Wilderness é uma bela viagem. Há praias, desfiladeiros, rios cristalinos e a famosa ponte ferroviária em arco que atravessa o rio Kaaimans, que desemboca no mar em Wilderness. Essa paisagem pitoresca é interrompida pelo súbito aparecimento de barracos, que se estendem ao longo da estrada N2. Sendo uma tarde de sábado, Mandela deve ter visto o povo passeando e o trânsito na estrada.

O lar de idosos onde morava Botha, chamado "Die Anker" (A Âncora), fica num terreno quase contíguo à valiosa área de reserva de baixadas, com vista para os lagos que se estendem de Wilderness até Sedgefield. Mandela deve ter pensado que aquele era exatamente o tipo de privilégio que a direita queria preservar, e que lutaria com unhas e dentes para manter como reserva exclusiva do *volk*. Mas ele tinha trabalho a fazer. Tinha o encontro com P.W. Botha.

Mandela escreve:

> Informei-o de que a paz estava agora ameaçada pela direita e pedi que interviesse. Ele se mostrou receptivo e confirmou que os africâneres estavam

decididos a impedir as eleições. Mas acrescentou que não queria discutir o assunto só comigo, e sugeriu que eu trouxesse o presidente F.W. de Klerk, Ferdi Hartzenberg e o general.

Propus que também incluíssemos o líder da extrema direita africâner, Eugene Terre'Blanche, pelo fato de ser um imprudente demagogo que, na época, conseguia atrair uma multidão maior do que o presidente De Klerk. Sobre essa questão, o ex-presidente foi tão contrário que deixei o tema de lado.[33]

O encontro de Mandela com P.W. Botha em seu próprio quintal não teria sido isento de discordâncias em aspectos específicos. Mas a cordialidade apresentada pela imprensa, que caracterizara as duas horas do encontro, era tanto uma questão de pragmatismo político quanto de cultura, pois os dois septuagenários tinham idade próxima e uma percepção semelhante, ainda que divergente, da história sul-africana. Mandela também sabia que o próprio Botha vestira o manto de reformador no começo de sua presidência, quando fez o famoso apelo a seus seguidores recalcitrantes, dizendo-lhes que era uma questão de se adaptar ou morrer.[34] Com o tempo, ele endureceu suas posições quando o parlamento tricameral, com sua orientação equivocada, deu origem à resistência e ao nascimento da Frente Democrática Unida. A essa altura, apresentava-se como um velho irascível e obstinado.

Quanto ao encontro com Mandela, os comentaristas reconheciam que,

embora o sr. Botha ainda possa ter algum resto de influência sobre a extrema direita, tem uma influência muito maior entre as Forças Armadas, às quais presidiu por muitos anos com uma extravagante indulgência, e alguns de seus generais, do passado e do presente, mantêm, ao que consta, um afetuoso contato com ele.[35]

Mandela escreve:

Voltei para Joanesburgo e telefonei imediatamente ao presidente De Klerk, informando-o sobre o convite de Botha. Ele foi tão hostil à ideia de nos reunirmos com o ex-presidente quanto este fora em relação a Terre'Blanche. Então abordei o professor Johan Heyns, teólogo africâner progressista, para que reunisse o general, Hartzenberg, Terre'Blanche e eu mesmo. Terre'Blanche foi inflexível e recusou qualquer encontro comigo, um comunista, como disse ele.[36]

Mandela percebeu a ironia da situação: um ex-prisioneiro como mediador não só entre a indócil maioria negra e o governo, mas também entre De Klerk e a direita belicosa, que parecia pronta para incendiar todo o país. As políticas reacionárias do Partido Nacional ao longo das décadas tinham sido como agudos assobios aos quais os cães do ódio agora respondiam em Ventersdorp, a cidade natal de Terre'Blanche. Mandela ouvira a retórica do desprezo usada por Terre'Blanche e seu Afrikaner Weerstandsbeweging (Movimento de Resistência Africâner – MRA). Vira como tinham invadido o World Trade Centre em Kempton Park, em Gauteng, em meados de 1993, arremetendo pelas portas de vidro num carro blindado para tumultuar as conversações.

Embora aceitasse De Klerk como parceiro de negociações, Mandela não se impressionava muito com sua maneira de lidar com as ameaças da direita. Numa premonitória entrevista à revista *Time*, cinco dias depois de sair da prisão, em fevereiro de 1990, quando lhe perguntaram se os receios do presidente De Klerk em relação à ameaça da direita eram justificados, Mandela respondeu enfaticamente que eram exagerados. Embora a ameaça fosse real, disse ele, De Klerk a enxergava pela perspectiva dos sul-africanos brancos, em particular os africâneres. Se ele aceitasse uma África do Sul não racial e começasse a ver os desafios pelos pontos de vista dos negros, seus receios diminuiriam.[37]

Existe uma expressão muito cara na mobilização política entre os negros da África do Sul que é empregada por quase todos os grupos linguísticos: nguni, sesotho e xitsonga. Na versão nguni, as pessoas dizem *"Sihamba nabahambayo"*, que em isiZulu significa simplesmente "Levamos conosco os que estão prontos para a viagem". *"Ha e duma eyatsamaya"* (Quando o motor começar a funcionar, esse veículo vai partir), diz o refrão de uma cantiga tradicional em setswana – um conselho aos indecisos para andarem logo. Para Mandela, era hora de entrar em movimento.

Ele já identificara as pessoas que levaria em sua viagem. Via com bons olhos a presença do general Constand Viljoen. Isso também se baseava em razões pragmáticas, pois Mandela conhecia o histórico de Viljoen e o papel que ele desempenhara na desestabilização de Estados vizinhos, em especial contra a Swapo, o movimento de libertação nacional da Namíbia e organização irmã do CNA; Mandela estava ciente do massacre de refugiados namíbios pelo Exército sul-africano em Kassinga, Angola, em 4 de maio de 1978.*

Mas, tal como ocorria com sua posição diante de De Klerk, Mandela via o general como um ex-soldado também em busca de uma solução. Como escreve ele:

> Houve um encontro, facilitado por Braam, irmão gêmeo do general, e pelo corretor de ações Jürgen Kögl, entre o general e seus colegas, de um lado, e Joe Nhlanhla, Penuell Maduna, Jacob Zuma e Thabo Mbeki pelo CNA, do outro. A propósito, esses dirigentes do CNA tinham uma visão muito mais avançada do que a de seus camaradas. Percebiam plenamente as repercussões catastróficas do iminente desastre.[38]

Realizaram-se muitas dessas reuniões bilaterais entre o CNA e a delegação de Viljoen, com generais aposentados e outros, entre eles Ferdi Hartzenberg, Tienie Groenewald e Kobus Visser, atuando sob a égide da FPA. Tais reuniões foram facilitadas pelo próprio Mandela, outras por Mbeki e a direção do CNA, inclusive Joe Modise. Na reunião com a FPA em sua casa no bairro arborizado de Houghton, Mandela se portou como o anfitrião cordial, servindo chá aos homens e encantando Viljoen ao lhe falar em africâner, língua materna do general.

---

* O Massacre de Kassinga, também conhecido como Batalha de Cassinga, foi um ataque brutal das Forças Armadas da África do Sul contra os refugiados namíbios e combatentes da liberdade em Angola em 1978. Primeiramente, a Força Aérea sul-africana bombardeou um acampamento da Swapo e de seu braço militar, o Exército de Libertação do Povo da Namíbia (Plan, na sigla em inglês). Depois do bombardeio aéreo, desceram centenas de paraquedistas para completar o ataque. Foram mortos mais de seiscentos namíbios.

Mandela perguntou aos generais Viljoen e Hartzenberg

se era verdade que estavam se preparando para impedir as eleições por meios violentos. O general [Viljoen] foi franco e admitiu que era verdade, que os africâneres estavam se armando e que uma guerra civil sangrenta ameaçava o país. Fiquei abalado, mas fiz de conta que tinha a máxima confiança na vitória do movimento de libertação.

E prosseguiu:

Disse-lhes que eles nos dariam bastante trabalho, visto que tinham melhor treino militar, dispunham de armamentos mais destruidores e, por causa de seus recursos, conheciam o país melhor do que nós. Mas avisei que, no final daquela aposta temerária, seriam esmagados. Estávamos naquela época à beira de uma vitória histórica depois de infligirmos um golpe mortal na supremacia branca. Assinalei que isso se dava não por consentimento deles e sim a despeito de sua oposição.[39]

Mandela disse aos generais que o povo da África do Sul

tinha uma causa justa, contingentes numerosos e o apoio da comunidade internacional. Eles não tinham nada disso. Pedi que abandonassem seus planos e participassem das negociações no World Trade Centre. Passei algum tempo tentando persuadi-los, mas eles estavam inflexíveis e não consegui absolutamente demovê-los. Por fim, quando já estava prestes a desistir, o general abrandou um pouco e disse que não podia chegar a seu povo de mãos vazias numa fase tão avançada de seus preparativos.[40]

Mandela passara muito tempo na prisão pensando no dilema em que se encontrava a África do Sul. Muito mais que isso, ele via o encarceramento como uma oportunidade de conhecer a si mesmo. Numa carta de 1º de fevereiro de 1975, escreveu à esposa, Winnie, que estava então na prisão de Kroonstad, dizendo-lhe que a cadeia era o lugar ideal para a pessoa se conhecer: "A cela lhe dá a oportunidade de examinar diariamente sua conduta, de vencer o que há de ruim e desenvolver o que há de bom em você."[41] Foi lá, também, que ele se concentrou em entender os aspectos principais da história e da cultura africâneres. Praticava seu africâner em conversas com funcionários da prisão, embora, mesmo anos depois, ainda não conseguisse diminuir o forte sotaque isiXhosa ao falar, o que era fonte de divertimento tanto para os funcionários do apartheid quanto para os membros do CNA. É um fato universalmente conhecido que as pessoas gostam que os outros se dirijam a elas em sua língua – e Mandela entendera isso muito antes de se tornar uma necessidade indispensável.

O que os generais sabiam desse negro que lhes sobrevivera e agora conferenciava com eles? Deviam saber do poder que ele representava e do povo que lhe dava respaldo, mas o que sabiam sobre o indivíduo? Sabiam que era afável, simpático e sorria muito – o que podia ter ficado encoberto pela imagem que guardavam na memória, sobre suas origens e sua defesa da luta armada. E é um truísmo que os negros acabam sabendo mais sobre os brancos do que o contrário. Mandela percebia que os generais representavam, no geral, um setor demográfico imbuído de tradição, com respeito pela autoridade, pela lei e pela ordem – um dogma calvinista –, cuja maioria esmagadora era composta por pessoas de classe média, homens e mulheres de família que queriam simplesmente ficar em paz. Uma boa porcentagem já concordara com algum tipo de reforma, olhando para além do presente e buscando soluções para um futuro aceitável (prova disso foi a aprovação das opções de De Klerk no referendo). A conformidade com os costumes societários e o respeito à lei e à ordem eram características entranhadas nos jovens africâneres, como escreve Niël Barnard:

> Na escola e nos alojamentos estudantis, tal como no ambiente familiar, havia regras; havia ordem, disciplina: tocava o sino quando era hora de se levantar e se arrumar ... havia grupos de oração ... e brincadeiras e danças folclóricas tradicionais. Íamos em fila única para a escola, e, para qualquer coisa que tivesse o mais leve ar de uma transgressão séria, usava-se a vara ... Todos aqueles em posição de autoridade eram respeitados; sua palavra era lei.[42]

Uma parcela significativa dos africâneres tinha aceitado, ainda que de má vontade, que a palavra de De Klerk – e, em larga medida, a de Mandela também – era lei. As exceções, como Eugene Terre'Blanche, que operavam fora do código aceito de conduta – tal como determinavam as autoridades africâneres –, eram, em muitos casos, mais fonte de constrangimento que de orgulho. Essas pessoas estariam prontas a deixar o conforto de suas fábricas, negócios, lares, fazendas e escolas para tomar armas em defesa... de quê?

Apesar de todas essas considerações, Mandela lera o suficiente sobre a história da guerra para saber que a língua, a cultura e a nacionalidade tinham dado origem a conflitos devastadores em todo o globo. A queda do Muro de Berlim e a dissolução da antiga União Soviética já tinham aberto a caixa de Pandora das ressurgências étnicas na Europa Oriental. O tom conciliatório do general, comentando sua relutância em voltar a seu povo "de mãos vazias" sobre a questão de um *volkstaat*, teve efeito em Mandela. Ele sabia que, por mais que estivesse com a razão, seria extremamente imprudente aumentar o número de adversários contra ele ou contra a república democrática que se almejava:

> Até aquele momento, eu insistira que, enquanto fosse presidente do CNA, nunca haveria um *Volkstaat* neste país. Um *Volkstaat* era uma área separada, autônoma, para os africâneres. Agora, porém, diante de tão tremendo desafio, decidi recuar, mas de maneira que vissem que não seria nada fácil realizar suas pretensões.[43]

Mais de trinta anos antes, quando estava fugido e vivia na clandestinidade, Mandela morara no apartamento de Wolfie Kodesh, militante do Partido Comunista Sul-Africano. Kodesh o apresentou ao clássico de Carl von Clausewitz, *Da guerra*.[44] Ao tratar com a direita daquela forma, Mandela punha em prática a teoria do general prussiano sobre a guerra e o conflito.

Jonathan Hyslop, em seu ensaio "Mandela on War", conclui:

[ao] entender que a África do Sul não conseguiria evitar o conflito violento, mas que a continuidade do conflito sem limites era um perigo para qualquer possibilidade de criar uma sociedade futura viável, Mandela traçou um curso inteligente e de princípios. E isso também pode ser entendido como um modo de pensar admiravelmente clausewitziano: Mandela entendeu que o comando responsável exige que se reconheçam as condições da guerra real, os limites daquilo que ela pode alcançar e os problemas que dela decorrem, em vez de perseguir a quimera da guerra absoluta.[45]

Mandela informou aos generais Viljoen e Hartzenberg que abordaria o CNA e lhe pediria para

rever sua posição sobre o *Volkstaat*, com três condições. Eles dois, mais Terre'Blanche, diziam representar a maioria dos africâneres, que queriam um *Volkstaat*. Por outro lado, o presidente De Klerk insistia que apenas ele representava a maioria dos africâneres, que rejeitavam sem exceção aquela demanda.

A primeira condição, portanto, era que os africâneres fizessem um referendo para determinar se queriam ou não um *Volkstaat*. Segundo, o resultado do referendo não obrigaria necessariamente o CNA, mas seria um fator importante a ser levado em conta para avaliar a demanda deles. Por fim, deviam responder à pergunta: quem era africâner? O branco que falasse africâner? Ou qualquer pessoa – [inclusive] negra, isto é, africana, mestiça ou indiana – que falasse a língua? Atendidas essas condições, então eu me dirigiria à minha organização, deixando a seus membros que revissem o assunto conforme julgassem adequado.

Prossegue Mandela:

O general ficou satisfeito que eu lhe desse algo para apresentar a suas forças, mas Hartzenberg discordou vivamente e insistiu que eu devia assumir, ali mesmo, um compromisso inequívoco de que lhes daria o *Volkstaat*. Respondi que eu era um mero servidor do CNA, submetido à sua autoridade e disciplina; que, se agisse de forma unilateral sobre um princípio de importância tão básica, a organização me excluiria sumariamente, tornando-me inútil para a direita. Ele retorquiu com toda a firmeza que, se eu não aceitasse sua exigência, o plano seria executado. "Então que seja", eu disse, e foi este o fim de nossa discussão.

Naquele mesmo dia, telefonei para o ex-presidente Botha e o informei sobre a decisão do general. Solicitei ao ex-presidente que o persuadisse a participar das negociações no World Trade Centre.

Alguns dias depois, o general [Viljoen] se retirou da conspiração da direita e se juntou às partes em negociação. Seus colegas o caluniaram impiedosamente por salvar a África do Sul de tal calamidade. Hartzenberg não tinha absolutamente nenhuma habilidade militar, e Terre'Blanche dependia de um punhado de amadores indisciplinados que não faziam a menor ideia do que significava uma guerra.[46]

O general Viljoen, que sabia exatamente o que significava uma guerra, chegou a um acordo com os negociadores do CNA em 12 de abril de 1994, depois de registrar seu próprio partido político recém-formado, a Frente da Liberdade, em 4 de março do mesmo ano. Mas a assinatura de Mandela ainda era necessária para assegurar a participação da Frente da Liberdade nas eleições próximas. Passando-se os dias, Viljoen, inquieto, decidiu entrar em ação. Ele sabia que a guerra, de fato, não era uma opção possível, mas acreditava ser capaz de mobilizar gente o bastante para tumultuar seriamente as eleições, e foi o que resolveu fazer. Antes de tomar a decisão final, porém, ele contou seus planos ao embaixador americano, Princeton Lyman, que mantinha contato com Viljoen, desde o final de 1993, e com Mandela.[47] Este havia telefonado ao presidente Bill Clinton em fevereiro de 1994, pedindo-lhe que persuadisse Viljoen e outros a participar das eleições.[48] Lyman informou o CNA sobre a situação, e o Acordo sobre a Autodeterminação africâner foi assinado pela Frente da Liberdade, pelo CNA e pelo Partido Nacional em 23 de abril de 1994, três dias antes do início das eleições. Era um acordo de que as partes iriam "tratar, por meio de um processo de negociações, da ideia da autodeterminação africâner, inclusive o conceito de um *Volkstaat*".[49]

A rejeição das exigências da direita precipitou a violência. Mandela escreve que,

> na véspera das eleições, explodiram bombas, principalmente em Joanesburgo, que mataram cerca de vinte civis inocentes. Coube à polícia agir, e os culpados foram presos e condenados. A situação teria trazido dificuldades tremendas se Viljoen ainda fizesse parte do complô.[50]

Os meios de comunicação no país e no exterior, que vinham acompanhando com interesse o desenrolar do drama, mostraram que os elementos da direita cumpriram a ameaça de tumultuar as eleições. As explosões, segundo escreveu Bill Keller no *New York Times*,

> na maioria pequenas, mas de mensagem sinistra, levaram alguns habitantes em pânico a estocar produtos domésticos, mas parece que serviram apenas para fortalecer a determinação dos eleitores negros em exercer seu primeiro direito de voto.
>
> Encorajados com a condenação unânime dos políticos e com suas próprias existências em risco, mesmo os negros na linha de fogo disseram que não se amedrontariam em votar.
>
> "Alguns estão tentando nos assustar e nos afastar da eleição", disse Zole Msenti, que estava sentado em sua van azul-clara conversando com um amigo quando a explosão de Germiston lançou o veículo ao ar e estilhaçou todos os vidros. Dezenas de veículos se juntam todas as manhãs nos pontos de táxi e lotação na periferia para levar os passageiros ao trabalho no centro da cidade.
>
> Enfaixado, mas sem ceder, ele voltou do hospital para pegar sua van e receber as manifestações de pesar dos brancos que paravam para se solidarizar.
>
> "Estão perdendo tempo", disse ele sobre os agitadores. "A gente vai."[51]

As três palavras do sr. Msenti – "a gente vai" – significavam, com quase toda a certeza, que ele, seus colegas e famílias iam votar, mesmo que o céu caísse. Algumas décadas antes, talvez essa determinação toda nem existisse, mas, agora que conseguira uma base de apoio em todos os cantos do país, a resistência começara a se tornar realidade. Como taxista, o sr. Msenti já devia ter transportado milhares de passageiros, ouvindo suas desgraças, que refletiam a realidade do que ele e seus colegas tinham sofrido. E então, certo dia, a mudança começou a parecer possível. Em 1976, os jovens das escolas tinham se revoltado contra a imposição do africâner como língua no ensino; o governo respondeu apertando ainda mais o nó no pescoço do povo e decretou o Estado de Emergência. Para muitos, era sinal de que o regime de apartheid estava perdendo a força. Nas palavras do escritor americano James Baldwin, comentando o declínio de um reino:

> A força não funciona como seus defensores pensam. Ela não revela à vítima, por exemplo, o poderio do adversário. Pelo contrário, revela sua fraqueza e até seu pânico, e essa revelação incute paciência na vítima. Além disso, é fatídico, ao fim e ao cabo, criar uma quantidade excessiva de vítimas.[52]

A LIBERTAÇÃO DE OITO HOMENS da prisão em 15 de outubro de 1989 anunciou o fim de um sistema que gerara imensos sofrimentos, indicando que os muros começavam a desmoronar. Chegara a hora da vítima. E então, em 11 de fevereiro de 1990, quase 120 dias depois, Mandela saiu e tudo isso ganhou realidade. Finalmente estava acontecendo. Todas as canções que o povo entoara nas igrejas, à beira de sepulturas abertas e nos acampamentos a milhares de quilômetros de casa, se transformaram numa declaração: "Vamos dar nosso voto." Quatro palavras simples, cujo peso escapara durante décadas aos arquitetos do apartheid.

A direita africâner fracassara.

3. Eleições livres e idôneas

REMOVIDOS OS OBSTÁCULOS mais imediatos, estava aberto o caminho para uma eleição que seria o passo final para a instauração de um governo eleito democraticamente. O Conselho Executivo de Transição (CET), encarregado da preparação e transição para uma ordem democrática, estava agora instalado e pronto para promover as condições para que as atividades políticas corressem desimpedidas no período pré-eleitoral. Entre 15 de abril e 15 de maio de 1994, o país viu a mais ampla mobilização das forças de segurança da África do Sul, em tempos de paz, para assegurar uma eleição livre.[1] Os principais partidos políticos, até mesmo o Partido da Liberdade Inkatha, que apenas na última hora concordara em participar, dispunham de grandes máquinas para a campanha eleitoral. Dois anos antes, haviam se iniciado campanhas de educação eleitoral entre os que não tinham direito de voto, quando o CNA começara a se preparar para uma Assembleia Constituinte eleita. Também já existia, desde dezembro de 1993, a Comissão Eleitoral Independente (CEI). Quando se criou a CEI, Mandela telefonou a seu presidente, o juiz Johann Kriegler, jurista firme e dinâmico, dizendo que ele e o CNA percebiam que havia dificuldades, mas que Kriegler podia contar com o apoio e a confiança do partido.[2]

O que impressionava o juiz Kriegler era a capacidade de Mandela de se relacionar com pessoas dos mais variados eleitorados. Kriegler comentou que Mandela, quando tinha alguma questão a levantar, "ligava pessoalmente, ao contrário do diretor da empresa, que manda o assistente pessoal ligar para dizer que o diretor quer falar com você, e aí você fica na linha esperando por ele".[3] Em meados de abril, numa reunião do CET com a presença de Mandela, Kriegler informou sobre uma reunião com o Partido da Liberdade Inkatha:

A certa altura, falou-se de um boicote das eleições por parte da ICS [Igreja Cristã do Sião]. Naquele momento, havia diversas ameaças de boicote: do Inkatha, do Noroeste, do Ciskei e da direita. Fui falar com o bispo Lekganyane para persuadi-lo a apoiar o processo, antes da Páscoa.* Ele disse que tinha convidado os líderes de todos os partidos a comparecerem à celebração da Páscoa, para acertarem o tom das eleições, o que parecia sugerir que ele estaria encorajando a participação. No encontro da Páscoa, fiquei sentado no salão, durante duas horas, ao lado de Mandela. Era a primeira vez que eu conversava com ele como pessoa. Parecia um avô. Reconhecia as pessoas que entravam, explicando que este aqui era casado com a filha daquele ali; sabia identificar todo mundo no país pelos laços de família – realmente conhecia seus eleitores naturais.[4]

Foi o professor queniano John S. Mbiti que observou em seu importantíssimo *African Religions and Philosophy* que os africanos são notoriamente religiosos; tem-se ampla corroboração disso no grande número de adeptos da ICS, com sua mistura sincrética de crenças religiosas cristãs e africanas tradicionais.[5] Assim, fazia sentido que Mandela ou, aliás, qualquer líder político cortejasse o bispo da igreja, dotado de uma influência que se estendia muito além das fronteiras sul-africanas, com centenas de milhares de fiéis vindo de todos os pontos da África Austral em peregrinação a Moria, na área que, naquela época, era o norte do Transvaal. Podiam vir por razões religiosas, mas, para Mandela, constituíam um público eleitor. O que Mandela queria, em primeiríssimo lugar, era garantir a integridade daquela primeira eleição inaugural, condição essencial a uma transição pacífica para a democracia.

Segundo Mandela,

a formação do primeiro governo democraticamente eleito da África do Sul foi precedida por uma campanha eleitoral em todo o país, durante a qual os dirigentes do CNA em todos os níveis da organização percorreram siste-

---

* O bispo Barnabas Lekganyane era o chefe da ICS.

maticamente o país inteiro, visitaram áreas rurais e urbanas e conversaram com todos os setores da população.

Foi essa equipe de homens e mulheres que tornou o dia 27 de abril de 1994 inesquecível na memória coletiva da nação sul-africana, como o dia em que nosso povo se congregou e se uniu numa ação simbólica.

Aquele dia coroou meses de entusiasmo, expectativas e receios após a conclusão das negociações em novembro do ano anterior.

A data da eleição foi definida durante as negociações, de modo que, durante cinco meses, a nação prendeu a respiração aguardando a chegada daquele dia histórico na vida da África do Sul.

Para a maioria negra, ele significava o nascimento de um sonho que havia inspirado gerações, o sonho de que um dia o povo iria governar.

Durante décadas, após o término das guerras locais de expropriação, os negros tiveram de ficar às margens da vida política, vendo seus compatriotas votarem para governá-los. Agora se aproximava o dia em que, junto com todos os seus compatriotas, iriam decidir sobre a política de seu país.

Para muitos da população branca, a perspectiva daquele dia era, obviamente, motivo de inquietação, medo e insegurança. Assinalava para eles o fim dos privilégios e do controle da minoria, abrindo a possibilidade assustadora de ter de partilhá-los com aqueles a quem haviam submetido por tanto tempo e, em muitos aspectos, com imensa crueldade.

Assim, o clima naqueles meses que antecederam o dia da eleição era, compreensivelmente, uma mistura de todas aquelas emoções e expectativas diferentes e contraditórias. Enquanto percorríamos o país fazendo campanha e angariando votos de nosso povo para o movimento de libertação, encontramos esses diversos estados de espírito.

Estava claro que o árduo trabalho do movimento de libertação durante tantas décadas deixara uma marca indelével nos padrões de votação que se poderiam esperar. Em todo o país e em todas as comunidades, éramos recebidos com entusiasmo e enormes demonstrações de apoio.

Como presidente do CNA, fui a praticamente todos os cantos do país. Nos seis últimos meses antes das eleições, discursei pessoalmente para pelo menos 2,5 milhões de pessoas em comícios e manifestações de uma ponta à outra da África do Sul. Era emocionante ver como o nome e a fama de nosso movimento estavam vivos até nas mais distantes áreas rurais.

Na longa tradição de nossa organização e da política do Congresso, trouxemos para nossa campanha o leque mais amplo possível de pessoas. Tal como havíamos feito durante as negociações, quando conseguimos trazer para o nosso lado diversos elementos que eram considerados aliados do regime de apartheid, agora adotamos outra vez essa abordagem ampla de unir as pessoas, mesmo na campanha. Usamos técnicas e metodologias modernas de pesquisa, fazendo inclusive pesquisas de opinião. Nosso consultor em pesquisas de opinião era Stan Greenberg, que prestara consultoria para Clinton em sua campanha de 1992.

Na campanha, realizamos Fóruns do Povo, grupos concentrados num tema, e publicamos anúncios na imprensa procurando obter retorno das pessoas. Eles renderam enormes respostas. Tivemos contato direto com o povo, face a face.[6]

Fazia tempo que Mandela e o CNA tinham percebido que não dispunham de recursos de campanha para fazer frente à enorme máquina eleitoral do Partido Nacional, que tinha a vantagem de estar no poder. Embora os créditos tenham ficado com Greenberg, na verdade o CNA, por meio de um ativista como Ketso Gordhan, adaptara a estratégia nicaraguense dos fóruns do povo às condições locais.

Num capítulo sobre a eleição no Cabo Ocidental, que faz parte de um livro com boas pesquisas, *Launching Democracy in South Africa*, organizado pelo jornalista e cientista político R.W. Johnson e pelo importante sociólogo e cientista político sul-africano Lawrence Schlemmer, os colaboradores Robert Mattes, Hermann Giliomee e Wilmot James escreveram que as oportunidades de veiculação pela imprensa, "oferecidas pelos fóruns, foram importantes para transmitir a verdadeira mensagem simbólica da responsabilidade, representatividade e acessibilidade do CNA e para reconstruir sua imagem como um 'Congresso do povo'".[7] Ali, os líderes não falavam; em vez disso, respondiam a perguntas dos representantes do público presente, num ambiente que facilitava o diálogo democrático.

Escrevendo sobre o período, Johannes Rantete, ao comentar sobre o CNA e o acordo negociado, observa que a campanha eleitoral era personalizada,

com muita atenção concentrada nos dirigentes do partido. De Klerk era eloquente e arguto, mas não tinha como se equiparar aos atributos heroicos de Mandela, com milhares de pessoas afluindo e se comprimindo na maioria dos comícios em que ele se fazia presente. Jovens e velhos queriam ver com os próprios olhos aquele homem de renome inigualável na história mundial contemporânea.[8]

Sabendo do problema do analfabetismo entre os eleitores da maioria negra, outra herança do apartheid, Mandela procurou estratégias para atender à questão, que poderia ser um obstáculo para o CNA:

Também envolvemos as massas numa ativa campanha de educação do eleitor. Reuni algumas personalidades experientes para ajudar nesse aspecto. Uma delas foi Leepile Taunyane, então presidente da Organização Nacional de Professores Profissionais da África do Sul. Ele respondeu que [eu] chegava atrasado, pois ele e seus colegas da organização já tinham iniciado a campanha de educação do eleitor. Ficamos tremendamente inspirados, porque ele liderava um movimento forte e disciplinado, com recursos suficientes para lançar uma campanha vigorosa. Tínhamos feito o mesmo apelo à União dos Professores Democráticos Sul-Africanos, que também já tomara a iniciativa antes que os convidássemos a se juntar a nós. O CNA procurou não falar ao povo, mas, sim, falar com o povo.

Conduzi a campanha como membro e como presidente do CNA, tendo sido eleito para esse cargo na primeira conferência nacional da organização depois de voltar à legalidade, que foi realizada em Durban, em 1991. Fizemos eleições simuladas como parte da campanha de educação do eleitor. Dez milhões de pessoas participaram. Isso foi muito importante, pois na eleição efetiva houve menos de 1% de votos anulados. Essa porcentagem de votos anulados é semelhante ao desempenho em eleições em democracias de economias desenvolvidas e com alto índice de alfabetização.

O CNA conduziu uma campanha positiva, concentrada na retomada, na reconstrução e numa vida melhor para todos, sem esquecer o passado. Evitamos campanhas negativas, evitamos atacar os partidos de oposição. Até onde me lembro, nunca fizemos uma única propaganda negativa nos meios de comunicação.* A oposição, por outro lado, foi basicamente negativa e continuou atacando o CNA e seus aliados.

Mandela prossegue:

Como sempre, éramos ciosos das minorias em nossas questões sobre o futuro, em tais tempos de grande transição. Nosso movimento sempre se preocupara com todo o povo sul-africano, e enviamos essa mensagem ao país durante nossa campanha. O povo respondeu com entusiasmo.

Lembramos, por exemplo, que uma jovem da comunidade mestiça, Amy Kleynhans, então Miss África do Sul, estivera conosco no palanque durante nossa campanha na Cidade do Cabo. Antes disso, o presidente então em exercício, F.W. de Klerk, irritara-se com ela por ter se negado a carregar a bandeira nacional do apartheid durante um desfile internacional de beleza, o que confirmava sua lealdade à nova África do Sul que estava para nascer.

Houve outras demonstrações parecidas de apoio entusiástico. Um jovem professor da comunidade deixou o emprego para cantar músicas que ele mesmo tinha composto para a campanha. Esse rapaz, John Pretorius, depois gravou a canção "Sekunjalo", que cantou em inúmeros comícios no Cabo durante a campanha eleitoral.

Essa música, dinâmica e boa para dançar, tem um ritmo urbano com tradições gospel entremeadas na melodia. A letra e o refrão *"free at last"* [enfim livres] celebram de maneira alegre o fim da tirania e o alvorecer da liberdade. Anos depois, nas comemorações do octogésimo aniversário de

---

* Não houve nenhuma propaganda negativa, além do que a equipe eleitoral chamava de "propaganda por contraste".

Mandela, John Pretorius entoou a canção em dueto com Jermaine Jackson, para o delírio da multidão, num concerto no estádio Ellis Park.

Mandela escreve:

Como dissemos, nem tudo corria nesse espírito alegre e positivo. Em Kwa-Zulu-Natal, tivemos de lidar com a continuada violência política, que lançava uma sombra de tristeza e dúvida sobre as perspectivas da democracia, que pareciam tão empolgantes. Dedicamos boa parte de nosso tempo à situação política naquela província. De um lado, tínhamos de fazer campanha pela vitória de nossa organização na eleição, enquanto ao mesmo tempo era nossa obrigação atender de maneira apartidária ao destino de todas as pessoas na província. A violência política, independentemente de quem a cometia, era de grande prejuízo para todos os sul-africanos. E, como sempre em tais circunstâncias, os inocentes arcavam com o peso maior do sofrimento, e por isso nossa atenção especial à então província de Natal.

Nossa campanha eleitoral nem sempre correu tranquila. Como indicado acima, o Partido Nacional de De Klerk era extremamente negativo e, às vezes, francamente imoral em sua campanha.

Quando estive em Los Angeles, no começo dos anos 1990, tirei uma foto ladeado por dois artistas de fama internacional, Elizabeth Taylor e Michael Jackson. Na campanha para a eleição de abril de 1994, o Partido Nacional publicou um folheto absurdo, chamado *Winds of Change*, em que cortaram Michael Jackson e ficamos apenas eu e Elizabeth Taylor. Agravaram esse embuste com comentários difamando nós dois. A Comissão Eleitoral Independente obrigou o partido a recolher o panfleto.

A campanha do Partido Nacional foi não só imoral, mas também racista. Exploraram os receios das minorias raciais, sobretudo das comunidades mestiças e indianas, alegando que a vitória do CNA resultaria na opressão dos africanos sobre elas. Criticaram o dr. Allan Boesak, importante clérigo da comunidade mestiça, por fazer campanha entre todos os setores da população sul-africana, em vez de se restringir exclusivamente aos mestiços.

Outro exemplo desse racismo foi, mais uma vez, dirigido a mim pessoalmente. Heidi Dennis, uma jovem professora mestiça da Escola Secundária de

Beacon Valley na comunidade mestiça em Mitchell's Plain, pediu-me que a ajudasse a angariar fundos para pintar a escola. Então pedi a Syd Muller, da Woolworths, não só para fornecer fundos, como era o desejo de Heidi, mas [também] para melhorar a escola construindo mais salas de aula e um laboratório.

Quando a Woolworths concluiu o projeto, fomos inaugurá-lo. Um grande grupo de mestiças fez uma manifestação de protesto contra mim. Uma delas gritava e dizia em africâner: *"Kaffer, gaan huis toe"* [Cafre, vá para casa], um escárnio aviltante. Todas essas manobras racistas e enganosas eram cometidas pelo partido de De Klerk, dirigente que eu elogiara repetidas vezes, dentro e fora do país, como homem íntegro com quem podíamos negociar.

O CNA se empenhou ao máximo em não descer ao nível do Partido Nacional. Continuamos concentrados e construtivos. Insistimos vivamente com todos os sul-africanos, qualquer que fosse sua cor ou credo, para se juntarem à luta por uma África do Sul democrática, unida, não racista e não sexista. Naquela campanha, também tivemos dificuldades com alguns membros nossos que fizeram declarações irrefletidas, contrárias à nossa linha de ação básica. Condenamos publicamente, de imediato, tal conduta.[9]

Era de esperar, em vista de tudo o que estava em jogo, que as campanhas eleitorais pusessem os principais concorrentes à prova. O Partido Nacional, que tinha muito a perder, só podia exagerar seu histórico como veículo que trouxera a mudança, enquanto o CNA, novo nas lides eleitorais, tinha de prometer que traria uma nova ordem para todos. No calor da disputa, era inevitável que a campanha se tornasse, nas palavras de uma matéria de jornal do Cabo Ocidental,

uma tórrida guerra de palavras entre o Congresso Nacional Africano e o Partido Nacional. Cada partido acusava o outro de "truques sujos" e "manobras escusas". Ambos registraram queixas junto à Comissão Eleitoral Independente sobre a conduta eleitoral, os cartazes e os panfletos do concorrente.[10]

Como lance inaugural dessa batalha de atirar lama no outro, o CNA tinha publicado um panfleto com o candidato regional do Partido Nacional, Hernus Kriel, conduzindo três candidatos, dois negros e um mestiço, como cães na coleira, e notas de cinquenta *rands* caindo do bolso do sr. Kriel. Não se dando por achado, o Partido Nacional foi direto na jugular. A matéria do jornal prossegue:

> Ainda hoje o CEI deve emitir uma decisão final sobre uma revista em quadrinhos do Partido Nacional que o CNA alega ser racista e se basear na tática do *swart gevaar* [perigo negro] para aliciar eleitores mestiços. Seu título é *Ventos da mudança sopram pela África do Sul – você vai conseguir atravessar a tempestade?*[11]

O recurso do Partido Nacional ao *swart gevaar* – a hipotética devastação que se seguiria ao advento de um governo negro – contrariava a causa da reconciliação, acalentada por Mandela. Apesar disso, Mandela reconhecia que os brancos – especialmente os africâneres – tinham de participar da nova África do Sul que surgia. Thabo Mbeki apresentou esse ponto fundamental numa entrevista com Joel Netshitenzhe e Tony Trew em Joanesburgo, em 2014:

> [A] questão da reconciliação tinha a ver com "Vamos proteger as conquistas democráticas dessa possível ameaça" [que era o que Madiba queria dizer], e assim se tornou uma preocupação não tanto porque ele fosse um cultor da reconciliação em si, mas porque servia a uma finalidade, em termos de proteger o que havíamos conquistado ... Ele precisava atender a essa questão dos africâneres e mostrar que não era um monstro, não era uma ameaça, e assim por diante, a fim de resolver um problema. Porque ... não há um Mandela, nessa questão da reconciliação, que seja diferente dos outros dirigentes do CNA – essa reconciliação, tratando da questão dos receios dos brancos, estava ligada à preocupação dele sobre essa possibilidade de uma contrarrevolução.[12]

Mandela escreve:

> A direita branca era outro fator potencialmente desestabilizador que afetava o ânimo geral no período pré-eleitoral ... Proliferavam histórias de brancos

que estavam adotando uma mentalidade de estado de sítio, fazendo estoques de comida e de outros itens de emergência em casa.[13]

Representantes de jornais e agências locais e internacionais, bem como jornalistas e fotógrafos independentes, estavam por todo o país, em sua maioria preparados para cobrir uma zona de guerra. Era o que lhes fora prometido: uma guerra. Porta-vozes da imprensa das várias missões estrangeiras do CNA davam informes *in loco* sobre o que os visitantes deviam esperar na África do Sul, minimizando os boatos de um caos. Os cidadãos, munidos apenas com seus documentos de identidade, esperavam a abertura dos locais de votação.

Mandela se sentia muito encorajado com os preparativos:

No nível organizacional e logístico, gerou-se o mesmo interesse público. A Comissão Eleitoral Independente começou a se preparar para as eleições, criando seções em várias partes do país. Entre suas tarefas estava a de monitorar o clima geral, que podia afetar o grau em que as eleições seriam livres e idôneas.

Ele prossegue:

Dava orgulho ver quantos sul-africanos estavam se aquecendo para o mecanismo das eleições democráticas. Alguns comentaristas disseram que o sistema de votação naquele dia seria complexo e complicado demais para os eleitores supostamente simplórios. Decidíramos por um sistema de representação proporcional: o eleitorado tinha de votar para o Legislativo nacional e para o provincial no mesmo dia. Considerava-se que tudo isso apresentaria complexidades que poderiam confundir os eleitores.

No final, demonstrou-se que os eleitores sul-africanos tinham uma afinidade quase natural com o processo de votação.

Havia dezenas de observadores estrangeiros que também percorreram o país, inclusive minha futura esposa, Graça Machel, ajudando na educação do eleitor ou monitorando a situação durante o período de campanha, a fim de garantir que existissem condições para eleições livres e idôneas.

Quase sem exceção, esses observadores depois comentaram o espírito positivo que havia no país.

Havia outros mecanismos operando para auxiliar os sul-africanos a agir no espírito de democracia aberta durante o período pré-eleitoral. Entre eles estava a Comissão da Mídia Independente, para garantir que todos os partidos recebessem tratamento justo da mídia, tanto na cobertura quanto na reportagem.[14]

São tantas as impressões sobre os dias de votação quantas são as pessoas que mantiveram a compostura mental durante as eleições, e aqueles dias constituíam em si mesmos uma oportunidade única para pensar sobre a realidade da democracia. Para os sul-africanos, é um longo momento gravado no espírito tal como os norte-americanos lembram o assassinato de John F. Kennedy ou – para as gerações mais velhas, diminuindo por todo o mundo – o fim da Primeira ou da Segunda Guerra Mundial. Para a maioria dos sul-africanos, foi, para usar uma expressão batida, uma experiência a ser lembrada pelo resto da vida. Em vista de sua importância, a eleição se estenderia por dois dias.

O dia 26 de abril de 1994, uma terça-feira, num teste para a eleição no dia seguinte, ficou reservado para os idosos, pessoas com necessidades especiais e sul-africanos residentes no exterior. Para muitos deles, sobretudo alguns expatriados em terras estrangeiras, o ato de votar serviu para clarearem as ideias sobre suas origens – e lealdades. Para os religiosos, se a libertação de Mandela simbolizava a libertação da servidão, as primeiras eleições democráticas assinalavam a existência concreta da Terra Prometida. Para o frágil e debilitado arcebispo Trevor Huddleston, presidente do Movimento contra o Apartheid britânico e constante ativista pela soltura de Mandela, foi um momento de grande emoção entrar na South Africa House, em Londres, na Trafalgar Square, a fim de depositar seu voto na primeira eleição democrática da África do Sul. Apoiado em muletas, ele falou aos adeptos reunidos "na sala de leitura carregada de história colonial, [agradecendo a] Deus por poder participar de 'algo indizivelmente maravilhoso'".[15]

Pessoas de todas as condições afluíam como água de todas as partes e formavam filas com quilômetros de comprimento ao se dirigirem aos centros onde depositariam o voto. Se havia algum nervosismo quanto a eventuais ataques da direita, as pessoas não demonstraram. Era uma questão de resolução, que se registrava em muitas partes.

Segundo Paul Taylor, do *Washington Post*:

Em algumas seções eleitorais em áreas negras, as filas começaram a se formar às quatro da manhã. Em outras, os eleitores com necessidades especiais eram levados às urnas em cadeiras de rodas ou macas. Por todo o país, o estado de espírito dominante parecia ser menos de exuberância que de serena resolução. "Estou cansada, com dor nas costas; não comi nada o dia todo", disse a estoica Susan Ndhlovu, de 67 anos, a um repórter sul-africano enquanto aguardava numa longa fila sob um sol escaldante em Bloemfontein. "Mas vou ficar até votar."[16]

Em 27 de abril, quarta-feira de manhã, conta Mandela,

votei na Escola de Ohlange, em Inanda, um distrito montanhoso e verdejante logo ao norte de Durban, pois era lá que John [Langalibalele] Dube, o primeiro presidente do CNA, estava sepultado. Esse patriota africano ajudara a fundar a organização em 1912, e depositar meu voto perto de sua tumba fechava o círculo da história, pois a missão que ele iniciara 82 anos antes estava prestes a se realizar.[17]

Mandela comenta que, ao amanhecer daquele dia, que simbolizava um novo começo,

milhões de sul-africanos fizeram fila para depositar seu primeiro voto democrático, cujos fundamentos tinham sido lançados nos meses precedentes. Aquele dia memorável foi o coroamento adequado do espírito positivo de esperança e expectativa que predominava, apesar das lágrimas e apreensões.

A ordem e a tranquilidade em que transcorreram as eleições e a subsequente transformação sem violências desmentiram totalmente as previsões negativas dos profetas da catástrofe, entre os quais se incluíam alguns analistas políticos famosos e respeitados. Tinham previsto que a história da África do Sul, sobretudo nas quatro décadas do regime de apartheid, mostrava claramente que a minoria branca estava decidida a se agarrar ao poder pelos séculos futuros. Um amplo leque de comentadores subestimou nossa determinação e capacidade de persuadir os formadores de opinião de ambos os lados da linha racial a entenderem que este país é sua pátria amada, com a responsabilidade básica de converter o mês de abril de 1994 num marco memorável em nossa turbulenta história.

Era o dia pelo qual uma longa série de célebres figuras heroicas lutara desde 1652, quando o estrangeiro Jan van Riebeeck desembarcou em nossas costas.* Trabalharam incansavelmente pela libertação de nosso país: o líder khoi Autshumao, Abdullah Abdurahman, Cissie Gool e Hettie September, Yusuf Dadoo e Monty Naicker, Bram Fischer e Michael Harmel, Khosi Tshivhase, Alpheus Madiba, rainha Manthatisi, Selope Thema, Moses Kotane, Albert Luthuli, Oliver Tambo, Chris Hani, Robert Sobukwe, Zeph Mothopeng e Steve Biko, e uma multidão de outros.**[18]

---

* Funcionário da Companhia Holandesa das Índias Orientais, Jan van Riebeeck criou uma escala para os navios holandeses na baía da Mesa, que resultou na fundação da Colônia do Cabo e no assentamento de brancos na África do Sul.

** Para Autshumao, Yusuf Dadoo, Bram Fischer, Moses Kotane, Albert Luthuli, Oliver Tambo, Chris Hani, Robert Sobukwe, Zeph Mothopeng e Steve Biko, ver Pessoas, lugares e eventos. Abdullah Abdurahman foi o primeiro mestiço a ser eleito para o Conselho Municipal da Cidade do Cabo, em 1904, e para o Conselho Provincial do Cabo, em 1914, e foi presidente da Organização Política Africana, que combatia a opressão racial contra os mestiços. Cissie Gool, filha de Abdurahman, foi fundadora e primeira presidente da Liga de Libertação Nacional, presidente da Frente Unida Não Europeia nos anos 1940 e a primeira mulher mestiça a se formar em direito na África do Sul e a ser chamada a integrar a Ordem dos Advogados do Cabo. Hettie September foi uma sindicalista, membro das Organizações do Povo Mestiço Sul-Africano e uma das fundadoras do Comitê Alimentar Feminino da Cidade do Cabo em 1946. Monty Naicker foi médico, cofundador e primeiro presidente do Conselho Contra a Segregação e presidente do Congresso Indiano de Natal no período de 1945-63. Michael Harmel foi membro dirigente do PCSA, editor do jornal *The African Communist* e membro do MK. Foi um dos fundadores do Congresso dos Democratas. Khosi Tshivhase é um rei venda. Alpheus Madiba morreu enforcado em 1967, um dia após sua detenção, morte que foi apresentada como suicídio. A rainha Manthatisi comandou o povo tlokwa durante o período das guerras difiqanes/

Mais tarde, refletindo sobre os desdobramentos da histórica eleição nacional para legitimar a democracia, Mandela não pôde evitar um tom sardônico em relação aos negativistas e medrosos que se haviam preparado para uma catástrofe.

Depois das eleições, quando estava tudo terminado e as questões se mostraram tão diferentes do que os profetas da catástrofe haviam anunciado, os que tinham feito seus estoques foram motivo de muitas piadas e leviandades. Mas, na época, era um assunto de grande seriedade e realmente afetou o ânimo geral.[19]

O CNA teve uma vitória esmagadora, com 62,6% dos votos populares, que Mandela atribuiu ao grande trabalho e disciplina do partido. Apesar das dificuldades geradas pela participação tardia do Inkatha, a violência que punha em risco a livre atividade política em áreas rurais de Natal ou a manipulação do sistema de contagem de votos para favorecer o Partido Nacional, a Frente da Liberdade e o Inkatha, frustrada pela Comissão Eleitoral Independente, ninguém contestou a legitimidade das eleições, nem que haviam sido "essencialmente livres e idôneas".[20]

Mas, como ocorre com todas as eleições – ou qualquer disputa em que haja ganhadores e perdedores –, foi inevitável que surgissem reclamações de irregularidades, mesmo entre elementos do próprio CNA. Por exemplo, quando uma delegação de dirigentes regionais do CNA em Natal apareceu com indícios de irregularidades que favoreciam o Inkatha, Mandela preferiu aceitar a derrota do CNA por pequena margem a iniciar uma contestação que poderia custar a legitimidade das eleições e trazer graves implicações para a estabilidade e a paz. De Klerk, por seu lado, tampouco estava imune a reclamações internas, com alguns dirigentes do Partido Nacional querendo fazer uma contestação judicial dos resultados. Como diz em suas memórias, ele adotou a posição de que, "apesar de todas as

---

mfecanes (1815-40), até seu filho Sekonyela atingir a idade de governar. Selope Thema foi um importante membro do Congresso Nacional Nativo Sul-Africano e secretário da delegação em nome dos sul-africanos negros na Conferência de Paz de Versalhes e no governo britânico em 1919.

irregularidades, não tivemos muita escolha a não ser aceitar o resultado da eleição no interesse da África do Sul e de todo o seu povo".[21]

Embora muito contente, Mandela ainda estava preocupado com alguns dos resultados. O CNA não conseguira vencer nas províncias do Cabo Ocidental e KwaZulu-Natal, e vencera no Cabo Norte com menos de 50% dos votos. O CNA tinha de atender aos interesses de vários eleitorados, especificamente os trabalhadores brancos tradicionalistas em Natal e as comunidades indianas e mestiças. Essas questões seriam foco de grande atenção para Mandela, ao liderar a transição nos anos seguintes.

Na noite de 2 de maio, depois que De Klerk admitira a derrota num discurso pela televisão, o partido comemorou no salão de bailes do Carlton Hotel, contíguo ao Carlton Centre, o arranha-céu mais alto da África, com cinquenta andares se erguendo no centro do distrito empresarial de Joanesburgo. Apesar das recomendações do médico para se cuidar, devido a um resfriado que contraíra, Mandela não podia perder a ocasião de celebrar com seus compatriotas. Lá, diante de uma multidão enlevada, ele expôs rapidamente sua missão e mandato como presidente do primeiro governo democraticamente eleito do país:

> Devo me desculpar; contraí um resfriado e espero que minha voz consiga se erguer à altura da ocasião nesta noite. Meu médico, que me examinou hoje cedo, disse-me para ficar de repouso hoje e amanhã e falar o mínimo possível. E que, se eu fizesse isso, o resfriado passaria em dois dias. Espero que vocês não contem a ele que não obedeci a suas recomendações.
>
> Colegas sul-africanos, povo da África do Sul, esta é de fato uma noite feliz. Embora ainda não definitivos, recebemos os resultados provisórios da eleição. Meus amigos, posso lhes dizer que estamos encantados com o maciço apoio ao Congresso Nacional Africano.
>
> Nessas últimas horas, recebi telefonemas do presidente de Estado De Klerk, do general Constand Viljoen, do dr. Zach de Beer e do sr. Johnson Mlambo, o primeiro vice-presidente do CPA, que prometeram sua plena cooperação e ofereceram suas sinceras congratulações. Agradeci a todos eles pelo apoio e estou ansioso para trabalharmos juntos por nosso querido país.

Também gostaria de congratular o presidente De Klerk pela sólida presença que o Partido Nacional mostrou nessa eleição. Também quero congratulá-lo pelos ... anos em que trabalhamos juntos, discutimos ... e pelo fato de que, ao final de nossas conversas acaloradas, podíamos trocar um aperto de mãos e tomar café.

Também dou minhas congratulações ao dr. Zach de Beer, assim como ao general Constand Viljoen, com os quais tive numerosas discussões e que considero sul-africanos dignos que darão sua contribuição no Governo de Unidade Nacional.*

Também aguardo ansiosamente para conversar com os líderes do movimento de libertação que não conseguiram atingir a votação mínima. Irei à minha organização porque tenho algumas ideias. Eles sofreram junto conosco. Estive preso com muitos deles. Sofremos juntos nos campos de batalha, e dói-me muito que não tenham conseguido atingir a votação mínima, que outros partidos atingiram.

A todos aqueles no Congresso Nacional Africano e no movimento democrático que trabalharam tão arduamente nesses últimos dias e ao longo dessas muitas décadas, presto meus agradecimentos e rendo minhas homenagens.

Ao povo da África do Sul e ao mundo que está assistindo: esta é realmente uma noite jubilosa para o espírito humano. Esta vitória também é de vocês. Vocês ajudaram a acabar com o apartheid; ficaram conosco durante a transição.

Observei, com todos vocês, enquanto dezenas de milhares de nosso povo aguardavam pacientes em longas filas, durante muitas horas. Alguns dormindo ao relento durante a noite, esperando para dar esse voto importante ... Este é um dos momentos mais importantes na vida de nosso país. Estou aqui diante de vocês cheio de profundo orgulho e alegria; orgulho pelo povo simples e humilde deste país. Vocês mostraram uma determinação tão calma e paciente de reclamar este país como país de vocês; e alegria por podermos proclamar aos quatro ventos, em alto e bom som – enfim livres!

---

* Zach de Beer foi o último dirigente do Partido Federal Progressista e o primeiro dirigente do Partido Democrático.

Sou servidor de vocês; não venho como dirigente ... Somos uma grande equipe. Dirigentes vêm e vão, mas a organização e a direção coletiva que têm acompanhado as venturas e desventuras dessa organização sempre estarão lá. E as ideias que expresso não são ideias que tirei da minha cabeça. Elas vêm ... da Carta da Liberdade, das decisões, das resoluções da Conferência Nacional e das decisões do Comitê Executivo Nacional... Não são os indivíduos que importam; é a direção coletiva que tem conduzido nossa organização com tanta habilidade.

E estou aqui diante de vocês, portanto, curvando-me à sua coragem, com o coração cheio de amor por todos vocês. Considero a mais alta honra liderar o CNA neste momento de nossa história, e que tenhamos sido escolhidos para conduzir nosso país ao novo século.

Prometo usar toda a minha força e capacidade para estar à altura de suas expectativas em relação a mim, bem como ao CNA.

Tenho uma dívida pessoal de gratidão e rendo homenagem a alguns dos maiores líderes africanos, entre eles John [Langalibalele] Dube, Josiah Gumede, G.M. Naicker, dr. Abdurahman, chefe Luthuli, Lilian Ngoyi, Bram Fischer, Helen Joseph, Yusuf Dadoo, Moses Kotane, Chris Hani e Oliver Tambo. Eles deveriam estar aqui para celebrar conosco, pois esta é também uma realização deles.

Amanhã, toda a liderança do CNA e eu estaremos de volta a nossas mesas. Estamos arregaçando as mangas para começar a lidar com os problemas que nosso país enfrenta. Pedimos a todos vocês que se juntem a nós – voltem de manhã a seus afazeres. Vamos pôr a África do Sul para trabalhar.

Pois precisamos começar, juntos e sem demora, a construir uma vida melhor para todos os sul-africanos. Isso significa criar empregos, construir casas, prover ensino e trazer paz e segurança a todos.

Este vai ser o grande teste do Governo de Unidade Nacional. Saímos como o partido majoritário com base na plataforma que está contida no Programa de Reconstrução e Desenvolvimento. Ali traçamos os passos que daremos para assegurar uma vida melhor para todos os sul-africanos.

Quase todas as organizações que farão parte do Governo de Unidade Nacional se comprometeram ... a contribuir para uma vida melhor de nosso povo. Este vai ser o alicerce … sobre o qual o Governo de Unidade Nacional será fundado. E apelo a todos os líderes que vão servir neste governo que honrem o programa. E … contribuam para sua implementação imediata.

Se alguém tentar de alguma maneira minar esse programa, haverá sérias tensões no Governo de Unidade Nacional.

Estamos aqui para honrar nossas promessas. Se deixarmos de implementar esse programa, será uma traição da confiança que o povo da África do Sul investiu em nós. Trata-se de um programa que foi desenvolvido pelas próprias massas populares nos Fóruns do Povo, e aceito por instituições estatais, por departamentos do governo, pelo empresariado, por acadêmicos, líderes religiosos, movimentos da juventude, organizações das mulheres. E ninguém terá o direito de participar desse Governo de Unidade Nacional para se opor ao plano.

Mas devo acrescentar que não vamos transformar o Governo de Unidade Nacional numa casca vazia. Queremos que todas as organizações políticas que participam desse Governo sintam que fazem parte de uma máquina governamental capaz de abrigar suas posições dentro do contexto do Programa de Reconstrução e Desenvolvimento. Não queremos reduzi-los a meros carimbos, que endossam a decisão de alguma organização só para dizer que esse programa tem de ser executado sem reservas.

O clima calmo e tolerante que predominou durante as eleições mostra o tipo de África do Sul que podemos construir. Ele deu o tom para o futuro. Podemos ter nossas divergências, mas somos um povo só, com um destino comum em nossa rica variedade de culturas e tradições.

Também louvamos as forças de segurança pelo excelente trabalho realizado. Assim se lançou um sólido alicerce para uma polícia verdadeiramente profissional, comprometida com o serviço ao povo e a lealdade à nova Constituição.

O povo votou pelo partido de sua escolha e respeitamos essa decisão. Isso é democracia.

Estendo uma mão amiga aos dirigentes e membros de todos os partidos e peço-lhes que se unam a nós, trabalhando juntos para lidar com os problemas que enfrentamos como nação. Um governo do CNA servirá a todo o povo da África do Sul, não apenas a membros do CNA.

Estamos ansiosos para trabalhar juntos num Governo de Unidade Nacional. Trata-se de um claro mandato para a ação. Para implementar um plano que gere empregos, promova a paz e a reconciliação e garanta a liberdade para todos os sul-africanos.

Agora é hora de celebrar, de os sul-africanos se unirem para celebrar o nascimento da democracia.

Façamos com que nossas celebrações acompanhem o espírito presente nas eleições – pacífico, respeitoso e disciplinado –, mostrando que somos um povo pronto para assumir as responsabilidades de governo.

Prometo que me empenharei ao máximo para merecer a fé e a confiança que vocês depositaram em mim e em minha organização, o Congresso Nacional Africano. Vamos construir o futuro juntos e brindemos a uma vida melhor para todos os sul-africanos.

Por fim, quero apenas dizer que, em algumas áreas, podemos não ter ido tão bem quanto esperávamos. Mas é assim que funciona a democracia. Não deve haver tensões em nenhuma região onde não tenhamos saído como partido majoritário. Estendamos nossas mãos àqueles que nos venceram e digamos a eles: somos todos sul-africanos; foi uma boa disputa. Mas agora é hora de curar as velhas feridas e construir uma nova África do Sul.

Também quero dizer que há times esportivos que deveriam vir à África do Sul. Não vieram por causa do Estado de Emergência. Convido todos eles a virem à África do Sul independentemente do Estado de Emergência. Nós, o povo da África do Sul, vamos acolhê-los de braços abertos.

Obrigado.[22]

Ainda na mesma noite, ele recebeu um presente de James Motlatsi, presidente da União Nacional dos Mineiros. Mandela então voltou ao microfone e disse:

Bom, tenho certeza de que vocês vão me aguentar. Não posso deixar de agradecer ao camarada James. Vocês devem saber que minha ligação com o sindicato dos mineiros só pode ser descrita em termos íntimos, porque meu primeiro emprego, meu primeiríssimo emprego, foi na mina, como policial de minas. Então agradeço esse presente, porque esses laços entre os

mineiros e mim persistiram e me deram força e esperança ao longo desses
vários anos. Obrigado.[23]

SENDO UM EX-BOXEADOR, Mandela concentrou toda a sua energia num
único golpe que derrubaria as iniquidades e desigualdades do passado e
moldaria uma África do Sul realmente democrática. Ele era motivo de as-
sombro para seus assistentes no governo, um dínamo humano que queria
alcançar todos os eleitorados. Jessie Duarte, então chefe de operações na
presidência do CNA, lembra que ele telefonou a cada um dos chefes de
Estado que tinham auxiliado na campanha eleitoral do CNA.[24]

Nos dias anteriores ao da posse, sua mensagem foi que a eleição era
um novo início e uma convocação para uma parceria nacional com vistas
à mudança. Seguindo uma programação que teria esgotado um homem
com metade de sua idade, Mandela, na semana anterior à confirmação no
Congresso de sua eleição como presidente, falou a várias congregações na
Cidade do Cabo numa mesquita no Bo-Kaap, aos fiéis numa sinagoga de
Sea Point, a anglicanos e metodistas em suas respectivas igrejas.[25]

Num evento organizado pelo Concílio de Igrejas da África do Sul, para
dar graças pelas eleições pacíficas, Mandela discursou numa missa ecu-
mênica no estádio FNB, em Soweto, onde agradeceu aos líderes cristãos,
muçulmanos, hinduístas e judaicos pela participação na luta de libertação:

> Nada que eu possa dizer é capaz de descrever plenamente a miséria de nosso
> povo resultante daquela repressão, e chegou o dia que aguardávamos e pelo
> qual lutávamos. Chegou o momento de homens e mulheres, africanos, mesti-
> ços, indianos e brancos, falantes de africâner e de inglês, dizerem que somos
> um só país, somos um só povo.[26]

Duarte relembra que Mandela

também se reuniu com todos os chefes da Defesa e das Forças Armadas.
Encontrou-se com o general Meiring e um certo general Brown da polícia,

além de Magnus Malan. Isso foi depois da eleição. Ele disse que tinham de apresentar os cargos honrosamente. Quis saber a dimensão das Forças Armadas, o que havia no setor de inteligência, quem eram as pessoas de lá. Sem dúvida pensava que as coisas haviam mudado, e o expressou. Interessou-se muito por aqueles elementos: polícia, Forças Armadas, o Ministério da Justiça. Creio que foi por causa não só de sua formação, mas de sua vivência como prisioneiro, coisas que tinha vivido e [deram] errado para ele, as questões concretas de justiça. Ele chamou os líderes dos bantustões para dizer que era hora de avançarem juntos.[27]

Antes disso, quando ainda estava preso, Mandela era ambivalente em relação ao sistema de bantustões.* "Abominava-o", mas "achei que o CNA devia usar o sistema e seus integrantes como plataforma para nossas políticas, sobretudo agora que tantos líderes nossos estavam sem voz, na prisão, na ilegalidade ou no exílio."[28]

Mas, no período pré-eleitoral, Mandela queria evitar que a sombria profecia de Walter Sisulu se concretizasse. Em 1977, Sisulu escrevera na prisão sobre a chamada independência dos bantustões.

Com a "independência" para os bantustões, os Nats [Partido Nacional] terão feito um grande avanço, ao dividir nosso povo segundo linhas étnicas. Além disso, os Nats lançaram sementes que podem virar bombas-relógio que explodirão em nosso meio, muito tempo depois que eles e o governo da minoria branca tiverem sido derrotados.[29]

Assim, ao conversar com os líderes dos bantustões, Mandela queria garantir que ficassem juntos, no mesmo lado, para a criação de um Estado unitário e independente, e evitar o fantasma do tribalismo sobre o qual alertara Pixley ka Isaka Seme, um dos fundadores e presidentes do CNA, em outubro de 1911.

---

* O regime de apartheid selecionou onze áreas na África do Sul para serem ocupadas por diferentes grupos africanos. Chamavam-se "bantustões" ou "territórios nativos".

O demônio do racialismo, as aberrações da rixa xhosa-fingo, a animosidade que existe entre os zulus e os tsongas, entre os basutos e todos os outros nativos devem ser enterrados e esquecidos; já correu sangue suficiente entre nós! Somos um só povo. Essas divisões, essas invejas são a causa de todas as nossas desgraças e de todo o nosso atraso e ignorância de hoje.[30]

Para Mandela, a segurança era fundamental tanto para uma transição estável quanto para o crescimento e desenvolvimento necessários à transformação socioeconômica:

Algumas semanas antes da eleição geral de 1994, e acompanhado por Alfred Nzo e Joe Nhlanhla, que depois se tornaram, respectivamente, ministro das Relações Exteriores e ministro da Defesa, tive uma discussão com o general Georg Meiring, chefe das Forças Armadas Sul-Africanas, e depois com o general Johan van der Merwe, comissário nacional do Serviço Policial Sul-Africano, mais tarde conhecido como SPSA.

Perguntei a cada um deles se trabalharia sob um governo do CNA, caso vencêssemos as eleições. O general Meiring nos garantiu sem hesitar que serviria lealmente ao novo governo e proveria a devida segurança, compromisso que tentou honrar ao máximo de sua capacidade. O fato de não ter conseguido resistir à pressão da Inteligência Militar para desacreditar seu óbvio sucessor, o general Siphiwe Nyanda, e outros oficiais negros de alta patente visou a macular sua imagem, que, afora isso, era irrepreensível.

A conversa com o general Van der Merwe não foi tão fácil. Ele estava acompanhado do general Basie Smit, segundo no comando, e pelo general Johan Swart, ex-comissário de Soweto. O general Van der Merwe nos informou que logo se aposentaria e pretendia transferir o comando para Basie Smit. Ressaltei que estava interessado apenas nele; que, se não estivesse disponível, nomearia um sucessor de minha escolha.[31]

Sydney Mufamadi relembra as discussões entre os generais e Mandela:

O general Meiring fora solicitado a permanecer, e então, em certo momento, ele levou o chamado relatório da inteligência ao presidente Mandela, em que havia gravíssimas alegações sobre altos membros das forças antes irregulares, em particular o MK ... de planos para montar um golpe contra o governo. O presidente Mandela levou bastante a sério as alegações e indicou o presidente do Supremo Tribunal [Ismail] Mahomed, e descobriu-se que tais alegações eram infundadas. Depois disso, Georg Meiring não durou muito tempo ... O presidente Mandela viu a necessidade estratégica de uma composição abrangente para construir a nova África do Sul. Mas precisava ter certeza de que seus interlocutores compartilhavam dessa mesma posição.[32]

A relutância de Mandela em manter o general Van der Merwe se baseava num aspecto mais fundamental: a violência que devastava o país e os patrocinadores dessa violência. Mandela propôs nomear Van der Merwe comissário da nova força policial, para garantir a ele e a seus colaboradores que não seriam processados por crimes do passado, mas eles tinham de mostrar reciprocidade.

Conforme escreve Mufamadi,

Van der Merwe não foi nomeado chefe do novo Serviço Policial Sul-Africano porque, mesmo quando estávamos muito perto das eleições em 1994 ... continuamos a ter incidentes muito graves ... de violência com motivação política – em partes do Reef, no East Rand em especial e em KwaZulu-Natal – que sugeriam que as estruturas que haviam sido criadas com a finalidade de praticar aquela violência ... não tinham sido desmontadas.

Um dos incidentes foi um "grande massacre na área de Port Shepstone" em 1995. "O presidente Mandela não tinha certeza de que poderíamos contar com a liderança do general Van der Merwe, que hesitava muito em participar da Comissão de Verdade [e Reconciliação – CVR]."[33]

Com base na Lei de Reconciliação e Promoção da Unidade Nacional n.34, de 1995, a CVR foi montada pelo GUN para ajudar a lidar com os casos ocorridos sob o apartheid. O conflito durante esse período resultou em violências e violações dos direitos humanos. Na opinião de Mufamadi – e de Mandela –, a CVR "não ia apenas falar sobre quem fez o quê no passado, mas fechar realmente o espaço para quem ainda pudesse estar pensando em continuar a agir dessa maneira, porque viria a se saber quem fazia parte dos esquadrões da morte".[34]

Mandela, perante o silêncio do general Van der Merwe a suas aproximações, retirou a proposta. Logo a seguir, prossegue Mufamadi,

> montamos a unidade para investigar a infraestrutura que visivelmente ainda funcionava, fomentando a violência em KwaZulu-Natal ... [que era] liderada pelo então superintendente, Frank Dutton. E o que houve de bom nisso foi que ela obteve a cooperação de uma quantidade bastante significativa de pessoas que antes estavam envolvidas nos esquadrões da morte – estavam se apresentando com informações.[35]

Ao conversar e interagir com todos os setores da sociedade sul-africana, Mandela estava imprimindo sua autoridade de líder tanto no CNA quanto no país. Como observa Barbara Masekela:

> O que muitos não entendiam era que ele não ia ser apenas o presidente do CNA. Ia ser o presidente de todo o povo da África do Sul. Considerei que era obrigação minha mostrá-lo à gama mais ampla possível de pessoas para que ele pudesse ter a visão mais acurada possível da sociedade. Ele ficou profundamente grato.[36]

Em 9 de maio, depois de confirmada no Congresso sua histórica e incontestе eleição como presidente, Mandela, ciente da carga simbólica desse gesto, apresentou-se com o arcebispo Tutu, De Klerk e Mbeki para discursar ao povo da Cidade do Cabo, aparecendo na mesma sacada da prefeitura de onde saudara os sul-africanos no dia de sua libertação, em fevereiro de 1990:

> O povo da África do Sul se manifestou nessas eleições. Ele quer mudança. E mudança é o que terá.
>
> Nosso projeto é criar empregos, promover a paz e a reconciliação e garantir a liberdade para todos os sul-africanos. Combateremos a pobreza generalizada

tão difundida entre a maioria de nosso povo. Incentivando os investidores e o Estado democrático a apoiar programas de geração de empregos, em que a produção industrial terá papel central, procuraremos transformar nosso país de exportador de matérias-primas num país que exporta produtos acabados ...

Para erguer nosso país e nosso povo do atoleiro do racismo e do apartheid, precisamos de determinação e trabalho. Como governo, o CNA criará uma estrutura legal que, em vez de bloquear, ajudará na tremenda tarefa de reconstrução e desenvolvimento de nossa sociedade exaurida.

Ao mesmo tempo que estamos e continuamos totalmente comprometidos com o espírito de um governo de unidade nacional, estamos decididos a iniciar e trazer a mudança que nosso mandato outorgado pelo povo requer.

Apresentamos nossa visão de uma nova ordem constitucional para a África do Sul não como vencedores se impondo sobre os vencidos. Falamos como concidadãos, para curar as feridas do povo com o propósito de construir uma nova ordem baseada na justiça para todos.

Este é o desafio que hoje se coloca a todos os sul-africanos, e tenho certeza de que todos nós estaremos à sua altura.[37]

UM ELEMENTO IMPORTANTE na grandeza de Mandela era nunca tomar nada – nem ninguém – por definitivo. Talvez mais de 25 anos de prisão lhe tivessem ensinado que ele era uma página em branco, um substrato sobre o qual se imprimiria a nova realidade do país. Havia uma enorme distância, no plano dos detalhes, entre o mundo em que ele se formara antes da prisão e aquilo em que esse mundo se transformara na época em que foi libertado. Para sua assistente pessoal, Jessie Duarte, Mandela era uma pessoa que mais ouvia do que falava. Duarte e Masekela tinham grande interação com ele. Mandela se aconselhara com Frene Ginwala, política e filiada do CNA, para nomear sua equipe de gabinete.

Mandela já se informara com o Comitê Operacional Nacional, do Comitê Executivo Nacional, responsável pela rotina diária do partido, sobre a designação de cargos para o Partido Nacional e o Inkatha no novo governo. Estava também pensando em sua posse.

Duarte lembra que Mandela participou na elaboração da lista dos convidados, tanto da África do Sul quanto de outros países:

Na primeira semana depois do resultado, estávamos preparando a cerimônia da posse. O que me comoveu foi ver Madiba examinando com Thabo Mbeki e Aziz Pahad a lista dos convidados internacionais.

Havia pessoas que ele insistia que tinham de ser, precisavam ser convidadas: "Não vou fazer isso sem [Fidel] Castro." Ele sempre voltava àquelas pessoas; eram amigos. E tinha de ter Yasser Arafat em sua posse. Disse: "Não me interessa como vamos fazer, meu irmão Yasser Arafat tem de estar em minha posse." Era um problema e tanto, porque o coitado não podia sair da Tunísia; seria preso. Sua ideia era que todos os líderes africanos que pudessem vir deviam ser convidados. Ele dizia: "Precisamos fazer parte daquilo que vai ser a África, e moldá-la e construí-la." Queria saber: "Então, quem disse que não vai vir?" E aí pegava o telefone: "Oh, meu irmão, creio que você não vai poder vir, mas saiba que eu realmente gostaria que você estivesse aqui." E as pessoas não tinham como dizer não, e de fato vieram.[38]

A posse de Mandela foi carregada de emoção e simbolismo. Vista por cerca de 1 bilhão de telespectadores pelo mundo, reuniu quase 180 chefes de Estado e dignitários estrangeiros e mais de 40 mil convidados locais de todas as raças no anfiteatro e nos jardins do Palácio do Governo, em Pretória. Resplandecentes em seus uniformes de gala, as forças militares e policiais, cuja missão histórica tinha sido impedir precisamente essa ocasião, agora asseguravam as condições para uma transição pacífica.

Depois de prestar o juramento do cargo ao juiz Michael Corbett, Mandela se colocou em posição de sentido, com a mão no peito, durante os hinos. Os militares – alguns generais usando medalhas que ganharam por guerras de agressão – bateram continência ao presidente e juraram lealdade. No intervalo entre a execução de "Die Stem van Suid-Afrika" (O chamado da África do Sul, em africâner), o hino da velha e desacreditada África do Sul, e a execução de "Nkosi Sikelel' iAfrika" (Deus abençoe a África, em isiXhosa), o hino da libertação, foi hasteada a nova bandeira sul-africana.

Redigido por uma equipe liderada por Mbeki – sempre hábil em escrever discursos –, e dirigido à África do Sul e ao mundo em geral, o discurso de Mandela combinava com o simbolismo e o cerimonial da posse. Naquele breve instante no pódio, Mandela, se já era alto, ficou ainda mais alto, mais empertigado, discursando para todos os sul-africanos e dirigentes representando vários graus de poder, dos mais ricos aos mais pobres do mundo.

Eis seu discurso:

Hoje, todos nós, com nossa presença aqui e com nossas comemorações em outras partes de nosso país e do mundo, conferimos glória e esperança à liberdade recém-nascida. Da experiência de uma extraordinária calamidade humana que perdurou por tempo demasiado deve nascer uma sociedade da qual toda a humanidade se orgulhará.

Nossas ações diárias como sul-africanos comuns devem criar uma realidade sul-africana concreta que reforçará a crença da humanidade na justiça, fortalecerá sua confiança na nobreza da alma humana e sustentará todas as nossas esperanças de uma vida gloriosa para todos.

Tudo isso devemos a nós mesmos e aos povos do mundo que aqui se encontram hoje tão bem representados. A meus compatriotas, não hesito em dizer que cada um de nós está tão intimamente ligado ao solo deste belo país quanto os famosos jacarandás de Pretória e as mimosas da savana.

Cada vez que um de nós toca o solo desta terra, sentimos uma renovação pessoal. O ânimo nacional se transforma com a mudança das estações. Somos movidos por uma sensação de alegria e entusiasmo quando a grama verdeja e as flores se abrem.

Essa unidade espiritual e física que todos nós partilhamos com essa pátria comum explica a profunda dor que todos trazíamos no coração quando víamos nosso país se dilacerar num terrível conflito, e quando o víamos desprezado, proscrito e isolado pelos povos do mundo precisamente porque se tornara a base universal da perniciosa ideologia e prática do racismo e da opressão racial.

Nós, o povo da África do Sul, sentimo-nos realizados que a humanidade nos tenha recebido de volta em seu regaço, que a nós, que éramos párias não muito tempo atrás, hoje se tenha concedido o raro privilégio de receber as nações do mundo em nosso próprio solo.

Agradecemos a todos os nossos ilustres convidados internacionais por terem vindo tomar posse com o povo de nosso país daquela que, afinal, é uma vitória comum em favor da justiça, da paz, da dignidade humana.

Confiamos que vocês continuarão a nos apoiar enquanto enfrentamos os desafios de construir a paz, a prosperidade, o não sexismo, o não racismo e a democracia. Agradecemos profundamente o papel que as massas de nosso povo e suas entidades políticas – democráticas, religiosas, empresariais, tradicionais, das mulheres, dos jovens – e outros líderes desempenharam para gerar esse resultado. Não menos importante entre eles é meu segundo vice, o ilustre sr. F.W. de Klerk.

Gostaríamos também de render homenagem a nossas forças de segurança, em todos os níveis, pelo importante papel que desempenharam em assegurar nossas primeiras eleições democráticas e a transição para a democracia contra as forças sanguinárias que ainda se recusam a ver a luz.

Chegou a hora de curar as feridas. Chegou o momento de transpor os abismos que nos separam. Chegou a hora de construir.

Finalmente alcançamos nossa emancipação política. Comprometemo-nos a libertar todo o nosso povo da escravidão contínua da pobreza, da privação, do sofrimento, do sexismo e outras discriminações.

Conseguimos dar nossos passos finais até a liberdade em condições de relativa paz. Comprometemo-nos com a construção de uma paz completa, justa e duradoura.

Triunfamos no esforço de incutir esperança no peito de milhões de nosso povo. Entramos numa aliança para construirmos a sociedade em que todos os sul-africanos, negros e brancos, poderão andar com orgulho, sem medo no coração, certos de seu direito inalienável à dignidade humana – uma nação multicor em paz consigo mesma e com o mundo.

Como penhor de seu compromisso com a renovação de nosso país, o novo Governo Interino de Unidade Nacional tratará, como matéria de urgência, a questão da anistia para várias categorias de nosso povo que atualmente cumprem penas de prisão.

Dedicamos este dia a todos os heróis e heroínas neste país e no resto do mundo que se sacrificaram de muitas maneiras e deram suas vidas para que pudéssemos ser livres. Seus sonhos se tornaram realidade. A liberdade é sua recompensa.

É com grande modéstia e, ao mesmo tempo, com grande orgulho que recebemos a honra e o privilégio que vocês, o povo da África do Sul, conferiram a nós, como o primeiro presidente de uma África do Sul unida, democrática, não racista e não sexista, para tirar nosso país do vale das trevas.

Entendemos que não existe um caminho fácil para a liberdade. Sabemos bem que nenhum de nós, agindo sozinho, pode ter êxito. Devemos, portanto, agir juntos como um povo unido, para a reconciliação nacional, para a construção da nação, para o nascimento de um mundo novo.

Que haja justiça para todos. Que haja paz para todos. Que haja trabalho, pão, água e sal para todos. Que cada qual saiba que o corpo, a mente e a alma de cada um foram libertados para alcançar a realização. Que nunca, nunca, nunca mais esta bela terra volte a viver a opressão de um pelo outro e sofra a indignidade de ser a escória do mundo.

O sol nunca voltará a se pôr sobre conquista humana tão gloriosa! Que reine a liberdade! Deus abençoe a África! Obrigado.[39]

Para as pessoas da idade de Mandela, o simbolismo da cerimônia deve ter sido ainda mais comovente: a posse se realizava não só nos recintos de um edifício que representava o poder inefável, mas em Pretória, não longe do Presídio Central, onde tantos haviam sido executados por ousarem imaginar que algum dia ocorreria tal momento. A área principal da cidade deixara de ser segregada não muito tempo antes, e as calçadas ainda guardavam a memória dos pés dos negros, que tinham de saltar rapidamente para a rua em deferência à aproximação de um branco. Então Mandela deixou a formalidade do anfiteatro, atravessou os jardins bem-cuidados do Palácio do Governo e foi até o local onde se aglomeravam dezenas de milhares de pessoas.

Antes de começar seu discurso de posse, Mandela deu alguns passos de dança ao som da música dos African Jazz Pioneers, e a multidão o acompanhou encantada. Em meio ao clima festivo, um grupo de jovens correu até o gramado na frente do Palácio do Governo, carregando no alto um caixão em tamanho natural. A lateral do caixão trazia uma frase pintada: *"Hamba kahle apartheid"* (Adeus, apartheid).[40]

No palco, Mandela apresentou Mbeki e De Klerk como vices, erguendo as mãos de ambos, como um juiz anunciando dois vencedores numa luta de boxe.

"Sempre me lembrarei dele erguendo minha mão e também a mão de Thabo Mbeki, para todos verem", comentou De Klerk anos depois. "Isso simbolizava que abordaríamos juntos o futuro."[41] Ali, Mandela apresentou Mbeki como um combatente da liberdade que sacrificara a própria juventude à luta pela libertação e De Klerk como um dos maiores reformadores, um dos filhos da terra.

"Esqueçamos o passado", disse Mandela. "O que passou passou."[42]

Mais tarde, no almoço de posse para os convidados, ele falou em outro tom, vindo do coração, como costumava fazer quando falava de improviso:

Hoje é o resultado daquela outra força em nosso país, a da persuasão, da discussão, do diálogo, do amor e lealdade à nossa pátria comum.

Nos dias pela frente, esta é a força em que vamos nos basear. Ainda teremos muitos problemas. Assim, o Governo de Unidade Nacional terá de enfrentar todos esses problemas. Mas não tenho dúvida de que temos os homens e as mulheres neste país, de todos os setores da população, que estarão à altura do desafio.[43]

4. Entrando no Palácio do Governo

Nelson Mandela passou a noite da posse na Casa para os Convidados do Estado em Pretória, que seria sua residência temporária pelos três meses seguintes, enquanto F.W. de Klerk se mudava da residência presidencial, chamada Libertas; Mandela, mais tarde, mudou o nome para Mahlamba Ndlopfu (A Nova Alvorada, em xitsonga, significando literalmente "o banho dos elefantes", devido ao fato de que os elefantes se banham de manhã).

Por volta das dez da manhã de 11 de maio, no dia seguinte à posse, Mandela chegou à entrada dos fundos da ala oeste do Palácio do Governo, acompanhado por um destacamento de segurança das unidades ainda não integradas da Polícia Sul-Africana e do MK. Duas mulheres fantásticas – Barbara Masekela e Jessie Duarte –, que estavam no centro da equipe administrativa de Mandela como presidente do CNA, acompanhavam-no com toda a agilidade possível, carregando a parafernália para montar o escritório.

A temperatura nos corredores, sempre sombreados, ficava um ou dois graus abaixo da temperatura externa, impondo à equipe e aos funcionários um código de vestuário um tanto conservador. Antes, quando Mandela se encontrava com De Klerk, sempre havia nos corredores um cheiro de café vindo de algum lugar. Nessa manhã, não; e, tirando as poucas pessoas que Mandela encontrara na entrada do edifício, o local parecia praticamente deserto e abandonado, sem qualquer calor humano. O vice-presidente executivo De Klerk levara tudo, deixando apenas a equipe funcional e administrativa.

Mas a hospitalidade e as roupas elegantes eram as últimas coisas que importavam à equipe de Mandela, cuja tarefa principal naquele 11 de maio era acabar de compor o gabinete do Governo de Unidade Nacional e tomar o juramento dos ministros. Era uma equipe pequena, com profissionais escolhidos a dedo, que tinham de cumprir uma ordem urgente. Como observou Jessie Duarte, Mandela não se manteve passivo na escolha da equipe. Quando quis incluir o professor Jakes Gerwel como possível diretor-geral e secretário do gabinete, Duarte comenta que ele

> quis saber tudo o que havia para saber sobre Jakes. Perguntou a Trevor [Manuel] ... antes de realmente se sentar com Jakes e questioná-lo: "Se ganharmos, você viria trabalhar conosco?" Também falou com muitos ativistas, perguntando quem era aquele tal Gerwel, que ... iria para o governo com ele.[1]

Era necessário um grupo de quadros competentes no gabinete do presidente, para cobrir a lacuna aberta com a saída da equipe de sessenta pessoas de De Klerk. Além disso, a tarefa atribuída a um subconselho de Relações Exteriores do Conselho Executivo de Transição, para planejar uma estrutura para o gabinete do novo presidente, não dera em nada, exceto a designação de uma pequena equipe provisória para atender temporariamente ao novo presidente, até que se conseguisse chegar a uma montagem permanente. Por sugestão de Thabo Mbeki, uma equipe encabeçada pelo dr. Chris Streeter, do Departamento de Relações Exteriores, assumiu a tarefa, e Streeter ficou como "chefe de gabinete" de Mandela até a nomeação do diretor-geral.

Mandela foi rápido em desfazer a ilusão de que se livraria do pessoal antigo. Mesmo acuado pelo tempo, fez questão de apertar a mão de todos os integrantes da equipe, um por um. Fanie Pretorius, então diretor-chefe do gabinete presidencial, relembra a ocasião:

> Ele começou pela esquerda apertando a mão de todo o pessoal da equipe, e, quando estava mais ou menos num quarto da fila, chegou a uma senhora que sempre tinha cara amarrada, embora fosse boazinha. Ao apertar sua mão, ele perguntou em africâner: *"Is jy kwaad vir my?"* [Está brava comigo?] Todos riram, e o gelo se desfez. Ele seguiu em frente e deu seu recado a toda

a equipe. Foi só isso, e todos se sentiram aliviados. Naquele momento, ele era Nelson Mandela, cordial e acolhedor. Todos comeriam na sua mão – depois daquilo, ninguém da equipe teve qualquer ressentimento, pelo menos ao que soubéssemos.[2]

A cordialidade pessoal de Mandela com gente de todas as posições, desde jardineiros, faxineiras, escreventes e datilógrafas até os cargos mais altos, não passava despercebida. Todos os que cruzaram com ele no trabalho dizem que era generoso, modesto e afável; homem que sabia "ser uma pessoa comum", com uma sinceridade que se mostrava no hábito de "cumprimentar todos da mesma maneira, quer esteja sendo filmado, quer não"; "a gente nunca sente que ele está lá em cima e você aqui embaixo".[3]

Mandela tinha respeito, mas não se intimidava com o mundo em que estava. Como todas as pessoas dotadas de confiança na própria capacidade, não hesitava sobre os rumos que precisava tomar para fortalecer a democracia sul-africana. Ao longo de toda a sua vida política, nunca recuou perante qualquer responsabilidade, por mais perigosa que fosse, como mostrou em seu papel de voluntário-chefe na Campanha de Desafio contra Leis Injustas de 1952. Inspirado pelo espírito de seu poema predileto, "Invictus", ele se mostrava "destemido" perante "a ameaça dos tempos".[4] Encarcerado por mais de um quarto de século, Mandela se convertera no símbolo mais famoso do mundo contra todas as formas de injustiça. De início, relutara em ocupar a presidência, talvez sentindo que já cumprira aquilo a que se propusera, administrando o tenso período desde sua libertação até as eleições.

Como ele escreve:

Minha posse como o primeiro presidente democraticamente eleito da República da África do Sul foi-me imposta contra minha recomendação.

Aproximando-se a data das eleições gerais, três altos dirigentes do CNA me informaram que tinham feito amplas consultas dentro da organização e que a decisão unânime era que eu deveria ser presidente se vencêssemos a eleição. Era isso, disseram eles, o que iam propor na primeira reunião de nossa convenção política interna. Desaconselhei a decisão argumentando que ia fazer 76 anos naquele ano, que seria prudente escolher alguém bem mais jovem, homem ou mulher, que tivesse permanecido fora da prisão, conhecido chefes de Estado e de governo, assistido a reuniões de organizações mundiais e regionais, que tivesse acompanhado os desenvolvimentos nacionais e internacionais, que pudesse antever o máximo possível o curso futuro de tais desenvolvimentos.

Assinalei que sempre admirara homens e mulheres que empregavam seus talentos a serviço da comunidade e que eram altamente respeitados e admirados por seus esforços e sacrifícios, ainda que não ocupassem nenhum cargo no governo ou na sociedade.

A mescla de talento e humildade, a capacidade de estar à vontade entre os pobres e os ricos, os fracos e os poderosos, a plebe e a realeza, os jovens e os velhos – homens e mulheres com facilidade de relacionamento, independentemente de raça ou de formação, são admirados pela humanidade em todo o globo.

O CNA sempre contou com muitos homens e mulheres de talento, que preferiram ficar em segundo plano e impulsionar jovens promissores a posições de destaque e responsabilidade, para apresentá-los desde o começo de suas carreiras políticas aos princípios básicos e aos problemas da liderança e às formas de lidar com esses problemas. Esse tipo de líder sempre causou uma enorme impressão em muitos de nós. O camarada Walter Sisulu é um desses; é por isso que ele sempre se elevou acima de todos nós, independentemente dos cargos que ocupávamos no movimento ou no governo.

Insisti com os três altos dirigentes que preferiria servir sem ocupar nenhum cargo na organização ou no governo. Um deles, porém, me levou a ceder.

Ele me lembrou que eu sempre tinha defendido a importância fundamental da liderança coletiva e que, enquanto observássemos escrupulosamente esse princípio, nunca erraríamos. Perguntou, sem rodeios, se agora eu estava deixando de lado o que tinha pregado sistematicamente ao longo dos anos. Embora esse princípio nunca pretendesse excluir a firme defesa das convicções de uma pessoa, decidi aceitar a proposta deles.

Mas deixei claro que cumpriria apenas um mandato. Embora minha declaração parecesse tê-los apanhado desprevenidos – responderam que eu devia deixar a questão com a organização –, eu não queria qualquer margem de incerteza nesse assunto. Logo depois de assumir a presidência, anunciei publicamente que cumpriria apenas um mandato e não tentaria a reeleição.

Mandela prossegue:

Nas reuniões do CNA, frisei várias vezes que não queria camaradas fracos nem vaquinhas de presépio que engolissem qualquer coisa que eu dissesse só porque era o presidente da organização. Defendia uma relação saudável, em que podíamos tratar das questões não como senhor e servos, mas como iguais, uma relação em que cada camarada expressasse suas posições com liberdade e franqueza, e sem medo de vitimização ou marginalização.

Uma de minhas propostas, por exemplo, que despertou muito som e fúria, foi a de reduzirmos a idade de votar para catorze anos, medida que fora adotada por vários países do mundo.

Isso se deu porque, naqueles países, os jovens nessa faixa de idade estavam na linha de frente de suas lutas revolucionárias. Foi essa contribuição que levou seus governos vitoriosos a recompensá-los dando-lhes o direito de voto. A oposição de membros do Comitê Executivo Nacional foi tão forte e taxativa que recuei disciplinadamente. O jornal *The Sowetan* dramatizou a questão em sua seção de charges, com um bebê de fraldas votando. Foi uma das maneiras mais enfáticas de ridicularizar minha ideia. Não tive coragem de insistir na questão.

Mas havia casos em que eu não me considerava tolhido pelo princípio da liderança coletiva. Um exemplo foi quando rejeitei sumariamente a decisão de uma conferência política de que o gabinete devia ser nomeado por conferência. Também rejeitei a primeira lista do CNA de negociadores com o regime de apartheid, que nos foi enviada pela direção de Lusaka. Entre os onze nomes, oito pertenciam a um mesmo grupo étnico negro, e não havia uma única mulher na lista.

Resumindo, o princípio da liderança coletiva, do trabalho em equipe, não é um instrumento inflexível ou dogmático a ser aplicado de maneira mecânica, independentemente das circunstâncias. Ele deve ser sempre examinado à luz das condições dominantes. Mas é uma diretriz essencial se quisermos promover a unidade e a confiança mútua entre camaradas. Só nos afastamos dela em circunstâncias excepcionais.

Como presidente do CNA e do país, incentivei os membros da organização, o gabinete ministerial e os parlamentares a serem francos nas reuniões do CNA e do governo. Mas sempre alertava que ser franco não significava de maneira nenhuma ser destrutivo ou negativo.

Uma coisa que nunca se pode esquecer é que o principal objetivo num debate, dentro e fora da organização, nos comícios políticos, no Congresso e em outras estruturas do governo, e por mais agudas que tenham sido nossas divergências, é sairmos daquele debate mais próximos, mais unidos e mais confiantes do que nunca. A eliminação das divergências e desconfianças mútuas dentro de uma organização … deve ser sempre nosso princípio condutor.

Isso é relativamente fácil quando nos esforçamos ao máximo em não questionar jamais a integridade de outro camarada ou de um membro de outra organização política que tem um ponto de vista diferente do nosso.

Durante minha carreira política, descobri que, em todas as comunidades, africanas, mestiças, indianas e brancas, e em todas as organizações políticas, sem exceção, há bons homens e boas mulheres que desejam ardentemente seguir com a vida, que anseiam pela paz e pela estabilidade, que querem uma renda decente, uma boa casa e a possibilidade de colocar seus filhos nas melhores escolas, que respeitam e querem manter a estrutura de que é feita a sociedade.

Os bons líderes entendem plenamente que o fim das tensões na sociedade, de qualquer natureza que sejam, permite que novos pensadores ocupem o centro do palco, criando um ambiente ideal para que homens e mulheres de visão possam influir na sociedade. Os extremistas, por outro lado, prosperam com as tensões e as desconfianças mútuas. Nunca têm como arma o pensamento claro e o bom planejamento.[5]

O CNA – ou, mais precisamente, o presidente Mandela – precisava pensar com clareza e planejar bem. Sem isso, seria difícil criar uma síntese entre o velho funcionalismo público, burocratizado, com seu foco concentrado na segurança, veículo transmissor do legado isolacionista do apartheid, e o pessoal novo, um tanto inexperiente, com alguns recém-formados em universidades do ultramar, onde haviam recebido cursos rápidos sobre administração e rudimentos sobre a gestão de uma economia moderna. Enquanto De Klerk contava com um corpo administrativo atuante, com um pessoal que trabalhara durante anos com ele, Mandela e seu vice Mbeki tiveram de partir do zero. A única experiência que favorecia o CNA no serviço público consistia num pequeno mas significativo grupo de pessoas ligadas às relações exteriores e às forças de segurança – principalmente a defesa e a inteligência – que participara de um amplo planejamento conjunto para a integração. Assim, para Mandela, a formação de seu gabinete demandava, em primeiro lugar, trazer figuras importantes do movimento de libertação para comandar os departamentos e atuar como assessores, e, em segundo lugar, evitar a pressa em mudar a estrutura ou dispensar as equipes da ordem antiga.

Jakes Gerwel foi a primeira nomeação importante, trazendo peso à equipe do presidente, além de uma grande experiência política como líder da Frente Democrática Unida e seu engajamento com o CNA no exílio. Como vice-reitor da Universidade do Cabo Ocidental, cargo do qual estava para se aposentar, Gerwel conduzira a transformação de uma universidade do apartheid num lar intelectual da esquerda. O endosso de Mandela mostra o alto apreço que tinha pelo professor Gerwel. O que é ainda mais admirável é que Gerwel vinha da tradição da consciência negra e não era filiado ao CNA. Anos mais tarde, Mandela escreveu sobre ele:

O professor Jakes Gerwel foi secretário do Gabinete, bem como diretor-geral durante minha presidência, cargos que ocupou com distinção. Agora é presidente da Fundação Nelson Mandela, do Conselho de Pesquisas em Ciências Humanas (HSRC, na sigla em inglês), do Centro Africano para a Solução Construtiva de Disputas (Accord, na sigla em inglês), do Instituto para [Alternativas Democráticas] na África do Sul (Idasa, na sigla em inglês) e do Instituto de Justiça e Reconciliação.

Também atua no setor privado, sendo diretor-presidente da Brimstone Investment Corporation, da Africon Engineering International, da Educor-

Naspers, diretor da Naspers, da Old Mutual, da David Philip Publishers, da Western Province Cricket Pty Ltd., membro da Academia de Ciências da África do Sul e de outras seis organizações do setor privado. É ex-presidente do Comitê de Reitores Universitários. Academicamente, destacou-se de maneira excepcional. Tirou o bacharelado, o mestrado e o doutorado, todos com louvor. Tinha nada menos que seis títulos honorários de universidades locais e em outros continentes.

Foi condecorado com a Ordem de Ouro do Cruzeiro do Sul, pelo presidente da África do Sul (1999), com a Ordem Rei Abdulaziz Sash, categoria Ministro, pelo príncipe Abdullah, da Arábia Saudita (1999), e com a Ordem das Boas Obras pelo coronel Muammar Kadhafi, da Líbia (1999).

Suas publicações consistem numa ampla variedade de monografias, artigos e ensaios sobre temas literários, educacionais e sociopolíticos. Trata-se de um corajoso pensador independente de grande capacidade que subiu ao cargo de reitor da Universidade do Cabo Ocidental e agora é chanceler da Universidade de Rhodes.

No campo das relações humanas, destaca-se claramente como autêntico líder, isento de tendências paranoicas e incentivador de debates guiados por princípios. Chama constantemente a atenção dos camaradas para esses aspectos, destinados mais a fortalecer do que a enfraquecer as relações humanas.

Como presidente de nossa Fundação, é o elemento que nos mantém trabalhando juntos em harmonia, e poda pela raiz qualquer tendência incipiente de qualquer tipo de animosidade entre camaradas.

Poucos sabem que ele é também um refinado negociador no plano internacional. Ele e Sua Alteza Real o príncipe Bandar, embaixador da Arábia Saudita em Washington, foram os responsáveis pela solução do impasse no caso Lockerbie.*

Enquanto existirem homens e mulheres de tal gabarito e visão, a paz e a estabilidade mundiais continuarão a ser os alicerces das relações nacionais e internacionais.[6]

---

* Mandela, com seu diretor-geral, o professor Jakes Gerwel, trabalhou com o príncipe Bandar para chegar a um acordo no qual dois suspeitos do atentado de Lockerbie foram entregues a julgamento para a polícia escocesa no território neutro de Camp Zeist, na Holanda. Esse episódio é discutido em mais detalhes no Capítulo 13.

No momento em que nomeou Gerwel, Mandela já formara uma ideia razoável sobre o tipo de equipe que queria. Como todas as pessoas obsessivamente ordeiras – em certa ocasião, quis ele mesmo arrumar sua cama num hotel –, não podia operar sem uma base sólida. A presença de Gerwel ao leme atendia a essa necessidade. Ele respeitava Gerwel e aceitava seus conselhos. Posteriormente, Masekela comentou essa faceta do caráter de Mandela:

> Penso que é preciso certa humildade e interesse pessoal para querer e aceitar o melhor conselho. Ele tinha uma admiração um pouco excessiva por pessoas cultas, diria eu. Ficava realmente muito impressionado com títulos e coisas do gênero, e, se você manifestasse algum ceticismo sobre alguém assim, era muito difícil convencê-lo.[7]

Não que alguém tivesse manifestado qualquer ceticismo em relação ao professor Gerwel ou, aliás, a Ahmed Kathrada, que serviu desde o começo como assessor presidencial. Muito tempo depois, Kathrada foi nomeado para o cargo de assessor parlamentar. Amigo de longa data e colega de prisão de Mandela, ele declinara a sugestão de ser ministro:

> O que aconteceu foi que os jornais tinham publicado previamente o gabinete deles, e meu nome estava ali. Então escrevi a Mandela dizendo que, embora meu nome tivesse sido mencionado, eu não estava interessado em participar do gabinete ministerial ... Felizmente, havia aquela barganha com o Inkatha, que queria uma das pastas da segurança, o que não podíamos lhe dar, e assim o mais fácil foi lhe dar a minha – os serviços correcionais.[8]

Mandela dedicara toda a sua vida à transformação do Estado de apartheid num Estado constitucional não racista e não sexista, em que todos eram iguais perante a lei. Mas tratava-se de ideais abstratos que só poderiam adquirir realidade – ou se traduzir em realidade – com o engajamento e o trabalho de pessoas talentosas. Seu gabinete, portanto, tinha de ser um mecanismo que incentivasse seus integrantes. A escolha de Nicholas

"Fink" Haysom como consultor jurídico não foi surpresa; como os outros integrantes do gabinete de Mandela, Haysom tinha credenciais impecáveis. Professor de direito que tivera presença ativa no combate aos justiceiros e à violência patrocinada pelo Estado uma década antes, Haysom havia desempenhado papel fundamental durante as negociações. Sua experiência era inestimável, em vista da transformação da África do Sul em Estado constitucional e da necessidade de elaborar um arcabouço jurídico que transformasse o país e lhe permitisse reingressar na comunidade internacional (nessas circunstâncias, Mandela estava assinando cerca de oitocentas ordens executivas por ano – duas por dia, em média).[9]

Joel Netshitenzhe era membro do Comitê Executivo Nacional e do Comitê Operacional Nacional do CNA, com sólida base em comunicações e análise estratégica. Com aparência enganosamente informal e avesso a trajes formais, Netshitenzhe – trabalhando com o assessor de imprensa Parks Mankahlana, que provinha da Liga da Juventude – operava numa função que não se resumia a redigir os discursos de Mandela: era também o elemento de ligação oficioso com os vários setores do CNA e do governo. Tendo a confiança dos meios de comunicação, sobretudo pela segurança e franqueza que emanava – além de ser conhecido como os ouvidos do presidente –, Netshitenzhe se empenhava em simplificar as linhas de ação política mais complexas em vários fóruns.

Escreve Mandela:

Antes que o professor Jakes Gerwel se tornasse o diretor-geral da presidência e começasse a redigir meus discursos, tarefa que desempenha até o dia de hoje, meus discursos eram redigidos pelo camarada Joel Netshitenzhe, mais tarde auxiliado pelo camarada Tony Trew.

Como acontece em muitas partes do mundo, a África do Sul gerou uma safra de luminares, até gênios, que ajudaram a transformar nosso país com seu doloroso passado e o tornaram mundialmente famoso. Foram essas mulheres e esses homens, transpondo a divisão racial, que surpreenderam o mundo nos anos 1990, um mundo que saudou a África do Sul como um país milagroso. Essa reação da comunidade internacional confirmou uma vez mais o que afirmávamos repetidamente, a saber, que nossa riqueza depende não só de nossos minérios, mas também do gabarito de nossas mulheres e nossos homens. Joel Netshitenzhe, diretor do Sistema de Comunicação e Informação do Governo, é parte integrante dessa riqueza.[10]

Além disso, a unidade de comunicação de Netshitenzhe monitorava e analisava o desempenho do governo nos departamentos, compensando a carência inicial de quadros, devido à falta de recursos, para a coordenação, avaliação e implementação de programas na presidência.

Mandela prossegue:

[Ele] se mantinha cortês e controlado diante de provocações intoleráveis. Nas várias reuniões a que compareci com ele como presidente do CNA e do país, não o vi perder a calma uma única vez. Nesse aspecto, ele trabalhava cordialmente com Thabo [Mbeki], que às vezes se oferecia para ajudar a escrever o discurso.

Quando Rusty Evans deixou o cargo de diretor-geral do Departamento de Relações Exteriores, pedi a Joel que o substituísse. Joel foi cortês como sempre. Disse que, se eu insistisse, pensaria na proposta, mas acrescentou enfaticamente que preferia continuar nas Comunicações. Tentei com todas as forças pressioná-lo. Mas, com um largo sorriso no rosto, ele persistiu em sua educada recusa. Então recorri ao vice-presidente, Thabo Mbeki, para persuadi-lo a aceitar a proposta. Mas o vice-presidente me aconselhou a retirá-la. Joel, no exílio, sempre mantivera sistematicamente sua determinação de atuar nas Comunicações. Aceitei esse conselho.[11]

Numa entrevista com Aziz Pahad em julho de 2010, Jakes Gerwel disse que pretendera manter o corpo burocrático do gabinete presidencial "o mais enxuto que a eficiência permitisse" e com tarefas de foco concentrado.[12] No entanto, ao escrever ao Departamento de Gastos do Estado, ele admitiu que, quando ingressaram no gabinete em maio de 1994, herdaram "o gabinete presidencial da era do apartheid". Era preciso conciliar as exigências postas pela "democracia drasticamente ampliada, pelas relações internacionais em rápido crescimento, pela estatura e a posição histórica do presidente Mandela". Todas elas tinham "profundas implicações para o funcionamento do Gabinete Presidencial" e não podiam ser "levadas em consideração naquela fase".[13] Uma analogia possível é a dos pais que preparam o berço para um bebê e são agraciados com quíntuplos.

Os LÍDERES POLÍTICOS, em sua maioria, tomam decisões com vistas a minimizar as ameaças à sua própria sobrevivência política. Muito embora participasse ativamente das reuniões e consultasse seus assessores, Mandela confiava em suas opiniões próprias sobre os assuntos; depois que adotava uma posição, isso às vezes podia acarretar dificuldades. Todavia, não era inflexível ao ponto da obstinação quando se percebia incapaz de fazer os outros mudarem de ideia.

Jakes Gerwel relembrava a habilidade de seu chefe em "simplificar e chegar ao centro de alguma coisa. Madiba era muito direto". Como Gerwel passara toda a sua vida na universidade, "a teorização me vem naturalmente", disse ele.

> Desconfio de respostas simples, mas tive de ouvir inúmeras vezes: "Jakes, tem de ser mais simples do que isso." ... Madiba conseguia enxergar o cerne essencial e simplificar as coisas. Assim, era capaz de tomar uma decisão crucial em cinco minutos, se necessário fosse.[14]

Mas Mandela não se contentava com as análises frias e secas de seus assessores; também recorria ao conselho de outras pessoas no CNA. Tendo adotado o hábito de marcar as segundas-feiras em sua agenda como "dia do CNA", ele passava o dia na sede da organização com seus quadros mais altos e outros, e também comparecia às reuniões do Comitê Operacional Nacional. Mas não tinha hora certa para consultar outros dirigentes do CNA próximos a ele, como Sisulu.

Numa entrevista de 1994, Sisulu comentou sem se queixar:

A mim, em particular, ele gosta de telefonar. Me acorda à uma da manhã, às duas, não interessa, me acorda. Percebo, depois que ele me acordou, que o tal assunto não é tão importante assim – bom, a gente discute a questão, mas realmente não exigia que ele me acordasse àquela hora.[15]

Com o tempo, porém, o envolvimento de Mandela com seu gabinete mudou. No começo do mandato, ele se fazia mais presente, mantendo-se informado sobre quase todos os aspectos das ações políticas, a fim de manter a coesão do CNA no GUN, medida necessária devido ao complexo processo de transformação. Manuel lembra que, na véspera das reuniões de gabinete, Mandela juntava os ministros do CNA e seus vices numa reunião ministerial do CNA em sua residência de Genadendal, na Cidade do Cabo.* Fazia isso, diz Manuel, "para que pudéssemos acertar as posições que queríamos adotar e assegurar o apoio mútuo. Dava aos camaradas [um ambiente] onde podiam ter uma discussão totalmente livre".[16]

Nos primeiros cem dias de governo, Mandela manteve reuniões para orientar os ministros ou obter o apoio deles para suas posições. Mantinha um interesse contínuo por questões referentes à paz, à violência e à estabilidade. Como observa Nkosazana Dlamini-Zuma: "Por mim, penso que no começo ele se engajava mais, mas talvez fosse porque eu o engajava mais no começo, porque eu mesmo não tinha experiência." Mas, apesar da falta de experiência, Dlamini-Zuma tinha uma vontade ardorosa de deixar sua marca na indústria tabagista, implantando uma legislação que proibia o fumo em locais públicos e de entretenimento. Havia também medidas muito avançadas para montar uma escola de medicina em Durban, o Nkosi Albert Luthuli Hospital. Essas duas iniciativas ficaram entaladas na garganta do vice-presidente De Klerk. Conforme lembra Dlamini-Zuma,

---

* Antes conhecida como Westbrook, Mandela mudou o nome da residência para Genadendal ("Vale da Misericórdia", em africâner), que era como se chamava a vila missionária de Genadendal, a duas horas da Cidade do Cabo, que deu abrigo aos escravos com a abolição da escravatura na Colônia do Cabo em 1838.

De Klerk me chamou a seu escritório para dizer: "Você precisa parar com esse absurdo do tabaco porque vai deixar os agricultores sem trabalho e não é necessário." Então me disse que eu devia construir o hospital de Pretória. Aí falei para ele: "Bom, o primeiro que tenho de construir é o hospital-escola aqui [Durban], porque o [hospital] King Edward [VIII] é uma bagunça e a formação que oferece aos alunos de medicina é de fato uma desgraça." Havia um relatório de uma investigação que o próprio governo dele tinha feito [dizendo que] o King Edward não era adequado para formar estudantes de medicina, mas ele não tinha feito nada. Então, era o primeiro hospital que eu devia construir. Ele me disse "Bom, Pretória é herança africâner", e que ia brigar por ele no gabinete, e eu disse "Tudo bem, você pode brigar por ele". Não comentei com Tata [Mandela] porque não achei necessário.* Sobre a coisa do tabaco, falei para ele que eu era o ministro da Saúde e tinha a responsabilidade pela saúde do país – os agricultores podiam plantar outras coisas; não existe nenhuma terra na África do Sul que só sirva para plantar fumo. Teremos programas conjuntos com o ministro da Agricultura para ajudar os agricultores a passarem do fumo para outros plantios.

Não contei para Tata – não sei quem lhe contou –, contei a alguns colegas, mas para ele não contei, pois não achei que fosse necessário. Mas um dia ele me ligou e disse: "É verdade que De Klerk chamou você e disse essas coisas?" "É, sim", respondi. E ele: "Por que você não me contou?" Então eu disse: "Não achei que fosse algo em que precisasse envolvê-lo, não precisava de sua decisão em nada." Aí ele retorquiu: "Não, você deve me contar se ele chamá-lo outra vez, mas eu disse a ele para nunca fazer isso; ele jamais deve chamar meus ministros e lhes dizer o que quer que seja." Ou seja, ele ficou muito bravo com De Klerk e interveio.

Para mim, ele era um verdadeiro pilar de força no que dizia respeito a ser capaz de fazer coisas que às vezes talvez fossem controversas.[17]

A tendência de Mandela de procurar opiniões fora dos círculos convencionais talvez fosse controvertida. Ele não hesitava em chamar para

---

* *Tata* significa "pai" em isiXhosa. É amplamente usado como termo carinhoso para Mandela.

uma reunião qualquer pessoa que lhe parecesse capaz de lançar luz sobre um assunto. Podiam ser ministros, representantes ou líderes de setores da sociedade, ou mesmo chefes de Estado. O juiz Kriegler comentou que, muitas vezes, Mandela telefonava pessoalmente para as pessoas, em vez de usar seus assistentes, e às vezes surpreendia os que estavam por perto. Essa atração gravitacional entre ele e os outros era mútua; gente de todos os setores da sociedade queria interagir com ele, e vice-versa. Isso, por sua vez, permitia-lhe conhecer a disposição do público.

Mary Mxadana, sua secretária particular, comentou sobre a relação de Mandela com o público, qualquer público, no país ou no exterior: "Ele não é apenas um presidente comum de um país, mas um líder famoso", disse ela. Mesmo nos momentos de descanso – a menos que não houvesse telefone no local e o celular não pegasse –, "ele começava a ligar para gente do mundo todo".[18]

Dirigentes do mundo inteiro haviam comparecido ao apogeu de seu triunfo, a cerimônia de posse, e ele se sentia à vontade para lhes telefonar pedindo apoio ou atualizando-os sobre o andamento das questões. Encontrava-se à frente de um país que, segundo a opinião geral, estava na boca de todos. Por um ano inteiro, a ascensão de Mandela ao poder e os destinos da "nova África do Sul" – expressão que entrou prontamente em circulação – ocuparam os meios de comunicação e eclipsaram as notícias sobre o genocídio em Ruanda.

O mundo observava e fazia perguntas, indagando-se sobre as estratégias que Mandela adotaria para governar. Quais eram as bases das políticas de governo que ele e o CNA propunham? Por exemplo, numa entrevista para a televisão em 1994, a jornalista Charlayne Hunter-Gault perguntou a ele: "Que tipo de presidente o senhor vai ser?"

Mandela respondeu:

Nossa abordagem já foi demonstrada ao longo dessa campanha. Não acreditamos em tomar decisões pelo alto e depois baixá-las [sic] para as massas. Desenvolvemos a estratégia do Fórum do Povo, onde são as massas que nos dizem o que querem, quais são seus interesses, quais são suas reivindicações. E a partir dessas reivindicações das próprias massas preparamos o que chamamos de Programa de Reconstrução e Desenvolvimento, que vai gerar empregos, construir casas, abrir escolas, instalar energia elétrica e assim por diante.

A jornalista também perguntou como ele pensava em implementar esses programas. Seria por meio de leis, por delegação de autoridade aos ministros – iria "deixar que eles toquem"? –, ou ele estaria "lá pessoalmente"? Mandela respondeu:

Tenho de me interessar por quase todos os detalhes, mas é claro que é difícil conseguir esse resultado quando é preciso observar detalhadamente as atividades de todos os departamentos. Basta estabelecer um quadro geral, e todos os departamentos, todos os ministros devem trabalhar dentro desse quadro, e nossa tarefa é supervisionar e às vezes nos envolver nas operações concretas de um departamento, dependendo da importância da questão nacional. Consultei a direção da Igreja Reformada Holandesa e um amplo leque de organizações agrícolas, que são predominantemente africâneres, e elas nos deram apoio maciço – todos neste país querem paz, segurança para suas famílias e seus filhos, e começar o trabalho da construção de uma nova África do Sul.[19]

MAS COMO MANDELA FORMOU o primeiro gabinete do governo pós-apartheid, democrático e representativo em 1994? O que lhe deu força? Como soube que os tempos estavam maduros para o CNA ocupar seu lugar como partido majoritário no governo? A resposta está na confiança de Mandela nos documentos programáticos do CNA:

Preparar-se para governar não se restringia apenas a mobilizar a comunidade internacional. Havia também um aspecto interno, que estava contido, entre outras coisas, no documento *Prontos para governar: Diretrizes programáticas do CNA para uma África do Sul democrática*, adotado na Conferência Nacional, de 28 a 31 de maio de 1992.

O documento afirmava que era preciso refletir sobre os problemas que seriam enfrentados pelo primeiro governo a ser eleito sob uma nova Constituição democrática. Ajudaria a entender a magnitude das tarefas presentes na transformação de nosso país num país em que todos tivessem um padrão básico de vida, associado à paz e à segurança. Os problemas não se resolveriam da noite para o dia e não havia soluções rápidas ou fáceis. Os problemas eram profundos e os recursos, limitados.

O primeiríssimo ponto do programa eram os princípios básicos de uma Constituição democrática para a África do Sul. A vontade do povo devia se expressar por seus representantes democraticamente eleitos em eleições periódicas livres e idôneas. Eram esses representantes eleitos que adotariam uma Constituição, que seria a lei suprema do país, garantindo seus direitos básicos.

O documento declarava que a África do Sul seria um estado unitário com governo no nível local, regional e nacional. A Carta de Direitos e os princípios do não racialismo, não sexismo e transparência democrática se aplicariam a todos esses níveis de governo.

A estrutura de governo consistiria na Assembleia Nacional, a ser eleita por voto universal por eleitores cadastrados, segundo o princípio de representação proporcional. Haveria também um senado representando as regiões, a ser diretamente eleito, com poder de rever, encaminhar e adiar a legislação.

O Executivo consistiria num chefe de Estado que seria presidente com poderes cerimoniais e executivos. O presidente seria eleito pela Assembleia Nacional. Ele, ou ela, teria um mandato fixo, podendo se reeleger apenas uma vez. O presidente nomearia e supervisionaria o funcionamento do Gabinete, atuando por intermédio de um primeiro-ministro (posteriormente alterado para vice-presidente), que prestaria contas diretamente ao presidente e responderia à Assembleia Nacional.

A Carta de Direitos seria obrigatória para o Estado e os órgãos de governo em todos os níveis, e, quando fosse apropriado, para pessoas e instituições sociais. Seria aplicada pelos tribunais, encabeçados por um novo tribunal constitucional em separado, com a tarefa de defender os direitos e liberdades fundamentais de todos os cidadãos contra o Estado e qualquer entidade ou pessoa que tentasse negar esses direitos.

Os juízes seriam independentes e consistiriam em homens e mulheres provenientes de todos os setores da comunidade, com base em sua integridade, capacidade, experiência de vida e sabedoria. A Carta de Direitos garantiria os direitos linguísticos e culturais; reconheceria a importância da religião em nossa comunidade; respeitaria a diversidade de credos e daria garantias de liberdade religiosa. A Carta de Direitos protegeria os direitos das crianças, das pessoas com necessidades especiais, das mulheres, o direito dos trabalhadores de criar sindicatos independentes, de estabelecer negociações coletivas e seu direito de greve.

O CNA se declarou contra a pena de morte e procuraria proibi-la na Carta de Direitos. A Carta de Direitos protegeria o direito de ter casa e família e direitos de propriedade. Afirmaria os direitos de todos ao acesso aos serviços básicos de ensino, saúde e previdência social.

Houve grande apoio no país à ideia da ação afirmativa, que significava medidas específicas para garantir o acesso de pessoas discriminadas por razões de cor, gênero e necessidades especiais a campos dos quais haviam sido excluídas pela discriminação passada.

Todo o serviço público teria de ser franqueado para se tornar um serviço público verdadeiramente sul-africano, e não apenas a administração de uma minoria racial. Responderia ao Congresso e à comunidade local a que serve.

Haveria forças policiais e de defesa não raciais e não sexistas, e um serviço carcerário com pessoal bem treinado, disciplinado, humanitário e fiel à Constituição.

Vigoraria o império da lei, em que todos os sul-africanos teriam liberdade de participar diretamente ou por meio de seus representantes nos corpos legislativos, sem discriminação por raça, cor, credo ou religião.

Quanto à criminalidade e à segurança pessoal, a primeira prioridade era tratar das condições geradoras de criminalidade que predominavam em nossa sociedade. O CNA declarou que não haveria respeito pelas instituições que impõem a lei e a ordem a menos que as pessoas respeitassem a lei. E elas as respeitariam, se as leis fossem justas e se participassem tanto de sua elaboração quanto de sua aplicação.

Este é o resumo de uma declaração geral e refletida dos princípios fundamentais do governo feita por antigos "terroristas", que não tinham nenhuma formação ou experiência prévia em governança.[20]

Um daqueles antigos terroristas era Tito Mboweni, futuro ministro do Trabalho da África do Sul que, com Saki Macozoma, participara da equipe que fora com Mandela ao Fórum Econômico Mundial em Davos, em 1992. Lá, eles reduziram a alguns itens de apresentação um longo discurso preparado para Nelson Mandela, levando em conta que ele ia aparecer numa mesaredonda com De Klerk e Buthelezi, e não num comício. Embora tenham insistido que Mandela atenuasse a retórica da estatização, ele conversou com outros líderes políticos sobre os planos econômicos do CNA, durante o jantar, enaltecendo as virtudes da intervenção estatal. Na ocasião, Li Peng, o premiê da China, pediu ao presidente do Fórum Econômico que marcasse um encontro com Mandela, no qual ele disse que a experiência da China indicava que a estatização seria um erro.[21] O primeiro-ministro do Vietnã, também presente no fórum, disse algo parecido.

Ao ouvi-los, Madiba aconselhou o CNA a "esquecer essa coisa da estatização [e] se concentrar nas necessidades básicas de nosso povo". Segundo Mboweni, o grupo, tão logo voltou para a África do Sul, apresentou seu relatório e teve "longas conversas" que então levaram à conferência de Nasrec, da qual resultou *Prontos para governar.*[22]

O ARCABOUÇO GERAL PARA um Governo de Unidade Nacional de cinco anos, que garantia a participação de todos os partidos que obtivessem mais de 10% na eleição, foi montado segundo os princípios presentes na Constituição interina de 1993. Os resultados da eleição de abril de 1994 determinaram a composição do primeiro gabinete. Consistia num presidente do CNA e dois vice-presidentes – um do CNA e outro do Partido Nacional –, composição esta que resultou num gabinete de dezoito ministros do CNA, seis do Partido Nacional e três do Inkatha.

Mas, antes que tivesse de decidir a respeito da composição do gabinete ministerial, Mandela e o CNA precisaram tomar outra decisão sobre um cargo de direção. Para Mandela, as estruturas de governança deviam refletir a diversidade do país. Era necessário corrigir a imagem do CNA como uma organização nacionalista e estreita. Com 82 anos de existência, o CNA passara por muitas transformações. Começando como entidade de orientação cristã de petições pacifistas, passando pelos candentes anos 1940, quando a Liga da Juventude lhe instilara enorme vigor, chegando aos anos 1960, quando adotou a luta armada, o CNA tinha como elemento central um caráter não racial e não sexista. Conseguira em larga medida absorver golpes baixos desferidos pelo regime de apartheid sob a forma dos Estados de Emergência, da violência e mesmo de incursões em outros países, no exílio – e sua sobrevivência se baseava nos sacrifícios de alguns indivíduos. Os mais importantes entre eles eram Walter Sisulu e Oliver Tambo, a quem Mandela podia confiar a vida. Ele relembra:

> Oliver Reginald Tambo, a quem os camaradas chamavam carinhosamente de OR, brilhante e modesto advogado e cristão devoto, que se tornou líder do CNA com o falecimento do chefe Luthuli, também era um líder habilidoso e respeitado, que ergueu a organização a uma posição de força e influência que nunca tivera antes.
>
> É um líder fenomenal aquele que consegue manter unida no exílio uma enorme organização multirracial com diferentes linhas de pensamento, com seus filiados espalhados em continentes distantes e uma juventude ardendo de indignação com a repressão de seu povo, uma juventude que acredita que a indignação por si só, sem recursos e sem um planejamento adequado, pode ajudar a derrubar um regime racista.
>
> OR conseguiu tudo isso. Presos políticos e presos comuns no país, combatentes da liberdade estrangeiros, diplomatas, chefes de Estado, todos reconheciam OR como exemplo ilustre de líder inteligente e equilibrado, capaz de ajudar a restaurar a dignidade dos povos oprimidos e lhes colocar solidamente o destino nas mãos.
>
> Era um trabalhador diligente e incansável que nunca poupava a si mesmo e que estava a postos literalmente 24 horas por dia, ao longo de todo o ano, sem tirar um único dia de folga. Sua esposa, Adelaide, conta como OR atra-

vessava a noite trabalhando. Quando ele a via arrumada e saindo de casa, perguntava aonde estava indo à noite.

Provavelmente, foi essa agenda carregada que contribuiu para acabar com sua saúde. Sofreu um derrame, que o deixou com uma paralisia parcial. Os altos membros do CNA discutiram a situação e todos concordaram que ele devia colocar formalmente sua enorme experiência e conhecimento à disposição da organização. Assim, nomeamos OR Presidente Nacional, cargo que ocupou até sua morte, em 1993.

A morte de OR foi como a queda de um carvalho gigantesco, que estivera ali por longo tempo dominando a área, embelezando toda a paisagem e atraindo tudo ao redor, pessoas e animais. Era o fim de uma era de um líder admirável com convicções firmes e religiosas, um matemático e músico consumado, inigualável em seu compromisso com a libertação de seu povo.

Os integrantes da cúpula então concordaram que seu sucessor deveria ser o professor Kader Asmal, pensador culto, lúcido e afirmativo, que depois se tornou Ministro de Recursos Hídricos e Florestais e mais tarde Ministro da Educação. Seu conhecimento e compreensão de quase todos os problemas discutidos no Gabinete valeram-lhe a distinção de ser chamado Ministro de Todas as Pastas. Todos nós achamos que sua nomeação ajudaria a reverter a ideia equivocada de que o CNA era uma organização étnica.*

Então informei os membros do Comitê Operacional Nacional, um por um, sobre as recomendações da cúpula. Salvo uma exceção, todos aceitaram a recomendação.

Logo depois, um dos integrantes da cúpula voltou e me disse confidencialmente que os membros do Comitê, embora tivessem concordado expressamente com aquela recomendação, haviam mudado de ideia e preferiam Thabo em vez de Kader.

O episódio me preocupou, porque levava a especulações negativas entre os camaradas. Quando as pessoas concordam sobre uma proposição importante e depois mudam [de ideia] sem levantar novamente a questão com você, fica difícil contestar a acusação de que tinham objeções que não tiveram

---

* Asmal era um sul-africano de origem indiana.

coragem de expor; que sabiam que a base da reviravolta ia contra a política interna da organização.

Mas todos eles eram líderes bem qualificados e confiáveis que haviam sofrido uma sucessão de terríveis provações em sua determinação de libertar o país. O episódio nunca abalou minha confiança neles. A recusa de apoiarem Kader era, apesar de tudo, democrática, e a aceitamos sem reservas.[23]

Mandela fez amplas consultas antes de finalizar a composição do gabinete. Examinou a contribuição de pessoas com histórico em estruturas como o Comitê Nacional de Recepção e os que terminaram no Conselho Executivo de Transição. Então convidou Mbeki porque "Thabo passara muitos anos no exílio e também mantivera contato com camaradas dentro do país; tinha um conhecimento melhor do que eu das pessoas mais qualificadas para servir no gabinete".[24]

E então se seguiu uma conversa que Thabo Mbeki lembra claramente:

Madiba disse … "Você pode preparar uma lista – nomes e pastas – de gente nossa?" Decerto isso queria dizer que já sabíamos a porcentagem dos ministérios que seriam ocupados por nós [do CNA], era um número específico, porque, lembre, havia o Partido Nacional e o Inkatha … Então sentamos no apartamento [de Sydney Mufamadi] do outro lado da rua [e] preparamos uma lista de nomes e lugares. E ele me disse: "Prepare uma proposta e … deixe de fora o cargo de vice-presidente; vou cuidar disso aqui de nosso lado." Então preparamos a lista, nomes e pastas, ministros e vice-ministros. Não me recordo que isso tivesse algo a ver com o que as pessoas tinham feito no CET ou o que fosse. Era só uma sugestão, como Steve Tshwete se tornar ministro de Esportes e Recreação porque eu sabia que ele era apaixonado por esportes – jogador de rúgbi e tudo o mais antes de ir para a cadeia e enquanto estava na cadeia, então era esse tipo de avaliação, que seria uma pessoa que realmente prestaria atenção a essa pasta específica porque era de seu interesse específico.

Mandela fez apenas duas alterações na lista de Mbeki. Disse que Derek Hanekom devia ser ministro – achava que o fato de ter algum conhecimento de agricultura e ser africâner ajudaria o governo a lidar com as questões relacionadas aos agricultores africâneres – e que Joe Slovo devia ser incluído. A omissão do nome de Slovo fora determinada pela impressão, que se criara no período de negociações, de que o Partido Comunista precisava de sua liderança em tempo integral. Hanekom se tornou ministro de Assuntos Fundiários e Slovo ocupou a pasta da Habitação. Mbeki prossegue:

> Mais tarde, ele voltou a esse assunto do vice-presidente e me disse: "Não, andei fazendo umas consultas sobre a questão do vice-presidente e achei que Cyril (Ramaphosa) devia ser vice-presidente, e isso porque, entende, tem uma coisa que a gente precisa levar em conta ... veja, o problema é o que as pessoas vão dizer. A gente tinha Oliver Tambo como presidente do CNA, aí fui o sucessor dele como presidente, e agora você..." – o que eu era na época? Presidente Nacional do CNA – "... e aí você vira vice-presidente. As pessoas vão dizer: 'Olha só os xhosas; os xhosas estão monopolizando o poder', e é por isso que eu queria Cyril ... Mas todo mundo foi contra – falei com Walter, falei até com Kenneth Kaunda e Nyerere, e todos eles, todos eles disseram: 'Não... claro que entendemos que essa coisa tribal é um ponto sensível, mas não pesa; este é seu vice-presidente.'"* E então ele diz: "Portanto, você tem de ser vice-presidente. Não é por você, não é sobre você; é porque tenho de lidar com esse tipo de coisa." E aí eu digo: "Tudo bem, Madiba" ... Ao que eu lembre ... esta foi a única intervenção – três intervenções – que ele fez em relação àquele gabinete, para ficar com Derek Hanekom, JS e comigo.[25]

Mandela frisa a questão da judiciosa escolha ministerial ao escrever que, por instrução sua, Mbeki

> providenciou que todos os nossos grupos nacionais, bem como os membros da Aliança do Congresso, ficassem devidamente representados. E com boas

---

* Kenneth Kaunda foi o primeiro presidente da Zâmbia, de 1964 a 1991; Julius Nyerere foi presidente da Tanzânia de 1964 a 1985.

razões deixou em aberto o cargo de vice-presidente. Acatei sua recomendação e então informei, um por vez, primeiro o PCSA, depois o Cosatu e por
último o CNA. Deixei claro para todos eles que receberia bem seus comentários, mas que a decisão final caberia a mim.

Camarada leal e brilhante, Raymond Suttner, que agora é nosso embaixador na Suécia, lembrou-me de que uma convenção anterior sobre as diretrizes
tinha decidido que o gabinete seria escolhido por uma conferência nacional.
Rejeitei sumariamente essa resolução pela simples razão de que, nesse caso,
os membros do gabinete seriam escolhidos não por mérito, mas por popularidade ou porque tinham o apoio de uma facção poderosa.

Cada membro da aliança tinha fortes objeções contra algum dos candidatos propostos, inclusive contra a candidatura do falecido Alfred Nzo, especialista talentoso, disciplinado e experiente em relações exteriores. Houve
também objeções contra Derek Hanekom por considerarem insensato dar
a pasta da agricultura para um branco. Essas objeções também atingiram
outros nomes. Rejeitei todas essas ressalvas por se basearem não em princípios, mas em considerações puramente pessoais. Apresentei a lista à cúpula,
como Thabo recomendara.*

A cúpula aprovou todos os nomes sem exceção. Então se discutiu quem
seria nomeado vice-presidente. Foram avaliados dois nomes, Thabo Mbeki
e Cyril Ramaphosa. Ramaphosa tinha encabeçado nossa equipe de negociadores no World Trade Centre [em Kempton Park, norte de Joanesburgo].
Era um sujeito de presença marcante, hábil e persuasivo, que influenciou
amigos e inimigos no Centre. Ele conquistou grande respeito e admiração
e emergiu como uma das figuras mais destacadas entre a constelação de
pensadores importantes.[26]

Em sua autobiografia, *The Last Trek: A New Beginning*, De Klerk descreve
Cyril da seguinte maneira:

"A delegação do CNA era liderada por Cyril Ramaphosa, seu negociador-
chefe. Ramaphosa fora anteriormente secretário-geral da União Nacional

---

* Os integrantes da cúpula na época eram Mandela, Sisulu, Ramaphosa, Mbeki, Jacob
Zuma e Thomas Nkobi. Mbeki e Ramaphosa não participaram da discussão.

dos Mineiros, onde ganhara ampla experiência em negociações duras com a Câmara de Minas, que representava as grandes empresas de mineração da África do Sul. A cabeça grande e redonda de Ramaphosa era emoldurada por uma barba e pelo cabelo recuado na testa quase do mesmo comprimento. Seu ar descontraído e a expressão simpática contradiziam os olhos friamente calculadores, que pareciam procurar continuamente o ponto mais fraco nas defesas de seus adversários. Sua eloquência e fala doce embalavam as vítimas em potencial, enquanto seus argumentos iam fechando incessantemente o cerco em torno delas."[27]

Cyril é aclamado por homens e mulheres dentro e fora de nossa organização como peça-chave nas negociações e um dos principais arquitetos da nova África do Sul. Na Conferência Nacional do CNA de 1997, teve um justo reconhecimento ao receber a mais alta votação para participar como membro do Comitê Executivo Nacional. Era, e ainda é, um elemento de valor inestimável para nossa organização.

Ao longo de toda a minha carreira política, persegue-me a impressão constante de que o CNA era, e é, uma organização xhosa, a despeito de inúmeras provas em contrário. Assinalei aos integrantes da cúpula que Oliver Tambo, Thabo Mbeki e eu vínhamos do mesmo grupo étnico. Se Thabo fosse vice, não iríamos reforçar essa impressão equivocada?, perguntei. Não seria melhor pensarmos em Cyril para o cargo, sendo ele uma pessoa igualmente talentosa e respeitada que vinha do norte de nosso país?

Prontamente reconheci que Thabo era bem qualificado para esse cargo e que seu conhecimento do continente e dos assuntos diplomáticos ultrapassava em muito o de Cyril. Mas insisti que este tinha muita influência internacional, sobretudo entre os sindicatos e a grande maioria dos formadores de opinião, especialmente aqueles que participaram das negociações.

Mandela prossegue, lamentando:

Apesar de meus argumentos, os integrantes da cúpula não se convenceram. Insistiram que o público geral iria reconhecer que o CNA, ao escolher Thabo, guiara-se pelo mérito e não por considerações tribais. Minha preocupação, pelo contrário, não se baseava apenas no mérito, e sim na impressão equivocada que, a meu ver, tínhamos a obrigação de corrigir.[28]

Embora a intenção de Mandela fosse anunciar as nomeações somente após a posse, a mídia forçou a parada, pois ouvira falar do debate sobre o cargo de vice-presidente e em 6 de maio de 1994 divulgou a composição do gabinete. Era uma lista incompleta, e alguns dos nomes e respectivas pastas foram alterados depois; naquela altura, também já se decidira – após alguns debates acalorados – que incluiriam um ministro sem pasta, com responsabilidade pelo Programa de Reconstrução e Desenvolvimento.

A montagem do gabinete não foi pacífica; De Klerk ficou irritado com a consulta inadequada na distribuição de algumas pastas. Todavia, o toque pessoal de Mandela na composição do gabinete era inconfundível. Alguns dos processos, que pareciam gratuitos na origem, acabaram dando fruto. Algumas das engrenagens da máquina equipada para concretizar o sonho de Mandela estavam na feliz ignorância do papel que desempenhavam e das mudanças que teriam na vida. Manuel relembrou a ocasião em que, quando ainda fazia parte do grupo central de liderança no Cabo Ocidental em 1992, foi abordado por Cyril Ramaphosa, secretário-geral do CNA.

Ramaphosa disse a Manuel que Mandela queria que ele comandasse o Departamento de Planejamento Econômico, setor importante dentro do CNA. Manuel, ciente de sua falta de formação em economia, relutou, dizendo que tinha sido designado para trabalhar na área da saúde. Ramaphosa disse-lhe sem rodeios que o CNA já tinha muitos médicos. E continuou: "Trevor, só para ficar claro, isso não é uma negociação entre nós dois; estou transmitindo uma mensagem."[29]

Foi isso. Não demorou muito e Manuel passou a acompanhar Mandela em missões no exterior, como a viagem de 1993 aos Estados Unidos, quando, discursando nas Nações Unidas, Mandela declarou que já se haviam realizado avanços suficientes para que as sanções contra a África do Sul fossem suspensas.

Manuel lembra:

Uma parte do que ele estava fazendo, uma vez mais, era construir relações, mas era também uma postura muito sólida. Ele ia com delegações. Por exemplo, um grupo variado nosso foi a Taiwan, incluindo Pallo [Jordan], [Thomas] Nkobi, claro, [e] Joe Modise [para] obter treinamento e verba ... mas também para [nos] apresentarem a diversos sistemas políticos e ouvirem o que estávamos fazendo. Ele acreditava em delegar tarefas aos jovens e prepará-los para responsabilidades mais complexas.[30]

Em algumas conferências com investidores, que reuniam líderes empresariais, especialistas em indústria e investidores institucionais nos grandes salões das principais capitais do mundo, Mandela dizia: "Temos aqui esses jovens como Trevor Manuel. Gostaria que ele falasse a vocês; gostaria que ele respondesse às perguntas depois que eu falar."[31]

Foi a mesma coisa com Valli Moosa, o qual, em vista de sua participação nas negociações, acabou ficando como vice de Roelf Meyer, o primeiro a ocupar a pasta do Interior e do Desenvolvimento Constitucional no gabinete de Mandela. Mufamadi, que liderara o processo de paz, acabou por se tornar ministro da Polícia, e Joe Modise, que passou pelo MK e pelas centrais militares do CNA, tornou-se ministro da Defesa.

Refletindo sobre todos esses desenvolvimentos, que mostravam o raciocínio estratégico de Mandela, Manuel disse:

Penso que, de modo geral, essas interações no pensamento de Madiba estavam criando desde o começo do processo uma espécie, por falta de termo melhor, de gabinete paralelo com pessoas incumbidas de determinadas responsabilidades. Esse processo, penso eu, teve profundo impacto na maneira como ele via certas coisas.[32]

Entre as pastas que apareciam nas discussões, fosse dentro do CNA, fosse com De Klerk, estava o Ministério das Finanças, e chegou-se a um acordo de que Derek Keys continuaria em sua função atual de ministro das Finanças. Embora a pasta das Finanças fosse uma das seis que cabiam ao Partido Nacional, concordou-se também que esse posto-chave não devia ter identificação com nenhum partido específico.[33] Havia duas considerações – a experiência e a preocupação quanto à possível reação dos agentes decisórios econômicos, tanto os africanos locais quanto os internacionais. A África do Sul ainda era uma entidade nova, com sistemas que não haviam sido testados. Qualquer mudança – em especial a renúncia de um respeitado ministro das Finanças – poderia gerar um efeito negativo nos mercados.

"Há certas posições pelas quais não lutaremos no momento, porque o país pode não estar pronto para elas", disse Mandela, segundo recordam seus colegas. Ele se referia a vários cargos, inclusive os respectivos diretores do Banco Central e da Comissão de Serviço Público.[34]

Mandela se reuniu duas vezes com De Klerk para discutir o gabinete, primeiro em Pretória e depois na Cidade do Cabo, no final daquele dia em que o CNA lançou sua primeira lista de ministros, para grande insatisfação de De Klerk. Segundo as memórias de De Klerk, ele ficou abismado com os anúncios do CNA, "sem fazer o mínimo esforço de me consultar previamente" – como estipulava a seção 82 da Constituição interina –, e com a anulação de um acordo anterior sobre uma pasta da área de segurança para o Partido Nacional.[35] Indagado sobre as razões para que as três pastas da segurança ficassem com o CNA, Mandela respondeu que a organização prevalecera em relação a ele.[36]

O que fora acertado sobre a indicação de ministros e vice-ministros para as demais pastas teve de sofrer algumas alterações no âmbito das pastas atribuídas ao CNA. Uma dessas alterações foi transferir Asmal do Desenvolvimento Constitucional para Recursos Hídricos e Florestais, coisa que ele só ficou sabendo no dia em que prestou juramento como ministro.[37]

Depois de amplas barganhas com os principais partidos negociadores – em especial o Partido Nacional e o Inkatha –, Mandela considerou que o gabinete tinha força e representava bem o povo da África do Sul. Até levantou a questão da participação de partidos menores no governo, mantendo discussões com o CPA (Congresso Pan-Africanista da Azânia), o Partido Democrático, o Partido Conservador e a Frente da Liberdade. Quando Mandela saiu da prisão, De Klerk propusera que uma troica composta pelo Partido Nacional, pelo CNA e pelo Inkatha negociasse o futuro da África do Sul, sugestão que Mandela e o CNA haviam rejeitado em favor de uma abordagem mais inclusiva. Assim, agora que o gabinete estava pronto, Mandela ficou exasperado ao dizerem que ele não era plenamente representativo:

> Logo após a formação do Governo de Unidade Nacional e muito antes que o vice-presidente De Klerk saísse voluntariamente do Governo de Unidade Nacional, o CNA recebeu acusações reiteradas de racismo e de promover apenas os interesses dos africanos e descurar os das minorias. Ainda há figuras públicas em nosso país – reacionárias – que continuam a espalhar essa propaganda ignóbil.
>
> Apresentei deliberadamente e por completo os nomes dos membros do gabinete do Governo de Unidade Nacional.* Os que têm respeito pela verdade e por si mesmos, de onde quer que venham, abster-se-ão de macular sua própria imagem endossando o que é claramente uma propaganda absurda daqueles que não têm nenhum programa político digno de crédito em alternativa ao do CNA.
>
> O subterfúgio se faz ainda mais evidente quando se vê que, afora Derek Keys e Abe Williams, este membro da comunidade Mestiça, os outros cinco membros do gabinete do Partido Nacional do sr. De Klerk eram todos Brancos e Africâneres. Não havia nenhum Africano nem Indiano. No entanto, todos esses grupos nacionais faziam parte dos membros do CNA no Gabinete. Em dezenove membros, sete eram das minorias.
>
> O predomínio de Brancos na Assembleia Nacional em 1994 foi igualmente marcante. Dos 256 membros do CNA na Assembleia Nacional, 82 representavam Mestiços, Indianos e Brancos.
>
> Dos oitenta membros do Partido Nacional, havia onze Africanos, nove Mestiços, quatro Indianos; um total de 24 contra 56 Brancos – mais do que o dobro do número dos outros grupos.[38]

---

* No manuscrito original, Mandela arrolou os nomes e os cargos de seu primeiro gabinete para mostrar sua diversidade étnica. Pode-se ver uma das páginas na lâmina 9.

Um Mandela mais jovem e mais impulsivo bem que continuaria a listar os casos de grosseira falsidade que movia as figuras "reacionárias" que "continuam a espalhar essa propaganda ignóbil". Teria enaltecido a magnanimidade do CNA em abrir espaço para o Partido Nacional, cuja política era a causa fundamental da indizível miséria da maioria negra. Por mais satisfatório que isso pudesse ser para seus compatriotas, e mesmo convencido de que sua causa era justa, Mandela sabia que isso transmitiria um sinal errado. Encontrava-se no controle e certamente não se faria de mártir.

Estava com 75 anos de idade e precisaria de toda a sua energia e sagacidade para converter seu carisma pessoal numa moeda política de valor duradouro. Mesmo tendo a oposição oficial concordado com relutância em participar do GUN, ainda restavam bolsões de resistência entre seus filiados, que viam essa divisão do poder como uma capitulação diante do CNA. No outro lado da mesma moeda, havia elementos dentro do CNA, como, por exemplo, Harry Gwala e seus adeptos linha-dura, que alegavam. que a arquitetura da nova ordem não compensava os sacrifícios feitos para tomar o poder das mãos do regime de Pretória.

Mas, para Mandela, a tarefa urgente era assegurar que se assentasse a base para a construção da nova democracia. Ele precisava se acostumar com a ideia de ser presidente, chefe de Estado de um país complicado, sede de um sistema de governo ainda mais complicado. Tudo se dera com brusca rapidez, da prisão para a liberdade e, então, para o cargo mais alto do país. Como alguém catapultado à chefia de uma enorme família após a morte do patriarca, Mandela tinha de atravessar um rito de passagem, neste caso o Congresso, para formalizar sua posse.

5. Unidade Nacional

NELSON MANDELA E OS HOMENS e mulheres que se reuniram no Congresso em 9 de maio de 1994, para prestar juramento como parlamentares, deram plena e variada expressão às mudanças que se processavam na nova África do Sul democrática. O ambiente do recinto parlamentar, antes sério, intimidador e dominado por homens brancos de terno escuro, agora era de contida celebração; algo imenso forcejando para irromper.[1] Então Albertina Sisulu, líder e combatente veterana, levantou-se para nomear Nelson Rolihlahla Mandela como o primeiro presidente democraticamente eleito da África do Sul.

Houve uma explosão de aplausos e lágrimas enquanto os presentes na assembleia e na galeria pública se erguiam ao mesmo tempo, aclamando Mandela, que sorria e acenava em seu assento de couro castanho. Tinha sido o assento do presidente F.W. de Klerk, que pouco mais de quatro anos antes anunciara, no mesmo recinto, que ia libertar o homem que estava preso fazia mais de 27 anos. Os parlamentares puxavam o ritmo das palmas enquanto um *imbongi* (entoador de loas) mudava definitivamente o Congresso, entoando os louvores do novo presidente em sua língua materna, o isiXhosa.

QUASE TODOS OS QUE TRABALHARAM com Mandela no começo do primeiro governo pós-apartheid, dos jardineiros aos ministros, concordam que ele tinha qualidades especiais e, por sua vez, esperava que os outros as tivessem também. Notoriamente incapaz de aceitar uma recusa, punha todo o seu empenho em evitar qualquer possibilidade de alguém declinar uma proposta sua.

Trevor Manuel, na época ministro do Comércio e da Indústria, dá uma pincelada divertida no drama sério e por vezes exasperante de montar o primeiro gabinete democrático sob a presidência de Mandela em 1994.

Na noite de 4 de julho de 1994, Mandela ofereceu um banquete oficial a François Mitterrand, então presidente da França, no Mount Nelson Hotel, na Cidade do Cabo. Dois dias antes, em Pretória, o presidente chamara Manuel para uma reunião, na qual também estavam presentes o vice-presidente Thabo Mbeki, o ministro do Trabalho, Tito Mboweni, e Alec Erwin, do Programa de Reconstrução e Desenvolvimento, e avisou que Derek Keys estava renunciando ao cargo de ministro das Finanças.

Manuel lembra que Mandela falou, com sua típica franqueza:

Vejam, andei falando com as pessoas, e não creio que o país e o mundo, e em especial os brancos, estejam prontos para um ministro das Finanças do CNA. Espero que vocês concordem comigo. Achei que devia lhes contar isso e perguntar se têm alguma sugestão para um ministro das Finanças.

Não aparecendo nenhuma sugestão, Mandela retomou: "Andei pensando sobre esse cara, Chris Liebenberg. Ele se aposentou do... [Ned]bank; era meu banqueiro, era o banqueiro do CNA, é um homem muito bom. O empresariado branco realmente lhe dará apoio. Vocês têm algum problema com ele?" Ninguém tinha. Mandela então disse: "Muito obrigado; vamos tomar um chá."[2]

Na tarde de segunda-feira, dia 4 de julho, Liebenberg, que estivera fora, recebeu um telefonema de surpresa de Mandela, que desejava que ele fosse de Joanesburgo até Genadendal para conversarem. Mandela saiu cedo do banquete para se encontrar com Liebenberg em Genadendal. Manuel recorda:

Quando Liebenberg chega à Cidade do Cabo, Mandela lhe pergunta: "O que você anda fazendo?" Chris Liebenberg diz para Mandela que agora está aposentado. "Que idade você tem?", pergunta Mandela. Liebenberg responde que está com sessenta anos. Mandela então diz: "Certo ... você é novo demais para se aposentar, Chris. Tenho uma tarefa para você. Quero que seja meu ministro das Finanças. Derek [Keys] está saindo e quero que você assuma." Chris Liebenberg fica absolutamente pasmo; é uma surpresa total. E fala: "Como acabei de me aposentar, preciso consultar minha esposa a esse respeito."[3]

O jeito um tanto casual e aparentemente informal de nomear Liebenberg para o cargo de ministro das Finanças é desmentido pela seriedade com que a liderança do CNA montou o gabinete. A escolha dos ministros do CNA não se deu por capricho. Eram pessoas que se haviam desincumbido admiravelmente em suas várias funções de liderança em estruturas no país e no exílio. Todos tinham enfrentado desafios e amadureceram com as dificuldades das circunstâncias. Mesmo assim, ainda havia muitas avaliações antes que um nome fosse aprovado.

Um exemplo foi o cargo de ministro das Finanças, de que acabamos de falar. Mandela fez longas consultas a outros de seus ministros, entre eles Manuel, Mboweni e Erwin – e pessoas como Gill Marcus, um parlamentar que fazia parte do Comitê das Finanças, conversaram longamente com Liebenberg e trataram dos problemas da política tributária. Mandela se concentrou em garantir que o país tivesse segurança, e daí sua insistência para que o CNA ficasse com todas as pastas da segurança. A confiança nos dois vice-presidentes a quem delegava a maioria das tarefas – principalmente Mbeki – permitia que ele tivesse, como já foi dito, uma presença mais ativa na defesa da reconciliação. Assim, era Mbeki, num papel que outros caracterizavam como o de um primeiro-ministro, quem dirigia as reuniões ministeriais na maioria das vezes, mesmo quando Mandela estava presente.

"A preparação dos projetos de lei", lembra Mboweni, "os relatórios de planejamento etc. eram submetidos a ele." Embora não interviesse diretamente, sem dúvida Mandela acompanhava os avanços com interesse, concentrando-se nas Forças Armadas e na polícia, bem como nos arranjos estruturais para o Judiciário e as Instituições do Capítulo Nove.* Mbeki

---

* O capítulo 9 da Constituição estabelece "instituições estatais de apoio à democracia constitucional", conhecidas como Instituições do Capítulo Nove. São elas, entre outras,

também o mantinha atualizado sobre os trabalhos. Mandela só intervinha em situações em que sentisse que um de seus ministros estava sofrendo obstruções deliberadas.

Um exemplo foi quando Mboweni ameaçou renunciar se certos ministros continuassem a obstruir a legislação que ele queria submeter à aprovação do gabinete. Mesmo os ministros do CNA divergiam em certas questões, de maneira que isso não era um fato incomum, embora certamente fosse frustrante para os que defendiam tais projetos de lei.

No dia de submetê-los, lembra Mboweni,

> Mandela pediu um adiamento para que pudesse conversar com aqueles ministros e comigo. Bom, não foi propriamente uma conversa, porque apenas fomos para sua sala. Era uma sala bem pequena, e ele disse: "O ministro aqui me atualizou sobre suas dificuldades em conseguir que essa lei seja aprovada no gabinete, e que se essa lei não for aprovada hoje pelo gabinete ele vai renunciar. Não quero que esse rapaz renuncie; então, quando voltarmos agora para a reunião do gabinete, vocês vão apoiar o projeto." Trevor [Manuel] tentou explicar, [mas] Mandela disse: "Não, não tem discussão; apenas voltem e apoiem o projeto de lei."

Todos voltaram e Mboweni prosseguiu com sua apresentação, que foi apoiada inclusive pelos detratores anteriores. Um tanto brejeiro, Mboweni atribui essa vitória ao "instinto de sobrevivência na política".[4]

O único organismo político que precisava sobreviver, porém, era o próprio gabinete, o motor do Governo de Unidade Nacional. Sua força consistia na capacidade de tomar decisões que se harmonizavam com um princípio diretor. Sem ele, não daria certo. Com uma visão realista desse organismo dotado de múltiplas partes em movimento, o parlamentar Roelf Meyer reconheceu numa entrevista de 1994 que "não vai ser possível ter

---

a Procuradoria Pública, a Auditoria-Geral, a Comissão Eleitoral Independente, a Agência Independente de Regulação da Radiodifusão, a Comissão Sul-Africana de Direitos Humanos, a Comissão da Igualdade de Gêneros e a Comissão para a Promoção e Proteção dos Direitos das Comunidades Culturais, Religiosas e Linguísticas.

harmonia de um dia para outro. Não temos uma coalizão na verdadeira acepção do termo, e sim um acordo de cooperação".⁵

Pouco mais de um ano antes, Mandela havia respondido a uma série de perguntas da BBC precisamente sobre a questão espinhosa do futuro processo decisório:

Trataremos desses problemas com um governo de unidade nacional dominado pelo Congresso Nacional Africano. Será aplicado o princípio do governo da maioria. Não se permitirá que nenhum partido pequeno solape o princípio do governo da maioria ... O ponto de vista [do CNA] prevalecerá sem solapar o princípio do consenso. Faremos com o Governo de Unidade Nacional o que estamos fazendo agora no fórum pluripartidário ... não impomos; persuadimos.⁶

Isso foi bem no final das negociações, quando, instados por suas equipes a encontrar uma solução, Mandela e De Klerk propuseram que o gabinete se empenhasse em obter consenso; se não o obtivesse, prevaleceria a posição majoritária.⁷

Essa solução foi aceita e, mais tarde, incorporada à Constituição interina. No capítulo 6, que trata dos poderes do Executivo Nacional, a seção 89 (2) estipula que "o gabinete funcionará de maneira a levar em consideração o espírito de busca do consenso, que subjaz ao conceito de um governo de unidade nacional, bem como à necessidade de um governo efetivo".⁸

Na verdade, segundo Jakes Gerwel, falando como secretário do gabinete, o GUN realmente tomava decisões por consenso: "Você não perceberia que se trata de um governo pluripartidário se estivesse ali nos debates, nas reuniões do gabinete. Não perceberia que as pessoas vêm de partidos diferentes."⁹

Kader Asmal, sem dúvida um dos ministros mais pitorescos do gabinete de Mandela, com sua típica risada rouca e a cara de Groucho Marx, devia gostar dos debates. "Era possível criar consenso num lugar onde todos estavam à vontade, num processo de argumentação e contra-argumentação", observou ele em suas memórias. Provavelmente percebia um choque de culturas entre o CNA e o Partido Nacional durante essas discussões; por exemplo, nenhum ministro do Partido Nacional questionava De Klerk nas reuniões ministeriais, ao passo que o CNA mantinha um vigoroso debate sobre certas questões, às vezes para consternação dos ministros do Partido Nacional.[10]

Apesar do talento de Mandela em incentivar as pessoas a seguir seus melhores instintos, seria ilusório imaginar uma total unanimidade entre os integrantes do gabinete; sempre havia alguém implicando com a proposta acordada entre Mandela e De Klerk, embora ela fosse parecida com o princípio do consenso suficiente, utilizado para romper os impasses durante as negociações. O chefe Buthelezi lembra indignado de decisões ministeriais baseadas no "majoritarismo porque ... preparei relatórios em alguns casos discordando de algumas das leis propostas etc., e a única coisa que dizem é: 'Bom, o que o ministro do Interior diz deve ser registrado, e só, mas vamos em frente'".[11]

Mandela tentava dissolver qualquer grande divergência que decorresse das posições discordantes e potencialmente opostas do CNA e do Partido Nacional. Para isso, criou os comitês ministeriais, que eram plataformas para chegar ao consenso. Foram montados três desses comitês, cada qual um palimpsesto – algo reutilizado, mas modificado – do legado do regime de apartheid. Mbeki dirigia o comitê de assuntos econômicos e De Klerk o de segurança e inteligência, bem como o de assuntos sociais e administrativos.

Para firmar a cooperação, Mandela juntou ministros e vice-ministros de partidos diferentes. Como disse numa entrevista:

> Do ponto de vista de De Klerk e seu partido, três pertencem ao Inkatha, seis a De Klerk, o CNA tem dezoito, o dobro da força somada do Inkatha e do Partido Nacional. Assim, se quiséssemos, poderíamos comandar o governo, mas não estamos fazendo isso. Nosso compromisso é fazer do Governo de Unidade Nacional algo que tenha conteúdo efetivo, não um mero conteúdo vazio em que endossamos as posições do CNA. Foi por isso que, na distribuição das pastas, providenciamos a figura dos vice-ministros; se um ministro

é do CNA, seu vice deve ser do Partido Nacional ou do Inkatha. Queremos que ele funcione adequadamente.[12]

E de fato a solução funcionou adequadamente nos primeiros anos, exceto quando Mandela insistiu em manter um firme comando nas questões de segurança, o que enfureceu De Klerk. "O foco de Madiba em relação ao governo era a questão da segurança", lembra Mbeki:

> Assim, ele ia às reuniões do comitê ministerial ... que tratava de assuntos da segurança ... porque se preocupava muito com a possibilidade de uma contrarrevolução e, como todos nós na época, pensava que a contrarrevolução viria da direita africâner nas Forças Armadas, na polícia, no setor de segurança, que recorreriam às armas para desestabilizar e então provavelmente derrubar o governo. Este era seu interesse especial. Mas, quanto ao resto do trabalho do gabinete, do governo, ele dizia: "Não, cuide você disso."[13]

No entanto, quando lhe parecia necessário, Mandela intervinha diretamente com os ministros em outras questões, como no contratempo entre Nkosazana Dlamini-Zuma e De Klerk. Os ministros dos três partidos iam à sua sala para prestar contas, pedir conselho e apresentar relatórios, quando solicitados.

Mas, como cada partido tinha suas estruturas próprias para manter a coerência programática – por exemplo, o CNA tinha sua convenção interna de ministros e o Partido Nacional seu grupo de política estratégica –, era inevitável que surgisse uma fissura estrutural, que criaria tensões entre as atividades do gabinete e a realidade do mundo lá fora.

Havia discordâncias sobre a questão da responsabilidade coletiva pelas decisões do gabinete. O Partido Nacional e o Inkatha insistiam em seu direito de se afastar do colegiado e divulgar publicamente críticas a decisões do gabinete a que eram contrários. Embora fossem poucas questões, as divergências eram fortes e recorrentes, e se complicavam ainda mais com as relações entre os líderes partidários. A verdade era que o GUN funcionava apenas no nível do gabinete ministerial e não no Congresso nem nas províncias.

A realização das eleições locais, no final de 1995, exacerbou as tensões, na medida em que os partidos atribuíam a si as conquistas e negavam a responsabilidade pelos problemas. Num dos primeiros comícios eleitorais, no contestado município de Eersterust, em Pretória, Mandela abordou frontalmente a questão:

> O sr. De Klerk vem tentando criar a impressão de que o Partido Nacional desempenhava um papel de liderança no Governo de Unidade Nacional, e que a confiança empresarial e os investimentos estrangeiros se deviam à sua participação no governo.

Embora valorizasse o papel de De Klerk no gabinete, declarou Mandela, "é um erro aumentar exageradamente o papel do Partido Nacional. O CNA tem dezoito membros no gabinete, contra apenas seis do Partido Nacional". Ele concluiu frisando que o Programa de Reconstrução e Desenvolvimento era uma iniciativa do CNA.[14]

Mesmo o mais inexperiente leitor de linguagem corporal podia ver que havia uma flagrante falta de cordialidade entre Mandela e De Klerk. O Partido Nacional passava por uma crise de identidade; sua bancada parlamentar se via em palpos de aranha com os protocolos que lhe eram impostos por estar na oposição. O debate em curso, se deviam continuar ou não no GUN, quase parecia uma deplorável profecia pronta a se realizar sozinha. Para conquistar de volta o terreno perdido, De Klerk, segundo ele mesmo diz, passou a criticar decisões e a criar confrontos em defesa das diretrizes do Partido Nacional; fez isso porque seus próprios ministros e vice-ministros não o faziam. "Eles se saíam bastante bem em suas pastas", escreve De Klerk, "mas não tão bem quando se tratava de tomar uma posição combativa contra o CNA, opondo-se a decisões que eram irreconciliáveis com as Diretrizes do Partido Nacional."[15]

Essas decisões tidas como irreconciliáveis com as diretrizes do Partido Nacional se somavam às agruras de De Klerk, bem como o fato de não ter conseguido incluir posições retrógradas no texto final da Constituição. Outra coisa que não ajudava muito era a posição contestadora dos Jovens

Turcos do Partido Nacional, representados por Marthinus van Schalkwyk. Mais atinente ao problema era a explícita insatisfação de De Klerk com a posição canhestra em que se encontrava, parecida com a do "presidente anterior do conselho [continuando] a servir no conselho do sucessor".[16]

Mandela resumiu a questão numa discussão com Tony Leon, então líder do Partido Democrático. "De Klerk", disse ele, "não se conformara com a perda de poder."[17] De Klerk achava que as responsabilidades que Mandela lhe dera estavam abaixo de sua posição como ex-ministro e presidente. Para alguém que, tempos antes, alimentara a ideia de uma troica no governo, com o CNA, o Partido Nacional e o Inkatha se alternando na presidência, esse aparente rebaixamento lhe criava dificuldades para convencer o partido de que a participação no GUN era uma decisão acertada.

O problema atingiu um ponto crítico numa reunião do gabinete em janeiro de 1995, em que De Klerk pôs em pauta a discussão do direito dos partidos menores em atuar publicamente como oposição. As críticas públicas de De Klerk ao CNA, bem como a indenização que concedera a 3.500 policiais e a dois ministros do governo logo antes da eleição de 1994, armaram o palco para o confronto final. Depois que os ministros do CNA falaram sobre a responsabilidade coletiva pelas decisões do gabinete, Mandela atacou De Klerk, dizendo que a indenização fora "ilegítima" e qualificando a atitude do Partido Nacional perante o Programa de Reconstrução e Desenvolvimento como uma deslealdade com o governo. Saindo furioso da reunião, De Klerk disse que iria ver com os colegas se continuariam a participar do governo. No dia seguinte, porém, os dois dirigentes apareceram num informe especial da imprensa dando uma declaração conjunta. O mal-entendido fora esclarecido e "concordamos em ter um novo início, que nos ajudará a evitar que se repita a situação que surgiu nesta semana".[18]

Como num casamento falido, os conflitos entre os dois, sintomas de concepções de mundo agudamente divergentes, eram desmentidos em gestos públicos de reconciliação. Os conflitos nasciam, de um lado, do impulso de recriar um passado idílico para a minoria, e, de outro, do resoluto imperativo de criar um futuro aceitável para a maioria do povo sul-africano.

"A despeito das brigas que surgem", disse Mandela, desmentindo outro boato sobre a dissensão, "o sr. De Klerk e eu entendemos que precisamos um do outro. Ficarmos juntos não é uma questão de gosto pessoal; é uma questão de absoluta necessidade. Creio que ele entende isso tão bem quanto eu."[19]

KwaZulu-Natal, província sempre acometida por problemas de violência, criou outro ponto crítico. Em setembro de 1995, De Klerk escreveu a Mandela sugerindo que a melhor maneira de lidar com essa violência seria uma reunião entre eles, Mbeki e Buthelezi para discutir, entre outras coisas, uma mediação internacional e iniciativas políticas para diminuir a tensão e a violência.[20] Mandela decidiu que não mediria as palavras. Numa carta a De Klerk, escreveu:

Os problemas em KwaZulu-Natal e, portanto, as soluções para esses problemas estão profundamente entranhados na história da situação dominante. O senhor certamente há de reconhecer, sr. De Klerk, que o atual conflito na província é fruto das políticas e estratégias de seu partido e do governo de que o senhor participou e o qual presidiu, tanto quanto qualquer outro fator. Aqui não precisamos entrar nos detalhes dessa história; já falamos dela anteriormente. Será um grave equívoco, que não ajudará a encontrar uma real solução, sugerir – como o senhor fez em sua carta – que a questão da mediação internacional constitui uma das causas subjacentes fundamentais dos problemas na província.*

Mantive-o plenamente informado sobre as discussões que tive, bem como as vezes em que tentei discutir com o ministro Buthelezi sobre esse assunto. O senhor está ciente de que todas essas iniciativas foram de minha parte. Pedimos, como também lhe disse antes, sugestões concretas sobre o que, exatamente, o senhor pretende que seja discutido no tipo de reunião que propõe. A prática vazia de se reunir só por se reunir e de fazer gestos políticos mais agrava do que ajuda a resolver a situação.

---

* A mediação internacional em questões constitucionais pendentes fazia parte do acordo de 1994 que garantiu a participação do Inkatha na eleição. Ela não aconteceu por várias razões, e Mandela afirma que De Klerk, em sua carta, está sugerindo que a falta dessa mediação foi uma das causas da violência.

O senhor, como um dos vice-presidentes executivos em meu governo, tem liberdade e, na verdade, a obrigação de discutir comigo qualquer sugestão que tenha sobre qualquer assunto que diga respeito à condução e à política de governo. Isso se aplica também a este caso. O que não seria construtivo nem proveitoso seria o senhor se oferecer como líder de um terceiro partido para ser o mediador de algo que tem sido erroneamente apresentado como simples conflito entre o CNA e o Inkatha. O papel histórico que seu partido e o governo por ele formado desempenhou nesse conflito o desqualifica totalmente para ocupar essa função.[21]

Era uma censura ríspida e simplesmente significava que Mandela, a própria encarnação do tato e da polidez, mesmo com seus adversários, chegara ao limite da paciência. Ele sempre se preocupara muito com a questão da violência e do vínculo entre o Inkatha e o Partido Nacional no planejamento e execução dessa violência, bem como com o preço em sangue que ela custara ao povo de KwaZulu-Natal e de outros lugares. E seria um erro esquecer – ou esperar que ele tivesse esquecido – o humilhante coro de provocações que sofrera quando, logo após sair da prisão, em 1990, conclamara o povo de KwaZulu-Natal a renunciar às armas. Se Mandela era polido e educado com De Klerk e Buthelezi, era porque assim ditava sua convicção pessoal de nunca ser descortês com outro líder.[22] Os líderes, a seu ver, representavam um eleitorado. Qualquer grosseria com eles se convertia, portanto, numa afronta geral a seus seguidores.

Quando De Klerk escreveu de volta, respondendo que não sugerira uma mediação, mas sim uma reunião enquanto partido para um acordo sobre uma mediação internacional, Mandela não lhe deu muita trela. "Em vez de sugerir reuniões sem sentido", escreveu ele, "eu gostaria de ter sua contribuição sobre a maneira de lidar com a herança do sistema desumano de apartheid do qual o senhor foi um dos arquitetos."[23]

O rompimento de uma relação não se dá de repente nem é provocado por uma causa única. O ponto mais fraco na couraça do GUN talvez fosse a enorme diferença na história de cada um de seus componentes, sendo a falta de uma boa química entre De Klerk e Mandela a imagem mais vívida dessa dissonância. Mas, desde o começo, as chances de que o Partido Nacional se mantivesse durante todo o GUN não eram muito auspiciosas. O gabinete de De Klerk estava insatisfeito e dividido sobre os processos decisórios no GUN, situação que ficava ainda pior por causa do pequeno número de representantes do partido no gabinete pós-eleitoral, o que enfraquecia a sua influência no governo. Isso também fortalecia a facção dentro do Partido Nacional que não queria se envolver com um governo com predomínio do CNA.

Para os contrários à participação, o confronto entre De Klerk e Mandela sobre a anistia, em janeiro de 1995, pareceu confirmar o pior. Enfraqueceu o Congresso Federal do Partido Nacional em fevereiro, em que o tema dominante foi se ficariam ou sairiam do GUN, reforçando assim a ideia de que o Partido Nacional não exercia nenhuma influência na tomada de decisões. Em novembro de 1995, a perda de apoio nas eleições municipais em quase todo o país (exceto em KwaZulu-Natal e em algumas zonas rurais do Cabo Ocidental e na Cidade do Cabo) confirmou o desgaste da base de sustentação do Partido Nacional.

Mas foi a elaboração do texto final da Constituição, em maio de 1996, que deu a De Klerk o motivo visível para retirar o Partido Nacional do GUN. Embora soubesse que o GUN era um arranjo transitório com cinco anos de duração, De Klerk sempre pressionara por um mecanismo pluripartidário formal e permanente na Constituição. Citou o fato de não ter conseguido arrancar essa concessão ao CNA como motivo para se retirar do GUN três anos antes do prazo combinado. O próprio GUN é que não dava condições para o Partido Nacional ter alguma influência.

Segundo De Klerk, o GUN

trabalhou bem no começo, mas logo ficou claro que era um embuste no que se referia a qualquer participação efetiva no poder. O CNA se negou a firmar um acordo de coalizão conosco e preferiu nos manter numa gaiola dourada, em que os ministros do Partido Nacional tinham todas as pompas do poder, mas nada de seu conteúdo efetivo.[24]

Quando a Assembleia Constituinte votou a Constituição, o Partido Nacional concordou em adotá-la. Mas, naquela noite, De Klerk se retirou cedo do jantar comemorando a nova Constituição. Mbeki, tendo ouvido falar que De Klerk pretendia convocar uma reunião para anunciar a saída do Partido Nacional do GUN, foi atrás dele para tentar dissuadi-lo, mas não adiantou. "Decidiram sair", disse Mbeki, "e preservar o apoio ao partido."[25]

A decisão de De Klerk de deixar o GUN dividiu seus colegas de gabinete em julho de 1996. Em comentários públicos logo após a retirada e num debate parlamentar algumas semanas depois, Mandela agradeceu a contribuição de alguns dos dirigentes do Partido Nacional. Não só tinham desempenhado um papel construtivo na transição, como também haviam rompido com o passado em um grau que o partido – e, portanto, seu líder – não havia acompanhado. Mandela disse:

> O que me preocupa pessoalmente é o afastamento da vida pública de figuras destacadas como Roelof "Pik" Botha, Leon Wessels e Chris Fismer – dirigentes que trabalharam muito e tiveram um papel essencial para construir a unidade nacional e impedir o ressurgimento do racismo, tanto dentro dos partidos quanto nas comunidades em que atuam.*
>
> Lamentamos sua saída do gabinete e do Congresso, e esperamos que continuem a estar a serviço da nação.[26]

Contudo, salvo o breve interlúdio da eleição da Cidade do Cabo metropolitana logo após a saída do Partido Nacional, o declínio eleitoral do

---

* Pik Botha, um dinâmico ministro das Relações Exteriores que serviu em várias administrações do apartheid, acompanhou muitas transições importantes, inclusive o fim da Guerra Civil angolana e a independência da Namíbia. Em fevereiro de 1986, ele declarou a um jornalista alemão que serviria de bom grado a um presidente negro no futuro (J. Brooks Spector, "Roelof 'Pik' Botha, the Ultimate Survivor", *Daily Maverick*, 2 set 2011). Outrora ministro do Governo Local, da Habitação e da Força de Trabalho na era do apartheid, Leon Wessels manifestou seu desagrado com as políticas do apartheid sob De Klerk. Mais tarde, fez parte da CVR. Nomeado por De Klerk para a Codesa, Chris Fismer serviu como parlamentar e assessor político de De Klerk e posteriormente ocupou o Ministério de Assuntos Gerais no GUN.

partido prosseguiu, com suas figuras centrais passando para vários outros partidos e o grosso de suas bases migrando para a Aliança Democrática.[27]

Quando De Klerk tentou convencer o Inkatha a sair também do GUN, Buthelezi decidiu ficar. "Muita gente de nosso povo tinha morrido", disse ele. "Para nós, como negros, era mais importante procurar a reconciliação do que correr o risco de uma escalada da violência."[28]

Na composição do GUN, Mandela designara Buthelezi para o cargo de ministro do Interior, o que lhe dava status elevado. Além disso, atento à suscetibilidade de Buthelezi sobre a questão do status, Mandela o designou presidente interino nas ocasiões em que os dois vices também estivessem fora do país. Apesar das divergências históricas entre o CNA e o Inkatha, e entre Buthelezi e Mandela, o líder do Inkatha conseguiu criar uma alquimia melhor entre o papel público de oposição e uma postura de cooperação no gabinete, coisa de que De Klerk não foi capaz. Buthelezi era, de fato, uma espécie de "Jekyll e Hyde" político, um político de duas caras. Jakes Gerwel relembrou "o Buthelezi das quartas-feiras e o Buthelezi dos sábados, porque era superpacato no Gabinete às quartas e superagressivo nos comícios públicos do Inkatha aos sábados".[29] Da mesma forma, os confrontos entre Buthelezi e Mandela se davam no Congresso e na arena pública, e não no gabinete.

Houve um episódio memorável em que Buthelezi irrompeu furioso no estúdio da South African Broadcasting Corporation e, com o programa no ar, confrontou o entrevistado, Sifiso Zulu, que o acusara de se autonomear primeiro-ministro do rei zulu. Mais tarde, Mandela se viu pressionado a dispensar Buthelezi, mas ficou preocupado com o efeito que isso provocaria na tensa situação de KwaZulu-Natal. Em consulta a colegas, Mandela recebeu o conselho de obter um pedido público de desculpas de Buthelezi, o que ele fez.

Buthelezi via a participação no GUN como uma forma de ajudar a alcançar os objetivos constitucionais do Inkatha. Pessoalmente, não fora favorável a participar.

"Como democrata", disse ele, "faço o que meu povo quer, mesmo que eu não goste. No começo, eu não queria entrar nesse Governo de Unidade

Nacional, mas, na discussão que se estendeu por muitas horas, a maioria disse que devíamos entrar."[30]

A relação entre Mandela e Buthelezi tinha uma longa e tortuosa história, tanto pessoal quanto política, que vinha desde a época em que os dois estavam na Liga da Juventude do CNA. A relação esfriou quando o Inkatha se afastou do "front do CNA", como dizia Buthelezi, e veio a se caracterizar por conflitos e reações de indignação após 1994, sob o impacto da situação em KwaZulu-Natal.[31]

Mas, mesmo nos períodos difíceis, ambos se mantinham em contato. Trocaram correspondência durante o período de prisão de Mandela, tanto diretamente quanto por intermédio de Irene, a esposa de Buthelezi, sobre assuntos políticos e familiares.[32] Apesar de suas divergências com o CNA, Buthelezi sempre defendeu sistematicamente a libertação de Mandela e recusou qualquer negociação com o governo enquanto Mandela e outros presos políticos não fossem libertados. No período pré-eleitoral de 1994, Mandela conversava frequentemente com ele, reconhecendo-o como uma força significativa. Entrevistado sobre suas relações com Buthelezi, Mandela disse que sempre se deram "numa base sólida desde que o conheci quando jovem".[33] No final, seus tributos de despedida, embora relutantes e ambíguos, foram todavia respeitosos. Mais de uma vez, Mandela disse que tinha "enorme respeito" por Buthelezi, como "um tremendo sobrevivente, que nos derrotou [o CNA] em duas eleições gerais livres e idôneas".[34] Buthelezi continuou a considerar que as dificuldades entre ele e Mandela se deviam ao CNA, que mantinha a separação entre eles.[35]

PARA MANDELA, a saída do Partido Nacional do GUN requeria a adoção de medidas práticas, para preencher as vagas criadas pelo afastamento dos ministros do partido. Pallo Jordan foi nomeado para o Turismo e Meio Ambiente, e os vice-ministros do CNA assumiram as pastas dos ministros do Partido Nacional. Mas a retirada podia criar nervosismo no país; cabia a Mandela tranquilizar a África do Sul – em especial os investidores –, assegurando que o breve hiato não ameaçaria nem alteraria a transição:

O vice-presidente F.W. de Klerk me informou hoje que o Partido Nacional decidiu se retirar do Governo de Unidade Nacional. Como vocês sabem, a direção do Partido Nacional frisou que sua retirada não expressa uma falta de confiança em nossa democracia pluripartidária, cujas normas estão contidas na Constituição, que ontem adotamos juntos.

Pelo contrário, reflete o fato de que o Partido Nacional reconhece que nossa jovem democracia atingiu a maioridade e precisa de uma vigorosa oposição sem as amarras da participação no Executivo. Respeitamos seu juízo sobre esse assunto, bem como as considerações político-partidárias que precipitaram sua decisão.

Como ressaltei ontem, após a adoção da nova Constituição, a unidade e a reconciliação dentro de nossa sociedade não dependem tanto de coalizões forçadas entre os partidos. Elas estão indelevelmente escritas no coração da grande maioria do povo da África do Sul. Este é [o] curso que o governo e o CNA escolheram adotar no interesse de nosso país. É um curso que seguiremos com vigor ainda maior nos meses e anos vindouros.

As políticas que o Governo de Unidade Nacional vem executando se baseiam nas necessidades e aspirações do povo deste país. Isso se aplica a todas as áreas que se empenham, apoiadas no Programa de Reconstrução e Desenvolvimento, em melhorar a qualidade de vida do povo com políticas econômicas sólidas de probidade fiscal e outras medidas para promover o crescimento e o desenvolvimento.

Essas políticas não mudarão. Pelo contrário, serão promovidas com dedicação ainda maior.

Embora o imperativo do Governo de Unidade Nacional estivesse inscrito na Constituição interina, coube aos partidos que obtiveram mais de 10% dos votos em abril de 1994 o ônus de decidir voluntariamente se ocupariam ou não cargos no gabinete.

Como partido majoritário, o CNA recebeu bem a decisão do Partido Nacional e do Inkatha de participarem do Executivo, especialmente nos dias iniciais de nossa delicada transição.

Quero agradecer ao vice-presidente F.W. de Klerk e a seus colegas pelo papel construtivo que desempenharam. Confio que continuaremos a trabalhar juntos em favor dos interesses do país, e que a sua retirada tenha o efeito não de enfraquecer, e sim de fortalecer seu compromisso com os interesses políticos, econômicos e de segurança do país.

Na verdade, somos da firme opinião de que o Partido Nacional prossegue com a responsabilidade de contribuir para o processo de erradicar o legado do apartheid que eles criaram. Assim, esperamos que sua decisão de ter um papel mais ativo como partido de oposição não signifique obstruir o processo de transformação ou defender o privilégio do apartheid.

A esse respeito, quero assegurar a todos os sul-africanos que o curso que adotamos como nação é maior do que qualquer partido ou indivíduo.[36]

Embora tais palavras servissem para frisar a importância da missão de sua vida e dar uma estocada final em De Klerk e seus infelizes demissionários, a intenção de Mandela era que elas também reafirmassem sua autoridade sobre o CNA e qualquer um que pudesse alimentar ideias sediciosas.

Em 1995, um ano antes que De Klerk deixasse o GUN, Mandela já se irritara com os flagrantes atos de deslealdade e contestação de Nomzamo Winnie Mandela, a esposa de quem estava distanciado e cuja vida desde a soltura de Mandela, em 1990, já constituía uma sucessão de desastres. Ela fora condenada por sequestro, xingada de prostituta e culpada de adultério, o que levou Mandela a anunciar a separação em 1992. Mais tarde, enfrentou denúncias de fraude e presidiu uma facciosa Liga das Mulheres do CNA. Apesar de tudo, e certamente porque se apresentava como defensora dos oprimidos do mundo, ela ainda contava com grande apoio verbal das comunidades carentes, um apoio que ganhava vigor político com pessoas como Bantu Holomisa e Peter Mokaba, da Liga da Juventude do CNA.

Em fevereiro de 1995, durante o funeral do subtenente Jabulani Xaba, que fora alvejado e morto por colegas policiais brancos durante um confronto entre policiais negros em greve e seus correspondentes brancos, ela teria acusado o governo de trair pessoas como Xaba, porque não removera o racismo dos locais de trabalho, e disse que era hora de atender às expectativas populares de corrigir os desequilíbrios do apartheid.[37] A acusação de Winnie Mandela não podia passar em branco. Uma semana mais tarde, após consultas com várias pessoas, inclusive ministros, vice-ministros e altos quadros do CNA, o escritório de Mandela lançou uma declaração oficial:

> No funeral do subtenente Jabulani Xaba, que ocorreu na semana passada, a vice-ministra de Artes, Cultura, Ciência e Tecnologia, a sra. Winnie Mandela, levantou sérias críticas contra o Governo de Unidade Nacional.
>
> A crítica foi, na opinião do presidente, incompatível com sua posição como membro do governo. Cumprindo suas responsabilidades constitucionais como chefe do governo, o presidente Nelson Mandela solicitou que a vice-ministra retirasse publicamente sua declaração e apresentasse suas desculpas ao governo.
>
> Em resposta a isso, o presidente recebeu uma carta da vice-ministra ontem à noite, 13 de fevereiro de 1995, em que a vice-ministra acedeu ao solicitado.
>
> O presidente aceitou o pedido de desculpas.
>
> Ministros e vice-ministros são guardiões das políticas do governo em exercício. Ao aceitarem o cargo no governo, obrigam-se não só a ajudar a formular os programas nos fóruns pertinentes, mas também a implementar fielmente as decisões do governo.
>
> O presidente Mandela vê com gravidade qualquer ação ou omissão por parte de integrantes do governo que transmita uma imagem de desconsideração ou desrespeito pelas políticas e decisões do Governo de Unidade Nacional. Em conformidade com o princípio fundamental da responsabilidade ministerial coletiva, caso isso aconteça, agora e no futuro, o presidente não hesitará em agir com firmeza contra qualquer transgressão.[38]

Um mês depois – após uma nova rodada de consultas dentro do CNA e uma viagem não autorizada de Winnie Mandela à África Ocidental –, saiu outra declaração, desta vez anunciando sua demissão. Desta vez, o anúncio foi claro:

> Como presidente da República, chefe do Governo de Unidade Nacional e líder do CNA, liberei Nomzamo Winnie Mandela de seu cargo como vice-ministra de Artes, Cultura, Ciência e Tecnologia.

Essa decisão foi tomada no interesse do bom governo e para garantir os mais elevados padrões de disciplina entre os altos dirigentes no Governo de Unidade Nacional.

Tomei essa decisão após longa reflexão, visto que a camarada Winnie Mandela desempenhou no passado um papel importante na luta contra o apartheid, tanto em sua condição de indivíduo quanto como membro destacado do CNA e do restante do movimento democrático.

Espero que essa medida ajude a ex-vice-ministra a rever e procurar melhorar sua conduta em cargos de responsabilidade, para que possa dar a contribuição positiva à sociedade que seus talentos lhe permitam.

A fim de assegurar o funcionamento normal do governo e o serviço contínuo à nação, nomeei Brigitte Mabandla vice-ministra de Artes, Cultura, Ciência e Tecnologia. Ela assumirá o cargo com efeito imediato.[39]

A demissão se tornou parte de uma dança das cadeiras política, sendo contestada por Winnie Mandela, que invocou uma questão de procedimento. Ladeada por familiares, ela deu uma coletiva à imprensa numa sala de reuniões da diretoria com as paredes forradas de fotos e quadros de Nelson Mandela. Enquanto os repórteres tiravam fotos, ela disse sem qualquer preâmbulo:

A carta do presidente, embora datada da Sexta-Feira Santa, 14 de abril de 1995, foi-me entregue num envelope não lacrado às onze e meia da noite de quinta-feira, 13 de abril de 1995, e determina o fim de minha nomeação como vice-ministra apenas a partir de terça-feira, 18 de abril de 1995. De lado [*sic*] essa conduta reiterada, canhestra, amadora e inepta do escritório do presidente, uma coisa é clara – ainda sou vice-ministra até 18 de abril de 1995. O presidente deve isso a mim como cidadã deste país, em minha função como vice-ministra. Nessas circunstâncias, ainda vice-ministra de Artes, Cultura, Ciência e Tecnologia, renuncio publicamente a esse cargo para atender às questões mais prementes que expus mais acima.

Levantando-se e saindo com seu grupo, Winnie Mandela se virou, acenou para os jornalistas e disse sorrindo: "Até logo, senhoras e senhores."[40]

A razão da controvérsia foi que, segundo a Constituição, o presidente deveria consultar os dois vice-presidentes e os líderes de todos os partidos no gabinete. Para evitar vazamentos, ele adiou as consultas o máximo possível. No último instante, quando resolveu consultar Buthelezi, não conseguiram localizá-lo, e Mandela recorreu a um alto integrante do Inkatha. Embora avisado de que a decisão seria juridicamente aprovada, Mandela decidiu que "a demissão da sra. Mandela deve ser tratada como inválida em termos técnicos e de procedimento". Procedeu assim pelo compromisso "de agir dentro do espírito da Constituição, e ademais deseja poupar ao governo e à nação as incertezas que poderiam se seguir a uma prolongada ação judicial sobre essa questão".[41]

Quando Mandela voltou de uma visita no exterior, a vice-ministra Winnie Mandela foi demitida pela segunda e última vez, seguindo os procedimentos corretos. Ao entrar na sala de reuniões da diretoria com uma túnica turquesa solta e calças cáqui largas, Mandela era a imagem da informalidade. Todavia, o rosto austero e o porte severo indicavam como levava a sério aquela tarefa desagradável. Pairava uma sensação de *déjà-vu* entre o grupo de imprensa ali reunido, que estivera naquela sala não muito tempo antes. Dessa vez, ao contrário do que Mandela costumava fazer, não houve gracejos nem saudações animadas ao reconhecer alguém ali presente; apenas uma leitura seca, ainda mais emocional pela própria ausência de emoção em sua voz. Mandela leu uma declaração previamente preparada:

> Após a devida reflexão, decidi, em conformidade com os poderes que me são outorgados pela Constituição, encerrar a nomeação da sra. Winnie Mandela e nomear a sra. Brigitte Mabandla para o cargo de vice-ministra de Artes, Cultura, Ciência e Tecnologia. A decisão entra em vigor em 18 de abril de 1995.[42]

As reações foram muito variadas, alguns apoiando, outros criticando a demissão. A questão provavelmente reacenderia os falatórios sobre o estremecimento entre o presidente e a esposa voluntariosa, sobretudo entre as bases que davam grande apoio a Winnie Mandela. Previsivelmente, uma matéria do *Los Angeles Times* se concentrou no rompimento do casal:

Numa coletiva de imprensa em sua casa em Soweto, a sra. Mandela anunciou que estava renunciando imediatamente a seu cargo no governo – um dia antes que sua segunda demissão pelo presidente Nelson Mandela, o marido de quem está separada, entrasse em vigor.

A sra. Mandela, uma política muito expansiva, famosa pela ousadia e pelo carisma, não se conformou em se ver desempregada. Reclamou aos jornalistas que sua demissão era "juridicamente inválida e inconstitucional" e que a nomeação de sua substituta, a advogada de direitos humanos Brigitte Mabandla, era igualmente "irregular e inconstitucional".

Ela criticou vivamente o presidente por não expor em detalhes suas razões para demiti-la do cargo de vice-ministra de Artes, Ciência, Cultura e Tecnologia, e qualificou as declarações prévias [do presidente] de "fáceis".[43]

EM PERÍODOS ASSIM, sobretudo quando o Partido Nacional saiu prematuramente do GUN, Mandela devia saber que as pressões sobre ele – e sobre o CNA – aumentariam e ressuscitariam a ira dos profetas da catástrofe. Para aqueles condicionados a ver com suspeitas uma liderança negra, a saída dos ministros do Partido Nacional, com maioria esmagadora – e tranquilizadora – de brancos, era um prato cheio. Apesar das eleições pacíficas e de uma deslumbrante cerimônia de posse, o mundo ainda estava cheio de prosélitos cultuando conservadores racistas, como o jornalista britânico Peregrine Worsthorne. Ele se saiu com uma frase bombástica após a vitória eleitoral do CNA em 1994: "Um governo de maioria negra há de causar tremor no mundo todo."[44]

Muito tempo depois, espicaçado por outra afronta e reagindo à ladainha de reclamações sobre o histórico do CNA no governo, Mandela se pôs a escrever. Suas palavras, embora de repreensão, também funcionam como lembrete do endosso que seu mandato presidencial recebera da comunidade internacional. Uma quantidade espantosa de figuras de grande estatura dera sua bênção coletiva ao país, ao presidente Mandela e ao CNA. Escreve ele:

Outra distorção despudoradamente alardeada por alguns partidos da oposição é a de que o CNA causou desemprego, falta de moradia, violência e uma série de outros problemas socioeconômicos. Nesse aspecto particular, o *City Press* de 15 de maio de 1994 não mediu palavras. O jornal afirmou que, por tradição, um novo governo na maioria das democracias ocidentais tem cem dias para provar que está à altura das expectativas. Seria injusto usar esses limites cronológicos em nosso caso.

Um governo do CNA tem muito pouco em comum com os partidos que chegaram ao poder no mundo ocidental. O CNA foi, até data muito recente, um movimento de libertação. Não tem, mas não por culpa sua, a experiência de governar um país complexo como a África do Sul. Mas a maior diferença entre nós e as democracias ocidentais foi que, ao contrário do que alguns pudessem querer, a África do Sul era um país de Terceiro Mundo com problemas típicos do Terceiro Mundo.

O CNA herdava um país com imensos problemas sociais e econômicos. A distância entre os possuidores (na maioria brancos) e os despossuídos (na maioria negros) era enorme; o desemprego era maciço, a economia estava em más condições, a falta de moradias entre os pobres estava aumentando e a ocupação informal proliferava por todas as nossas principais cidades. A violência, fosse política ou outra, era mais um problema que afetava o país. E não havia à vista nenhuma solução para a crise educacional.

Foi isso que o *City Press* escreveu cinco dias depois da posse do novo governo. O *City Press* acusou o regime de apartheid e os partidos de oposição que eram favoráveis à supremacia branca e devoravam todos os frutos daquele regime notório e rapace.

Tanto o Partido Nacional quanto o Partido Progressista, predecessor do Partido Democrático de Tony Leon, condenaram a luta armada e as sanções, principais armas usadas pelos oprimidos para libertar o país. Esses partidos agora se apresentam como modelos de bom governo, como pessoas que nunca ouviram falar de desemprego, falta de moradia, violência e outros problemas socioeconômicos até a libertação em 1994.[45]

O *City Press* de 15 de maio de 1994 escreveu que "não há palavras que possam descrever e captar bem o clima geral" quando o primeiro presidente democraticamente eleito da África do Sul tomou posse em Pretória na terça-feira.[46]

Mandela então recapitula o caráter histórico do dia de sua posse, não para que seus interlocutores revissem a pompa e circunstância do dia, mas para que o vissem no contexto da África do Sul chegando à maioridade e, ao mesmo tempo, ajudando o mundo a chegar à maioridade.

Ele escreve, continuando a citar a matéria do *City Press*:

"Milhões de pessoas em todo o mundo presenciaram esse momento histórico. Aqueles entre nós que tivemos a sorte de estar onde estava a ação nunca esqueceremos esse dia grandioso enquanto vivermos.

"Estar em contato e trocar apertos de mão com todas aquelas pessoas famosas, chefes de Estado, reis e rainhas, líderes religiosos e socialistas famosos foi uma experiência inesquecível. Pode-se facilmente afirmar que em nenhum outro lugar do mundo um único país recebeu tantas celebridades numa mesma ocasião. Amigos e inimigos se sentavam lado a lado. O presidente cubano, Fidel Castro, e o vice-presidente dos Estados Unidos, Al Gore, trocaram sorrisos. O presidente israelense [Chaim Herzog] e o líder da OLP [Organização de Libertação da Palestina], Yasser Arafat, trocaram um aperto de mãos, e o presidente zambiano, Frederick Chiluba, e Kenneth Kaunda se abraçaram.

"Os generais do exército e da polícia, que não muito tempo antes declararam guerra aos líderes políticos e a Estados vizinhos, estavam em posição de sentido e bateram continência a seus ex-inimigos e ao presidente, seu novo chefe.

"Muitos de nós ficamos arrepiados de emoção quando os aviões de combate voaram sobre a multidão. Sentimos um nó na garganta ao cantarmos o hino nacional, e, claro, muitos de nós derramamos uma ou duas lágrimas quando o primeiro presidente negro da África do Sul foi finalmente empossado", dizia o jornal.[47]

Mandela ficou animado ao saber do amplo endosso a seu mandato – e ao CNA e à nova democracia. Por exemplo, o congressista republicano Amory R. Houghton Jr., dos Estados Unidos, comentou que tinha visto muitos acontecimentos históricos – mas nada se compara ao que ele viu na terça-feira, quando estava na multidão de 50 mil pessoas presenciando a chegada, por fim, da democracia à África do Sul.

"Estive na Nicarágua para a posse de Violeta Chamorro (de Barrios) e no Kremlin quando a bandeira soviética foi baixada e a bandeira russa hasteada, mas nunca vi nada assim", disse ele numa entrevista por telefone em Pretória, onde assistiu à posse do presidente Nelson Mandela. "Simplesmente não acredito ... Havia mesmo a sensação de algo extraordinário acontecendo", declarou ele ... "Há essa sensação de perdão e reconciliação que agora domina este (país)", disse Houghton. "E Nelson Mandela está segurando tudo. Ele é o George Washington da África do Sul."[48]

Os líderes mundiais, em sua maioria, mantêm um relacionamento ambivalente com os meios de comunicação, todos cautelosamente atentos ao velho truísmo segundo o qual o que a mídia dá, a mídia tira. Mandela, embora mantendo a deferência pelo quarto poder, mostrava uma atitude menos defensiva, vendo os meios de comunicação como uma necessidade para o funcionamento da democracia. Ao contrário de muitos que sobem aos píncaros, ele tinha a vantagem dos anos de cárcere, quando esteve fora das vistas públicas e era uma das poucas pessoas na história cuja imagem ou qualquer reprodução poderia acarretar a prisão de quem a detivesse. Ele ganhou proporções épicas no imaginário coletivo do mundo, e o lema *"Free Mandela!"* [Libertem Mandela!], tão onipresente quão ausente ele era, ganhou realidade aparecendo invertido nas manchetes que exclamaram *"Mandela Free!"* [Mandela livre!], na histórica tarde de fevereiro de 1990. Fora a mídia que o mantivera ligado aos acontecimentos mundiais e ao que se passava em seu país – as calamidades, os altos e baixos, as vitórias e as lágrimas – em todas as línguas disponíveis, inclusive o africâner.

Com o tempo, ele veio a comentar sobre o papel da mídia sul-africana:

Em seus comentários sobre a cerimônia de posse, a imprensa sul-africana mostrou um alto grau de patriotismo. Ela considerou a ocasião verdadeiramente histórica, e foi extremamente objetiva e elogiosa.

Segundo *The Argus*, com a posse selou-se definitivamente a aceitação do não racialismo e da democracia na África do Sul. E os líderes do mundo estavam lá como testemunhas desse compromisso. A África do Sul, afirmou o jornal, tinha um governo de representação parlamentar de todos os cidadãos.

O *Beeld* saudou o fato de que brancos e negros se aceitassem como membros de uma mesma família.[49] Uma das razões principais da violência era que nem todas as famílias participavam do processo político. Quando todos puderam participar, houve uma profunda mudança, que contribuiu para a redução da violência política.[50]

O *Cape Times* se referiu à notável transformação do sr. De Klerk nos últimos quatro anos como um ato histórico de coragem e visão.

Não foi, de forma alguma, sem tensões e violências. E houve algo de milagroso na profunda mudança para melhor, desde que o conjunto dos sul-africanos teve oportunidade de votar numa eleição geral e 87% dos eleitores compareceram às urnas e votaram em paz e ordem.

O *Citizen* saudou a ocasião como um grande dia em que finalmente se encerrava a luta de libertação dos negros. A vitória final do CNA era inevitável como o nascer do sol. As mudanças que haviam ocorrido foram traumáticas para muitos – a antiga ordem desaparecendo e uma nova apenas começando, o fim do governo branco e o começo do governo majoritário negro, os corredores do poder ocupados por aqueles que tinham sido banidos ou exilados ou que estiveram na frente de batalha pela igualdade.

City Press: "A chegada dos dignitários para o café da manhã no Palácio do Governo fazia lembrar uma Reunião de Cúpula da ONU em Nova York. A África do Sul nunca conseguira reunir uma gama tão ampla de líderes mundiais numa mesma ocasião. Após nosso dia no Palácio do Governo na terça-feira, realmente ficou claro para nós que este país nunca mais será o mesmo."[51] A África do Sul passava por um período entusiasmante, que havia atraído a atenção do mundo todo.

Daily News: Os grandes desafios que se abrem para todo o nosso povo fizeram do juramento da posse mais do que um momento de grande simbolismo e emoção para milhões de sul-africanos que haviam sido privados de seu direito inato. Ele marcou um momento em que o país se livrou do anacronismo e ingressou no futuro com determinação e possibilidade de desempenhar seu papel de direito nos assuntos africanos e mundiais. Estávamos sendo conduzidos ao futuro tendo à frente um Governo de Unidade Nacional. O país estava unido como nunca antes. E isso é que era realmente novo – e abria uma chance de sucesso no ano seguinte.

O *Sowetan* noticiou que o poder foi transferido do presidente De Klerk em 10 de maio. "Pessoas que nunca tinham sido vistas sob o mesmo teto, como Fidel Castro de Cuba e Al Gore dos Estados Unidos, e líderes e representantes do mundo inteiro, todos vieram."[52]

Poderíamos acrescentar nossa observação pessoal e dizer que as palavras que soavam claramente nos ouvidos de todos eram: "Temos de agir juntos como uma nação unida para a reconciliação nacional, para a construção da nação, para o nascimento de um mundo novo."

Congratulando os dois vice-presidentes, Thabo Mbeki e De Klerk, o *Sowetan* acrescentou que "De Klerk, quando estava na encruzilhada, teve a sabedoria e a visão de escolher o caminho certo".[53]

O *Star* abordou o mesmo tema. Em tom sombrio, mas com um final otimista, ele alertou que os líderes sul-africanos estavam em julgamento. A África assistia para ver se a África do Sul, com suas enormes reservas de talentos humanos, seus ricos recursos naturais e sólida infraestrutura, teria êxito onde a maior parte do continente falhara. Essa terra, com sua variedade de povos, religiões e culturas, sua justaposição de economias de Primeiro e de Terceiro Mundo, era em muitos aspectos o mundo atual em miniatura. O sucesso em [sic] muitos anos de opressão e conflito seria uma fonte de orgulho para os sul-africanos e uma inspiração para a África e o mundo.

Rapport: A quantidade de chefes de Estado e de governo que compareceram à posse do presidente da África do Sul nesta semana confirmou que a África do Sul foi reaceita na comunidade internacional. Vários líderes africanos deram a entender que não só esperavam que a África do Sul viesse a desempenhar um papel de liderança na África, mas que também gostariam de receber assistência da África do Sul. Com efeito, o mundo todo contava que a África do Sul iria ter um papel de liderança na África, e não à toa. Estão cansados de carregar os problemas do continente agonizante. A África do Sul era a última esperança da África, disse um especialista africano.

O *Sunday Independent* foi criado apenas em 1995, e não há comentários seus.

Sunday Times: "A maioria dos presentes na posse do presidente consideraria o momento em que os aviões cruzaram o céu – *nossos* aviões, não os *deles* – como o clímax emocional do renascimento da África do Sul ... Finalmente voltáramos para casa; retomáramos nossa força aérea, nosso exército, nossa polícia e o país. Tinha se passado tanto tempo, o tempo de uma vida inteira, até podermos olhar nossos símbolos nacionais com orgulho possessivo, sem sentir culpa, vergonha ou indignação."[54]

Há várias outras publicações nacionais e regionais que saudaram a nova África do Sul em termos ardorosos e aumentaram nosso orgulho.

Tivemos enérgicos diálogos com a imprensa. Em alguns, as palavras usadas foram cuidadosamente escolhidas para transmitir apenas e tão somente o que as duas partes acreditavam ser verdade. Outros foram mais do que enérgicos, criando desgaste e desequilíbrio entre os oponentes. Esses diálogos acalorados não podem ser eliminados nem evitados numa democracia.

É bom para nós, para os meios de comunicação e o país como um todo saber que nossos jornalistas podem se elevar à altura esperada e se sair magnificamente bem como no dia da posse e em muitas outras ocasiões.[55]

NUNCA É DEMAIS REPETIR que o sonho da vida de Mandela era a libertação da maioria africana da tirania e o nascimento da democracia na África do Sul. Ele também se dedicou durante toda a vida a acabar com as injustiças do passado e, como presidente, impedir, por palavras ou preceitos, que seu governo causasse o proverbial tremor pelo mundo. Assim, ele foi rápido em agradecer aos ex-integrantes do gabinete de De Klerk que se haviam retirado da política partidária. Alguns ficaram espantados, como seus análogos no CNA, com a decisão precipitada de De Klerk, que de repente deixou alguns deles, como Pik Botha, sem meios de recomeçar. Um aspecto recorrente em suas explicações posteriores sobre a decisão era a convicção de que o Partido Nacional não tinha capacidade de mudar de formas que o levassem a conseguir desempenhar um papel significativo na era democrática.

Na reunião do Comitê Executivo Nacional em maio de 1996, Mandela comentou as implicações para o Partido Nacional. Ele via nas divisões dentro do partido, por exemplo, na vigorosa campanha para a iminente eleição municipal na Cidade do Cabo, ao mesmo tempo um desafio e uma oportunidade para o CNA abrir caminho nas comunidades mestiças e indianas.[56] Mais tarde, discursando para o Comitê Executivo Nacional do partido, Mandela discorreu longamente sobre a gestão da transição e a unidade nacional. Ao mesmo tempo, afastou o que podia parecer um sinal premonitório da morte do GUN:

> Com a saída do PN do governo, colocou-se agudamente a questão do futuro do gabinete pluripartidário.
>
> Em primeiro lugar, precisamos examinar nossas relações com o Inkatha, tanto no contexto de sua participação no GUN quanto nos desdobramentos políticos em KwaZulu-Natal. Qual é a melhor abordagem necessária para tratar com essa organização?
>
> Em segundo lugar, levantei pessoalmente a questão de assegurar a cooperação do Congresso Pan-Africanista em questões específicas e de garantir que participem ativamente no processo de transformação, inclusive no nível executivo.[57]

Desde o final dos anos 1950, quando o Congresso Pan-Africanista da Azânia se separou do CNA, líderes como Mandela tinham mantido uma distância prudente, quase altiva, do partido dissidente. Pessoas como Joe Slovo, irritado com a crítica do CPA de que a influência dos comunistas desgastava a legitimidade do CNA, descartavam sumariamente o CPA como uma frente da CIA. Para isso contribuía o fato de o CPA ter sido formado em 5 e 6 de abril de 1959 nos escritórios do Serviço de Informações dos Estados Unidos em Joanesburgo, sob a liderança de Potlako Leballo, um espalhafatoso dirigente do partido que viria a revelar um enorme prazer por intrigas. Mas Mandela tinha alto apreço por seu presidente,

Robert Mangaliso Sobukwe, intelectual engajado e respeitado que deixara sua marca como líder da Liga da Juventude e, como Mandela, formara-se na Universidade de Fort Hare.

Ao longo da história, no país e no exterior, as tentativas de unificar o CNA e o CPA sempre haviam falhado. O insucesso mais fragoroso envolvia a Frente Unida Sul-Africana. Essa frente, formada no exterior após o Massacre de Sharpeville, em 21 de março de 1960, congregava grandes nomes da luta, como Oliver Tambo, do CNA, Nana Mahomo, do CPA, Fanuel Kozonguizi, da União Nacional do Sudoeste Africano, e o dr. Yusuf Dadoo, do Congresso Indiano Sul-Africano (Cisa). Apesar desses pesos-pesados, as diferentes ênfases atribuídas à disciplina, sobretudo entre o CNA e o CPA, comprometeram a longevidade da Frente Unida Sul-Africana. Yusuf Dadoo lamentou o rompimento:

> Os representantes do CNA e do Cisa se empenharam muito em manter a integridade da Frente Unida ... Abstiveram-se conscienciosamente de expor suas políticas no exterior, na intenção de preservar fielmente a unidade da Frente. Apesar de repetidas provocações, recusaram-se a atacar o principal parceiro, o CPA. Sempre enfrentaram os parceiros com problemas comuns e até transigiram em alguns aspectos de suas diretrizes políticas, sempre com vistas a manter a unidade e a coesão da Frente.[58]

A Frente Unida durou poucos meses, e sua dissolução em Londres, em 13 de março de 1962, gerou recriminações que serviram mais para ampliar do que para reduzir as distâncias entre o CNA e o CPA.

Na prisão, Mandela foi testemunha da rixa política que às vezes levava a confrontos físicos, mas estava decidido a permanecer no papel de conciliador, a tal ponto que, durante uma disputa, negou-se a testemunhar pelo CNA:

> Eu via meu papel na prisão não só como o líder do CNA, mas como promotor da unidade, um intermediário honesto, um pacificador, e relutei em tomar partido nessa disputa, mesmo que fosse o partido de minha própria organi-

zação. Se eu testemunhasse em favor do CNA, colocaria em risco minhas chances de conseguir uma reconciliação entre os diferentes grupos. Se eu pregava a unidade, devia agir como unificador, mesmo com risco de talvez criar indisposição entre alguns de meus próprios colegas.[59]

Foi também nesse papel que, mesmo antes das negociações, Mandela refletira sobre a possibilidade de uma frente unida ou de uma aliança patriótica entre o CNA, o CPA e a Organização do Povo Azânio para uma representação mais forte durante as negociações.*[60] A história, a falta de visão, a intransigência de posições e a perplexidade diante de ideias novas tiveram peso excessivo para que tal iniciativa vingasse.

Mas agora, em julho de 1996, após o colapso do GUN, quer Mandela ainda acalentasse, quer não o ideal de uma cooperação com o CPA, seu presidente, Clarence Makwetu, não quis saber. Foi o que Mandela admitiu na comemoração de seu aniversário de 78 anos, adiada para alguns dias depois – e que ele convertera num jantar festivo para veteranos, entre cujos convidados estava Urbania Mothopeng, viúva de Zephania Mothopeng, falecido dirigente do CPA.[61]

Não era o primeiro jantar de veteranos que Mandela oferecia. Quase dois anos antes, em 23 de julho de 1994, ainda surpreso com a vitória eleitoral do CNA, sua alegria era palpável. Cabe sempre lembrar que Mandela via o CNA como representante da maioria do povo sul-africano, branco e negro; sua vitória, portanto, não era abstrata nem meramente agradável como, digamos, a vitória sobre um time de futebol rival. Significava mais um passo para alcançar a meta sonhada de construir uma sociedade democrática. Na ocasião, ele disse:

[Esta] é uma comemoração, uma chegada ao lar a que todos pertencemos: a sede do governo em nosso país. Finalmente estamos aqui, onde foram

---

* Formada em 1978 depois da repressão ao Movimento da Consciência Negra, a Organização do Povo Azânio procurou preencher o vazio político após o banimento do CNA e do CPA.

concebidas as leis que nos mantiveram na servidão; onde foram elaborados os projetos de engenharia social que dilaceraram nosso país.

Hoje é nossa tarefa honrar tradicionalmente toda essa instituição com as bênçãos dos veteranos. Pois, enquanto essas instalações e os escritórios não forem purificados por sua eminente presença, não serão símbolos dignos da nova ordem democrática.

Então agradeço a vocês, caros veteranos, pelo trabalho de atravessarem longas distâncias para estar aqui conosco. Vocês teriam muitas desculpas se não pudessem vir: a idade avançada, a saúde, o trabalho partidário, assuntos de negócios e assim por diante. Mas vocês desafiaram tudo isso para que pudéssemos nos encontrar nesta assembleia ímpar da nata dos veteranos combatentes pelos direitos humanos. Agradeço-lhes uma vez mais.

Também quero agradecer aos organizadores e angariadores de fundos que não pouparam esforços para garantir que esse evento se realize e se torne o sucesso que promete ser: Rica Hodgson, Richard Maponya, Legau Mathabathe, Amina Cachalia, Moss Nxumalo, Omar Motani e outros.* Consideramos, porém, necessário que o governo, com os recursos limitados alocados ao Gabinete Presidencial, contribuísse para o bufê e outros serviços aqui oferecidos. Porque vocês o merecem pelo papel que desempenharam na criação de uma África do Sul democrática e não racial.

Minhas boas-vindas a todos vocês do fundo do meu coração – inclusive os que vieram do exterior.

---

* Rica Hodgson era uma militante política veterana que voltou do exílio para trabalhar com Walter Sisulu. Escreveu *Foot Soldier for Freedom: A Life in South Africa's Liberation Movement*, importante relato dos anos de luta. Empresário negro pioneiro, Richard Maponya inspirou o espírito de empreendedorismo entre os sul-africanos negros com seu sucesso nos negócios em Soweto. Legau Mathabathe foi o lendário diretor da Escola Morris Isaacson, em Soweto, o epicentro das revoltas de junho de 1976. Foi reconhecido por sua contribuição para o crescimento do Movimento da Consciência Negra. Amiga de longa data e confidente de Mandela, Amina Cachalia foi ativista pelos direitos das mulheres e escreveu *When Hope and History Rhyme*, uma evocativa autobiografia. Moss Nxumalo é empresário, ex-vice-presidente da Câmara Confederada Nacional Africana do Comércio e da Indústria e fundador da Thebe Investment Corporation. Ativista político e empresário bem-sucedido, Omar Motani trabalhou basicamente nos bastidores em seu apoio à luta de libertação.

Quatro décadas atrás – para nós, veteranos, um curto espaço de tempo! –, quem imaginaria que iríamos nos reunir aqui num fórum dessa natureza? Sim, sonhávamos e cantávamos o dia da liberdade e da democracia. Mas sabíamos que não seria fácil conseguir. Tínhamos, de fato, grande confiança na concretização final do ideal democrático. Mas, preparados como estávamos para dar tudo de nós na luta contra o apartheid, muitos de nós às vezes sentíamos que a nova era surgiria apenas depois de termos partido.

Nesse sentido, devemo-nos considerar honrados por fazermos parte da geração que tem colhido os frutos ainda em vida. Há centenas – não, milhares – que mereciam estar aqui hoje, mas que tiveram a vida abreviada pelo peso de uma desditosa existência sob o apartheid. Outros tombaram sob os golpes do torturador e as balas do defensor do apartheid. Saudamos todos eles. É também em sua homenagem que estamos aqui hoje. Quando agradecemos a vocês por dedicarem a vida à conquista da liberdade, da justiça e da democracia, estendemos nossa profunda homenagem a eles também.

Saudamos todos os veteranos por terem a coragem de enfrentar os que os perseguiram pela participação na Campanha de Resistência Passiva, na Grande Greve dos Mineiros, na Campanha de Desafio, no Congresso do Povo e em outras campanhas; por desafiarem aqueles que os chamaram de traidores no Congresso por dizerem a verdade; por enfrentarem os que acrescentavam todas as mais variadas designações ofensivas a seus nomes por se oporem às leis do passe interno e exporem constantemente a situação terrível das relações raciais em nosso país.*

Dirijo-me a todos vocês: veteranos do CNA, do CPA, do PCSA, do movimento sindical, do Partido Progressista, do Partido Liberal, do Black Sash, do Instituto de Relações Raciais, das organizações de mulheres, dos Congressos

---

* Para Congresso do Povo, ver Pessoas, lugares e eventos. A Campanha de Resistência Passiva de 1946 foi uma campanha não violenta contra uma lei proposta pelo governo do primeiro-ministro Jan Smuts para restringir gravemente o direito dos sul-africanos indianos a ter propriedade de terras. No final da campanha, em 1948, mais de 2 mil homens e mulheres tinham sido detidos. A Greve dos Mineiros Africanos de 1946 foi uma greve geral de todos os mineiros africanos por um salário mínimo de dez xelins por dia e melhores condições de trabalho. A greve, que durou uma semana, foi reprimida pela polícia, que matou pelo menos nove pessoas e feriu 1.248.

Indianos de Natal e do Transvaal, e muitos e muitos outros. Hoje, podemos dizer juntos: quando dizíamos que a verdade vencerá, era porque sabíamos que a verdade de fato acabaria prevalecendo. E sabíamos também que a África do Sul e todo o seu povo se beneficiariam com isso.[62]

Para Mandela, que estava falando no apogeu do GUN, era uma época exuberante em que tudo parecia possível. Dois anos depois, o novo governo tinha algumas tarefas desagradáveis, embora necessárias, a cumprir. A realidade exigia algumas reconfigurações, em especial a dissolução do departamento do Programa de Reconstrução e Desenvolvimento, um dos pontos principais do manifesto do CNA.

Embora o PRD ocupasse um lugar importante na plataforma eleitoral do CNA, o partido questionava se o programa devia continuar como estrutura independente ou se seria melhor distribuir suas funções entre os vários ministérios e departamentos do governo. Após um intenso debate e pressões do Cosatu, o CNA adotou a segunda alternativa.

O sindicalista veterano Jay Naidoo relembra quando Mandela lhe pediu, em 1994, que dirigisse o departamento do PRD como ministro sem pasta, na secretaria do governo. Naidoo recorda as palavras de Mandela: "Temos uma grande tarefa pela frente. Você está tirando a formulação do PRD de meu escritório do CNA e agora quero que ele fique no centro de todos os nossos programas."[63]

A posição de ministro sem pasta é delicada em qualquer governo, opondo o titular aos ministros com pasta, que se sentem ameaçados pela possibilidade de terem seus territórios invadidos. Segundo alguns ministros, entre eles Mufamadi, o departamento do PRD não estava incluído na lista inicial de pastas ministeriais de Mandela.[64] A ambiguidade do papel e da posição institucional do ministério do PRD e sua vinculação com a presidência, somada à sua inclusão de última hora no Executivo, afetava seu desempenho e, ao mesmo tempo, já continha os germes de sua dissolução, mal completados dois anos de sua criação. Os complexos mecanismos de financiamento, visando a ajudar os departamentos do governo a reorientar suas prioridades, não contribuíram em nada para reduzir as tensões inter-departamentais.[65] Como estrutura totalmente nova, o departamento do PRD também sofria com número insuficiente de funcionários.

Ao anunciar seu encerramento, Mandela tinha de pensar em todos os que tinham depositado suas esperanças no sucesso do programa. Eram as multidões filiadas às organizações de massa da sociedade civil – na lida diária – que, nas palavras de Mandela, "tiveram a vida abreviada pelo peso de uma desditosa existência sob o apartheid".[66] Como em muitos casos em que precisava convencer as pessoas a aceitar medidas desagradáveis, ele confiava nas reservas de apoio entre o público, com sua franqueza sobre o funcionamento do gabinete. E declarou:

> A unidade dentro do próprio gabinete se fortaleceu quando trabalhávamos juntos para identificar as prioridades nacionais, com base no Programa de Reconstrução e Desenvolvimento, sem ficarmos demasiado tolhidos pelo compromisso exclusivo com os departamentos que comandamos.
>
> Em decorrência da evolução das diretrizes políticas que afetaram todos os departamentos de Estado e da implementação de algumas mudanças institucionais para nos dar a capacidade necessária para implementar tais diretrizes, aumentou muito a possibilidade de cada departamento implementar o Programa de Reconstrução e Desenvolvimento dentro de sua área de atuação ...
>
> A Secretaria do PRD será fechada. Instruí o vice-presidente Mbeki a cuidar da redistribuição dos importantes projetos, programas e instituições que atualmente estão sob a supervisão da Secretaria do PRD.
>
> O Fundo do PRD será realocado no Ministério das Finanças ... o PRD não é responsabilidade de um departamento especializado, mas a bússola, o norte que guia todas as atividades do governo.[67]

Embora elogiando muito Naidoo e "seus colegas na Secretaria do PRD pelo trabalho pioneiro que fizeram",[68] Mandela deve ter percebido a insatisfação de Naidoo com o curtíssimo prazo do aviso sobre o encerramento do programa e sua transferência pessoal para outro ministério. Deve ter

notado o sentimento profundo de participantes da Aliança Tripartite –
uma parceria política entre o CNA, o Partido Comunista e o Cosatu, criada
em 1990 para promover os objetivos da revolução democrática nacional –,
que viam a mudança como o começo de uma guinada na política macroeconômica do país.

Essas transições complexas eram como as dores do crescimento da
nova democracia. Se Mandela estava resolvido a levar em sua viagem os
que estavam dispostos, primeiro precisava lidar com os que queriam abandonar o navio, inclusive Liebenberg, que renunciou seguindo os termos
de um acordo que fizera com Mandela ao aceitar o cargo em 1994, a saber,
que ficaria apenas até o próximo ano orçamentário.[69] Ele "se afastou com
dignidade e voltou ao setor privado, depois de ajudar a facilitar a transição
para o primeiro ministro das Finanças do CNA", escreve Alan Hirsch.[70]

Em agosto de 1995, cerca de sete meses antes da saída de Liebenberg,
Mandela chamou Manuel para uma reunião e lhe disse que o queria no
cargo de ministro das Finanças quando Liebenberg saísse. Disse-lhe também que, como o primeiro ministro das Finanças negro, devia esperar
uma rota acidentada. Mas aconselhou-o a aproveitar o tempo antes da
saída de Liebenberg para se preparar. Além de seu cargo como ministro
do Comércio e da Indústria, teria de se familiarizar com as questões do
Ministério das Finanças. Teria de estudar os procedimentos de Liebenberg
sem ninguém perceber o que se passava. A criação de uma comissão de
ministros trabalhando sobre o orçamento, que incluía Manuel, ajudou.
Mandela também disse a Manuel para não ir à reunião anual do Banco
Mundial e do Fundo Monetário Internacional em 1995 – reunião a que
Manuel comparecia todos os anos desde 1991 –, para que sua presença não
despertasse especulações. Manuel relembra:

> Madiba me chamava regularmente e perguntava: "Como está indo? Tem
> acompanhado Chris? Está pronto? Está se interessando pelo assunto?" E
> então dizia: "Bom, está tudo certo, vou anunciar isso no fim do ano orça-
> mentário de Chris, que é no final de março, mas haverá algumas pequenas
> mudanças que preciso comentar com você. Alec [Erwin está] nas Finanças

e quero transferi-lo para o Comércio e a Indústria em seu lugar, mas ainda não diga isso a ele. Você vai precisar de um vice, e Gill [Marcus] está indo muito bem no comitê da pasta e quero transferi-la para lá – também não diga a ela."[71]

Em abril de 1996, depois que Liebenberg apresentou o segundo orçamento, Manuel se tornou ministro das Finanças, tendo Marcus como vice-ministra e Erwin como ministro do Comércio e da Indústria.

Em todas essas tratativas, Mandela enfrentava situações que lhe exigiam pulso firme. Sempre consultava colegas e assessores, mas, em outras questões mais complicadas – tendo em mente que seu amigo Tambo se fora –, conversava com Walter Sisulu. Às vezes, Albertina Sisulu chegava à casa de Mandela em Houghton e ambos logo se punham a conferenciar. Como ex-presidenta da Frente Democrática Unida, tocando o barco do movimento democrático de massas durante o período mais explosivo do país, ela era uma fonte de experiência fidedigna.[72]

Mandela certamente precisava reunir todas as suas reservas de tato e prudência quanto à localização do Congresso. De início parecendo ser uma pequena questão incômoda, a localização do Congresso tinha origem na complicada gênese da União da África do Sul em 1910, como Estado unitário e minoritário branco. Pretória, no Transvaal, fora designada como capital administrativa, enquanto a capital judiciária era Bloemfontein, no Estado Livre de Orange, e a capital legislativa era a Cidade do Cabo, na Província do Cabo. Natal, cuja capital era Pietermaritzburg, recebeu indenização financeira pela perda de receita resultante da união.

O argumento girava em torno dos custos e do impacto econômico que decorreriam da mudança do que fora acordado em 1910. Discutia-se quais seriam os custos de deslocamento constante das autoridades entre as duas capitais, e os custos da mudança e do impacto econômico sobre as capitais. Outra questão em debate era o impacto financeiro de um Congresso democrático maior e da maior duração das sessões, bem como o argumento de que a mudança para o interior do país tornaria o Congresso mais acessível ao público e mais exposto aos sentimentos da população.

Quando o assunto foi posto em pauta na primeira reunião formal do gabinete do GUN, Mandela sabia que já se desencadeara a concorrência e que as empresas de relações públicas estavam num lobby frenético. Falando no Conselho Nacional das Províncias, uma assembleia de governos locais e provinciais, Mandela considerou necessário acalmar as coisas:

> Considerando a questão da sede do Congresso, andamos discutindo isso e espero que todos os membros entendam que é um assunto que será tratado com grande cuidado. É um assunto muito sensível. A única vez em que vi plena concordância entre membros do CNA e membros do PN no Cabo Ocidental foi sobre a questão da sede do Congresso. Os do Transvaal também são unânimes na questão, dizendo que o Congresso deve ser transferido para lá. Até chegaram a envolver meu nome. Quando soubemos que o Conselho Municipal de Pretória tinha dito que o presidente era a favor da transferência do Congresso para o Transvaal, instruí meu diretor-geral a lhes escrever dizendo que não expressei nenhuma opinião sobre essa questão.[73]

O gabinete nomeou um subcomitê interpartidário, presidido inicialmente por Mac Maharaj e depois por Jeff Radebe, respectivamente ministros dos Transportes e de Obras Públicas, para examinar o assunto dos custos e dos impactos da proposta e traçar recomendações. A executiva nacional do CNA também nomeou uma equipe de trabalho própria.

Enquanto as equipes de trabalho do CNA e do gabinete debatiam a questão, iniciaram-se intensas campanhas municipais, com ministros e membros do CNA ficando no fogo cruzado enquanto o protocolo exigia neutralidade pública. Embora Mandela se mostrasse impassível, deixara escapar inadvertidamente sua posição durante uma visita do príncipe britânico Edward, em setembro de 1994. Os dois estavam conversando em Mahlamba Ndlopfu, sem perceber que a mídia podia ouvi-los, e Mandela apontou orgulhosamente ao príncipe o terreno atrás de Mahlamba Ndlopfu, dizendo que ali ficaria o novo Congresso. Esse furo da imprensa pôs a secretaria presidencial na maior correria para apagar o fogaréu dentro do CNA e por toda a sociedade.

Um ano antes, com firmeza e gentileza, Mandela apontara a sensibilidade do assunto numa convenção interna do CNA. Ele destacou solenemente que estavam em jogo emoções fortes e que a questão devia ser tratada com cuidado. E então expôs sua preferência pessoal. A capital devia ser uma só – "e devia ser Qunu!".[74]

Mas ele foi muito mais severo com os ministros errantes, como mostram suas anotações para uma reunião executiva do CNA em 19 de fevereiro de 1996:

> Nove ministros do gabinete e dois deputados quebraram o protocolo ao assinar uma mensagem pública ao presidente Mandela, defendendo a manutenção da Cidade do Cabo como sede do Congresso. A mensagem, publicada hoje [num] anúncio em *The Argus*, é vista como um grande golpe político na campanha para manter o Congresso no Cabo. O anúncio também é visto como um vigoroso contragolpe ao publicado na revista da South African Airways, *Flying Springbok*, apresentando um presidente Mandela múltiplo-personalizado [*sic*] promovendo Pretória como atração turística ... Os ministros do gabinete do CNA precisam explicar suas ações o mais rápido possível. O governo instaurou um processo a esse respeito.[75]

Se essa nota parece um comentário feito por um presidente decepcionado para si mesmo, ela ganhou pitadas de humor quando foi repetida dois anos depois no Conselho Nacional das Províncias. Mandela disse que os nomes

> dos próprios ministros que haviam decidido que não tínhamos escolha enquanto os procedimentos não fossem concluídos e os relatórios voltassem a nós, eu os via agora numa lista que circulava no Cabo Ocidental dizendo "O Congresso deve ficar onde está". Chamei-os e disse que queria uma explicação. Decidimos aqui que não íamos expressar nenhuma opinião sobre o assunto. Eles disseram: "Não, é que vimos os nomes dos membros do gabinete do PN numa lista e pensamos, em termos das eleições locais, que, se a gente não assinasse ... [risos]." Então chamei o vice-presidente De Klerk

e disse: "Você sabe qual é a decisão. Seus ministros agora vieram a público e assinaram uma petição para que o Congresso continue na Cidade do Cabo."

Ele chamou todos os ministros de seu gabinete e eles disseram: "Não, é que vimos os nomes dos ministros do gabinete do CNA numa lista e decidimos também assinar ... [risos]." Então avisei os dois partidos que seriam tomadas as medidas disciplinares mais severas contra eles se viessem outra vez a público e manifestassem opinião sobre o assunto. Esta é a posição do governo sobre esse assunto.[76]

Manuel, um dos seis ministros do CNA envolvidos na campanha, alguns dos quais talvez fossem inocentes, relembra uma reunião dura que teve com o presidente em Tuynhuys, quando Mandela lhe disse:

Então, Trevor, você pertence a uma facção. Sua facção está pressionando por meio da imprensa para ter o Congresso na Cidade do Cabo. Você sabe quais são as nossas posições sobre o assunto. Você sabe que eu penso que a melhor opção para mudar o Congresso para Pretória é durante o meu único mandato como presidente. Você sabe disso. Você sabe que pedi a Mac [Maharaj] e a Jeff [Radebe] para pesquisarem. Você sabe de tudo isso, e mesmo assim ignora e se torna parte dessa facção para pressionar contra decisões que são do interesse nacional deste país.[77]

Manuel tentou explicar que não fazia parte de uma facção, que nunca tinham se reunido para tratar desse assunto, mas Mandela não quis saber.

Não estou interessado em suas posições. Você faz parte de uma facção; quero que me escute, e você faz parte de uma facção junto com todos os seus amigos que moram aqui na Cidade do Cabo ... Você sabe que é um ministro muito bom e será ainda melhor, mas, se não quer fazer parte do coletivo, então precisa sair. Como você pretende proceder?[78]

Ainda que o assunto tivesse saído da pauta do gabinete ao final do mandato de Mandela, a experiência como um todo permitiu que as pessoas, e certamente pelo menos Manuel, vissem como Mandela ficava quando se sentia contrariado. "Assim era Madiba", diz Manuel. "Tinha um ponto de vista. Você podia discordar de seu ponto de vista, mas ele era o chefe de Estado, e, se você não quisesse participar da equipe, tinha de resolver como ia fazer."[79]

Para Manuel, este era "um dos grandes efeitos daquele engajamento. Isso acaba com a ideia desse santo imparcial e distanciado sem posição própria. Ele não hesitava em enfrentar as pessoas com questões, mesmo quando não eram fáceis".[80]

Houve inúmeros casos em que Mandela teve de pôr ordem na casa, e cada vez mais entre o pessoal de seu próprio lado. Tinha interiorizado o adágio de Sêneca "Quem teme demais a hostilidade não se presta a governar". Muito embora entendesse que a nova África do Sul era um processo em andamento, ele precisava garantir que as pessoas assumissem suas responsabilidades como adultos. Elas podiam ser demitidas – ou convidadas a se retirar – do gabinete ou de cargos de direção. Era-lhe penoso tomar atitudes contra seus camaradas; ele ficava inevitavelmente desapontado quando sua confiança na integridade alheia não era correspondida. Mas, mesmo quando manifestava sua indignação por terem se aproveitado dele, dispunha-se a renovar a confiança.

Os colaboradores próximos de Mandela lembram suas fortes emoções, muitas vezes conflitantes, quando decidia agir ou se abster de agir. Ahmed Kathrada dizia que a lealdade de Mandela era "sua força e sua fraqueza. Quando é leal a alguém, não dá ouvidos a coisas em contrário; sua lealdade vai além. Mas quando você se indispõe com ele é o oposto absoluto".[81]

Para Sydney Mufamadi, "uma faceta essencial de seu [caráter] era que não queria que passassem por cima dele nem que se aproveitassem quando depositava confiança na integridade alheia".[82]

Jakes Gerwel comentava como as ações de Mandela eram moldadas por sua concepção sobre a natureza humana:

Ele tinha essa convicção genuína – e muitas vezes discutia comigo sobre sua demonstrabilidade – de que os seres humanos são essencialmente "seres benéficos, seres que fazem o bem". Tivemos um episódio no governo em que uma pessoa em cargo muito elevado fez algo muito tolo e estúpido, e teve de deixar aquela posição. Mas, ao mesmo tempo, tinha desempenhado um papel fundamental para assegurar a estabilidade no período de transição. No final, tivemos de afastá-lo e ele saiu. Madiba lhe disse: "Se houver alguma coisa que eu possa fazer por você, por favor, não hesite em me pedir."

E o sujeito pediu. Um ou dois dias depois, voltou pedindo para ser nomeado em outro cargo internacional. Todos aconselharam Mandela a não lhe dar outra oportunidade. Nervoso, ele argumentou: "Se vocês pudessem acompanhar os seres humanos desde o instante em que se levantam de manhã até se recolherem à noite, descobririam que a maioria deles faz as coisas certas na maior parte do tempo e que errar é uma aberração." E de fato procedia de acordo com isso. Ele não é ingênuo, mas acredita na bondade dos seres humanos, por mais que tenham discordâncias políticas ou outras, e sempre agiu de acordo com essa convicção. Claro, essa atitude também ajudou a lançar as bases para fortalecer a coesão social e a unidade nacional no país.[83]

Mandela procurava alcançar esse objetivo indo aonde as pessoas estavam, movido pela necessidade de ver por si mesmo o impacto do novo regime sobre o povo. Havia também a fascinante novidade de um país do qual estivera separado por décadas, que agora se revelava diariamente a ele. Essa novidade se encarnava na juventude. Mzwandile Vena, um dos guarda-costas com longo tempo a seu serviço, conta que, por causa desse entusiasmo, Mandela era imprevisível e constituía um pesadelo para sua equipe de segurança. Ele pedia ao motorista que parasse num ponto inesperado, saía do carro e atravessava a rua para ir cumprimentar um grupo de crianças.

"Era preciso ficar alerta o tempo todo", diz Vena. "Podia ter um coral cantando num evento, e, sem nenhum aviso, ele se levantava da cadeira e se juntava ao coral. Tínhamos de improvisar o tempo todo."[84]

Essa espontaneidade, em certos aspectos, fazia parte de seu senso político de oportunidade, quando passava mensagens importantes que subvertiam a ortodoxia. Toine Eggenhuizen, um ex-padre holandês lotado no escritório do CNA em Londres, lembra como Mandela antecipou e resolveu o debate sobre os símbolos nas prévias da Copa do Mundo de Rúgbi em 1995:

> Havia uma certa polêmica sobre o emblema dos Springboks [como era conhecida a seleção sul-africana de rúgbi], que para muitos seria uma recaída na exclusão segregacionista de negros no esporte. Mas alguém tinha enviado a Mandela um boné de rúgbi com o emblema dos Springboks, que foi recebido – e prontamente esquecido – por sua assistente pessoal, Beryl Baker. Logo depois disso, Mandela estava discursando, como presidente do CNA, num comício no Cabo Oriental. Fazia calor e Beryl ficou preocupada com Mandela ao sol. Assim, estendeu aquele boné, desculpando-se por não ter outra coisa. Madiba ficou plenamente satisfeito com ele, e o resultado foi que os jornais vespertinos mostraram sua foto usando aquele boné.[85]

Ao reabilitar o emblema dos Springboks na memorável Copa do Mundo de Rúgbi em Ellis Park – e unir sul-africanos de todas as raças –, Mandela dera um grande passo para reduzir as críticas contra o emblema, com um gesto que nada tinha de ensaiado.

6. A presidência e a Constituição

COMO PRESIDENTE, a relação de Nelson Mandela com o Judiciário passaria por sérias provas. E, para alguém que acabou presidindo a criação de uma das Constituições mais admiradas do mundo, a relação de Mandela com os tribunais sul-africanos nem sempre havia sido das melhores. Quando advogado, na juventude, ele teve constantes atritos com os magistrados, que criticavam sua atitude aparentemente "arrogante". Não ajudava muito o fato de ter 1,85 metro de altura e de aparecer sempre irrepreensivelmente vestido nas sessões do tribunal, projetando uma imagem contrária à tradicional imagem de um africano. Ele também tinha uma habilidade desconcertante de conseguir, qualquer que fosse o teor dos procedimentos, retomar o tema sobre o qual queria falar.

Seu discurso no banco dos réus em 20 de abril de 1964, nos meses finais do Julgamento de Rivônia, é um bom exemplo. Perante uma provável sentença de morte, Mandela disse ao tribunal – e ao mundo – que "acalento o ideal de uma sociedade livre e democrática em que todos vivam juntos em harmonia e igualdade de oportunidades. É um ideal pelo qual espero viver e espero alcançar. Mas, se for necessário, é um ideal pelo qual estou preparado para morrer".[1]

Foi somente na prisão que Mandela concluiu em meio período o curso de direito que começara em 1949. Ao longo dos anos de estudo, ele nunca conseguira tirar o título na Universidade de Witwatersrand. Mas, preso na ilha Robben, tirou seu bacharelado pela Universidade da África do Sul (Unisa), em curso por correspondência, e finalmente se formou *in absentia* em 1989.

Depois de libertado, seu primeiro contato com o sistema judicial foi uma afronta à sua dignidade, sentado – figura solitária, ainda que estoica –

na galeria pública do Supremo Tribunal de Rand em maio de 1991, assistindo à mortificação de Winnie, então sua esposa, julgada por agressão e sequestro.

Depois, em assuntos que o afetavam como presidente, a relação de Mandela com o Judiciário foi posta à prova em duas ocorrências. Quando se tratasse de assuntos que o afetavam pessoalmente, lembraria ele seu juramento no cargo e seguiria as solenes palavras que definiam seu papel como presidente, chefe de Estado e chefe do Executivo nacional? Teria interiorizado o fato de que, ocupando o cargo mais alto do país, ele se tornava, como primeiro cidadão do país, indispensável para a efetiva governabilidade da África do Sul democrática? Adotaria, defenderia e respeitaria a Constituição como lei suprema da República? Afirmaria que "na nova África do Sul não há ninguém, nem mesmo o presidente, que esteja acima da lei, que o império da lei em geral e a independência do Judiciário em particular devem ser respeitados"?[2]

A primeira prova se deu antes mesmo da redação da nova Constituição. Chegando o prazo final dos preparativos para as eleições locais, o Congresso adotou a Lei de Transição do Governo Local antes que a redação de seus termos estivesse totalmente pronta. Para compensar, foi incluída uma cláusula conferindo ao presidente o poder de emendar a lei. Com esse dispositivo, Mandela transferiu o controle sobre a composição dos comitês de demarcação do governo local do governo provincial para o governo nacional. Todavia, isso invalidou decisões tomadas pelo governador do Cabo Ocidental, Hernus Kriel, que levou o assunto ao Tribunal Constitucional. O tribunal deu ganho de causa para o governo provincial do Cabo Ocidental e concedeu ao Congresso o prazo de um mês para retificar a lei.

Uma hora depois que o tribunal deu sua sentença desfavorável, Mandela aceitou publicamente a decisão e louvou o fato de mostrar que todos eram iguais perante a lei.[3] Mais tarde, escreveu:

Durante minha presidência, o Congresso me autorizou a lançar dois decretos sobre as eleições na Província do Cabo Ocidental. O governo dessa província me levou ao Tribunal Constitucional, que me derrotou em decisão unânime.

Logo que fui informado da decisão, convoquei uma coletiva de imprensa e conclamei o público geral a respeitar a sentença da mais alta corte no país em assuntos constitucionais.[4]

Mandela discutiu a decisão do tribunal com seus assessores e com a presidenta do Congresso, Frene Ginwala. Ela relembra a ocasião:

Ele nos chamou para uma reunião em sua casa e nos disse que fora informado de que [a sentença] tinha sido contra o governo. "Quanto tempo isso vai levar para mudar?", perguntou. "Se for necessário, podemos reunir outra vez o Congresso...", respondi, mas, antes mesmo que eu terminasse a frase, ele disse: "Mas a única coisa é a seguinte: temos de respeitar a decisão do Tribunal Constitucional. Não há nenhuma hipótese de negar ou rejeitar isso de maneira alguma."[5]

Numa declaração pública, ele foi além, anunciando que o Congresso se reuniria para tratar do assunto e frisando que, à exceção da Cidade do Cabo, as coisas estavam em andamento normal para as eleições:

Os preparativos para as eleições locais devem prosseguir para que essas eleições ocorram conforme planejado. A decisão do Tribunal não cria absolutamente nenhuma crise. Devo enfatizar que a decisão do Tribunal Constitucional confirma que nossa nova democracia está lançando raízes sólidas e que ninguém está acima da lei.[6]

Mandela foi um pouco menos otimista no outro caso que o levou a comparecer pessoalmente ao tribunal. Ele se empenhara muito, usando a vitória icônica na Copa do Mundo de Rúgbi, para fortalecer o espírito de reconciliação e construção nacional entre os sul-africanos. Mas a onda eufórica de unidade e aposta no futuro ficara restrita ao perímetro do estádio Ellis Park, entre os restos de lixo e lembranças do jogo. Para alguns espectadores, jogadores e dirigentes de rúgbi, tudo continuava igual ao que era antes da partida. Dois anos depois, alertado por relatórios de má

administração, de resistência à mudança e de racismo na entidade des-
portiva, e depois de consultar o ministro de Esportes e Recreação, Steve
Tshwete, Mandela nomeou uma comissão de inquérito, presidida pelo juiz
Jules Browde, para examinar as atividades da Liga Sul-Africana de Rúgbi.

O presidente da entidade, Louis Luyt, a quem caberia bem a descrição
de aventureiro político, fundara em 1976 um jornal em inglês, *The Citizen*
– usando recursos do Departamento de Informação obtidos por meio de
caixa dois, no que veio a ser conhecido como "Escândalo do Infogate" –,
que divulgava matérias de propaganda para melhorar a imagem do regime de apartheid no exterior. Especialmente antipático, Luyt precipitara
a saída dos All Blacks, como é conhecida a seleção neozelandeza de rúgbi,
quando, em vez de ser magnânimo na vitória, fez comentários impróprios
no jantar após o jogo.*

A secretaria presidencial lançou uma declaração dizendo que

> a nuvem pairando sobre o rúgbi sul-africano precisa ser afastada e o presi-
> dente está confiante de que o inquérito é uma oportunidade para isso e para
> desfazer qualquer impressão de que ... [o rúgbi] está se retirando a um *laager*
> de chauvinismo racial. O presidente acredita que o rúgbi estará à altura
> do desafio de ser um de nossos esportes mais celebrados, esporte jogado e
> apoiado por sul-africanos de todo o país.[7]

A intenção de Mandela era ajudar a Liga Sul-Africana de Rúgbi a sair
de seu "*laager* de chauvinismo racial", mas isso serviu apenas para levar
o presidente da entidade, Louis Luyt, a ingressar no Tribunal Superior
de Pretória pedindo que se anulasse a nomeação de uma comissão de
inquérito sobre a administração do esporte. O juiz William de Villiers
intimou Mandela a comparecer diante do tribunal como testemunha. Não

---

* Sean Fitzpatrick, capitão dos All Blacks, que haviam sido derrotados, saiu com seus
jogadores do jantar depois que Louis Luyt disse em seu discurso que os Springboks eram
os primeiros "verdadeiros" campeões mundiais, argumentando que os ganhadores da
Copa do Mundo de Rúgbi de 1987 e 1991 não eram verdadeiros campeões porque a África
do Sul não tinha participado dessas disputas.

só dispensando aconselhamento jurídico, mas também controlando seus sentimentos – ter de depor num tribunal "fazia seu sangue ferver", disse a jornalistas –, Mandela aquiesceu, no interesse da justiça.[8] A respeito da experiência, ele escreveu:

> O juiz William de Villiers, do Tribunal Superior de Gauteng, intimou-me a comparecer à sua presença para justificar minha decisão de nomear uma comissão de inquérito para examinar as atividades da Liga Sul-Africana de Rúgbi. Alguns de meus colegas de gabinete me aconselharam a ignorar a intimação, assinalando que o juiz em questão era, para dizer o mínimo, extremamente conservador e que seu verdadeiro objetivo era humilhar um presidente negro. Meu consultor jurídico, professor Fink Haysom, também foi contrário a meu comparecimento no tribunal. Argumentou com habilidade e capacidade de persuasão que tínhamos sólidas bases legais para contestar a intimação.
>
> Embora eu não discordasse necessariamente de nenhuma dessas posições, senti que, naquela fase de transformação de nosso país, o presidente tinha certas obrigações a cumprir. Argumentei que o juiz incumbido não era um Tribunal de Recursos final e que sua decisão poderia ser contestada no Tribunal Constitucional.* Resumindo, eu queria que a disputa toda fosse resolvida exclusivamente pelo Judiciário. Esta era, em minha opinião, mais uma maneira de promover o respeito pela lei e pela ordem e, uma vez mais, pelos tribunais do país.
>
> Conforme esperávamos, o juiz teve sérias reservas sobre minhas provas e julgou em favor de Louis Luyt, o reclamante. Mas o Tribunal Constitucional reverteu a decisão da instância inferior, embora tenha afirmado que minha atitude ao testemunhar fora imperiosa. O Tribunal Constitucional não estava errado. Naquela situação, tive de ser mandão e deixar claro que obedecera à intimação por força e não por fraqueza.[9]

---

* A Constituição determina que qualquer julgamento no Tribunal Superior sobre a validade constitucional da conduta do presidente está sujeito a confirmação no Tribunal Constitucional.

A reação de Mandela diante da decisão favorável à Liga Sul-Africana de Rúgbi se baseava em seu compromisso de "acatar as decisões de nossos tribunais". Ele disse que "todos os sul-africanos deveriam igualmente aceitar suas decisões. A independência do Judiciário é um importante pilar de nossa democracia".[10]

Discursando mais tarde no Congresso, ainda em abril, Mandela disse aos membros ali reunidos que deviam fazer a si mesmos "algumas perguntas muito básicas", pois era

> extremamente fácil atiçar os sentimentos mais baixos que existem em qualquer sociedade e que são reforçados numa sociedade com uma história como a nossa. Pior ainda, é extremamente fácil atiçá-los de uma maneira que corrói nossas conquistas na construção da unidade nacional e no fortalecimento da legitimidade de nossas instituições democráticas. Precisamos fazer essas perguntas porque é muito mais fácil destruir do que construir.[11]

Ele exortou os parlamentares a tratarem de questões constitucionais, como as implicações de arrastar ao tribunal um presidente em exercício para "defender decisões executivas", indo direto ao princípio da separação entre os poderes e sua aplicação numa democracia nascente. E manifestou suas esperanças de que "nossas melhores inteligências jurídicas, tanto nos tribunais quanto no exercício da profissão", refletissem sobre a questão.[12]

Como advogado, Mandela provavelmente sabia as respostas às perguntas que fazia, mas estava lidando com a Constituição, que via como alicerce para a construção da democracia – uma democracia cujo eixo central era a reconciliação e a unidade nacional. Ele queria a participação de todos, por mais que sua interpretação própria fosse correta e justificável. O apelo aos parlamentares, portanto, era para que, em seus diversos partidos, ajudassem mais a construir do que a destruir.

Quando o Tribunal Constitucional reverteu a decisão do Tribunal Superior de Pretória de que o presidente agira inconstitucionalmente, a reação ao comportamento de Louis Luyt – entre o público e dentro do rúgbi –

já o obrigara a renunciar e levara o executivo da entidade esportiva a tomar a decisão de enviar uma delegação a Mandela, para pedir desculpas.[13]

Embora não estivessem codificados antes das negociações nos anos
1990, os princípios do constitucionalismo e do império da lei já faziam parte
da visão do futuro que Mandela e o CNA em geral adotavam. Podem-se
encontrar os germes de uma Constituição democrática na Carta da Liberdade, adotada pelo Congresso do Povo e pelo CNA em 1955, e elaborada a
partir de reivindicações populares reunidas entre comunidades de todos
os cantos do país.

Ao contrário do que aconteceu em lutas pela liberdade em muitos outros países, o movimento de libertação sul-africano transformou a lei em
campo de luta – defendendo líderes, membros e ativistas nos tribunais –,
assim afirmando o ideal de um sistema judicial justo. Em 1995, numa conferência, Mandela falou sobre a utilização da lei para inverter a situação e
voltá-la contra o Estado, como ele e os outros acusados fizeram no Julgamento de Rivônia:

> A acusação contava que tentaríamos fugir à responsabilidade por nossas
> ações. No entanto, tornamo-nos os acusadores, e, desde o começo, quando
> solicitados a nos declararmos inocentes ou culpados, dissemos que era o
> Governo o responsável pela situação no país, e que era o Governo que devia
> estar no banco dos réus. Mantivemos essa posição durante todo o julgamento
> em nossos depoimentos e na inquirição das testemunhas.[14]

Em 1985, Oliver Tambo criara um Comitê Constitucional, que levou à
publicação das "Diretrizes constitucionais para uma África do Sul Democrática" do CNA, em 1989. Incorporando a concepção política e constitucional da Carta da Liberdade sobre uma África do Sul livre, democrática
e não racial, as diretrizes eram mais uma declaração de princípios do que
um esboço de Constituição. Embora as condições para uma transição negociada começassem a adquirir forma, ainda pairavam excessivas incertezas sobre a transição iminente, e a legitimidade de qualquer Constituição
dependeria da participação popular em sua elaboração.[15]

As diretrizes do CNA eram simetricamente inversas à Constituição sul-africana de 1983, que adotava um sistema de "distribuição do poder" que ainda assegurava o controle à minoria branca, cabendo à maioria africana excluída se contentar com os bantustões e os conselhos urbanos. O CNA rejeitava a proteção constitucional dos "direitos de grupo", que simplesmente perpetuava o status quo.[16] As diretrizes do CNA incluíam um Estado unitário e o voto universal, uma carta de direitos garantindo os direitos humanos fundamentais de todos os cidadãos e as obrigações constitucionais do Estado e de todas as instituições sociais em erradicar a discriminação racial e tudo o que a acompanhava.

Ao elaborar uma Constituição e uma carta de direitos durante as negociações, o Comitê Constitucional do CNA se baseou nas "Diretrizes constitucionais" da organização e também levou em conta princípios democráticos aceitos universalmente.[17]

Ainda que não se envolvesse nos detalhes das negociações para a Constituição, Mandela se mantinha atento ao processo para evitar qualquer desvio da linha do CNA. Sempre disponível para resolver impasses, ele seguia dois princípios: um sobre o processo – as negociações deviam ser inclusivas e assegurar a participação pública – e o outro sobre o conteúdo – do trabalho conjunto devia resultar uma Constituição inteiramente democrática.

O Termo de Entendimento assinado pelo CNA e pelo Partido Nacional em 26 de novembro de 1992 abriu caminho para um processo em duas etapas; a primeira, que consistia num fórum pluripartidário de negociação, resultou em 34 princípios, que foram aprovados pelo governo do Partido Nacional como parte da Constituição interina. Ela dispunha sobre a eleição de um Congresso com representação proporcional dos partidos com base no voto universal. Esse Congresso, por sua vez, operaria como uma Assembleia Constituinte, encarregada de elaborar o texto final da Constituição. Caberia ao Tribunal Constitucional, que fora criado pela Constituição interina, certificar que o novo texto da Constituição estivesse em conformidade com os 34 princípios antes de ser promulgado.

Enquanto o fórum pluripartidário negociava a Constituição interina, o texto da Constituição final foi elaborado pelos representantes do conjunto de cidadãos que compunham a Assembleia Constituinte em número proporcional aos votos recebidos por seus partidos na eleição de 1994. À diferença da primeira etapa, aqui houve também participação pública direta, inclusive propostas de cidadãos tanto por escrito quanto em forma oral, em fóruns nas vilas, cidades e comunidades.[18]

Valli Moosa lembra que Mandela se concentrava muito em certas questões. "Uma delas", diz ele, "era o governo da maioria":

Aparecíamos com a representação proporcional, nove províncias, duas câmaras no Congresso, um Senado e a Assembleia Nacional ... [e] um Conselho de Províncias, e ele sempre perguntava: "Como isso atende à necessidade do governo da maioria? De que modo isso corresponde ao padrão de um governo da maioria?" Ficava sempre muito atento a isso; não queria nada que fosse diluir a vontade da maioria e resultar em eleições de órgãos do poder que não estivessem em conformidade com a vontade do eleitorado ... Assim, a ideia de qualquer espécie de proteção da minoria, direitos da minoria, privilégios especiais – nada disso teria a concordância dele ... A outra [coisa] era que ele tinha clareza de que o que tentávamos instaurar era uma democracia moderna, moderna no sentido de que seria não racial, não sexista e laica e [ia] encarnar todos os conceitos modernos e os direitos humanos.[19]

Seu ex-vice Thabo Mbeki relembra que Mandela sempre estava presente nos momentos decisivos, tanto na redação da Constituição final quanto na da interina.

Sobre as questões que nossos negociadores levantavam a mim, como os direitos de propriedade, o direito de greve, o locaute e essas questões, eles chegavam e me diziam "Veja, estamos com problemas em tal coisa", e aí, de fato, Madiba entrava nessas discussões.[20]

As intervenções de Mandela durante a redação da Constituição final, embora sempre decisivas, foram em menor número porque, em grande medida, as questões já tinham sido assentadas na fase interina e ao longo do intenso e exaustivo processo na Assembleia Constituinte. Presidida por Cyril Ramaphosa, do CNA, tendo como vice Leon Wessels, do Partido Nacional, a Assembleia Constituinte envolveu todos os parlamentares – quatrocentos membros da Assembleia Nacional e noventa do Conselho Nacional das Províncias. Nem sempre foi simples. Ramaphosa recorda algumas dificuldades:

> Houve momentos [difíceis] ao negociar a Constituição final, sobretudo quando ficava muito claro que De Klerk estava vacilando em concordar integralmente com os dispositivos finais. Madiba o convencia, e ele era muito bom em momentos assim. Sabíamos que podíamos contar com Madiba para acabar com qualquer impasse. Empurrávamos para ele todas as questões difíceis, para que lidasse com elas e conseguisse que nossa posição prevalecesse e fosse confirmada. Madiba era um líder habilidoso, bem informado e se mantinha a par dos desenvolvimentos, e queria que o mantivessem constantemente atualizado.[21]

Mas pairava uma sombra sobre a criação da nova Constituição. Já em meados dos anos 1980, o Inkatha, quando não se opunha violentamente à luta por um novo regime constitucional, fazia de tudo para obstruí-la. Em data mais recente, "flertava com a direita, na esperança de assegurar privilégios e poderes especiais para KwaZulu-Natal".[22] Em vez de participar da Assembleia Constituinte, como os demais partidos, o Inkatha exigiu mediação internacional e se retirou em sinal de protesto durante o discurso de Mandela na ONU, em 1995, empregando uma mistura variada de táticas para reforçar sua posição.

Mandela, visivelmente irritado, caracterizou a postura do Inkatha como uma tentativa "de obter uma posição no processo de elaboração da Constituição que está muito acima do apoio que tiveram nas eleições para a Assembleia Constituinte".[23] Num discurso ao mesmo tempo conciliatório e inflamado, Mandela desafiou o Inkatha a retornar ao Congresso:

> Desaprovamos vivamente essa ação. Porque é aqui nestas casas que está a forja em que se elabora a política do governo. É aqui que se deve dar o embate das ideias e se devem resolver as divergências ...

Desaprovamos essa conduta também do ponto de vista dos interesses do país como um todo; ela não fortalece a confiança por parte de nosso povo e da comunidade internacional na capacidade dos líderes de usar as instituições democráticas para resolver as divergências. Mas nossa preocupação se concentra especialmente nos que votaram na entrada do Inkatha nessas instituições.

Nesse contexto, quero me dirigir a eles diretamente:

Vocês elegeram esses representantes do Inkatha para expressar seus interesses e defender o que lhes é caro. Agiram assim também porque estavam convencidos de que eles não eram covardes que abandonariam estas casas sacrossantas ao primeiro sinal de qualquer problema. Vocês confiavam que eles se manteriam firmes na Assembleia Nacional e no Senado e, dentro das regras, defenderiam o ponto de vista de vocês.

Retirar-se em sinal de protesto não resolverá nenhum dos problemas levantados por eles. Cabe a vocês a responsabilidade de chamá-los à ordem. Na tradição de Shaka, Makhanda, Cetshwayo, Moshoeshoe, Ramabulana, Sekhukhune e Nghunghunyana, mandem chamá-los de volta e que batalhem aqui no Congresso em vez de fugirem!*

Deixem-me reiterar uma vez mais os princípios que guiam a posição do CNA quanto ao assunto da mediação internacional, que foi ostensivamente apresentado como razão dessa atitude irracional.

Em primeiro lugar, o CNA tem repetido com frequência seu compromisso com o acordo a que se chegou em 19 de abril de 1994. É exatamente por essa razão que se formou um subcomitê para examinar o assunto.

Em segundo lugar, a simples lógica nos diz que o convite a quaisquer figuras eminentes para realizar essa tarefa requer a existência de termos claros de referência. É exatamente isso o que o subcomitê tripartite estava discutindo.

Em terceiro lugar, estamos examinando qualquer medida que possa ser necessária para lidar com o assunto. Da parte do CNA, delegaremos o as-

---

* Reis e líderes políticos que formaram os respectivos grupos linguísticos isiZulu, isiXhosa, sesotho, tshivenda, sepedi e xitsonga e foram fundamentais para que conquistassem o estatuto de nação no século XIX. Ver Sekhukhune em Pessoas, lugares e eventos.

sunto ao vice-presidente Mbeki, tão logo retorne de sua viagem ao exterior. Nesse meio-tempo, encontrarei o chefe Buthelezi em Genadendal, hoje à tarde, para examinar as soluções possíveis para esse problema.

Em quarto lugar, o CNA – e creio que outros partidos racionais também – não gostaria de participar de uma abordagem que procura tratar uma questão referente ao rei e ao reino de KwaZulu-Natal como se o rei não existisse. E tampouco aceitaríamos a tentativa de arrogar a qualquer partido político o direito de falar em nome de qualquer rei ou reino que seja.

Mas permitam-me deixar uma questão muito clara. Embora reconheçamos o direito das pessoas de empreender qualquer ação dentro dos limites da lei; embora nosso compromisso seja encontrar soluções políticas para esse problema, não podemos e não devemos, como nação e como governo, permitir que ameaças e atos efetivos de violência passem incontestados.

Temos confiança de que os sul-africanos de todas as convicções políticas, inclusive os meios de comunicação, apoiarão o direito do governo de cumprir suas obrigações para com a nação conforme determina a Constituição, e que não tratarão esse assunto de uma maneira que encoraje a irresponsabilidade, a ilegalidade e a chantagem.[24]

O discurso duro de Mandela, voltado mais para as bases do que para a direção do Inkatha – e que deve ter irritado tremendamente Buthelezi e seus comandados –, também valia para o próprio CNA. O CNA não estava cego aos esforços de Mandela, e se ressentia de que, estando tão próximos de resolver um problema histórico, Buthelezi e o Inkatha colocassem tais obstáculos.

Mas, se outros correligionários se sentiam frustrados, Mandela estava ferrenhamente determinado a continuar. Encontrou-se duas vezes com Buthelezi para tentar convencer o Inkatha a voltar à Assembleia Constituinte. Mas não teve sucesso. No final, não houve mediação internacional. Foi como uma partida de futebol que termina em zero a zero e num tumulto, o apito final soando muito depois que o juiz já saiu de campo. Além disso, o rei zulu, em cujo nome se rejeitara a Assembleia Constituinte, acabou por perder o interesse, estando ele mesmo agora de relações rompidas com seu ex-defensor, Buthelezi.

Ao contrário do Inkatha, o Partido Nacional perseguiu seus objetivos ao longo do processo acordado. Em várias questões ele resistiu até o fim, sendo necessário que Mandela empregasse suas habilidades de persuasão para romper o impasse e manter as posições do CNA. Foi uma reprise do filme anterior, em que Mandela e De Klerk tinham se reunido para resolver algumas questões em suspenso nos últimos dias das negociações antes das eleições, e agora se reuniam para desfazer os enroscos antes do prazo final para a conclusão do texto da nova Constituição. Foi um trabalho árduo, até altas horas da noite, alternando-se entre o escritório de De Klerk no Palácio do Governo e a residência oficial de Mandela em Pretória. Algumas questões, que não foi possível concluir dentro do prazo, ficaram a cargo do processo de certificação do Tribunal Constitucional.[25]

Apesar de seu comando firme, Mandela sempre se mantinha aberto e se rendia a argumentos persuasivos. Por exemplo, preferia manter as quatro províncias existentes, em vez de dividi-las em nove, segundo as regiões econômicas definidas pelo Banco de Desenvolvimento da África Austral.* De toda forma, o CNA concordou com a divisão, ainda que com leves modificações.

Ao TÉRMINO DOS DOIS ANOS reservados para redigir a nova Constituição, as negociações, os impasses e as intervenções finalmente terminaram. Em 8 de maio de 1996, num suspiro coletivo de alívio, a Assembleia Constituinte

---

* As quatro divisões originais de 1910 a 1984 eram Natal, Transvaal, Estado Livre de Orange e Cabo da Boa Esperança, e dez bantustões fragmentários espalhados pelo país. As novas províncias são KwaZulu-Natal, Cabo Oriental, Cabo Ocidental, Limpopo, Mpumalanga, Cabo do Norte, Estado Livre, Noroeste e Gauteng. Ver o mapa na p.419. Originalmente fundado para desempenhar ampla função de fomento ao desenvolvimento econômico dentro do regime constitucional dos territórios nativos que existia na época, o Banco de Desenvolvimento da África Austral foi reconstituído em 1994 como instituição financeira de fomento ao desenvolvimento. Ele promove o desenvolvimento e o crescimento econômico, o desenvolvimento dos recursos humanos e a capacitação institucional, mobilizando recursos financeiros e outros entre os setores públicos e privados nacionais e internacionais para programas e projetos de desenvolvimento sustentável na África do Sul e no continente africano em geral.

adotou o texto que o Comitê Constitucional do Congresso terminara de redigir de madrugada. Mandela o acolheu com um discurso que tratava tanto do processo quanto do conteúdo:

> Os breves segundos em que a maioria dos ilustres membros assentiu silenciosamente à nova lei fundamental do país capturaram, num instante fugaz, os séculos de história que o povo sul-africano suportou em busca de um futuro melhor.
>
> Como uma só pessoa, vocês, os representantes da maioria esmagadora dos sul-africanos, deram voz ao anseio de milhões.
>
> E assim o que se tem é que a África do Sul passa hoje por seu renascimento, purificada de um horrível passado, amadurecida após um início hesitante e chegando com confiança ao futuro.
>
> A nação oscilou numa corda bamba nestes últimos dias, com notícias de impasses insuperáveis e um abismo à espreita. Era de se esperar, em vista das questões difíceis de que tratamos e dos prazos apertados de negociação. Mas os sul-africanos são um povo maravilhoso, para o qual as palavras "impasse" e "milagre" vieram se aninhar numa aconchegante proximidade e, alternadamente, tomar conta da imaginação nacional como uma praga!
>
> Seja como for, não podemos esquecer, entre a afobação das soluções de última hora, a magnitude da realização que celebramos hoje. Pois, para além dessas questões, está uma imensa mudança fundamental no corpo político da África do Sul, simbolizada por esse momento histórico.
>
> Muito antes das exaustivas sessões dos momentos finais, houvera o acordo, de uma vez por todas, de que a África do Sul terá uma Constituição democrática, baseada no princípio universal do governo democrático da maioria. Hoje formalizamos esse consenso. Como tal, nossa nação dá o passo histórico que avança para além dos arranjos transitórios, os quais obrigaram seus representantes, por força da lei, a trabalharem juntos por sobre a linha divisória racial e política.
>
> Agora se reconhece universalmente que a unidade e a reconciliação estão impressas no coração de milhões de sul-africanos. Elas são um princípio indelével de nosso compromisso fundador. São o fogo ardente de nosso novo

patriotismo. Permanecerão como condição para a reconstrução e o desenvolvimento, na medida em que a reconstrução e o desenvolvimento dependem da unidade e da reconciliação.

Como ocorria com frequência, Mandela estava atento à presença concreta das pessoas comuns, cujos esforços e contribuições normalmente passavam despercebidos enquanto os investidos de autoridade se deleitavam em rituais de autocelebração. Assim, ele louvou "a participação ativa do povo na redação da nova Constituição [que] ... foi pioneira quanto ao engajamento da sociedade no processo de legislação ... [e] revigorou a sociedade civil de uma forma que não se deu em nenhum outro processo em tempos recentes".

Destacou a presença na galeria pública de um amplo leque

da sociedade civil, que deu suas contribuições ao processo: a ordem dos advogados, mulheres, comunidades locais, estruturas tradicionais e líderes de setores ligados ao empresariado, à força de trabalho, a questões fundiárias, os meios de comunicação, cultura e artes, a juventude, os portadores de necessidades especiais, os direitos dos menores e muitos mais.

Além dos presentes, há os milhões que escreveram cartas e participaram de fóruns públicos: desde o policial numa delegacia no ponto mais remoto da Província do Norte aos prisioneiros se reunindo para debater as cláusulas e aos moradores de Peddie, no Cabo Oriental, que continuaram com seu comício sob uma chuva torrencial para debater o papel dos líderes tradicionais.

Sempre extremamente cortês, Mandela agradeceu a todos – desde o presidente e o vice aos comitês operacionais com representantes de todos os partidos e às equipes de trabalho – "pela dedicação e disposição em garantir que alcançássemos este momento histórico". Na mesma linha, também agradeceu aos representantes da comunidade internacional que acompanharam todo o processo, acrescentando que "suas contribuições e a força de seu exemplo foram a fonte em que nos abeberamos com grande prazer".

O único princípio que guiara a posição do CNA nas negociações, declarou Mandela, agora deixando de lado o texto do discurso, foi que, ao fim e ao cabo, "não devia haver ganhadores e perdedores", e sim que "a África do Sul como um todo deve sair ganhadora". Era compromisso do CNA evitar qualquer abuso de sua maioria que pudesse reduzir os demais partidos no Governo de Unidade Nacional a "meros carimbos". Dito isso, Mandela alertou que

> todos entenderão que temos um compromisso e um mandato da maioria esmagadora de nosso povo neste país para transformarmos a África do Sul de um Estado de apartheid num Estado não racial, para tratar da questão do desemprego e falta de moradia, para construir todas as instalações que durante séculos foram de usufruto de uma ínfima minoria. Temos esse compromisso e estamos decididos a assegurar que todas as pessoas da África do Sul tenham uma vida digna em que não haja pobreza, analfabetismo, ignorância e doença. Este é o nosso compromisso. Estamos decididos a honrar essa promessa, e quem tenta nos impedir de alcançar esse objetivo de cumprir nosso mandato é como uma voz gritando no deserto.

Ele terminou com uma advertência:

> Estamos lidando com uma situação em que, quando se fala com Brancos, eles pensam que só existem Brancos neste país, e olham os problemas do ponto de vista dos Brancos. Esquecem os Negros, a saber, Mestiços, Africanos e Indianos. Este é um lado do problema. Mas temos outro problema. Quando se fala com Africanos, Mestiços e Indianos, eles cometem exatamente o mesmo erro. Pensam que não existem Brancos neste país. Pensam que realizamos essa transformação derrotando a minoria Branca e que estamos lidando com uma comunidade que agora jaz prostrada no chão, implorando misericórdia, e na qual podemos mandar. As duas tendências estão erradas. Queremos homens e mulheres que tenham compromisso com nosso mandato, mas que saibam se erguer acima de seus grupos étnicos e pensar a África do Sul como um todo.

Agora adotamos esta Constituição ... Todos os dias vou me deitar sentindo força e esperança porque posso ver que estão surgindo novos líderes do pensamento, líderes que são a esperança do futuro.[26]

Depois que o Congresso retificou as poucas incongruências que restavam na nova Constituição, conforme determinação do Tribunal Constitucional, o presidente Mandela lhe imprimiu força legal numa cerimônia pública de assinatura em Sharpeville, em 10 de dezembro de 1996. O local foi cuidadosamente escolhido, para simbolizar a restauração dos direitos e da dignidade, no mesmo lugar do Massacre de Sharpeville, onde a polícia, em 21 de março de 1960, abriu fogo e matou 69 pessoas e feriu e mutilou 176 manifestantes que protestavam contra o passe interno; os orifícios de entrada das balas, nas costas das vítimas, mostraram que foram alvejadas por trás, quando fugiam.

NUM PAÍS EM QUE, tradicionalmente, as leis eram criadas para preservar os interesses dos brancos, e os da maioria negra eram objeto apenas de uma atenção secundária, foi importante que das cinzas do passado surgisse um novo Judiciário. E ele tinha de se mostrar vibrante e importante no cumprimento de sua função para reconquistar um eleitorado descrente. A criação de uma Comissão de Atendimento Jurídico (CAJ), como disse o advogado dos direitos humanos George Bizos, foi uma firme reação às políticas do apartheid.[27] A cautela e a desconfiança generalizada diante da lei entre a população negra faziam lembrar um poema chamado "Justice", de Langston Hughes, um dos expoentes da Renascença do Harlem, que diz:

That Justice is a blind goddess
Is a thing to which we black are wise:
Her bandage hides two festering sores
That once perhaps were eyes.[28]*

---

* "Que a Justiça é uma deusa cega/ Isso nós negros sabemos bem:/ A venda oculta as feridas em pus/ Que talvez outrora fossem olhos." (N.T.)

O Judiciário, portanto, precisava se desfazer da carga do passado e garantir que a Dama Justiça fosse realmente imparcial. Apesar da pressão para proferir sentenças injustas, alguns dos juízes – importantes advogados brancos atuando nos tribunais, nomeados por decisão ministerial – "tinham um forte senso de justiça".[29] Estavam entre os candidatos entrevistados pela CAJ, que depois fornecia ao presidente Mandela uma lista da qual ele escolhia os juízes do Tribunal Constitucional. Essa escolha obedecia à Constituição, que determinava "a necessidade de que o Judiciário reflita amplamente a composição de raça e gênero da África do Sul".[30]

Talvez fosse inevitável, porém, que o espectro racial pairasse sobre todas as entrevistas com os candidatos juízes no Teatro Cívico em Joanesburgo. Mas a criação da CAJ lançara as bases para o estabelecimento de um Estado constitucional, que se fundava em corpos regulares constituídos para proteger a democracia e assegurar políticas inclusivas e debates abertos. Os efeitos se fizeram notar de imediato. Em suas memórias, George Bizos relembra um episódio de protesto durante as audiências:

> Estudantes da Universidade de Wits, que ficava ali perto, se reuniram na entrada com cartazes protestando contra dois professores de direito que eram candidatos ao tribunal, mas que estavam envolvidos numa disputa no campus. O presidente do Supremo, Corbett, foi ao encontro dos estudantes, recebeu o memorando e então os convidou para as audiências. Sem os cartazes, mas conquistados por sua atitude afável, os estudantes acederam, entraram na sala com dignidade e acompanharam os trabalhos em silêncio.[31]

A posse do Tribunal Constitucional em fevereiro de 1995 concretizava o sonho constitucionalista de Mandela. Em seu discurso, ele ressaltou o que aquele sonho significava na realidade:

> O constitucionalismo significa que nenhum cargo e nenhuma instituição pode ficar acima da lei. Os mais poderosos e os mais humildes da terra, todos, sem exceção, devem obediência ao mesmo documento, aos mesmos princípios. Não interessa se você é negro ou branco, homem ou mulher, jovem

ou velho; se fala setswana ou africâner; se é rico ou pobre, se usa um carro novo e elegante ou anda a pé e descalço; se usa farda ou está preso numa cela. Todos nós temos certos direitos básicos, e esses direitos fundamentais estão expostos na Constituição.

A autoridade do governo vem do povo por meio da Constituição. As tarefas e responsabilidades que vocês têm, bem como seu poder, vêm-lhes do povo por meio da Constituição. O povo fala por meio da Constituição. A Constituição permite que as múltiplas vozes do povo sejam ouvidas de maneira organizada, articulada, dotada de sentido e orientada por princípios. Confiamos que vocês encontrarão os meios pelos quais suas decisões falem diretamente ao povo.

Vocês constituem um novo tribunal em todos os aspectos. O processo pelo qual foram selecionados era novo. Quando olhamos para vocês, vemos pela primeira vez as várias dimensões de nosso país rico e variado. Vemos uma multiplicidade de origens e experiências de vida. Suas tarefas são novas. Seus poderes são novos. Esperamos que, sem abandonar as muitas excelentes virtudes da tradição jurídica, vocês encontrem uma nova maneira de expressar as grandes verdades da profissão. Vocês lidarão com os direitos de milhões de pessoas comuns. A Constituição, a que estarão servindo, é o fruto do sacrifício e da confiança dessas pessoas. Tenho certeza de que falo por todas elas ao dizer que as razões básicas para suas decisões devem ser enunciadas numa linguagem que todos possam entender.[32]

Os principais juristas da presidência de Mandela tinham granjeado respeito como defensores da justiça antes do advento da democracia. Quando Michael Corbett, o primeiro ministro do Supremo na África do Sul democrática, tomou o juramento de Mandela em sua posse em maio de 1994, não era a primeira vez que o encontrava. Dois anos depois, num banquete oficial pela aposentadoria de Corbett, Mandela aproveitou a ocasião para contar como se conheceram:

A primeira vez que encontrei Michael Corbett foi em circunstâncias pouco promissoras, uns 25 anos atrás. Eu cumpria prisão perpétua. Ele era juiz auxiliar numa visita prisional na ilha Robben.

Havia um conflito especialmente desagradável entre os carcereiros e os presos, devido a um espancamento brutal, e eu era o porta-voz dos prisioneiros.

Não tinha nenhuma grande expectativa de que acreditassem em mim ou sequer me ouvissem. O Comandante tentou me intimidar. Mas esse jovem juiz e seus colegas não se limitaram a ouvir atentamente o que eu tinha a dizer. Na minha frente, o juiz Corbett se virou para o Comandante e o Comissário das Prisões e apresentou seus enérgicos protestos ao Comissário contra o comportamento do Comandante. Tal coragem e tal independência eram raras.

Em seus estudos de direito na prisão, conta Mandela,

de tempos em tempos eu topava com as sentenças de Michael Corbett. Seu caráter incisivo me trazia à lembrança meu contato anterior com ele. Foi o caso de sua discordância em 1979 na ação que Denis Goldberg, que estava comigo entre os réus do Julgamento de Rivônia, promoveu contra o ministro das Prisões. Entre os cinco juízes do Tribunal de Recursos, Michael Corbett foi o único que sustentou que as autoridades carcerárias não tinham o direito de aplicar a política de vetar todo acesso dos prisioneiros aos noticiários.

Essa decisão, segundo Mandela, era

bem fundamentada, meticulosa e inflexível na prioridade que dava a direitos importantes ...

É a tais ações de homens e mulheres de bem, como Michael Corbett, em todas as partes de nossa sociedade e de todas as convicções políticas, que devemos nossa exitosa transição para a democracia. Uma das forças da nova nação, que estamos construindo, é que, removidas as causas de tensão e conflito, ela cria o espaço para que tais pessoas surjam e desempenhem seu papel de direito. É nessas condições que pode florescer o que há de melhor em todos nós. Tais são as circunstâncias que estão criando uma nova geração de líderes para uma sociedade justa e próspera, em paz consigo mesma.[33]

EM 1994, Mandela nomeou Arthur Chaskalson, integrante da equipe de defesa no Julgamento de Rivônia e membro do Comitê Constitucional do CNA, para a presidência do Tribunal Constitucional. O juiz Ismail Mohamed sucedeu a Michael Corbett como presidente do Supremo em 1996. Caracterizado por Mandela como homem de mil talentos, o novo presidente do Supremo fora, no passado, impedido pelo Estado de apartheid de exercer a advocacia em várias partes do país, mediante um bizantino conjunto de medidas:

> Em cerca de 35 anos de carreira como advogado, Ismail Mohamed participou de vários julgamentos defendendo algumas das principais figuras da luta de libertação. Como outros membros da Ordem de Joanesburgo ... ele ajudou a denunciar nos tribunais a injustiça do apartheid. Devido à sua reputação de firmeza e imparcialidade, foi aceito como copresidente do grupo pluri-partidário de negociações sobre a Constituição ... Advertiu a nós, políticos, reunidos naquelas negociações, que, como juízes, iriam defender intrepida-mente a Constituição.

Mohamed cumpriu sua advertência, disse Mandela. Quando Mandela foi citado como primeiro réu na ação decorrente de uma contestação cons-titucional a decretos que promulgara sob uma seção da Lei de Transição do Governo Local, o juiz Mohamed e a maioria dos juízes do Tribunal Constitucional a derrubaram. Segundo Mandela, eles declararam que,

> sob nosso novo regime constitucional, o Congresso não tem autoridade su-prema, mas está submetido à nossa lei fundamental e suprema, a Constitui-ção. Nosso Congresso, lembraram-nos eles, não poderia, mesmo que quisesse, abdicar de sua responsabilidade como Legislativo.[34]

Mandela escreve:

> Todas essas considerações, por importantes que sejam, nunca poderão solapar nossa Constituição democrática, que garante direitos irrestritos de cidadania

a todos os sul-africanos, independentemente do grupo étnico a que perten-
çam. Ela tem uma Carta de Direitos, à qual o cidadão ou a cidadã podem
recorrer se tiverem algum de seus direitos ameaçado ou violado. Todos nós,
sem exceção, somos solicitados a respeitar essa Constituição.

Existem entidades institucionais que são comandadas por figuras públicas
fortes e qualificadas, totalmente independentes do governo. Elas garantem
que a Constituição e suas provisões sejam respeitadas por todos os cidadãos,
independentemente de sua posição no governo ou na sociedade.

São elas o Protetor Público, o Diretor Nacional dos Processos Públicos, o
Ouvidor-Geral, a Comissão de Direitos Humanos, a Comissão de Verdade
e Reconciliação e o Tribunal Constitucional.*

O regime de apartheid trouxe descrédito à lei e à ordem. Os direitos humanos foram impiedosamente suprimidos. Havia prisões sem julgamento,
a tortura e o assassinato de ativistas políticos, a difamação explícita de juízes independentes do Tribunal de Recursos que proferiam decisões contra
o regime, a ocupação do Judiciário por advogados conservadores e com-
placentes. A polícia, especialmente no setor de segurança, era uma lei em
si mesma. Devido a essas práticas sem rebuços, e por minhas convicções
próprias, aproveitei todas as ocasiões para promover o respeito pela lei e a
ordem e pelo Judiciário.[35]

Ainda que tivesse o máximo apreço pela Constituição e encarnasse
pessoalmente as qualidades necessárias para um estilo ético e corajoso de
liderança, Mandela mantinha-se atento à herança do passado, sobretudo
no que se referia ao Judiciário. Foi nos tribunais, quando tinha um escritório de advocacia com o sócio Tambo, no centro de Joanesburgo, que ele
presenciou cruéis humilhações e sofrimentos humanos.

"A advocacia e o Judiciário na África do Sul", disse ele num banquete
do Conselho Geral da Ordem da África do Sul em 2000,

---

* Entre as entidades institucionais estão também a Comissão de Igualdade de Gênero, a
Comissão Eleitoral Independente e a Autoridade de Difusão Independente.

não têm um passado irrepreensível. Houve insucessos e oportunidades perdidas, em termos institucionais e individuais. Mas também é verdade que havia mulheres e homens entre os juristas da África do Sul, incluindo seus juízes e advogados, comprometidos com o império da lei e com a construção de uma democracia constitucional. Alguns pagaram um alto preço por isso.

Acredito que pessoas dessa espécie devem ser homenageadas e estou orgulhoso de estar aqui com vocês, esta noite, para isso. A Ordem dos Advogados e os Tribunais de Justiça são instituições que não estão acima da crítica, mas a crítica não serve a nenhuma finalidade se for puramente destrutiva e não reconhecer as generosas contribuições que foram dadas. E estas foram dadas mesmo nos piores períodos de nossa história.

Fico feliz em saber do empenho da Ordem em transformar sua composição e, em particular, em promover o ensino jurídico; fico especialmente feliz em saber da criação, hoje, das bolsas de estudos Pius Langa, que trazem o nome do ilustre vice-presidente de nosso Tribunal Constitucional e reitor da Universidade de Natal.[36]

O percurso até a criação de um Estado legítimo e democrático começara muito tempo antes, nos anos já esquecidos das primeiras lutas, e devastara a vida de milhões de pessoas. Para Mandela, era a conclusão de uma tarefa que se colocara desde maio de 1961. Albie Sachs, jurista veterano e um dos doze primeiros juízes do Tribunal Constitucional, relembra:

Nelson Mandela estava na clandestinidade e tinha convocado uma greve geral. Declarando que a maioria do povo não fora consultada sobre a transformação da África do Sul numa República fora da Commonwealth [Comunidade das Nações], ele juntou ao apelo de paralisação a reivindicação de que se realizasse uma convenção nacional para redigir uma nova Constituição.[37]

Trinta e cinco anos depois, a lei, antes cruel instrumento de exclusão e opressão, finalmente se transformava para servir a todos.

7. O Congresso

Se, em 1994, os 39 milhões de cidadãos da África do Sul tivessem sido entrevistados num amplo levantamento quanto a suas impressões sobre o Congresso, provavelmente haveria tantas opiniões quantos eram os respondentes. O principal artifício empregado pelo regime de apartheid era alimentar a ideia de que ele revelava ao povo todo o funcionamento da máquina do Estado, enquanto na verdade ocultava seus mecanismos mais complexos e delicados, deixando que todos – negros e brancos – lidassem com os efeitos, que eram vividos em graus diversos e aparentemente desconectados da fonte primária. Os brancos, de modo geral, iam para casa satisfeitos com o governo do momento, enquanto a maioria negra rangia os dentes, amaldiçoando o *uhulumeni* ("governo" em isiZulu), aquela entidade nebulosa e indistinta que parecia um golem e inventava leis incessantes que ameaçavam seus filhos. De vez em quando, apareciam manchetes sobre o que acontecia nos edifícios brancos, imponentes e inacessíveis do Congresso. Mas geralmente ninguém dava muita atenção.

As coisas foram diferentes em 24 de maio de 1994, quando Nelson Mandela se ergueu para seu primeiro Discurso à Nação.

Naquele dia, um pouco antes, as multidões reunidas tinham sido regaladas com um verdadeiro festival de cores, desde os diversos uniformes da polícia montada e da escolta militar ao tapete vermelho se estendendo do Slave Lodge ao edifício do Congresso, com artistas que iam desde jovens das escolas vizinhas abrindo o desfile à frente da banda, com roupas de gala e bastões, aos *imbongi*, com seus trajes de combate tradicionais, entoando loas a Mandela em voz estentórea por fim abafada pelas marchas da banda militar, a qual, por sua vez, foi silenciada pelas acrobacias dos jatos da Força Aérea sul-africana, e tudo enfim selado pela salva de 21 tiros.

Mas as insígnias das várias forças, as bandeiras e flâmulas não se comparavam às esplêndidas roupagens dos parlamentares, deixando os espectadores nas galerias públicas boquiabertos perante o desfile dos trajes de gala, conservadores e ousados, ocidentais e tradicionais. Mandela decretara que, com o alvorecer da democracia, as portas do Congresso passavam a ficar abertas a todos, e assim seu primeiro Discurso à Nação se tornou uma celebração para todo o povo da África do Sul. E lá estava o povo. Dentro do recinto, homens e mulheres comuns podiam enxergar das galerias, que lhes dava uma visão panorâmica do que ocorria no salão, todos os que tinham estado à testa da criação da nova África do Sul. Alguns dos convidados, que não se viam desde longa data, separados por seus diferentes papéis na luta – um ativista pouco à vontade na roupa formal, compatriotas que sobreviveram a emboscadas e viveram para contar a história, um exilado recém-retornado trazendo a esposa estrangeira –, trocavam abraços com os olhos rebrilhando de lágrimas.

Mandela agradeceu inicialmente a Frene Ginwala, presidente da casa, e a outras presenças ilustres. Então, com os óculos faiscando, ele continuou:

Chegará o momento em que nossa nação prestará homenagem à memória de todos os filhos, filhas, mães, pais, jovens e crianças que, com suas ideias e ações, deram-nos o direito de afirmar com orgulho que somos sul-africanos, somos africanos e somos cidadãos do mundo.

As certezas que vêm com a idade me dizem que, entre essas pessoas, encontraremos uma africâner que foi além de uma experiência pessoal e se tornou sul-africana, africana e cidadã do mundo. Ela se chama Ingrid Jonker. Era poeta e sul-africana. Era africâner e africana. Era artista e ser humano. Em meio ao desespero, ela celebrou a esperança. Diante da morte, ela afirmou a beleza da vida. Nos dias sombrios em que todos pareciam desesperançados em nosso país, quando muitos não queriam ouvir sua voz ressonante, ela tirou a própria vida.

Por ela e outros como ela, temos uma dívida com a vida. Por ela e outros como ela, temos um compromisso com os pobres, os oprimidos, os miseráveis e os desprezados. Após o massacre na manifestação em Sharpeville contra o passe, ela escreveu:

The child is not dead

the child lifts his fists against his mother

who shouts Afrika

...

The child is not dead

not at Langa nor at Nyanga

nor at Orlando nor at Sharpeville

nor at the police post at Philippi

where he lies with a bullet through his brain

...

the child is present at all assemblies and law-giving

the child peers through the windows of houses and into the hearts of mothers

this child who only wanted to play in the sun at Nyanga is everywhere

the child grown to a man treks through all Afrika

the child grown to a giant journeys over the whole world

Without a pass[1]*

E nessa gloriosa visão ela ensina que nosso esforço deve visar à libertação da mulher, à emancipação do homem e à liberdade da criança.[2]

Por enfáticas e vigorosas que fossem as palavras, o fato era que o primeiro Congresso democraticamente eleito da África do Sul ainda ocupava os mesmos edifícios do Congresso do apartheid, onde se haviam promulgado leis responsáveis por uma miséria indescritível. Frente a tais considerações, alguns curandeiros tradicionais solicitaram autorização para fazer

---

* "O menino não morreu/ o menino ergue os punhos contra a mãe/ que grita África .../ / O menino não morreu/ não em Langa nem em Nyanga/ nem em Orlando nem em Sharpeville/ nem no posto policial em Philippi/ onde jaz com um tiro na cabeça .../ / o menino está em todas as assembleias e no Legislativo/ o menino espia pelas janelas das casas e no coração das mães/ esse menino que só queria brincar ao sol em Nyanga está em toda parte/ o menino que virou homem anda por toda a África/ o menino que virou gigante percorre o mundo todo// Sem passe." (N.T.)

rituais de purificação do recinto, pedido espiritual que foi atendido quando o Congresso abrigou orações e rituais de diferentes credos.

À força de muito trabalho, porém, Mandela fez do Congresso uma instituição orientada pela vontade do povo, núcleo central da Constituição. Ele concebia um Congresso que possibilitasse uma profunda transformação da sociedade e se tornasse um importante espaço para o debate público. Seria um local para todas as pessoas da África do Sul, mesmo as que de início tivessem sido avessas à ideia. Ginwala lembra Mandela lhe dizendo que o maior desafio era que "nosso povo não está acostumado a estar no Congresso; o público não está acostumado ao Congresso, e assim temos de garantir que todos, todos os partidos políticos, todos os sul-africanos, o considerem como o seu Congresso".[3]

Mas, se o Congresso legislava, era dentro dos limites de uma Constituição soberana, tendo o Tribunal Constitucional como árbitro final – à diferença da época do apartheid, quando fazia leis opressivas à vontade. Mesmo quando o Congresso se reuniu para redigir a Constituição final, seus trabalhos tiveram de ser certificados pelo Tribunal Constitucional. A cooperação entre os partidos no Legislativo dependia, de modo um tanto canhestro, apenas do "espírito de unidade nacional" e não de uma determinação constitucional. E, mesmo que tenham ocorrido mudanças na instituição, o CNA ainda enfrentava dificuldades, visto que não tinha experiência técnica da máquina parlamentar, do governo ou do comando da economia, o que, pelo contrário, a oposição e a administração anterior tinham em abundância.

Todavia, o que os quatrocentos e poucos novos parlamentares realmente tinham em comum era a legitimidade. Todos, sem exceção, tinham sido eleitos por representação proporcional, substituindo assim as câmaras segregadas dos brancos, mestiços e indianos por uma única Assembleia Nacional, que representava todos os sul-africanos. Além disso, o sistema de representação proporcional significava que o Congresso era um microcosmo da diversidade do país mais realista do que qualquer outro sistema eleitoral. Também mostrava as preocupações do CNA com a abordagem do tipo "o ganhador leva tudo" ou da maioria simples, que Mandela defendera até que, em discussões com Essop Pahad e Penuell

Maduna, foi persuadido do contrário. Estes dois tinham feito parte da equipe do CNA que redigira a parte da Constituição interina referente às questões de representação e agora estavam redigindo a Constituição final. Pahad relembra:

> Dissemos: "Queremos discutir esse assunto com você." Ele respondeu: "Eu sei, falem." Então expusemos por que achávamos que o sistema proporcional é o mais justo de todos. Ele ouviu e fez muitas perguntas sobre a responsabilidade final, e assim por diante. "Se você vai por outro sistema, chegamos a um sistema bipartidário ou, na melhor das hipóteses, a um sistema tripartidário, e vamos excluir partidos como o CPA, ao passo que o sistema proporcional vai permitir maior representação de partidos no Congresso", dissemos. Ele ouviu, fez perguntas e no final afirmou: "Tudo bem, concordo, mas isso não significa que tem de ser assim para sempre." Dissemos: "Sim, a Constituição deixa espaço para mudarmos o sistema, desde que seja amplamente proporcional."[4]

Depois de formar um colégio eleitoral, que escolheu Mandela como presidente do país, o passo seguinte da nova Assembleia Nacional foi escolher seu presidente e seu vice. Devido à importância desses cargos, a direção do CNA, em especial o próprio Mandela, e a bancada parlamentar tiveram de se envolver na escolha.

Mandela escreve:

> Uma questão igualmente contenciosa foi a escolha do presidente da Assembleia Nacional. Embora desde longa data o CNA aceitasse irrestritamente o princípio da igualdade de gêneros, a prática efetiva ainda ficava muito atrás do princípio.
>
> Em minha equipe como presidente do CNA, havia três mulheres, todas fortes, independentes, bem informadas e francas. Elas não toleravam nenhuma forma de chauvinismo, nem meu nem de meus camaradas. Não admira que tenham ficado conhecidas como as três feiticeiras.
>
> Eram Barbara Masekela, que depois se tornou nossa embaixadora na França, Jessie Duarte, nossa embaixadora em Moçambique, e Frene Ginwala. Tive-

mos inúmeras discussões sobre um amplo leque de temas. Todas eram muito marcantes, trabalhadoras e ajudaram a me livrar de qualquer desprezo pelas mulheres. Reservei Frene para a presidência da Assembleia Nacional.

Houve um silêncio mortal entre meus camaradas quando contei meu segredo a eles. Desconfiei que o fato de propor uma camarada naquele momento, independentemente de suas qualificações, não caiu muito bem entre aqueles camaradas, homens em sua imensa maioria.

Tinham ocorrido também algumas divergências e até conflitos entre exilados no exterior, que ainda eram evidentes no trabalho deles aqui no país. Mas deixei claro a todos os envolvidos que não ia admitir nenhuma objeção sem princípios a uma camarada competente de uma organização a que fora confiada a imensa tarefa de governar o país mais rico e mais desenvolvido do continente africano. Praticamente ordenei que todos os parlamentares do CNA votassem nela para a presidência da casa.

A outra dificuldade veio da própria Frene. Ela me telefonou um dia de manhã e perguntou por que eram tão poucas as mulheres no gabinete. Ao responder, acrescentei que eu asseguraria que ela ocupasse a presidência da Assembleia. Frene protestou com veemência, dizendo que não estava falando de si mesma; estava levantando uma questão geral, que atingia todas as mulheres.

Enquanto a discussão entre nós se acalorava, pedi expressamente que ela decidisse se ia aceitar ou recusar minha proposta. Em nossas discussões, sempre me consolou saber que ela respeitava mais os meus cabelos brancos do que a minha pessoa. Ela ficou quieta por um instante e então disse que pensaria no assunto. Fiquei aliviado quando, mais tarde, aceitou.

Sua decisão foi um marco, pois era a primeira vez em nossa história que uma mulher ocupava aquele importante cargo em nosso Legislativo nacional. Foi uma dupla vitória, visto que a vice-presidência ficou também com uma mulher segura e competente, Baleka Mbete-Kgositsile.

A opinião geral entre parlamentares de todos os partidos na casa é que ela [Ginwala] tem se saído bem sem qualquer experiência ou preparo prévio nesse aspecto. É imparcial e várias vezes repreende os membros por falta de decoro parlamentar, independentemente da filiação política do transgressor.

Seu magnífico desempenho e domínio das funções do cargo não se limitaram a lhe angariar maior apoio e respeito para além das divisões políticas.
Suas realizações admiráveis, bem como as de suas colegas na casa, demons-
tram claramente que elas estão vencendo a batalha pela igualdade de gêneros.

Essa preciosa conquista foi recompensada pelo parlamento com sua reeleição por unanimidade para mais cinco anos no cargo.[5]

Em consonância com a concepção de Mandela – que esse Congresso
devia ser do povo –, a distribuição dos assentos dos parlamentares era
tal que pelo menos os representantes de cada partido ficassem visíveis ao
público, pela televisão. As reuniões dos comitês eram abertas à imprensa,
e os programas de grande alcance público para familiarizar a sociedade
com as atividades do Legislativo aumentavam a transparência e confiança mútua entre o povo e a instituição. Isso seguia na contracorrente
da tendência geral dos partidos e das lideranças no poder, mesmo nas
democracias maduras, em que havia a tentação de controlar a informação. O projeto inteiro do apartheid era deixar os negros, do berço à
tumba, imersos na ignorância; os brancos, que talvez imaginassem ter
escapado a esse destino, estavam simplesmente iludidos, pois também
tinham sido enganados por mentiras.

Ao decidir que traria sanidade ao país e desmascararia as mentiras
espalhadas com alarmante facilidade desde 1652, às vezes Mandela parecia
se debater consigo mesmo para se convencer de que era correta sua determinação de assegurar a transparência no processo legislativo. No segundo
Discurso à Nação, por exemplo, ele disse: "Podemos, portanto, afirmar
justificadamente que essa legislação, tal como foi aprovada, representa a
vontade do povo. Ela goza, portanto, de um grau de legitimidade e aplica-
bilidade que nenhuma das leis anteriores jamais poderia ter."[6]

O edifício original do Congresso na Cidade do Cabo foi construído
em 1884, em estilo neoclássico que incorporava algumas características
da arquitetura holandesa do Cabo. Patrimônio histórico, o local abrigava mais de 4 mil obras de arte, algumas delas de valor inestimável, e
com peças datando do século XVII. Apesar da importância e do valor

histórico, a coleção, porém, não representava todo o povo e toda a arte da África do Sul.

Quando o Congresso resolveu retirar retratos e outras obras artísticas da época do apartheid de suas dependências, Mandela aprovou a iniciativa. Declarou que a decisão "foi tomada após longas deliberações no Congresso e aprovada por todos os partidos políticos. O novo Congresso democrático deve refletir a imagem de uma África do Sul inclusiva, com toda a sua diversidade. Este é um componente importante da construção nacional e da reconciliação".[7]

Mandela também prestou seus respeitos ao Congresso de outras maneiras. Com plena consciência do caráter simbólico dos trajes, insistia em usar terno nas sessões parlamentares, em vez de suas habituais camisas coloridas do clã Madiba. Na verdade, sempre foi meticuloso em relação à roupa – e à rotina de modo geral. Sua esposa, Graça Machel, conta que ele levantava todos os dias de manhã, fazia exercícios, dobrava o pijama e arrumava a cama, até que teve de se render à benévola tirania de Xoliswa Ndoyiya, encarregada da equipe doméstica da casa de Houghton. "Ele era muito asseado e organizado", diz Machel. "Você simplesmente não deixava as coisas jogadas na presença dele. Onde ele está, tudo tem de estar em ordem … impecavelmente limpo. Mesmo para se vestir, ele demora; olha-se [no espelho] e verifica se está tudo em perfeita ordem."[8] Mandela somava à inflexível praticidade uma cortesia de tipo europeu, que também esperava da parte dos outros, sobretudo dos colegas.

Certa vez, Ginwala lhe perguntou por que ia sempre de terno ao Congresso, já sendo famoso por suas túnicas coloridas. "Ele fez uma cara séria", diz Frene, "e respondeu: 'Frene, o Congresso representa o povo; tenho de respeitá-lo, por isso sempre uso terno.'"[9]

Mandela não se preocupava apenas com as aparências. Também se incomodava com o comparecimento irregular de alguns ministros e parlamentares, pois eram necessários no Congresso tanto como representantes eleitos quanto para assegurar que houvesse quórum nos debates. Às vezes alguns debates imediatos, propostos pela oposição, pegavam o CNA desprevenido.[10] Quando esse problema foi levantado pelo reverendo

Makhenkesi Stofile, o primeiro líder de bancada do CNA, Mandela concordou em escrever aos ministros sobre a questão, mas alertou: "Você
precisa encontrar uma maneira de não impor cobrança demais, pois eles
têm outros trabalhos a fazer."[11]

Mandela estava com 75 anos quando chegou à presidência, e não era
parlamentar. O momento das perguntas na pauta do Congresso costumava
ser tumultuado e extremamente partidarista. Assim, havia um acordo
informal – em respeito à sua idade e posição, e também por causa das
pressões de seu programa nos primeiros anos da transição – de que ele
não precisaria responder a perguntas no Congresso.[12]

Por outro lado, Mandela era convidado às reuniões da convenção interna do CNA. No começo, ele comparecia com grande assiduidade, debatendo questões com a liderança parlamentar e integrantes do alto escalão
do movimento, inclusive Ginwala, Govan Mbeki, que era vice-presidente
do Senado, Stofile, líder da bancada parlamentar, e Mendi Msimang, como
presidente da convenção interna do partido. Ele também costumava sondar
seus colegas próximos e ex-companheiros de prisão, garantindo que suas
opiniões estivessem representadas nas discussões da convenção interna.[13]

As anotações de Mandela para uma convenção interna do partido em
fevereiro de 1996, depois de quase dois anos do novo Congresso, exempli-
ficam o tipo de intervenção que ele fazia. Ele continuava a se preocupar
com o comparecimento e a conduta do CNA no Congresso.[14] Também se
sentia insatisfeito com as tensões entre o CNA e outros partidos, decorrentes do fato de a ética pluripartidária do Governo de Unidade Nacional
nem sempre se reproduzir no Congresso:[15]

1. Perdi várias reuniões desta convenção interna por outros compromissos
a que não podia faltar.

A reunião da bancada é o principal mecanismo para nosso trabalho parlamentar; se é para cumprirmos bem o mandato de nosso povo, comparecer
é dever de todos nós.

Combinei com minha secretária para marcar os compromissos de forma
que eu possa comparecer.

2. Devemos também tentar manter contato próximo com os comitês ministeriais.

3. Líderes de bancada devem me dar um relatório de presença no final de cada mês. Implicações das ausências. Questão discutida por ... [ilegível]. Máxima disciplina fundamental. Implicações da falta de disciplina.

4. Seção 43 [sobre os poderes das províncias] em discussão.

5. Não ganhamos por vitória militar, quando se ditam termos ao exército derrotado.

6. Trabalho pronto – comitês institucionais resultado de nosso trabalho árduo.[16]

As anotações pessoais de Mandela mostram sua preocupação com a disciplina – especialmente a disciplina coletiva –, a lealdade e a honestidade. Numa delas, ele observa que "a organização passou por muitos desafios", referindo-se a algumas dissidências, inclusive a expulsão dos chamados africanistas nos anos 1950 e do Grupo dos Oito nos anos 1970.* Essas alas "eram benquistas no CNA – mas, depois que saíram, foi fácil lidar com elas". E ainda, no alto de uma lista de afirmações, lembretes e advertências a si e a um público imaginário, Mandela declara que "o segredo é que nossa luta é uma luta com princípios".[17]

Há algumas outras notas assim, todas evocativas, que dão mostras da mentalidade de um homem que tinha a democracia como um ideal pelo qual estava disposto a morrer. Para os não iniciados, esses rascunhos de notas podiam parecer aforismos populares, ditados que um pai podia dar a um filho adolescente inquieto – "Nunca lave roupa suja em público" ou "Pense com a cabeça, não com os músculos" –, mas eles eram formulados com toda a seriedade. Um deles, "Os líderes que decidam quem participa do debate", referia-se à determinação de Mandela em se prestar atenção ao trabalho dos comitês ministeriais no Congresso.[18] Comparados ao antigo sistema de comitês do apartheid, em que, como disse um observador,

---

* Eram as vozes dissidentes dentro do CNA que romperam para formar o Congresso Pan-Africanista da Azânia. O Grupo dos Oito eram oito altos dirigentes do CNA que foram expulsos da organização por se oporem a filiados brancos do Partido Comunista, considerando que eles diluíam o programa nacionalista do CNA.

"um secretário só atendia a cinco comitês que se reuniam em segredo para meramente endossar com seu carimbo as leis e políticas do Executivo", os comitês democráticos "tinham poder para cobrar a responsabilidade do Executivo. Tinham autoridade para receber provas, chamar testemunhas e facilitar a participação pública no processo parlamentar".[19] Havia, portanto, necessidade de um mecanismo de equilíbrio para os ministros, que faziam parte do mesmo Executivo que tinha de ser fiscalizado, e sua presença nos comitês ministeriais, em que faziam parte do Legislativo. Assim Mandela garantia que os intrusos levassem a sério suas obrigações de guardiões.

Em janeiro de 1996, houve uma discussão acalorada durante uma sessão do Comitê Ministerial da Defesa sobre a legislação referente à integração das forças de defesa. As leis propostas incluíam a sugestão de que o inglês fosse a única língua usada nas forças integradas. O general Georg Meiring, chefe das Forças Armadas, reclamou com Mandela sobre o incidente. Na reunião seguinte da bancada, Mandela repreendeu os membros do CNA integrantes do comitê por terem proposto uma política que, segundo ele, ia em sentido contrário aos esforços de reconciliação do CNA e do GUN.[20]

Outra questão que mostrou a uma luz crua a relação entre o Executivo e os comitês dizia respeito a um musical patrocinado pelo Estado, *Sarafina II*, sobre a prevenção da aids, que logo se tornou uma *cause célèbre*. O episódio do musical e do esbanjamento de verbas oficiais, além de uma explicação incoerente do Ministério da Saúde sobre a origem dos recursos, foi, por si só, um drama de que Mandela certamente não precisava. Ciente do grande interesse público pelo assunto, ele se empenhou para que a questão fosse tratada muito judiciosamente. Depois de explicar os méritos do projeto, a ministra da Saúde, Nkosazana Dlamini-Zuma, prontificou-se a renunciar caso transpirasse alguma irregularidade de sua parte. Mandela declinou. Para alguns, como Ahmed Kathrada – conforme dito acima –, a lealdade de Mandela era ao mesmo tempo seu ponto forte e seu ponto fraco. Embora a ministra Dlamini-Zuma tenha sido isentada da responsabilidade financeira pela Procuradoria Pública, o episódio sem dúvida prejudicou a reputação de Mandela, levando setores da mídia nacional e internacional a escreverem editoriais sobre a corrupção que estaria se infiltrando durante seu mandato.

Se soubesse o que andavam dizendo, Mandela nunca deixava que nada o desviasse de seu curso, guiado pelo que aprendera com Sófocles: "Aquilo em que as pessoas acreditam prevalece sobre a verdade."[21] Avaliando o personagem que Mandela interpretou numa montagem de *Antígona* na ilha Robben, o renomado autor sul-africano André Brink comentou que,

> embora se identificasse basicamente com Antígona, como seus outros colegas no palco, ele conferiu à interpretação de Creonte algo que, retrospectivamente, deve ter sido uma percepção bastante peculiar: "Claro que não podes conhecer totalmente um homem, seu caráter, seus princípios, a capacidade de julgamento, não enquanto não se mostrar realmente, ao governar o povo e legislar. Experiência: é este o teste."[22]

Agora o palco era a nova câmara onde, a quase catorze quilômetros da ilha, apresentavam-se ao Congresso questões de importância nacional, sob a forma de declarações ou debates especiais. Entre elas estavam a dissolução da secretaria do Programa de Reconstrução e Desenvolvimento, a adoção da Constituição pela Assembleia Constituinte e o relatório da Comissão de Verdade e Reconciliação.

Nenhuma outra questão iria despertar tantas controvérsias quanto o processo, instigado por Mandela, de desenterrar e examinar a crueldade institucionalmente sancionada do passado através da Comissão de Verdade e Reconciliação. Criada por um decreto parlamentar em 1995, suas primeiras sessões investigando o inglório passado da África do Sul tiveram início em abril de 1996 em East London, no Cabo Oriental, a província mais pobre do país. Foi lá que, no segundo dia, o presidente da comissão, arcebispo Desmond Tutu, desmoronou durante a sessão pública televisionada ao ouvir o terrível depoimento de Singqokwana Malgas, preso a uma cadeira de rodas, antigo prisioneiro da ilha Robben que sofrera um derrame em 1989 em decorrência de anos de tortura nas mãos da polícia de segurança. Malgas, que falava com dificuldade, declarou que em 1963, depois de ser detido pela polícia de East London e acusado de terrorismo, "fora torturado e 'brutalmente agredido' antes de ser levado a Pretória, acusado e condenado a 22 anos de prisão. No recurso, a sentença foi reduzida para catorze anos".[23]

Houve muitos casos semelhantes, sintetizados no horrendo relato de Malgas, que desnudavam a crueldade de um passado inconfesso.

Muito embora Mandela e De Klerk tenham brigado por meses a fio sobre os termos de referência da comissão, como por exemplo o período a ser abrangido pela sindicância – com uma parcela da comunidade branca receando que se reabrissem velhas feridas –, a Comissão de Verdade e Reconciliação realmente levou à desmontagem do aparato de segurança do apartheid e expôs suas redes secretas. Ainda que os cinco volumes do relatório final não tenham conseguido satisfazer a todos – a sul-africanos brancos, por parecer um ataque destrutivo com chancela oficial; a sul-africanos negros, por não ter ido mais além –, o documento se tornou um registro inestimável de história social.

EM JUNHO DE 1995, Mandela respondeu a um senador que perguntara sobre o avanço das investigações policiais a respeito do assassinato de seguidores do Inkatha em frente à Shell House, a sede do CNA em Joanesburgo, em março de 1994. Desejando encerrar o assunto, Mandela se declarou responsável pelos tiroteios da Shell House. Na verdade, como se evidenciou mais tarde nas audiências de anistia da Comissão de Verdade e Reconciliação, Mandela não ordenara que os seguranças matassem quem quer que fosse, e sim que protegessem o edifício.[24] Mas ele fez o que líderes deviam fazer: assumiu a responsabilidade direta. Mesclando calma e rispidez, ele tocou no assunto durante um discurso ao Senado:

> Sobre a questão do chamado massacre da Shell House, os membros do Partido Nacional ficaram do lado do Inkatha. Isso apesar do fato de eu ter telefonado no dia anterior ao então presidente De Klerk, ao general Van der Merwe e ao general Calitz. Disse-lhes que haveria aquela manifestação e que

muita gente ia morrer. Pedi que fizessem bloqueios rodoviários no entorno de Joanesburgo, para proteger vidas.

Todos garantiram que fariam isso. O sr. De Klerk até me interrompeu e perguntou: "Você falou com Van der Merwe?" E respondi: "Falei, sim." Então ele me disse que também ia falar com ele. Não houve bloqueio nenhum. Permitiu-se que aquelas pessoas entrassem armadas na cidade. Às sete horas, a Rádio 702 informou que o Inkatha tinha matado 32 pessoas em Soweto. Quando eles chegaram à cidade, já tínhamos essa informação.

Eles foram à Shell House, avançando além do local onde supostamente fariam o comício. Sabíamos por quê; portanto, eu disse aos nossos seguranças que, se eles atacassem a casa, fizessem o favor de protegê-la, mesmo que tivessem de matar alguém. Foi absolutamente necessário que eu desse essa instrução.

O importante agora é que o Partido Nacional e o Partido Democrático, que agora está à direita do PN, não foram capazes de dizer uma única vez quem matou as 45 pessoas em Joanesburgo. Sua única preocupação eram as nove pessoas que foram mortas em legítima defesa. Esta era a razão exclusiva da posição adotada pelo PN e pelo PD. Não mostraram nenhuma preocupação com as outras 45 pessoas que foram mortas, reforçando assim a ideia de que os brancos não se importam com os negros.[25]

A declaração de Mandela foi acolhida entre uma onda de indignação pública, e a oposição pediu um debate imediato. Quando Thabo Mbeki e Sydney Mufamadi foram vê-lo, Mandela disse antes mesmo que levantassem o tema: "Sei por que vocês estão aqui. São diplomatas. Não sou diplomata porque passei meu tempo lutando com carcereiros. O que eu devia declarar?"[26]

Depois de conversarem, foi convocada uma reunião especial do alto escalão do CNA para elaborar uma estratégia e formular uma posição para o debate parlamentar. Mandela se preparou, ciente da importância do debate iminente. Mas sabia que a tarefa de se explicar ficaria ainda mais complicada se não tivesse a imprensa a seu lado. Preparando-se para a sessão, ele escreveu:

Por último, a opinião da mídia é importante e, em alguns aspectos, crucial. Temos de tratá-la sempre com respeito; os brancos têm armas e meios de propaganda poderosos, que ignoramos em detrimento nosso. Mas nunca podemos esquecer o povo lá fora, e nossa estratégia não pode ignorar os sentimentos do povo sobre esse assunto.[27]

O que Mandela declarou no debate imediato foi, na essência, uma retomada do discurso anterior no Senado, mas acompanhada de uma recapitulação dos objetivos fundamentais da transição, e ressaltou a necessidade de um esforço nacional para alcançar tais objetivos. O problema na Shell House, disse ele, "não caiu do céu". Os manifestantes "iam ser orientados a atacar a Shell House, a destruir informações e matar integrantes da direção". Sabendo disso, o CNA alertara as autoridades, que não tomaram medidas preventivas, embora tivessem concordado que o fariam, provocando assim a morte de mais de trinta pessoas, assassinadas na esteira dos ataques do Inkatha em Soweto.

Mandela prosseguiu:

Desnecessário dizer que as colunas avançando sobre a Shell House, desviando-se das rotas para seu local de destino, os disparos e o fato de os poucos policiais destacados para lá terem decidido fugir comprovavam as informações que havíamos reunido. Foi nesse contexto, senhora presidenta, que se deu esse episódio.

Ele manifestou seu pesar pela

perda de vidas, em qualquer lugar e em qualquer circunstância. Mas as partes envolvidas nessa vendeta precisam parar e pensar na questão do que teria acontecido se esses conspiradores tivessem concretizado suas intenções, se, de fato, a Shell House tivesse sido invadida, os documentos destruídos e dirigentes do CNA assassinados![28]

Mas terminou em tom conciliador:

Assim, em memória a todas as vidas perdidas no conflito, dediquemo-nos a trabalhar juntos buscando soluções para os problemas que geram conflito. Temos
de pôr fim à violência. A existência de áreas vedadas, controladas por qualquer
partido que seja, é uma vergonha para nossa nação. Temos de providenciar que
deixem de existir. E acima de tudo temos de poupar a vida humana.

Enquanto não conseguirmos lidar com tais problemas, ... prejudicare-
mos nossa capacidade de melhorar a qualidade de vida de nossos cidadãos,
milhões dos quais ainda vivem em extrema pobreza. Seremos tolhidos em
nosso avanço para assegurar que todos os sul-africanos gozem de um clima
de segurança e estabilidade, que é um direito seu.

A nação se colocou a tarefa de reconstrução e desenvolvimento, de reconciliação e construção da nação. Ela espera [de] seus representantes nessas
casas sacrossantas a seriedade de intenções e a dedicação ao dever, necessárias
para o êxito. É neste espírito que vemos os comentários que foram feitos. De
minha parte, convoco todos os partidos a se juntarem a nós, trabalhando
para uma vida melhor para todos os sul-africanos.[29]

NA ÚLTIMA SESSÃO PARLAMENTAR de 1999, Mandela refletiu sobre a contribuição do primeiro Congresso democraticamente eleito. Elogiou o povo
da África do Sul por ter escolhido "um caminho totalmente legal para
sua revolução", notando que "é nas legislaturas que os instrumentos são
criados para trazer uma vida melhor a todos". Relembrando alguns atritos
com os comitês, ele disse que foi no Legislativo "que se exerceu a fiscalização do governo".[30]

Mandela sabia que, embora fosse até lírico em relação ao Congresso,
este tinha seus detratores. Algum tempo antes, Joseph Chiole, da Frente
da Liberdade, criticara violentamente os meios de comunicação, que, a seu
ver, distorciam as informações para o público. "Os parlamentares foram e
ainda estão sendo desacreditados, insultados e humilhados, a tal grau que
hoje em dia apedrejar parlamentares é um passatempo muito popular na
África do Sul ... Todos os dias, em quase todos os jornais, leem-se matérias
distorcidas", disse ele. E concluiu seu discurso:

Hoje, a verdadeira situação na África do Sul é que os parlamentares estão tremendamente frustrados por não disporem dos meios necessários para prestar um serviço satisfatório aos eleitores e também para fazer o trabalho absolutamente indispensável de pesquisa. Por outro lado – lamento dizê-lo –, quando os parlamentares fazem propostas, são acusados de querer garantir suas mordomias.[31]

Mandela se pronunciou sobre a questão:

Como sabemos, tem-se questionado se esta Casa não é um antro de mordomias, cujos ocupantes passam o tempo ociosos às custas da nação. Aos que levantam tais dúvidas, dizemos: "Vejam o registro de nosso Congresso durante esses anos de liberdade."

Ele sugeriu aos críticos do Congresso que examinassem a "média de cem leis anualmente aprovadas pelo Legislativo". Foram leis aprovadas para que "a herança de nosso passado possa ser desmontada e corrigida". E concluiu: "É um registro do qual podemos nos orgulhar."[32]

8. Liderança tradicional e democracia

COSTUMA-SE PASSAR POR CIMA ou, na melhor das hipóteses, tratar como folclore popular o importante papel da liderança africana tradicional na gestação do CNA. Nelson Mandela sempre prestou reconhecimento aos dignitários históricos, alguns da realeza sul-africana, que estiveram presentes como delegados na conferência de fundação do CNA em Bloemfontein (também chamada de Mangaung, seu antigo nome sesotho) em 8 de janeiro de 1912. Nos anos de exílio, também se tornou praxe usual de O.R. Tambo, presidente do CNA por longo tempo, recorrer ao aniversário da organização para agradecer pelo apoio da comunidade internacional e prestar solidariedade aos movimentos mundiais de libertação. O estilo de liderança de Mandela era comemorar o aniversário de fundação pregando a unidade, retomando as palavras de Pixley ka Isaka Seme, um dos fundadores do CNA e seu primeiro presidente. Mandela repetia o memorável apelo de Seme:

> Chefes de sangue real e senhores de nossa raça, estamos aqui reunidos para avaliar e discutir um assunto que meus colegas e eu decidimos lhes apresentar. Descobrimos que, na terra em que nasceram, os africanos são tratados como carregadores de lenha e transportadores de água. Os brancos deste país formaram o que se conhece como União da África do Sul – união na qual não temos nenhuma voz na elaboração das leis e nenhuma participação em sua aplicação. Assim, convocamos sua presença a esta Conferência, para podermos pensar juntos em maneiras e caminhos de formar nossa união nacional com o propósito de criar uma unidade nacional e defender nossos direitos e privilégios.[1]

Mas, com o passar do tempo, em larga medida por causa das maquinações, primeiro, dos governos coloniais e, depois, do regime de apartheid, as estruturas tradicionais de reis e chefes acabaram servindo a interesses contrários à maioria do povo. O grandioso projeto do apartheid, utilizando a estratégia milenar de dividir para reinar, deu origem aos bantustões, pequenos fragmentos de entidades ditas "autônomas", com seus partidos políticos e governos próprios.

Para Mandela e para o CNA, era uma necessidade política imperiosa abrir espaço para a liderança tradicional na África do Sul democrática, sem comprometer o princípio democrático. Quando foi criado, o CNA tinha uma câmara alta de líderes tradicionais, reconhecendo o papel anterior dos reinos e das estruturas tradicionais na resistência contra a invasão colonial.

Embora tenham deixado de lado a câmara alta, por acarretar um reforço da segregação, ela foi suplantada em 1987 pelo Congresso de Líderes Tradicionais da África do Sul (Contralesa, na sigla em inglês), que passou a fazer parte da ampla frente democrática criada pelo CNA. Isso estava em consonância com as "Diretrizes Constitucionais para uma África do Sul Democrática" do CNA, de 1989, que declaravam que a "instituição de governantes e chefes hereditários será transformada para servir aos interesses do povo como um todo, em conformidade com os princípios democráticos encarnados na Constituição".

Na ilha Robben, nos anos 1970, vários presos debatiam os desdobramentos nos bantustões, cientes das manobras manipuladoras que conferiam poder e privilégios às lideranças alinhadas com o apartheid, ao mesmo tempo deixando de lado os protestos dos rebeldes. A essência da posição de Mandela nesse assunto foi exposta em seu ensaio de 1976, "Clear the Obstacles and Confront the Enemy", em que sua frase "O tempo é essencial e não podemos nos permitir hesitações" mostra um grande senso de urgência. Ele passa direto ao cerne do problema, dizendo que, "atualmente, uma das questões mais candentes no país é a independência do Transkei e de outros bantustões, e a questão toda de nossa tática diante das instituições do apartheid".[2]

Numa impiedosa autocrítica, Mandela questiona a prudência de rejeitar totalmente os bantustões e indaga em que pontos podiam ser usados – ou potencialmente explorados – para promover os objetivos da libertação. O ensaio afirma que o movimento de libertação tem "pontos fracos" e está "desconectado", e defende algum tipo de conciliação com os bantustões. Isso, sugere ele, inclinaria o prato da balança em favor do movimento de libertação e lhe daria uma presença ou base política de apoio nas áreas rurais, onde era mais fraco naquela época. Essa *entente* entre o movimento de libertação e os bantustões tornaria mais fácil explorar o ponto fraco do regime. Mas o ponto central de sua argumentação é o medo de que o movimento de libertação se condenasse à própria irrelevância.

"Ao explorar nossa fragilidade nas áreas rurais", escreve Mandela sobre a independência iminente do Transkei,

> o regime provavelmente percebeu que a independência de cada bantustão resultaria numa queda brusca ou no desaparecimento total de qualquer apoio que tivéssemos lá.* Ao gozarem o direito de conduzir seus próprios assuntos, as pessoas ganharam o único direito pelo qual se juntariam ao movimento de libertação.

Mandela recomenda não perder tempo, pois a isca de uma nação autônoma já havia atraído "alguns homens que antes eram politicamente ativos". E adverte: "Se não resolvermos nossas diferenças e não cerrarmos fileira imediatamente, veremos que será difícil, se não impossível, resistir às pressões divisionistas depois de consumada a independência."

Na altura em que Mandela saiu da prisão, a Frente Democrática Unida já lançara as bases para uma ampla frente democrática, que incluía um bom número de líderes tradicionais. Muitos tinham decidido apostar na resistência a todo o sistema de bantustões ou usá-lo como plataforma contra seus criadores.

Em dezembro de 1989, apenas dois meses antes que Mandela saísse da prisão, a Conferência para um Futuro Democrático reuniu milhares de

---

* Um dos bantustões mais antigos, o Transkei ganhou independência nominal para se tornar uma república autônoma do Estado sul-africano em 26 de outubro de 1976, com o chefe supremo Botha J. Sigcau como presidente e o chefe Kaiser Matanzima como primeiro-ministro.

representantes de centenas de organizações, inclusive partidos políticos de vários bantustões. Apenas dois meses depois de ter saído da prisão, Walter Sisulu falou na conferência sobre a necessidade de uma frente ampla. "Nossa resposta é nos mantermos firmes buscando uma unidade maior", disse ele. "Na verdade, não podemos nos satisfazer nem mesmo com a amplitude dessa conferência. Nosso objetivo é maior. É unir o conjunto de nossa sociedade."[3]

O senso de urgência nunca abandonou Mandela totalmente, mesmo depois que saiu da prisão. Ele pressionou o CNA para atrair os líderes tradicionais e os partidos dos bantustões para o campo do movimento de libertação e impedir que aderissem ao Partido Nacional. Num bilhete escrito a Walter Sisulu durante uma reunião, ele reforça sua preocupação: "Camarada Xhamela, espero que vá visitar logo os líderes das nações autônomas. O atraso pode nos levar a ser derrotados pelo Governo."[4]

Quando as negociações formais tiveram início, em 21 de dezembro de 1991, havia partidos dos bantustões entre os participantes. Alguns dias antes da primeira reunião da Codesa, Mandela, como presidente do CNA, lançou uma declaração:

> Em consonância com o espírito de unidade, o CNA considera importante que os líderes tradicionais participem do processo. É nossa posição, que apresentamos à Codesa, que os líderes tradicionais de mais alto escalão de todas as partes da África do Sul assistam aos trabalhos em 20 e 21 de dezembro como observadores. Assim como esses líderes estiveram presentes à formação do CNA, devem estar presentes nos eventos definidores que anunciam o alvorecer de uma África do Sul nova e democrática.[5]

Após muitas discussões nos próprios conselhos do CNA sobre a forma que tal participação deveria adotar, chegou-se a um acordo quanto a um estatuto participativo especial, com delegações de líderes tradicionais das quatro províncias. Mais tarde, aproximando-se a primeira eleição, Mandela insistiu com os ativistas que tivessem tato e não evitassem os líderes tradicionais em função de seu histórico. Falando para a juventude em abril de 1994, ele comentou:

... vai ser difícil para nossa organização ganhar raízes e ter força no campo a menos que consigamos trabalhar junto com [os líderes tradicionais] em suas respectivas áreas. Os que acham que não [devemos] ter nada a ver com os chefes não conhecem a política do CNA e não fazem ideia de como fortalecer a organização no campo.

O Partido Nacional explorara esse ponto fraco. "Foi assim", disse Mandela, "que eles conseguiram impor a política dos territórios nativos às massas de nosso povo."

Em nossos costumes e em nossa história, o chefe é o porta-voz de seu povo. Deve ouvir as reclamações de seu povo. É o guardião de suas esperanças e desejos. E se algum chefe resolve ser tirano, tomar decisões por seu povo, terá um fim trágico no sentido de que lidaremos com ele.[6]

Este último ponto surgiu numa reunião que Mandela teve com uma fatia representativa de líderes tradicionais logo após sair da prisão. Ele escreve a respeito:

Logo depois que saí da prisão, fui a East London e encontrei o camarada Silumko Sokupa e o Comitê Executivo Regional para me atualizar sobre a situação naquela área. Em seus informes, eles me disseram que o chefe da Casa de Rarabe, o rei Zanesizwe Sandile, iria me visitar no hotel naquela manhã. Fiquei chocado, porque convidar um monarca para visitar um mero político num hotel era uma quebra de protocolo.

Instruí o comitê a telefonar imediatamente e informar ao rei que eu preferia lhe fazer uma visita de cortesia em seu palácio, mais tarde naquele mesmo dia. Naquele momento, o rei entrou. Pedi desculpas e comentei que muitos dos jovens que ocupavam posições de liderança no Congresso Nacional Africano tinham crescido em áreas urbanas. Sabiam muito pouco sobre os líderes tradicionais. Era mais falta de informação do que um desrespeito deliberado pelo papel histórico dos líderes tradicionais e a contribuição vital que davam à luta de libertação.

Heróis como o chefe khoi Autshumayo, Maqoma e Hintsa, da Casa de Tshiwo, Siqungati e Gecelo, dos abaThembus, Cetwayo e Bambata, dos ama-Zulus, Mampuru e Sekhukhune, dos abaPedis, Makhado e Tshivhase, dos amaVendas, e uma série de outras grandes figuras estiveram na linha de frente das guerras de resistência. Falamos deles com respeito e admiração. Líderes tradicionais como Dalindyebo Ngangelizwe, dos abaThembus, e Indlovukazi, dos amaSwazis, Labotsibeni Gwamile, todos pagaram a inscrição de seus respectivos povos no CNA com grande número de cabeças de gado.* Acorreram reis de todas as partes do país para se juntar a outros líderes africanos na formação do CNA em 1912. Depois, foi criada uma câmara alta para acomodar os líderes tradicionais.

Mesmo no auge da repressão severa do regime de apartheid, houve monarcas corajosos como Cyprian Bhekuzulu kaSolomon, Sabata Dalindyebo e outros que se negaram a trair seu povo aceitando a política de bantustões.**

Quando voltei da prisão, levei comigo o camarada Peter Mokaba, presidente da Liga da Juventude do CNA, o general Bantu Holomisa, então homem forte do bantustão do Transkei, e Ngangomhlaba Matanzima, ex-ministro da Agricultura no mesmo bantustão.*** Visitamos reis africanos e líderes tradicionais sob o governo deles no Cabo Oriental.

---

* O chefe Maqoma foi comandante na chamada Sexta Guerra Xhosa anticolonial de 1834-36. Hintsa foi o 13º rei dos amaXhosas e governou de 1820 até sua morte, em 1835. Siqungati foi um guerreiro thembu que combateu o colonialismo. Gecelo foi um chefe xhosa que esteve na frente de batalhas contra o colonialismo no século XIX. Cetwayo era sobrinho do rei Shaka Zulu. Sucedeu ao pai, Mpande, como rei da nação zulu em 1872. Bambata liderou um protesto conhecido como Rebelião de Bambata contra o domínio britânico e sua imposição de tributos em 1906. Mampuru foi um rei e combatente anticolonial, executado pelas autoridades coloniais em 1883. Sekhukhune foi rei dos baPedis e lutou em duas guerras anticoloniais. Foi assassinado por seu rival Mampuru em 1882. Makhado foi um rei guerreiro e filho do rei Ramabulana. Tshivhase era o filho de Dibanyika, o primeiro rei dos VhaVendas, ao sul do rio Limpopo. Dalindyebo Ngangelizwe foi rei dos abaThembus desde 1879. Em 1904, visitou a Inglaterra e assistiu à coroação do rei Eduardo VII. Indlovukazi era a rainha-mãe suázi. Labotsibeni Gwamile era a rainha-mãe e rainha regente da Suazilândia.
** Cyprian Bhekuzulu kaSolomon foi rei da nação zulu (1948-68). Sabata Jonguhlanga Dalindyebo foi chefe supremo do Transkei (1954-80) e líder do Partido Progressista Democrático.
*** Ngangomhlaba Matanzima é o presidente da Câmara dos Líderes Tradicionais do Cabo Oriental.

A todos, minha mensagem era a mesma: expliquei que entendíamos plenamente o fato de terem sido obrigados pelo regime de apartheid a aceitarem a política de desenvolvimento separado. Se não agissem assim, teriam sido depostos de suas posições por aquele regime opressor. Nós, do CNA, não estávamos lá na época para protegê-los.

Fui além e frisei que os jovens tinham justificativa em condená-los como traidores, pois líderes tradicionais, salvo as poucas exceções citadas antes, perseguiam maldosamente integrantes do movimento de libertação. Agora a organização voltara à legalidade, os presos políticos tinham sido libertados e os exilados logo voltariam ao país. O CNA estava recuperando força e legitimidade e daria proteção aos líderes tradicionais. Então, exortei-os a respaldar a organização e se juntarem à luta pela libertação.

Aonde quer que fôssemos, éramos calorosamente recebidos. Vulindlela Tutor Ndamase era na época rei da Pondolândia Ocidental, com sede em Nyandeni. Holomisa, que estava presente naquele encontro, tornara-se o dirigente militar do Transkei, onde ficava a Pondolândia. Ele dera um golpe incruento contra a primeira-ministra Stella Sigcau, princesa da Pondolândia Oriental. Ao nos receber, Vulindlela se gabou de ser um rei muito conhecido, e não um mero líder tradicional. Ninguém, disse ele, jamais se atreveria a depô-lo com um golpe. Era como se estivesse desafiando o general a tentar um golpe nele [sic]. Era como se estivesse desafiando o general a tentar depô-lo. Mas o general não se mostrou ofendido com a gabolice do rei.

Também visitamos o rei Xolilizwe Sigcau, da Casa de Tshiwo. Em seu discurso de boas-vindas, ele criticou vigorosamente a [dança] toyi-toyi, que se tornara uma forma popular de protesto.* Disse que a toyi-toyi era a coisa que mais odiava no mundo. Pesquisara para saber de onde vinha essa forma de manifestação e ninguém soube dizer. Declarou que proibira essa forma de protesto no reino.

Então Peter Mokaba explicou a origem. Era um grito de guerra contra a política do apartheid. Não visava de maneira alguma aos líderes tradicionais.

---

* O CNA tomou de empréstimo ao Exército Revolucionário do Povo, do Zimbábue, essa dança vigorosa que consiste em movimentos rítmicos, batendo os pés, a qual foi integrada aos protestos políticos nos distritos sul-africanos sitiados nos anos 1980.

Ele lamentou que o rei pensasse que a dança era contra os líderes comunitários importantes. Mokaba se pôs a dançar em ritmo ousado e elegante, rodopiando sem cessar, num movimento um tanto ameaçador. O mestre de cerimônias era Mandlenkosi Dumalisile, alto líder tradicional daquela Casa e ministro da Agricultura no bantustão de Transkei. Quando Peter Mokaba acabou de falar, Dumalisile criou sensação ao entrar na dança, ele também. O rei, visivelmente fascinado com a eloquência e a elegância de Mokaba, aceitou as explicações.

Holomisa e Ngangomhlaba Matanzima me acompanharam apenas ao Transkei, onde não surgiu nenhum problema durante minhas reuniões. Apesar da linguagem cortês e diplomática que foi utilizada, não me dei bem nos bantustões de Bophuthatswana e Lebowakgomo, na província do Transvaal, como então se chamava a província de Limpopo. A situação foi igualmente difícil em KwaZulu-Natal.

Lucas Mangope era presidente de Bophuthatswana, e com outro perfil. Visitei seu bantustão na companhia do camarada Joe Modise, que depois se tornou nosso ministro da Defesa, de Ruth Matseoane, que se tornou nossa embaixadora na Suíça, e de Popo Molefe, que depois se tornou governador do Noroeste. Antes de abril de 1994, nenhum movimento de libertação podia fazer campanha no bantustão de Mangope. De início, ele concordou quando lhe pedi que removesse todas as barreiras e desse liberdade de manifestação às organizações políticas. Mais tarde, durante a conversa, ele nos fez uma pergunta inesperada: "Quando vocês fizerem um comício em minha área, vão dizer que Bophuthatswana é um bantustão?"

Assegurei-lhe que todos sabem que Bophuthatswana é um bantustão e este seria o tema de nossos discursos. Então ele falou que, neste caso, teríamos problemas. Seu povo se sentiria insultado e ele não poderia garantir nossa segurança. Garantimos que não só éramos capazes de nos proteger, como ganharíamos a maioria do povo daquela área. Mas não conseguimos convencê-lo. Formou-se um impasse. Em várias ocasiões posteriores, convidei-o a Joanesburgo e tentei persuadi-lo, sem sucesso. É um dos políticos mais difíceis e imprevisíveis que conheço.

Depois de vencer uma rede complicada de manobras de Mangope e alguns generais sul-africanos, conseguimos, com a ajuda de Pik Botha, Mac Maharaj, Fanie van der Merwe e Roelf Meyer, remover Mangope da presidência e dissolver seu governo. O Conselho Executivo de Transição o substituiu pelo embaixador sul-africano naquele bantustão [de Bophuthatswana], Tjaart van der Walt, e Job Mokgoro como governador provisório.

Também tive sérios problemas na província do Transvaal, no bantustão Lebowa sob Nelson Ramodike, que era então o ministro-chefe do bantustão. Havia dois pretendentes poderosos ao trono baPedi, a saber, Rhyne Thulare e Kenneth Kgagudi Sekhukhune, ambos descendentes do rei Sekwati I.* Rhyne era filho e sucessor inconteste da rainha Mankopodi Thulare, que se tornou regente enquanto o filho não atingia a maioridade. Foi deposta mais tarde pelo Conselho Real da tribo, que desaprovava certos aspectos de seu reinado. O Conselho nomeou Rhyne para suceder à mãe, mas ele recusou. Então, recorreram a K.K. Sekhukhune, que foi nomeado regente. Determinaram que ele se casasse com uma "esposa-vela", como se chamava, para gerar um rei.** Do casamento nasceu um filho, chamado Sekwati III.

Mais tarde, Rhyne mudou de ideia e reivindicou seu cargo de direito. Segundo a lei e os costumes, ele era o herdeiro inconteste do trono. Mas K.K. Sekhukhune se negou a renunciar, alegando que Rhyne renunciara a suas pretensões ao cargo de rei, argumento que foi endossado pelo Tribunal Superior. Convoquei várias reuniões da tribo, sem sucesso. Por fim, deixei claro que era uma disputa que teria de ser resolvida pelos próprios baPedi e não pelo presidente do CNA ou do país. Mas a questão continua sem solução.

Tive um problema parecido com os líderes tradicionais dos amaVhavendas. Visitei o rei Tshivhase esperando a presença de todos os líderes tradicionais daquela área. Ao contrário de minhas expectativas, o rei Mphephu se recusou a comparecer alegando que era superior a Tshivhase e insistiu que, embora estivesse ansioso por me ouvir, eu devia ir visitá-lo em sua residência. Apesar de ser novamente recebido com cordialidade, ficou claro que eu o ferira profundamente ao pensar que Tshivhase era superior a ele.

---

* Sekwati (1775-1861) foi rei do povo baPedi na área da atual província de Limpopo, na África do Sul.
** "Esposa-vela" é uma mulher escolhida pela nação para se casar na família real com a finalidade exclusiva de gerar um filho do sexo masculino.

Também descobri que ele estava trabalhando em termos próximos com o presidente De Klerk.

Meus problemas não foram menores, de maneira alguma, com os líderes tradicionais amaZulus ...

Com o tempo e apesar dos problemas com que me deparei, a imensa maioria dos líderes tradicionais de todo o país teve reação positiva e deu respaldo ao CNA.

Não existe absolutamente o menor sinal de que apenas uma pessoa tenha sido responsável por essa conquista histórica. Líderes como Walter Sisulu, O.R. Tambo, Jacob Zuma, John Nkadimeng, Elias Motsoaledi, Ngoako Ramatlhodi e muitos outros estiveram na linha de frente daquela campanha.* Foi em decorrência desse esforço coletivo que o CNA se tornou todo-poderoso tanto nas áreas urbanas quanto nas áreas rurais.[7]

O processo de aliar a liderança tradicional e a democracia foi longo e difícil. Se, por um lado, os líderes tradicionais estiveram representados no Fórum Pluripartidário de Negociações, que negociou a Constituição interina antes da eleição de 1994, por outro lado estiveram ausentes da Assembleia Constituinte eleita que redigiu a Constituição final, e não foram consultados na mesma medida. Tal como naqueles casos de conseguir incluir um parente problemático numa comemoração de família, o governo teve de criar estratégias, inclusive medidas legislativas, para reincorporar os bantustões ao Estado da África do Sul, ao mesmo tempo garantindo que os valores democráticos se mantivessem intocados. A principal dor de cabeça para todos os envolvidos foi endireitar os elementos das estruturas administrativas coercitivas inerentes aos bantustões, que constituíam herança do regime de apartheid.

---

* Nkadimeng era integrante do Comitê Executivo Nacional do CNA, membro da direção do Congresso dos Sindicatos Sul-Africanos e do PCSA e vice-presidente do Cosatu. Ramatlhodi era membro do Comitê Executivo Nacional do CNA e governador da província de Limpopo de 1994 a 2004.

UMA PARTE DO EMPENHO de Mandela em aprofundar a democracia, utilizando o poder de Estado, consistia – como na frase proverbial de Creighton Adams sobre a maneira de comer um elefante: "um bocado por vez" – em eliminar os obstáculos que a história colocara no caminho. Alguns dispositivos da legislação para a criação de um Estado unitário, como a Lei de Transição do Governo Local de 1993, deram condições para as primeiras eleições governamentais locais, que foram realizadas na maior parte do país em novembro de 1995. Foi uma iniciativa importante para a transformação, que, como observou Allister Sparks, levou a

> redesenhar o mapa geopolítico da África do Sul – uma transformação, em si só, de escala realmente notável. Um país que antes consistia em quatro províncias e dez "territórios nativos" tribais nominalmente autônomos, quatro deles independentes, foi redesenhado como um só país de nove províncias inteiramente novas, com seus governadores, Executivos e Legislativos próprios, e o fim dos chamados "territórios nativos" como entidades separadas, agora incluídas nas províncias.[8]

O arcabouço das eleições tinha sido uma das questões mais difíceis de negociar. Elas favoreciam os eleitores brancos, e, em algumas áreas, os fóruns para a reestruturação do governo local foram usados para resistir à mudança. Estas e outras dinâmicas correlatas levaram a uma atípica colaboração entre o Contralesa e o Inkatha, que marcharam até a sede do governo para pressionar o presidente Mandela a lhes conferir mais poder. Em algumas áreas rurais, líderes tradicionais convocaram um boicote às eleições – uma iniciativa fracassada, pois os moradores rurais preferiram usar o direito democrático de voto que haviam conquistado. Ainda que algumas áreas rurais tenham mostrado um menor comparecimento às urnas, não se podia atribuir o fato apenas à influência dos líderes tradicionais.[9]

Se o Contralesa e o Inkatha haviam somado forças para reivindicar mais poder para os líderes tradicionais nos governos locais, discordavam sobre a remuneração. O Contralesa defendia pagamentos iguais em todo o país, enquanto o Inkatha desejava um pagamento que refletisse o estatuto especial de KwaZulu-Natal, e receava perder influência na província se o pagamento viesse do governo nacional.

Os que trabalharam com Mandela durante as negociações constitucionais sabiam de suas origens na família real Thembu. Mas sua posição era inflexivelmente moldada por imperativos políticos.

Segundo Valli Moosa, Mandela reconhecia que

> os líderes tradicionais tinham um grau de influência em suas áreas, e assim era importante manter relações com eles. Durante as negociações, pareceu-lhe importante mantê-los ao lado, para que apoiassem a transição e não se opusessem a ela. Ele também não queria que o regime mobilizasse os líderes tradicionais contra a mudança, e assim mantinha relações próximas com eles. Respeitava os líderes tradicionais, considerando que eles contavam com o respeito e a adesão de suas comunidades ... embora fosse da opinião de que muitos eram ilegítimos; dizia isso reiteradamente. Mas não queria que tivessem qualquer papel no governo; não eram eleitos.[10]

Devido às complexidades da questão, Mandela também julgava conveniente ouvir seus assessores. Ele escreveu que Sydney Mufamadi, ministro dos Assuntos Provinciais e do Governo Local,

> me atualizava sobre a posição dos líderes tradicionais, principalmente depois que deixei de ser presidente do país em junho de 1999. Relembrava-me que, quando subimos ao poder em 1994, tivemos de encontrar lugar para os líderes tradicionais em nosso novo sistema de governo. Para isso, criamos seis Câmaras Provinciais de Líderes Tradicionais, bem como a Câmara Nacional de Líderes Tradicionais, para que pudessem ter papel significativo em assuntos de sua jurisdição.
>
> A criação dessas Câmaras estava de acordo com a política do CNA, que em sua gestação, como já dissemos, tinha uma Câmara alta para os líderes tradicionais. Essa medida foi tomada não só para reconhecer o papel que os líderes tradicionais haviam desempenhado nas guerras de resistência, mas também porque era um passo importante em nossa campanha para acabar com a praga do tribalismo. Foi montada uma Equipe de Trabalho Interde-

partamental para recomendar ao governo o papel que os líderes tradicionais devem desempenhar no governo local, provincial e nacional. Mas devemos resistir energicamente a qualquer concessão a eles que os exclua do processo democrático de lhes conferir poderes de autoridade. O que é muito incômodo é a incapacidade deles de entender as forças sociais atuantes dentro e fora da África do Sul.

Os sul-africanos aceitaram integralmente o governo democrático em que os representantes do povo no nível central, provincial e local do governo são eleitos democraticamente e devem responder a seus respectivos eleitorados. Ademais, os jovens do país que agora ocupam posições-chave, na sociedade e em todos os níveis do governo, no Cosatu e no Partido Comunista Sul-Africano (PCSA), são urbanizados e bem instruídos. Deles não se pode esperar que comprometam os princípios democráticos cedendo qualquer aspecto do governo aos que ocupam posições de autoridade na sociedade não por mérito, mas puramente por hereditariedade.

Muitos de nossos líderes tradicionais também não estão conscientes das lições da história. Parecem não saber que houve outrora monarcas absolutos no mundo que não dividiam o poder com seus súditos ... Foram monarcas que ... eles mesmos, ou seus predecessores, decidiram permitir que representantes eleitos do povo governassem e se tornaram monarcas constitucionais que sobreviveram, como a rainha Elizabeth II da Grã-Bretanha, o rei Juan Carlos da Espanha, o rei Alberto da Bélgica, a rainha Beatriz da Holanda, a rainha Margarida II da Dinamarca, o rei Haroldo da Noruega e o rei Carlos XVI Gustavo da Suécia. Se esses monarcas tivessem se aferrado obstinadamente a seus poderes absolutos, teriam desaparecido de cena muito tempo atrás.

Mas nunca podemos esquecer que a instituição dos líderes tradicionais é santificada pela lei e pelos costumes africanos, por nossa cultura e nossa tradição. Não se deve empreender nenhuma tentativa de aboli-la. Temos de encontrar uma solução amigável baseada em princípios democráticos e que permita aos líderes tradicionais desempenhar um papel significativo em todos os níveis de governo.

Não tenho clareza até que ponto houve uma iniciativa importante do governo de apartheid ... em outros bantustões. Mas no Transkei havia uma escola para os filhos de líderes tradicionais, que lhes fornecia a capacitação básica para a administração de áreas sob sua jurisdição. Não insisto que tenhamos tais escolas. Mas, dependendo dos recursos que o governo tiver, seria recomendável incentivar os filhos de líderes tradicionais a terem a melhor educação.

Embora meus recursos próprios sejam muito limitados, enviei vários filhos e filhas de líderes tradicionais a universidades da África do Sul, ao Reino Unido e aos Estados Unidos. Um corpo letrado de líderes tradicionais instruídos aceitaria, com toda probabilidade, o processo democrático. O complexo de inferioridade, que leva muitos deles a se agarrar desesperadamente a formas feudais de administração, viria a desaparecer com o tempo.

Alguns líderes do CNA criaram fundações educacionais para ajudar especialmente jovens em condições de desvantagem a ingressarem no ensino médio, em centros técnicos e em universidades.* Mas eu insistiria que eles devem se empenhar deliberadamente em oferecer bolsas de estudo também a filhos de líderes tradicionais.

As potências coloniais, em seu empenho de submeter os povos do continente africano, recusaram-se decididamente a reconhecer que tínhamos reis e líderes tradicionais. Referiam-se a eles como chefes e chefes supremos. Somente os próprios países coloniais detinham o monopólio de ter reis e príncipes. A era do colonialismo e do desprezo pelos povos da África terminou para nunca mais voltar. Temos de reconhecer nossos reis e príncipes.[11]

A ÚLTIMA MEDIDA DURANTE a presidência de Mandela para reconciliar a liderança tradicional e o governo local democrático foi a Lei de Estruturas Municipais de 1998. Ela lançou as bases para as primeiras eleições plenamente democráticas para os governos locais, a se realizarem em 2000, consolidando o sistema geral de autoridades locais eleitas. Os líderes tra-

---

* Os centros técnicos são instituições semelhantes ao politécnico.

dicionais seriam integrantes *ex officio* e sem voto dos conselhos nas áreas em que eram reconhecidos pelas comunidades. Uma vez mais, porém, alguns ficaram decepcionados e fizeram críticas, ainda pressionando por um reconhecimento maior.

A relação entre liderança tradicional e violência era um problema que atormentava muito Mandela. Era sobretudo o caso da recalcitrância que se encontrava em Natal, que infelizmente estava associada à violência. Foi com essa preocupação que ele dedicou um de seus primeiros dias de liberdade – 25 de fevereiro de 1990 – a visitar Durban e discursar num comício.

Depois de saudar o povo de Natal, ele disse:

O passado é uma rica fonte a que podemos recorrer de modo a tomar decisões para o futuro, mas ele não determina nossas escolhas. Temos de olhar o passado, escolher o que é bom e abandonar o que é ruim. O cargo de chefia é uma dessas questões. Não só em Natal, mas por todo o país, há chefes que são líderes bons e honestos que conduzem o povo com habilidade por entre os dias sombrios da opressão. Estes são os chefes que cuidam dos interesses de seu povo e contam com o apoio de seu povo. Saudamos esses líderes tradicionais. Mas há muitos chefes ruins que se aproveitaram do apartheid e aumentaram o peso da carga sobre seu povo. Denunciamos esse desvirtuamento do cargo nos mais vigorosos termos. Há também chefes que colaboraram com o sistema, mas depois viram seu erro. Louvamos sua mudança de posição. O cargo de chefia não é algo que a história dá a alguns indivíduos para que usem ou abusem dele como bem entenderem. Como todas as formas de liderança, a chefia coloca responsabilidades específicas a quem a exerce. Como disse Luthuli, ele mesmo chefe: "Um chefe é fundamentalmente um servidor do povo. Ele é a voz de seu povo."

A casa real zulu continua hoje a gozar do respeito de seus súditos. Ela tem uma história gloriosa. Confiamos que seus membros atuem de forma a promover o bem-estar de todos os sul-africanos.

O CNA oferece um lar a todos os que subscrevem os princípios de uma África do Sul livre, democrática, não racial e unida. Nosso compromisso é construir uma só nação em nosso país. Nossa nova nação incluirá negros e

brancos, zulus e africâneres, e falantes de todas as outras línguas. O chefe Luthuli, presidente-geral do CNA, afirmou: "Pessoalmente, acredito que aqui na
África do Sul, com toda a nossa diversidade de cores e raças, mostraremos ao
mundo um novo padrão de democracia. Penso que nosso desafio na África do
Sul é dar um novo exemplo ao mundo." Este é o desafio que enfrentamos hoje.

O maior obstáculo a ser superado era que poucas coisas tinham mudado desde que Mandela saíra da prisão. "No entanto, mesmo agora,
quando estamos juntos no limiar de uma nova África do Sul, Natal está em
chamas", disse ele. "Irmãos lutam contra irmãos em guerras de vingança
e retaliação. Todas as famílias perderam entes queridos nessa discórdia."[12]

Um dos grandes paradoxos da história é que a Natal dos anos 1990 se
tornou o principal obstáculo à transição para a democracia. As guerras da
província contra a presença colonial são lendárias, isto para não mencionar
que foi lá que nasceram John Langalibalele Dube e Pixley ka Isaka Seme,
que em 1912 fundaram o CNA. O chefe Albert Luthuli, o primeiro africano
a receber o Prêmio Nobel da Paz, em 1960, e presidente-geral do CNA de
dezembro de 1952 a julho de 1967, também era de Natal.

Em quase todos os seus discursos sobre a trágica divisão que devastava
a província, Mandela nunca deixava de invocar o passado glorioso dos
amaZulus, mencionando o envolvimento deles na resistência anticolonial.
O ressurgimento do sindicalismo militante nos anos 1970 e 1980 devia
muito aos operários de Natal. Mas, a partir de meados dos anos 1980, Natal
se viu presa de um conflito violento e mortal que, calcula-se, tirou a vida
de 20 mil pessoas até a década seguinte, sobretudo após o fim da proibição
dos movimentos de libertação em 1990.[13]

As forças de segurança do apartheid – os serviços de inteligência da
polícia e do Exército – fomentavam e cometiam violências e, segundo
depoimentos de vários agentes, davam apoio material e operacional ao
Inkatha como partido que controlava o bantustão KwaZulu.[14] O governo
do apartheid, por mais artifícios que utilizasse para conter a mudança
democrática no bantustão KwaZulu, viu-se cercado pelo CNA, que conseguiu trazer para o seu lado praticamente todos os demais bantustões.[15]

Com apoio efetivo das forças de segurança, o Inkàtha fez pressão para alcançar seus objetivos constitucionais – de modo inconstitucional, por assim dizer – criando tumulto por todo o Reef (agora parte da Grande Joanesburgo), em especial no East Rand e em partes da atual Mpuma-langa. Cerca de mil pessoas foram mortas nos três meses que precederam as eleições de 1994. Assim, a capitulação de Mangosuthu Buthelezi e sua decisão de última hora de participar das eleições foram decisivas para de-ter a violência e preparar o caminho para a transição e eleições pacíficas.

Apesar disso, a paz era intermitente, com contínuas explosões de vio-lência. Uma das maiores preocupações de Mandela na presidência era nor-malizar a situação em KwaZulu-Natal. Embora sem erradicar totalmente a violência política, ele se empenhou em estratégias de múltiplas frentes que, de modo geral, estreitavam o espaço operacional dessa violência, cor-tando o cordão umbilical que alimentava suas operações infiltradas. O maior grau de segurança e a maior liberdade para as atividades políticas ajudaram a normalizar a situação na província e a integrá-la na nação sul-africana então nascente.

MANDELA MANTEVE DURANTE todo o mandato uma atitude ambivalente em relação aos líderes tradicionais de KwaZulu-Natal:

> Como ponto de partida, é preciso reconhecer que essa parcela de nosso povo é intensamente nacionalista, altiva e corajosa. Eles encontram imensa inspira-ção nas grandes realizações de uNodumehlezi ou no Napoleão negro, como às vezes os historiadores coloniais se referem ao rei Shaka.
>
> Em minha longa ligação com os amaZulus, vi que são, na maioria, homens e mulheres que admiro profundamente.
>
> Tenho enorme respeito em especial por Mangosuthu Buthelezi, ministro do Interior, um sobrevivente fantástico, que nos venceu em duas eleições gerais livres e idôneas, primeiro em abril de 1994 e depois em junho de 1999. Usamos como munição contra ele fatos que são de conhecimento geral: que era líder de um bantustão, que, embora não tenha aceitado a independência

como outros bantustões fizeram, trabalhava de mãos dadas com o regime de apartheid, que este lhe pagou para se opor às sanções e à luta armada, que formou o sindicato Uwusa [sigla em inglês para União dos Trabalhadores Unidos da África do Sul] para prejudicar as políticas progressistas e dinâmicas do Cosatu e do Partido Comunista. Tínhamos alegações até ainda mais negativas do que essas. Nenhuma delas conseguiu manchar sua reputação, e até hoje ele continua como poderosa figura pública que não pode ser ignorada.

Mas poucos hão de negar que ainda existe um núcleo duro e arrogante de tradicionalistas influentes, que se julgam superiores a outros grupos africanos do país. Numa reunião com líderes tradicionais amaZulus em Durban, o príncipe Gideon Zulu me acusou de ter insultado os amaZulus em geral e o rei Zwelithini em particular, quando o pus no mesmo nível do rei Mayishe II, do povo amaNdebele. Critiquei vivamente essa atitude tão arrogante e respondi, sem rodeios, que havia muitos monarcas altamente respeitados em nosso país. Os amaNdebeles eram uma tribo altiva e destemida, frisei, que tinha dado uma contribuição importante à nossa história. Acrescentei que era uma ilusão perigosa dos amaZulus pensarem que só havia um rei negro no país.

Há uma área disputada no Transkei que é reivindicada tanto por Thandizulu Sigcau, rei da Pondolândia Oriental, quanto por Zwelithini. Os dois reis, o ministro Buthelezi e eu mesmo fomos a uma reunião naquela área. Fiquei espantado e constrangido quando Thandizulu ficou de lado e lhe disseram para se sentar atrás de Zwelithini e Buthelezi. Apesar de meu enorme respeito por Zwelithini, não pude me calar. Intervim e providenciei que Thandizulu se sentasse ao lado de Zwelithini nos assentos da frente.

Há muitos membros dessa tribo famosa que são como o vice-presidente Jacob Zuma e o dr. Ben Ngubane do Partido da Liberdade Inkatha e ministro de Artes, Cultura, Ciência e Tecnologia. Esses dois políticos são exemplos brilhantes de líderes que colocam sistematicamente o bem-estar do país acima dos interesses pessoais ou partidários. Têm visão ampla e seu compromisso é com a unidade de nosso povo.[16]

Muito embora Mandela e Buthelezi tivessem uma história política e social em comum – os dois tinham cursado a Universidade de Fort Hare e foram filiados à Liga da Juventude do CNA –, Buthelezi ainda era um enigma para Mandela. Os militantes das bases do CNA, que eram os que sofriam o maior impacto da violência em Natal, vinham endurecendo suas posições frente ao Inkatha, tendo Buthelezi como alvo principal de exe-cração. A hostilidade à exortação de Mandela para que as facções em luta em Natal atirassem suas *pangas* "no mar" não diminuiu quando, algumas semanas depois, ele aventou a ideia de se encontrar com Buthelezi num esforço de pacificação.[17]

"A Executiva Nacional do CNA não teve nenhuma objeção a que eu falasse com Buthelezi", disse ele a Richard Stengel, seu colaborador em *Longa caminhada até a liberdade*.

> O que houve foi que estive em Pietermaritzburg em 1990 e fui recebido en-tusiasticamente. Foi complicado – a certa altura, sabe, até perdi o sapato –, porque não havia muita ordem e o povo simplesmente se amontoava em volta, entende, e coisas assim ... mas estavam muito entusiasmados. Foi difícil até começar o discurso, mas, quando comecei, durante o discurso, falei: "O sr. De Klerk, o sr. Buthelezi e eu teremos de ir às áreas problemáticas e exortar o povo à paz." Foi aí que o povo quis me esganar. O mesmo povo que tinha mostrado amor a mim. Quando mencionei o nome de Buthelezi, não aceita-ram. E disseram: "Você não vai falar com um homem cuja organização vem matando nosso povo."[18]

Mandela mantinha relações cordiais, alguns diriam até amistosas, com Buthelezi porque este recusara os agrados do apartheid ao conceder autonomia aos bantustões e mantinha o prisioneiro "informado sobre o que se passava lá fora". Mas não era o caso de muitos membros do CNA, inclusive dirigentes no exílio, como John Nkadimeng, membro do Comitê Executivo Nacional, que declarou num programa da Rádio Liberdade que

> o fantoche Gatsha [Buthelezi] está sendo treinado pelo Ocidente e pelo re-gime racista para se tornar um [Jonas] Savimbi, numa futura África do Sul

livre.* Cabe ao povo da África do Sul neutralizar a cobra Gatsha, que está envenenando o povo da África do Sul. É preciso esmagar-lhe a cabeça.[19]

No livro *Gatsha Buthelezi: Chief with a Double Agenda*, Mzala, pseudônimo do finado Jabulani Nobleman Nxumalo, brilhante ideólogo do CNA e do Partido Comunista Sul-Africano, nega qualquer noção de que Buthelezi tenha alguma vez exercido influência positiva na longa luta contra o apartheid. Menciona sua ausência em todos os acontecimentos importantes: a oposição à promulgação da Lei das Autoridades Bantas de 1951, a mobilização na Campanha de Desafio de 1952, os preparativos para o Congresso do Povo e a adoção da Carta da Liberdade. "Essa campanha não envolveu apenas membros do CNA. Pessoas de toda a sociedade participaram dela e enviaram delegados a Kliptown em 26 de junho de 1955. Buthelezi não foi delegado nem enviou delegado."[20]

O próprio Mandela declarou a Stengel que Buthelezi "não honrou os acordos que foram combinados entre o Inkatha e o CNA … [e] nosso povo se aborreceu com ele. Pois, veja, foi o CNA que criou o Inkatha para ser o seu braço legal dentro do país e houve um acordo sobre isso". Mas, "depois que o Inkatha foi criado, Buthelezi decidiu … romper com o CNA e prosseguir com ele como sua própria organização política, e isso azedou as relações".[21]

Como parte da estratégia para estancar a violência em KwaZulu-Natal, o governo desenvolveu uma abordagem do conflito em que o tema político dominante era a paz; os líderes tradicionais teriam de ser retirados do controle político partidário e as ações da segurança teriam de ser formuladas a partir da coleta de informações e das operações infiltradas. Mandela disse que o CNA era "categórico em sua certeza de que havia a mão oculta de alguém por trás dessa violência".[22] Ele também era da opinião de que altos dirigentes deveriam ser colocados "nessas áreas de perigo", com medidas

---

* Jonas Savimbi foi cofundador e presidente da União Nacional para a Independência Total de Angola (Unita), o movimento nacionalista e anticomunista que se opunha ao governo do Movimento Popular de Libertação de Angola (MPLA), com o auxílio secreto das forças de segurança do apartheid e da CIA.

adequadas de segurança. A seu ver, "nada desencoraja mais as bases do que a ausência continuada dos altos dirigentes nessas áreas problemáticas".[23]

Tal como antes procurara o apoio de P.W. Botha para conter a ameaça de violência da direita africâner, Mandela agora procurou o rei Goodwill Zwelithini:

> Minha intenção era criar uma relação independente com o rei, separada de minha relação com o chefe Buthelezi. O rei era o verdadeiro líder hereditário dos zulus, que o amavam e o respeitavam. A lealdade ao rei era muito mais generalizada entre os KwaZulus do que a fidelidade ao Inkatha.[24]

Com essa aproximação, Mandela não estava cedendo nada; para conseguir a paz, ele se desdobraria em quatro. Walter Sisulu descrevia seu camarada e protegido como uma pessoa de muita fibra, acrescentando: "Creio que pouquíssimas pessoas têm as qualidades de Nelson. Nelson é um lutador; Nelson é um pacificador."[25]

Aos poucos, o rei Zwelithini veio a aceitar que, como rei de uma nação de pessoas que pertenciam a diferentes partidos políticos, ele era o único líder tradicional que transcendia as disputas político-partidárias.

A violência contínua e os discursos inflamatórios levaram a uma reação irritada de Mandela. Tudo começou em 1995, num comício de Primeiro de Maio em Umlazi, um município extenso cerca de 25 quilômetros a sudoeste de Durban. O comício se realizou uma semana depois de Buthelezi, num discurso naquele mesmo estádio, ter conclamado seus seguidores a "se levantarem e resistirem ao governo central" caso as reivindicações constitucionais do Inkatha não fossem atendidas.[26] Enquanto a polícia usava balas de borracha e gás lacrimogêneo para dispersar os moradores que ali se aglomeravam desde cedo e impedir que os seguidores do Inkatha fossem até o comício, Mandela continuava inabalável em seu discurso. Segundo um artigo do *Mail & Guardian*,

> enquanto seus adeptos se abaixavam atrás das filas de ônibus para se proteger de novos disparos, Mandela interrompeu o discurso para soltar o comentário

talvez mais militante de sua presidência: "[O Inkatha] precisa saber que é [o governo central] que lhe está fornecendo verbas e que ele está usando as verbas contra o meu governo ... se continuar assim, vou cancelar as verbas."[27]

Apanhada de surpresa, a secretaria da presidência enviou prontamente um comunicado à imprensa, caracterizando a ameaça de Mandela como um "aviso adequado" à província.[28] Se não fosse explicada, seria inconstitucional. Mais tarde, no Congresso, Mandela desenvolveu melhor a questão, ciente da tempestade política que seus comentários haviam desencadeado.

A diminuição das tensões na província de KwaZulu-Natal, disse ele, era "uma das prioridades mais urgentes que os políticos enfrentam". Referindo-se à Constituição, ele lembrou aos parlamentares e senadores que a vida humana era mais importante do que a Constituição – e ele interviria e protegeria as vidas humanas, pois era isso que estava em jogo.[29]

Informei os líderes dos partidos políticos dentro e fora do Governo de Unidade Nacional sobre a grave situação em KwaZulu-Natal. O chefe Buthelezi fez uma convocatória pública aos zulus para se levantarem contra o governo central. Disse que, se não tiverem o direito à autodeterminação, não vale a pena viver. Não só fez essa declaração, mas [também] essa ameaça está agora sendo implementada naquela província.[30]

Citando uma extensa lista de violações do Inkatha, com perda de vidas, ele criticou a hipocrisia dos membros da oposição quanto aos direitos humanos:

Há membros aqui que nunca tomaram conhecimento da tradição dos direitos humanos e da democracia e agora estão dando conselhos gratuitos àqueles que muito lutaram para criar a democracia e a cultura dos direitos humanos neste país. Ficam falando sobre o caráter sagrado da Constituição, mas, quando estavam no poder, ao mais leve pretexto intervinham na Constituição. Chegaram a emendar o arraigado processo que protegia os direitos linguísticos do povo neste país e removeram um dos direitos mais importantes do povo, o direito dos mestiços de votar neste país. Agora nos passam sermões sobre o caráter sagrado da Constituição.[31]

Cansado, mas ainda a todo o vapor, Mandela concluiu o discurso explicando o que o levara a ameaçar o cancelamento de verbas para KwaZulu-Natal:

Concordo que a Constituição é muito importante, e é um assunto de grande preocupação quando o presidente de um país ameaça mudar a Constituição, mas estou decidido a proteger a vida humana. A percepção de que os brancos neste país não se importam com a vida dos negros está aí. Posso não partilhar dela, mas ela está aí. As discussões aqui, em que não se faz sequer referência ao motivo principal pelo qual adotei essa linha firme de proteger as vidas humanas, infelizmente confirmam em alto grau essa percepção.[32]

A questão foi retomada um mês depois, quando o Senado debateu o orçamento presidencial, dessa vez junto com outra questão, a dos disparos contra manifestantes do Inkatha na frente da sede do CNA, a Shell House, em Joanesburgo. Aqui, Mandela relembrou à câmara o papel do Partido Nacional, instrumentalizando o Inkatha para seus próprios fins:

Quaisquer que fossem as origens do Inkatha, o Partido Nacional logo se apoderou dele e o usou para minar a democracia neste país, para minar a Frente Democrática Unida e agora o CNA. Os membros devem lembrar que, quando perguntaram em julho de 1991 ao então presidente, sr. De Klerk, se ele havia dado ao Inkatha 8 milhões de rands, mais 250 mil, ele disse que sim, mas que havia cessado com isso.

O que está acontecendo em KwaZulu-Natal faz parte do programa do Partido Nacional. Isso se vê, mesmo agora, pela forma como eles mesmos estão tratando do assunto [no debate]. Tenho certeza de que são totalmente sinceros nas posições que estão expondo, mas estão tão acostumados a controlar o Inkatha que não acham que faz mal ... Não é muito exato ver o problema apenas como um choque entre o CNA e o Inkatha. O PN está entre os culpados nesse problema todo, porque tem incitado o Inkatha ao longo das décadas a fazer certas coisas que não condizem com a lei do país. É por isso que eles acham difícil romper com os erros que o Inkatha vem cometendo.

Tenho mantido discussões com o Inkatha desde que saí da prisão. Em todas as reuniões que tivemos, a iniciativa foi minha. Nenhuma vez o Inkatha tomou a iniciativa. No entanto, todas as outras iniciativas foram do CNA. Tivemos discussões enquanto organizações. Chamei o chefe Buthelezi e tive discussões frente a frente com ele. Nenhuma delas resolveu coisa alguma, mas a única coisa que o PN tem a dizer aqui é que eu devia discutir com Buthelezi.

Por que tenho de repetir hoje o que andei fazendo nestes últimos cinco anos, e que não adiantou nada? São tão estéreis que não têm nenhuma sugestão nova a fazer, exceto dizer que tenho de repetir o que andei fazendo nestes últimos cinco anos? É isso o que estão dizendo! Se não for isso, então me digam o que devo fazer. Recorri a negociações, à persuasão, mas não houve nenhum avanço. O que devo fazer agora?[33]

Alguns dias depois, como que em resposta à pergunta exasperada de Mandela, o gabinete foi informado sobre as medidas concretas que estavam sendo tomadas para combater a violência em KwaZulu-Natal. Criou-se um grupo de trabalho com o presidente, os dois vices e o ministro do Interior, que marcava a mudança de ênfase, passando da discussão pública combativa para uma ação conjunta de segurança em favor da estabilidade. Detetives e agentes do serviço de inteligência acompanhariam os soldados e policiais adicionais enviados à província. Criou-se um plano de segurança comunitária, cobrindo todo o país, concentrado nos locais críticos identificados, e a força-tarefa da Unidade de Investigação prosseguiu no trabalho de identificar as estruturas secretas dos esquadrões da morte.[34]

Uma descoberta dos serviços de inteligência revelara o envolvimento da "mão oculta" ou da "terceira força" e, em 1992, levou à condenação de policiais responsáveis por um massacre em 1988 no povoado de Trust Feed, em Natal.* Um meticuloso trabalho investigativo revelou o grau de

---

* Trust Feed é uma comunidade em KwaZulu-Natal onde onze pessoas foram mortas em 1988. O tenente da polícia Brian Mitchell e quatro policiais foram condenados pelos

envolvimento de pessoas do alto escalão da segurança no governo central e dos territórios nativos.[35]

A denúncia de altas figuras políticas criava dilemas, como quando, em setembro, o procurador público da província se viu diante da perspectiva de processar integrantes do alto escalão do Inkatha e da polícia KwaZulu. Em certos casos, preferindo o dividendo da paz ao duvidoso benefício de processar criminosos em altos cargos do Inkatha, o CNA optou pela estabilidade. O progresso em lidar com a violência, que se cultivava fazia décadas, era gradual. Os episódios de violência prosseguiam e ainda ocorriam massacres.

Mandela tinha de manter a lei e a ordem num país problemático, perigoso e irremediavelmente cruel, que gerara monstros como Sifiso Nkabinde, um chefe militar KwaZulu cujo reinado de terror só terminou em 1999, quando o mataram a tiros na frente de sua família. Por ironia, algum tempo antes, durante uma onda de matança geral, Nkabinde, desertor contumaz que fora dirigente do CNA antes de se tornar um vilão, tentara sem sucesso que assassinassem a própria mãe. Sua morte foi o marco do enfraquecimento da violenta prole gerada nas estruturas de segurança pública.

Em novembro de 1996, no meio de seu mandato de cinco anos, Mandela pôde anunciar ao Comitê Executivo Nacional do CNA os avanços na longa jornada até uma relativa paz. O otimismo transparece em suas anotações:

KwaZulu-Natal como grande conquista, entre as razões estando a firmeza, as operações com base nos serviços de inteligência e o papel de líderes políticos, religiosos e outros. Pode-se ter um indicador do sucesso alcançado no fato de que foram registrados apenas 27 casos de violência de caráter político nos últimos três meses.[36]

---

onze assassinatos. Foram condenados à morte, e, mais tarde, a pena foi comutada para prisão perpétua.

Mesmo que a violência não tivesse sido erradicada na altura das segundas eleições nacionais, em 1999, a situação era muito melhor do que cinco anos antes. As áreas de acesso proibido, que algumas vezes se demonstraram fatais para os ativistas em campanha eleitoral, tinham se reduzido. O rei Zwelithini e alguns outros líderes tradicionais em KwaZulu-Natal defendiam a participação e pregavam a tolerância. Mas, como em outros lugares do país, as tensões persistiam e a província ainda tinha uma das maiores concentrações de pobreza rural na África do Sul. A aliança entre liderança tradicional e democracia apenas se iniciara – e ainda havia muito a fazer. O período de transição deixara o rei zulu com status e poderes excepcionais, que se revelariam problemáticos nos anos seguintes.

9. Transformação do Estado

Em 12 de junho de 1964, um dos momentos mais sombrios na história da África do Sul, Nelson Mandela e mais sete membros do MK começavam vida nova como condenados à prisão perpétua. Embora mais tarde tenha tratado o assunto com leveza, gracejando que fora "passar longas férias de 27 anos", Mandela, mesmo antes de deixar o Palácio da Justiça em Pretória, aos 45 anos de idade, já decidira que não se deixaria dobrar pela prisão. Sobreviver ao cárcere demandava enormes reservas de força mental – ele precisava se armar com o que fortalecesse sua estabilidade interior e abandonar tudo o que pudesse debilitá-la. Como não havia uma geração de mais idade na prisão, Mandela precisava depender do apoio dos livros e interiorizar suas leituras sobre a vida de outras pessoas em condições semelhantes.[1]

Assim, a biblioteca de Mandela, antes, durante e depois da prisão, tinha inúmeras memórias e biografias, além de romances épicos tendo como elemento principal da trama a luta e a vitória contra todas as probabilidades. Jan Smuts, Deneys Reitz, V.I. Lênin, Jawaharlal Nehru, Carl von Clausewitz, Kwame Nkrumah e o chefe Albert Luthuli se alinhavam com *Spartacus, Guerra e paz, Enterrem meu coração na curva do rio* ou *Red Star Over China*.[2] Ali também estava a obra de Luis Taruc, o líder filipino das guerrilhas hukbalahaps, cujo livro de memórias *Born of the People* foi um texto fundamental para Mandela quando comandava o MK; o relato de Taruc sobre a resistência camponesa e a guerra de guerrilha é desalentador, mais parecendo o mito de Sísifo.[3]

Uma das montanhas que Mandela teve de escalar foi a transformação do Estado. Assim como a alegria de Nehru em 1947, ao se tornar o primeiro

primeiro-ministro da Índia, foi eclipsada por sua angústia perante a onda de assassinatos sectaristas e os conflitos em relação a Kashmir, Mandela – parteiro de um nascimento problemático – teve de se mostrar estoico diante da destruição trazida pelo apartheid e trabalhar para infundir entusiasmo numa população abatida. Foi nisso, também, que Mandela recorreu às páginas do livro de Nehru, em que o líder indiano conta que teve de confiar na participação de organizações multilaterais, como a ONU, para a resolução de conflitos.

Um aspecto central na liderança de Mandela era apresentar continuamente razões de otimismo quanto ao futuro. Para ele, esta era uma de suas tarefas mais importantes. Sabendo que herdara uma máquina de Estado falha e destrutiva, ele precisava evitar as falhas que infestavam os países de independência recente, quando o governo colonial dava lugar a um movimento de libertação. Os assentamentos dos colonos – ou a administração anterior do apartheid – eram sul-africanos, e não um anexo de uma potência colonizadora estrangeira; os colonos dos assentamentos estavam, por assim dizer, assentados – seu lar era a África do Sul. Era inevitável que a transição tivesse de acomodar de alguma maneira o funcionalismo de Estado já existente.

O governo de Mandela precisava reorientar o Estado e suas prioridades. Precisava racionalizar o que estava fragmentado. Como disse Allister Sparks:

No nível local, municipal e nacional, toda uma miscelânea de instituições governamentais locais com raízes no sistema incrivelmente complexo do apartheid, em que havia uma separação física e política entre as raças, foi reestruturada e unificada num sistema compacto.[4]

Enquanto tudo isso se passava, a demanda feita ao serviço público foi que espelhasse a diversidade da população sul-africana. Mandela tinha uma visão pragmática desses problemas:

Quando vencemos uma eleição, ocupamos o cargo. Não ganhamos o controle do poder político. Ganhar o poder político significa que temos de tomar o controle do serviço público, das forças de segurança – isto é, da polícia e das forças armadas; precisamos ter nosso pessoal nas telecomunicações; e assim por diante. Isso leva algum tempo para organizar. Nos primeiros meses ou no primeiro ano, vamos nos apoiar maciçamente nos serviços públicos atuais. Mas o processo de reorganização terá início imediato, para colocar nosso pessoal qualificado nas estruturas políticas decisórias. E devemos saber que vai levar mais algum tempo enquanto treinamos mais pessoal.[5]

Além disso, havia, claro, a implantação das nove administrações provinciais novas, para substituir as quatro províncias, os dez bantustões e a administração como que dupla que atendia às populações mestiças e indianas, além de um novo sistema de governo local.

As "cláusulas de tempo de serviço", acordadas durante as negociações, asseguravam o emprego dos funcionários públicos do velho regime durante o período de integração. Analogamente, a preservação dos diretores da Comissão da Administração Pública, que depois se tornaria a Comissão de Serviço Público, assegurava uma transição sem maiores percalços e reduzia a probabilidade de uma contrarrevolução.

Esses êxitos às vezes vinham acompanhados de dificuldades que prejudicavam os avanços obtidos. A falta de pessoal e de treinamento do CNA era causa de grande preocupação. Zola Skweyiya, que depois ocuparia o Ministério da Administração e Serviço Público, foi muito claro: "Quanto à questão do serviço público, do funcionalismo público, não vou mentir", disse ele, "nunca houve muito preparo por parte do CNA."[6]

Com sua habitual franqueza, Mandela também mencionou o problema: "Tínhamos nossas políticas, sobre as quais trabalhamos durante muito tempo, mas não tínhamos nenhuma experiência."[7]

Se os dirigentes e os quadros mais altos do CNA não tinham experiência técnica especializada em alguns aspectos da administração dos serviços públicos, por exemplo nas forças de segurança, compensavam o déficit observando os funcionários do apartheid durante as negociações e no Conselho Executivo de Transição, que teve sua primeira reunião em 7 de dezembro de 1993. Os subconselhos do CET supervisionavam as autoridades tradicionais e governamentais no nível regional e local, quanto à observância da lei e à manutenção da ordem – estabilidade e segurança, defesa, finanças, relações exteriores, estatuto das mulheres e serviços de inteligência. Os que lidavam com a segurança, a defesa e a inteligência desenvolveram códigos de conduta e mecanismos de fiscalização e controle, que serviram como ponto de partida para o novo governo democrático após as eleições. O CNA decidira que esses orgãos deixariam de operar pelos antigos procedimentos e se adaptariam aos princípios democráticos.[8]

Como já se disse, a segurança era, para Mandela, o elemento central para uma transição estável, os tijolos para a construção de seu ideal democrático. O caminho, a seu ver, era assegurar que os funcionários do regime anterior fossem bem acolhidos e lhes coubesse na nova democracia o papel de guardiões e criadores ativos do futuro. Além disso, naqueles dias iniciais da nascente democracia na África do Sul, ainda havia um grande volume de informações preciosas sobre violações dos direitos humanos a serem reveladas; mudanças precipitadas nas forças de segurança podiam levar à destruição de provas, privando o governo de informações cruciais para entender o passado e garantir que ele não se repetisse.[9]

Em novembro de 1994, seis meses após a instauração do novo regime, o novo ministro da Segurança, Sydney Mufamadi, ciente do envolvimento de agentes da segurança pública para obstruir transformações importantes, pediu a Mandela que falasse com o alto-comando da polícia. Mandela conversou com eles a portas fechadas, de vez em quando tirando os olhos das anotações que preparara para a reunião e fitando os presentes. Sabendo que uma lei respeitada em todo o mundo é que uma força policial – qualquer força policial – tem de estar unida por um rigoroso código de solidariedade e que os policiais em geral desprezam sinais de fraqueza, precisava usar um tom ao mesmo tempo firme e conciliador para reprimir as tendências corporativistas:

> Saúdo a oportunidade de trocar pontos de vista com a estrutura de comando do Serviço Policial Sul-Africano. Vocês são responsáveis pela execução da lei. Só podem alcançar esse objetivo se recebem pleno apoio do governo.

Estou aqui não como representante de um partido político – seja o Partido Nacional ou o CNA –, mas como chefe do governo do país.

Acredito numa força policial cujo compromisso é servir à nação como um todo, e não a um determinado partido político.

Acredito numa força que mantém os mais elevados padrões profissionais. Esses elevados padrões devem ser mantidos mesmo durante uma reestruturação e reorientação radical dos serviços policiais.

Temos de efetivar essa transformação radical, mas gostaríamos de contar com a plena cooperação do Comandante da Polícia e de todo o Alto-Comando.[10]

São raríssimos os sul-africanos que não têm alguma triste história com a polícia. Se muitas vezes as forças policiais são vistas com suspeitas em todo o mundo, foi tanto mais o caso no auge do apartheid e durante a transição capitaneada por Mandela. Durante o apartheid institucional, a figura do policial cruel era constante na literatura e nas canções da África do Sul – e quase todos os teatros locais a apresentavam como símbolo da crueldade do Estado. Sabendo disso, Mandela tentou persuadir as forças policiais a procurarem dentro de si mesmas as soluções para terem mais legitimidade:

Seria lamentável se se fortalecesse a percepção de que vocês são contrários a tal transformação, de que querem defender o caráter racista da força policial dominada por uma minoria branca e na qual os negros ficam relegados a posições inferiores.

Vocês não deveriam dar a parecer que cedem a tais mudanças apenas sob pressão.

Nunca deveriam esquecer que as mudanças que estamos implantando neste país foram gestadas pela luta do povo oprimido de nosso país, que cobrou a alguns o mais alto preço. Muitos deles morreram sob custódia policial e outros foram tão torturados durante a detenção que ficaram incapacitados pelo resto da vida. Eles nunca permitirão, principalmente agora que estão no poder, que qualquer agência ou departamento do governo estrague seus programas para melhorar de vida.

Também não devem esquecer que os olhos do mundo estão sobre a África do Sul.

A despeito da brutalidade do sistema de apartheid em geral – e da polícia em particular – durante o período pré-eleitoral, exortei meu povo a esquecer o passado e a trabalhar pela reconciliação e a construção da nação.

Com raras exceções insignificantes, o país inteiro respondeu maravilhosamente a essa mensagem. Negros e brancos, shangaans, vendas e sothos, sul-africanos de língua inglesa e africâner estão agora trabalhando juntos para construir uma nova África do Sul.

A polícia não deve dar a parecer que se opõe a esse movimento e a esse espírito, mostrando lealdade a essa ideia apenas da boca para fora, enquanto trabalha dia e noite para prejudicar o que estamos fazendo.[11]

Mandela prosseguiu, dizendo-lhes que não só apelara a sul-africanos majoritariamente negros – muitos dos quais haviam sofrido horrores nas mãos da lei – para que mudassem de disposição em relação à polícia, como também tomara providências concretas para assegurar uma transição pacífica. Reunira-se com o general Van der Merwe alguns meses antes das eleições, dirigira-se ao alto-comando das Forças Armadas e falara com a estrutura de comando da Polícia Sul-Africana em 16 de janeiro de 1993.* E disse:

A polícia reagiu muito bem. Deram uma excelente impressão no dia da posse, bem como as Forças Armadas. Os comandantes do Serviço Policial não devem parecer contrários a essa evolução.

Os fantasmas do passado podem continuar a nos assombrar se não nos tornarmos parte visível das mudanças atuais. Os esquadrões da morte ainda são uma característica inquietante na situação da criminalidade, e a incapacidade da polícia de conseguir que operem dentro da lei é fonte de grande preocupação para mim.[12]

---

* A Polícia Sul-Africana foi mais tarde renomeada como Serviço Policial Sul-Africano, após o fim do apartheid, e fundida com outras forças policiais do apartheid.

Mandela repetiu o que o inquietava: a ausência de medidas disciplinares depois de demonstrado o envolvimento da polícia no treinamento militar de membros do Inkatha; a omissão na busca de campos de treinamento ilegais do Inkatha; as vistas grossas à franca transgressão de membros do Inkatha portando armas ilegais. Ele criticou o duplo critério que se via "na maneira ríspida e quase cruel com que a polícia age contra o CNA", permanecendo de braços cruzados quando Eugene Terre'Blanche encabeçava o Afrikaner Weerstandsbeweging numa ação que matou dezenas de pessoas em Bophuthaswana antes das eleições.* Ciente do envolvimento da polícia na criminalidade, Mandela assinalou que os altos níveis de delitos cometidos desencorajavam futuros investimentos financeiros no país, e concluiu expondo sua preocupação sobre as condições de trabalho dos policiais comuns.[13]

Haveria muitos encontros desses, alguns gerados por situações prementes, outros pela necessidade de Mandela de se certificar de que a polícia se mantinha nos trilhos. Além de comparecer infalivelmente às reuniões do Comitê Ministerial de Segurança e Inteligência, segundo Thabo Mbeki, Mandela também interagia com a polícia em todos os níveis. O compromisso irrestrito a portas fechadas era acompanhado por apelos públicos de Mandela para que as comunidades dessem apoio à polícia, reconhecendo seu esforço em aceitar a nova África do Sul.

Mufamadi lembra que, quando era ministro da Segurança, sugeria as ocasiões em que Mandela deveria se reunir com a polícia. Mas, muitas vezes, ele "também se reunia com a polícia só para saber o que pensam sobre a situação de mudança". Mandela

---

* No começo de 1994, o presidente Lucas Mangope, de Bophuthatswana, tentou reprimir os protestos exigindo que o território nativo fosse reincorporado à África do Sul. Em 7 de março de 1994, houve violentos protestos e greve dos serviços públicos em reação a seu anúncio de que o território iria boicotar as eleições democráticas marcadas para 27 de abril de 1994. Em 11 de março, o Afrikaner Weerstandsbeweging enviou homens armados em apoio a Mangope. Entregaram-se a um tiroteio aleatório, matando 42 pessoas. Três homens do Afrikaner Weerstandsbeweging foram mortos a tiros por um policial de Bophuthatswana.

aconselhava quando lhe parecia justificado e incentivava [a polícia] a continuar concentrada em seu trabalho. Houve vezes em que determinado tipo de crime se apresentava como crime de prioridade nacional, como os roubos de carros-fortes por gente que, em alguns casos, tinha treinamento militar. Criamos uma unidade especial para investigá-lo. Quando soube, Mandela disse: "Posso me reunir com eles e ouvir o que pensam dessa tarefa? Demos a eles recursos suficientes para o trabalho?" Quando os agentes [da unidade especial] faziam descobertas importantes, ele os convidava e lhes dava os parabéns. Mas, todas as vezes, mesmo quando falava em termos positivos, incentivando-os a prosseguir no bom trabalho que vinham fazendo, sempre traçava uma linha estabelecendo as coisas que não queria [que se] repetissem, coisas que pertenciam ao passado.[14]

Em dezembro de 1996, quando se imaginava que estaria em férias em seu lar ancestral em Qunu, no Cabo Oriental, Mandela fez uma reunião com a polícia na província. Tinha boas notícias para os policiais, na forma de um relatório do Centro Nacional de Coordenação de Informações sobre o Crime, do Serviço Policial Sul-Africano, mostrando uma acentuada redução naquele ano nas ocorrências de crimes graves, como sequestros, assaltos à mão armada, violências de motivação política, assassinatos e violências de taxistas:

> Apesar dos vários problemas que algumas comunidades no Cabo Oriental ainda enfrentam, por exemplo, a violência dos táxis em Port Elizabeth, a violência em Qumbu, Tsolo, Mqanduli, além de crimes de quadrilhas nas áreas no norte de P.E. [Port Elizabeth], o Cabo Oriental, enquanto província, teve grande declínio nos níveis de crimes graves em 1996.[15]

O Cabo Oriental fora o epicentro da luta contra o apartheid e berço de um percentual desproporcionalmente elevado de dirigentes do CNA. Como era seu local de nascimento, Mandela se sentia em conflito por ser, entre as nove províncias do país, a mais pobre e a mais assolada pela criminalidade. Assim, essa notícia era uma verdadeira conquista, pois a polícia, enquanto combatia o crime, "ao mesmo tempo atendia à tarefa de reestruturar as forças policiais e unificar três agências dentro de uma mesma província, e estavam unificando a polícia de Transkei, a polícia de Ciskei e a então Polícia Sul-Africana".

Mandela deu seu incentivo aos "que estão empenhados em servir à comunidade" e criticou "uns poucos elementos dentro do Serviço Policial que fazem coisas que mancham a reputação da força policial", observando que,

> muitas vezes, tais elementos são denunciados por seus próprios colegas [e que isso] irá, no longo prazo, convencer as comunidades de que a polícia rompeu irreversivelmente com o passado.
>
> Um dos problemas que assolavam a província é a corrupção que permeia os vários departamentos de Estado. O fato de que alguns dos casos importantes de roubo do dinheiro dos contribuintes ainda não foram solucionados não contribui para a boa imagem pública da polícia. É importante ter em mente que a credibilidade do Serviço Policial decorre do sentimento de que ela está empenhada em solucionar problemas vividos por nosso povo.[16]

Antes da eleição de 1994, o general Van der Merwe disse a Mandela que pretendia se aposentar em breve. Para irritação de Mandela, ele queria que seu sucessor fosse o tenente-general Sebastiaan "Basie" Smit.[17]* Apesar disso, Mandela queria que ele continuasse no cargo. Queria tranquilizar o general e seus subordinados quanto ao fato de que não seriam processados pelos crimes e contravenções do passado e que havia lugar para eles na nova África do Sul – desde, claro, que participassem na construção do futuro e trabalhassem para assegurar que os erros do passado não se repetiriam. Todavia, Van der Merwe não demonstrou grande entusiasmo pelas investigações sobre a existência e as operações dos esquadrões da morte

---

* Basie Smit esteve implicado numa denúncia de tentativa de assassinato quando o proeminente clérigo Frank Chikane recebeu uma remessa de roupas envenenadas, em 1989. Smit também concedeu uma medalha a Eugene de Kock, ex-policial da segurança condenado por assassinato em massa.

nem em participar da Comissão de Verdade e Reconciliação, que, ao que se esperava, revelaria o apoio estrutural à violência em curso. A relação entre Van der Merwe e o ministro Mufamadi começou a degringolar, e Mandela se convenceu de que precisava nomear o primeiro comissário nacional, em conformidade com a nova Lei do Serviço Policial Sul-Africano. Ao fim, o nomeado para suceder ao general Van der Merwe foi George Fivaz, que participara da equipe de gestão da mudança nacional das forças policiais.[18]

Ao expor a evolução das estruturas de segurança, Mandela se sentia em terreno mais seguro, como um arquiteto que vê os vários elementos de seu projeto adquirindo realidade, e se delongou sobre a situação em suas memórias inacabadas:

Foi nessas circunstâncias que George Fivaz se tornou o novo Comissário Nacional. O sr. Sydney Mufamadi se tornou ministro da Segurança. Os dois foram os grandes pioneiros na criação de uma nova força policial sul-africana, dedicada ao serviço de todo o nosso povo, independentemente de cor ou credo. Na Estratégia Nacional de Prevenção ao Crime (ENPC), que saiu em 1996, e em outros documentos programáticos posteriores, eles analisaram com franqueza os tremendos desafios que se colocavam para o Departamento de Segurança.

Destacaram que as primeiras eleições democráticas em 1994 não haviam gerado um sistema de policiamento em condições de criar um serviço policial legítimo a partir das onze forças policiais formadas sob o apartheid.

Lembraram a todos nós que o policiamento na África do Sul era, por tradição, altamente centralizado, paramilitar e autoritário. Embora essas características garantissem a eficiência policial sob o apartheid para controlar os adversários políticos do governo, isso significava que a polícia não estava bem equipada para a prevenção e o controle da criminalidade na nova democracia.

Ressaltaram que, sob o regime de apartheid, a força policial não tinha legitimidade e funcionava como instrumento de controle, e não tanto como serviço policial incumbido de garantir a segurança de todos os cidadãos. Assim, historicamente, a polícia tivera pouco interesse em atender aos crimes nas áreas negras. Em 1994, nada menos que 74% dos postos policiais do país ficavam em distritos empresariais e residenciais brancos.

A presença policial nos municípios era utilizada para prever e reagir a contestações coletivas do apartheid. Esse tipo de policiamento exigia a mobilização de forças com uma organização e habilidades muito diferentes das que são necessárias para policiar uma ordem democrática, em que o governo procura garantir a segurança de todos os cidadãos. Essa herança teve várias consequências importantes, que enfraqueceram a capacidade do ministério em combater o crime.

O estudo apontou que o policiamento autoritário tinha poucos (se é que algum) mecanismos de responsabilização e fiscalização e não precisava de legitimidade pública para operar. Assim, quando do surgimento da democracia na África do Sul, não havia sistemas de responsabilização e fiscalização.

Novos mecanismos, como a Ouvidoria Independente – um setor de reclamações encarregado de investigar excessos dentro do Serviço Policial, exterior à corporação e respondendo diretamente ao ministro –, forneceram meios para restringir a ocorrência de violações dos direitos humanos.

O estudo afirma que o Serviço Policial Sul-Africano não teve um histórico de investigação criminal comparável ao que é característico nas forças policiais de outras sociedades democráticas. Em muitas áreas, a coleta, a verificação e a apresentação de provas que assegurassem o processo judicial de criminosos eram práticas pouco desenvolvidas. Entre outros indicadores, era o que mostravam os níveis de treinamento e experiência do corpo de detetives da polícia.

Em 1994, apenas cerca de 26% dos detetives haviam passado por um curso formal de treinamento investigativo e apenas 13% tinham mais de seis anos de experiência. De todo modo, o corpo qualificado de detetives e investigadores na força policial antes de 1994 se concentrava em áreas brancas.

Segundo o estudo, os problemas de investigação criminal se refletiam na área da inteligência criminal. As estruturas de coleta de informações estavam voltadas para os adversários políticos do Estado de apartheid. Por conseguinte, a inteligência criminal, sobretudo a que se referia a formas cada vez mais sofisticadas do crime organizado, exigia melhorias imediatas.

A concentração do trabalho policial em finalidades de controle político significava que, antes de 1994 – e à diferença do que ocorria em outras sociedades –, o entendimento e a prática da prevenção ao crime eram pouco desenvolvidos na África do Sul.

A ENPC foi a iniciativa mais importante com vistas a alcançar uma segurança estável na África do Sul. Tinha dois componentes amplos e interligados, o da preservação da ordem e o da prevenção ao crime, em particular ao crime social.

O estudo acrescenta que as iniciativas de preservação da ordem se enfraquecerão se as condições em que são implementadas continuarem a gerar altos índices de criminalidade. A experiência internacional demonstrou que as estratégias sofisticadas de prevenção ao crime tinham efeito apenas limitado quando tais instituições de policiamento e justiça criminal eram pouco desenvolvidas.

O que se fazia necessário eram programas de prevenção ao crime social que tivessem como alvo as causas de determinados tipos de crime no nível nacional, provincial e local. Tal abordagem também reconhecia o impacto de um maior desenvolvimento econômico governamental e políticas sociais para prevenir o crime. O fornecimento efetivo de serviços básicos como moradia, educação e saúde, além da geração de empregos, teria por si só um papel fundamental para garantir condições de vida menos incentivadoras do crime.

Resumi esse estudo franco e objetivo sobre a polícia para mostrar como Sydney Mufamadi e George Fivaz descreveram com precisão o tipo de força policial que a nova África do Sul herdava do regime de apartheid. Eram posições bem fundamentadas de dois líderes importantes e corajosos, com credenciais, mostrando incontestavelmente seu compromisso com o país.

Sua clara mensagem foi que, se quisermos reduzir o índice inaceitavelmente alto de crimes devastando o país, precisamos de uma nova força policial, totalmente diferente da que serviu ao Estado de apartheid. Somente uma força despida de suas características autoritárias e paramilitares, devidamente treinada nos métodos modernos de policiamento numa ordem democrática, poderá ajudar a África do Sul a alcançar esse objetivo.

O Ministério da Segurança recebeu elogios de observadores íntegros pela visão e habilidade analítica que demonstrou. Nenhum analista, negro ou branco, iria esperar que se alcançasse tal meta num período de sete anos.[19]

Em seu discurso apresentando o orçamento à Assembleia Nacional em 28 de maio de 1998, Sydney Mufamadi citou uma passagem significativa da *Pesquisa do Instituto Sul-Africano de Relações Raciais* de 1993-94:

Os homicídios e assaltos à mão armada, bem como agressões a idosos e policiais, aumentaram drasticamente, enquanto as fraudes de colarinho-branco também tiveram acentuado aumento em 1992.

O ministro da Lei e Ordem, Hernus Kriel, disse no Congresso em maio de 1993 que mais de 20 mil pessoas tinham sido assassinadas na África do Sul em episódios de violência política e criminosa em 1992. Houve 380 mil casos anuais de estupro na África do Sul e 95% das vítimas eram africanas ...

Nos dez anos de 1983 a 1992, o índice de homicídios aumentou em 135%, o de roubos em 109%, o de arrombamento domiciliar em 71%, o de roubo de carros em 64%. No entanto, muitos crimes não foram informados.[20]

Sydney Mufamadi acrescentou que, de fato, era o quadro de uma escalada de crimes graves que mostravam uma preocupante continuidade geométrica.

É contra esse pano de fundo que se deve olhar a vitória do governo em transformar nossa força policial. Todavia, é preciso reconhecer que, mesmo nos momentos mais sombrios do apartheid, houve muitos policiais, negros e brancos, homens e mulheres, do mais alto gabarito, que foram profissionais em seus deveres e se empenharam ao máximo em servir a todos os setores da população, sem discriminação.

Mas eram poucos e isolados. Constituíam mais a exceção do que a regra.

A maioria esmagadora aceitava plenamente as políticas desumanas do apartheid e serviu como instrumento das formas mais brutais de opressão racial que este país conheceu. Alguns desses homens e mulheres ainda fazem parte da força policial atual, ocupando posições estratégicas e obstruindo de inúmeras maneiras a criação de uma nova força policial.

Apesar de tudo, tanto Sydney Mufamadi e seu sucessor, Steve Tshwete, quanto George Fivaz e [seu sucessor] o atual Comissário Nacional Jackie Selebi têm feito progressos inéditos para a criação de uma nova força capaz de exercer suas atividades de policiamento numa ordem democrática e de reduzir significativamente os altos índices de criminalidade.

Em 24 de maio de 1997, depois de discutir o assunto comigo, o vice-presidente Mbeki anunciou a nomeação do sr. Meyer Kahn, presidente do grupo South African Breweries Limited, para o cargo de diretor executivo do Serviço Policial Sul-Africano por um prazo de dois anos. O vice-presidente explicou que esta era uma nova função civil, visando a orientar e acelerar a conversão do Serviço Policial Sul-Africano num orgão efetivo de preservação da ordem e prevenção do crime. O sr. Kahn responderá ao ministro da Segurança, Sydney Mufamadi.

O vice-presidente acrescentou que nossa escolha de um dos empresários mais fortes e competentes do setor privado – e sua boa vontade em atender ao chamado – marcava a nova era da parceria entre o setor público e o setor privado para pôr fim ao flagelo da criminalidade.

O comissário nacional Fivaz assim se veria liberado do trabalho administrativo dentro do Serviço Policial e poderia concentrar todas as suas energias em gerir e controlar as operações puramente policiais da força.

O objetivo, disse o vice-presidente, era voltar a pôr a polícia na linha de frente e garantir que dispusesse das capacitações e recursos adequados para cumprir bem suas tarefas.

Mas a parceria entre o governo e o setor privado se iniciou, na verdade, um ano antes, com a criação de uma organização sem fins lucrativos, Business Against Crime. O objetivo básico da entidade era contribuir com a estratégia, a política e as prioridades do combate governamental ao crime e transferir para o governo capacitações tecnológicas que lhe eram muito necessárias.

Essa parceria foi saudada como uma das melhores iniciativas de seu gênero no mundo. A Estratégia Nacional de Prevenção ao Crime foi a primeira iniciativa dessa parceria. Com a entrada de Meyer Kahn no governo, outros executivos em tempo integral foram nomeados e subsidiados pelo setor empresarial.

Eles ajudaram a modernizar o sistema da justiça penal, combatendo crimes comerciais, o crime organizado e [facilitando] a instalação de vigilância eletrônica com êxito notável. Numa das áreas, a vigilância eletrônica resultou numa redução de 80% dos crimes, num aumento dos índices de condenação nos casos de crimes cometidos, numa diminuição de 90% no número de policiais necessários para patrulhar a área e num tempo médio de atendimento das ocorrências menor que sessenta segundos.

Essa avaliação ponderada vem do Business Against Crime, importante setor da comunidade que gastou um volume considerável de recursos, tempo e energia para melhorar a qualidade de nossos serviços policiais.

Pedi a Meyer Kahn um relatório sobre a estratégia acordada para reconstruir o Serviço Policial como orgão eficiente de preservação da ordem. Sua resposta veio em 2 de julho de 1998. Entre as áreas estruturais que ele enfocou, estava a aplicação do Código de Conduta, recém-criado, com vistas a mudar gradualmente a conduta e o comportamento da polícia.

O grande elemento que se destacava naquele Código, informava Meyer Kahn, era o cuidado. Cuidar do país, cuidar das comunidades, cuidar dos colegas, cuidar de seus recursos e, acima de tudo, cuidar de sua reputação.

Ele declarou que, naquela altura, estava no cargo fazia onze meses e não se arrependia de sua nomeação. A seu ver, nossas novas estratégias eram as melhores que se poderia esperar. Ele estava animado diante de uma estabilização e de um pequeno decréscimo geral em todos os crimes graves em nosso país, segundo indicavam claramente nossas estatísticas. Considerou o fato bastante admirável em vista da deterioração das condições externas sem nenhum crescimento econômico e com maior desemprego. Além disso, o alto índice e a rapidez das detenções feitas por nossos detetives em crimes sérios, que tanto prejudicam o moral e a reputação de nosso país, certamente indicavam que o Serviço Policial Sul-Africano ainda tinha uma capacidade e uma dedicação comparáveis às das maiores polícias do mundo.

Todavia, ele registrou que o aumento do orçamento policial de apenas 3,7% em termos monetários e em bases comparativas lhe parecia difícil de entender. Sobretudo tendo como pano de fundo que todos os sul-africanos, bem como a opinião internacional, viam o combate ao crime como a principal, se não a única, prioridade para se criar um ambiente em que nossa democracia e nossa economia possam florescer.

Lamentou que a redução em termos reais de pelo menos 4% nos gastos da polícia naquele ano afetaria até mesmo o policiamento mais básico que nosso povo tinha o direito de esperar e muito provavelmente colocaria nossa estratégia de médio prazo para a reconstrução do Serviço Policial em sérios apuros.

Mas o vice-presidente, a Business Against Crime e Meyer Kahn, atuando em separado, praticamente reforçaram a avaliação de Sydney Mufamadi e George Fivaz, em sua análise dos tremendos desafios que o Ministério da Segurança enfrenta no esforço de transformar a polícia sul-africana, passando de uma corporação ilegítima e desacreditada para uma força dotada de eficiência e credibilidade numa África do Sul democrática.

Todos eles expuseram as mudanças necessárias e, no devido momento, avaliaram os resultados dessas iniciativas, a cooperação entre a polícia e a massa do povo e a redução gradual nos índices de vários crimes. O desempenho e as conquistas alcançadas despertaram em todos nós o orgulho por nosso país, nossos camaradas, nossa polícia e nós mesmos. Transbordávamos de confiança e otimismo ...[21]

Foi um longo estirão desde a difícil e dolorosa era da polícia pré-1994, que não tinha qualquer legitimidade pública, até a força policial atual que trabalha com o público e garante a segurança a todo o nosso povo. Sem uma força policial devidamente treinada e eficiente que conte com a confiança e o apoio do público, como a atual, a estabilidade política e econômica não passaria de um sonho fugidio.[22]

A TRANSFORMAÇÃO DAS FORÇAS ARMADAS, por outro lado, tivera um início promissor, com o general Georg Meiring oferecendo seu compromisso irrestrito em servir ao governo de Mandela. Isso se evidenciou na irretocável segurança que cercou as eleições de 1994 e o abraço cerimonial na posse. Não demorou muito, porém, e a transformação das forças de defesa se mostrou muito mais turbulenta do que se previra.

As Forças Armadas Sul-Africanas e as forças militares dos bantustões nominalmente autônomos de Transkei, Venda, Bophuthatswana e Ciskei, bem como a Força de Autoproteção KwaZulu, tiveram de ser unificadas nas Forças Armadas Nacionais Sul-Africanas, junto com seus inimigos tradicionais, o MK do CNA e o Exército de Libertação do Povo Azânio, do Congresso Pan-Africanista da Azânia. Concluída essa fusão, a nova corporação – as Forças Armadas Nacionais Sul-Africanas – precisava ser racionalizada e reduzida.

Haviam-se realizado reuniões anteriores entre as Forças Armadas Sul-Africanas e o MK, a primeira delas em 1990 em Lusaka, e depois em 1992.[23] Por iniciativa de Mandela, então presidente do CNA – que disse ao partido: "Essas pessoas querem conversar" –, o primeiro encontro prático foi em abril de 1993, quando dirigentes militares e de inteligência do CNA se encontraram com os cinco integrantes mais altos das Forças Armadas.[24]

Presidido pelo general Meiring na época do CET, um Comitê de Co-ordenação Militar Conjunta, com representantes das Forças Armadas e das forças do movimento de libertação, trabalhou para a criação de Forças Armadas unificadas, que entrariam em vigor à meia-noite do primeiro dia das eleições. Com isso, houve "a integração de um grande número de tro-pas regulares e irregulares numa mesma força de defesa coesa" e a criação de "sistemas de controle civil sobre as forças militares".[25]

O CNA se preparou para a integração informando seus quadros do MK nos acampamentos e realizando conferências em todo o país, al-gumas delas com a presença de Mandela para contribuir com seus co-nhecimentos. Esses homens e mulheres haviam ingressado no MK para treinar e aprender a combater e libertar o país da exploração e repressão do apartheid. Agora, enquanto muitos de seus compatriotas envergavam os uniformes das novas Forças Armadas integradas, eles teriam de des-pir os uniformes que lhes haviam dado o senso de participação em algo extremamente importante.

Todos os soldados se sentem nus em roupas civis. Mandela entendia essa vulnerabilidade, essa sensação de lhes roubarem a base de apoio. Sabia também que havia o risco de enfraquecer as novas Forças Arma-das com a criação de programas de afastamento voluntário, que eram uma faca de dois gumes. Atraíam pessoas com poucos anos de serviço com direito a aposentadoria, e também poderiam incentivar o êxodo justamente daqueles talentos que eram necessários às Forças Armadas. Sabendo que alguns dos ex-combatentes – muitos deles jovens e inexperientes – ficariam entusiasmados em receber os grandes valores oferecidos a quem se desmobilizasse voluntariamente, Mandela recomendou não "comer dinheiro". Infelizmente, na maioria dos casos, esse conselho caiu em ouvidos moucos.[26]

Apesar dos cuidadosos preparativos, os anos de inimizade, suspeitas e expectativas conflitantes colocavam enormes dificuldades à integração. O descontentamento se fez ouvir mais enfaticamente na base militar de Wallmansthal, a cinquenta e poucos quilômetros de Pretória, onde, dias depois da eleição, o carro de dois generais do MK que se dirigiam à base para lidar com as reclamações foi apedrejado por ex-militantes. Alguns meses depois, cerca de quinhentos membros do MK marcharam da base até o Palácio do Governo, exigindo falar com o presidente. Mandela saiu imediatamente de casa para atendê-los e, depois de ouvi-los, reconheceu que suas queixas eram genuínas. Debateu o assunto com o general Meiring, o chefe do Estado-Maior em exercício, Siphiwe Nyanda, e o ministro da Defesa, Joe Modise. Prosseguindo nos contatos com membros do MK, Mandela se reuniu com o Conselho do Comando das Forças Armadas Nacionais, a instância decisória mais alta das forças de defesa, e insistiu que atentassem para o fato de que as tropas irregulares não estavam sendo integradas, e sim apenas encaixadas. O processo era muito lento; o racismo continuava firme e forte nos acampamentos e as condições de vida eram atrozes.[27]

Procurando resolver a questão, Mandela foi visitar Wallmansthal para atender os ex-membros locais do MK e prontamente viu o enorme grau de dificuldade da situação. Depois de ouvir durante duas horas, ele foi firme em sua mensagem tanto aos insatisfeitos quanto ao alto escalão. As queixas dos soldados eram legítimas, mas eles erravam ao agir de maneira imprópria com os militares de farda. Mandela lhes deu uma semana de prazo para voltar aos quartéis, por conta própria, e se submeterem à disciplina das Forças Armadas Nacionais; os que não cumprissem o prazo não precisariam mais voltar. Ao alto-comando militar, ele declarou que era preciso acelerar o processo de integração. Acrescentou que confiava no compromisso do general Meiring e dos comandantes em lograrem uma integração satisfatória.[28]

Alguns soldados retornaram à base, mas muitos não, gerando rumores de protestos armados; com isso aumentou a preocupação de que os soldados desmobilizados de ambos os lados pudessem optar pelo crime ou pela desestabilização política.

Metade dos 7 mil soldados haviam se ausentado sem permissão e ainda se recusavam a voltar enquanto suas questões não fossem resolvidas. Agora ele relembrou aos soldados a história do MK: as razões de sua formação e seu orgulhoso histórico – um histórico que se esperava que eles defendessem, disse Mandela.[29]

Dois anos depois, em 1996, Mandela manifestou sua preocupação numa entrevista:

> Temos um grande exército de cerca de 90 mil soldados. Não precisamos nem da metade disso. Precisamos de muito menos porque não temos inimigos. Mas, supondo que o reduzíssemos pela metade neste ano, seriam mais 45 mil pessoas desempregadas. Já temos 5 milhões de desempregados.
>
> Então criaríamos grande amargura em pessoas que são treinadas no uso de armas. E, com armas circulando quase livremente por este país, seria uma coisa perigosa de se fazer.
>
> Assim, ao nos afastarmos do orçamento do apartheid, temos de proceder devagar e com cautela e não conseguiremos fazer muitas coisas que gostaríamos de fazer.[30]

Muitos governantes eleitos pelo mundo afora lamentam como Mandela as circunstâncias que os impedem de "fazer muitas coisas" que gostariam. Alguns são tolhidos pelo orçamento insuficiente para as necessidades sociais dos cidadãos; alguns, porém – salvo em países dilacerados pela guerra –, têm de enfrentar a herança inexorável de problemas associados ao passado. Eram problemas complicados diante de uma sociedade ainda amorfa – maleável como argila antes de ser cozida. A solução, se aplicada com imprudência, poderia acabar com ela.

Um ano antes, em 1995, o desonroso passado da África do Sul se reerguera, trazendo uma nova série de problemas para Mandela e seu governo. Junto com M.Z. Khumalo, dirigente do Inkatha, e mais dezoito pessoas, Magnus Malan, ex-ministro da Defesa do apartheid, foi preso e acusado de comandar o massacre em KwaMakhutha, Amanzimtoti, perto de Durban. Treze pessoas, na maioria mulheres e crianças, foram mortas a tiros na casa de Bheki Ntuli, ativista da Frente Democrática Unida, em 21 de janeiro de 1987. Mandela sabia que a denúncia contra Malan dividiria ainda mais o país. Magnus Malan – estrategista militar e comandante condecorado e amado por seus soldados – tinha a admiração dos militares do apartheid e, em igual medida, a execração da maioria que, direta ou indiretamente, sofrera o maior impacto de seus excessos na aplicação da doutrina da Estratégia Total, de P.W. Botha.*

Numa anotação para uma reunião do Comitê Executivo Nacional, Mandela observava que a

> prisão do general Malan e outros suscitou amplo interesse por todo o país ... Antes e depois da detenção formal, informamos vários indivíduos e organizações, p.ex. Georg Meiring, primeiro só ele e depois a estrutura de comando das Forças Armadas Nacionais; o empresariado, o arcebispo Tutu, primeiro só ele e depois o Concílio de Igrejas da África do Sul; o bispo Lekganyane; a Igreja Reformada Holandesa; cientistas políticos de todas as nossas universidades, com a exceção de Stellenbosch e PE [Port Elizabeth]; as 26 organizações de docentes; a Frente da Liberdade; e P.W. Botha.[31]

Uma coisa era informar os vários clérigos para contar com o discernimento deles na avaliação das nuances daquela detenção; outra coisa foi o tratamento um pouco menos cerimonioso com as Forças Armadas Nacionais. O general Nyanda lembra Mandela dizendo que

---

* Em seu compromisso com a manutenção do controle branco sobre a África do Sul, o governo de P.W. Botha empregava a expressão "estratégia total" para designar a repressão – usualmente com o emprego de violência desproporcional – da resistência negra intensificada, que a chamava de "chacina total". Seguindo essa doutrina, o governo fazia incursões em países vizinhos para atacar o CNA.

queria ir a uma reunião rotineira das segundas-feiras do Conselho do Comando de Defesa. Não autorizou nenhuma pergunta, apenas esteve lá como comandante em chefe. A essência do que ele disse foi a seguinte: "Passamos por um período difícil de mudança; nosso povo lutou pela democracia que agora temos. Ela está numa fase delicada, e, se houver pessoas que queiram destruí-la e reverter as coisas, o povo sul-africano irá derrotá-las."[32]

Ele fez observações igualmente firmes em janeiro de 1996, quando a bancada parlamentar apresentou uma moção para retirar o africâner como uma das línguas de instrução, treinamento e comando, propondo que o inglês fosse a única língua utilizada. Para Mandela, mexer na língua de um grupo iria "reduzir o país a cinzas", e ele prometeu "proteger" a herança cultural africâner "como se fosse minha".[33] Felizmente, o ministro da Defesa e o gabinete rejeitaram a ideia, e em maio de 1996 a seção sobre a língua constante no *Documento oficial sobre a Defesa nacional da República da África do Sul* determinou que as Forças Armadas Nacionais "respeitarão a provisão constitucional sobre a língua e se empenharão em atender às diferentes línguas de seus integrantes. A instrução, o comando e o controle serão realizados numa língua entendida por todos".[34]

No entanto, a viva defesa de Mandela em favor dos africâneres e de sua cultura – além da tentativa de manter o comando militar do passado – foi recebida como uma explícita quebra de confiança.

Embora as agências de inteligência estivessem teoricamente unificadas sob o controle de um novo serviço nacional de inteligência, a verdade é que a inteligência militar continuava a abrigar alguns adeptos das velhas linhas de ação. Três meses após as eleições, houve uma tentativa de pressionar o ministro da Defesa com a ameaça de se divulgar os nomes de membros do CNA agora no governo que, supostamente, teriam sido informantes do regime de apartheid.[35]

Nos três anos seguintes, a inteligência militar forjou um relatório que mostraria um plano de tumultuar as eleições de 1999 e derrubar o governo – plano que supostamente envolvia o general Nyanda, na linha sucessória do general Meiring. Quando recebeu o relatório, Meiring o levou ao presidente. Mandela, cético, considerou-o implausível; citava pessoas sem qualquer motivo para perturbar o andamento das coisas, pois provavelmente ocupariam altos postos na hierarquia depois que os generais da velha ordem se afastassem. Na abertura do debate orçamentário em abril de 1998, Mandela informou ao Congresso:

> Vários episódios recentes têm mostrado a solidez de nossa democracia. Artigos da imprensa sugerindo a descoberta de uma conspiração golpista se revelaram essencialmente infundados e baseados nas incandescências de uma imaginação acesa.
>
> Vale aproveitar a ocasião para informar os ilustres membros sobre os elementos básicos referentes ao relatório das Forças Armadas Nacionais, que recebi em 5 de fevereiro, e que trazia o título de "Atividades organizadas com o objetivo de derrubar o governo". Consultas iniciais dentro do governo levantaram questões sobre a confiabilidade e a falta de verificação do relatório. Estas ainda estavam em curso quando o vazamento de uma parte de seu conteúdo tornou necessário estabelecer com urgência a confiabilidade dos processos de sua compilação, verificação e manuseio subsequente.
>
> A comissão de inquérito nomeada para essa finalidade se reportou a mim no final de março. O relatório de inteligência fazia as seguintes alegações: que uma organização chamada Força do Exército de Libertação dos Povos Africanos existia desde 1995 e pretendia subverter as eleições gerais de 1999 assassinando o presidente, matando juízes, ocupando o Congresso, estações de rádio e instituições financeiras essenciais, bem como orquestrando uma desordem generalizada por cerca de quatro meses antes das eleições.
>
> O ponto culminante seria uma campanha de ataques em que a ordem atual ruiria e o poder seria entregue aos líderes do golpe. O relatório cita os nomes de cerca de 130 pessoas que seriam membros, dirigentes ou apoiadores da suposta organização. Entre eles há quadros militares de alta patente, figuras políticas importantes e outros mais.
>
> As conclusões principais da comissão são as seguintes: o relatório era vazio e intrinsecamente fantasioso. Todas as testemunhas entrevistadas foram

céticas quanto à existência da organização. Mesmo os que compilaram o relatório não parecem tê-lo levado a sério. Não houve nenhuma tentativa séria de manter os supostos conspiradores sob vigilância e nenhuma tentativa de autenticar o relatório.

Os responsáveis pela compilação do relatório durante três anos não informaram as autoridades competentes, inclusive o Serviço Policial Sul-Africano e o Comitê Nacional de Coordenação da Inteligência. A comissão teve críticas às medidas tomadas para manter os registros em segurança e para impedir vazamentos. Os responsáveis pela compilação e o manuseio do relatório não o comunicaram aos ministros responsáveis pela Inteligência, Defesa e Segurança, que só tiveram acesso a ele por meio do presidente, depois que este o recebeu do chefe das Forças Armadas Nacionais.

O chefe das Forças Armadas Nacionais comunicou ao ministro da Defesa uma alegação referente a um determinado oficial, mas não a extensão das alegações, nem a identidade de outros altos oficiais supostamente envolvidos, nem os detalhes da conspiração. O ministro da Defesa disse que não estava preparado para comunicar ao presidente uma alegação incomprovada.

A comissão concluiu que tal relatório não deveria ser comunicado ao presidente da maneira como estava. Também comentou o extraordinário procedimento de uma comunicação direta ao presidente e a deliberada omissão de fornecer o relatório a qualquer outra autoridade. A comissão recomendou que as agências de segurança investigassem as razões das omissões e falhas no processamento do relatório e o que pode ser feito, se necessário legislativamente, para evitar que isso se repita no futuro.

Concordei com a solicitação de aposentadoria antecipada feita pelo chefe das Forças Armadas Nacionais, pois era um ato que colocava o interesse nacional das forças de defesa acima de seu interesse pessoal. O vazamento do relatório e os comentários críticos da Comissão de Inquérito quanto à sua compilação e transmissão colocaram claramente o general numa posição difícil em sua relação com os altos oficiais mencionados no relatório e com seu comandante em chefe e o ministro da Defesa. Tal brava iniciativa, embora lamentável, foi, portanto, expressamente autorizada.

Mandela prometeu que o gabinete, em sua próxima reunião, avaliaria a questão premente da nomeação de um novo chefe das Forças Armadas Nacionais. Acrescentou que "é preciso deixar muito claro que nossa nação tem uma força de defesa leal que lançou os alicerces para sua própria transformação". Mas, prosseguiu,

> nem o relatório original [desacreditado] da Inteligência Militar nem o relatório da Comissão de Inquérito veio a público ... seria o auge da irresponsabilidade que qualquer governo divulgasse invenções e inverdades sobre pessoas cuja reputação poderia sair lesada, apesar da falsidade.
>
> O público tem o direito de saber que assuntos como este são tratados escrupulosa e exaustivamente por processos nos quais pode confiar. A Comissão de Inquérito preenche esses requisitos. A instrução dos comitês parlamentares prepara o processo.

Mandela, porém, propôs liberar a versão redigida do relatório para o Comitê Conjunto Permanente de Inteligência, e, para "permitir uma supervisão mais ampla", ela também ficou disponível para os líderes dos partidos oposicionistas.

> É instrutivo notar que são aqueles que recusaram oportunisticamente examinar o relatório [apresentado a eles em data anterior] que continuam a reclamar sua divulgação. Ao mesmo tempo, usam o fato de não o terem visto para suscitar dúvidas quanto à confiabilidade do governo.
>
> É um jogo perigoso de se fazer com nossos serviços de inteligência e põe a questão se a legitimidade do governo é aceita por tais pessoas! Ou talvez seja apenas uma tentativa imprudente de buscar vantagens partidárias, levando os que se dizem paladinos das regras democráticas à beira de renunciarem à sua responsabilidade como líderes políticos. Pessoalmente, ao tratar desse assunto, procuro agir segundo o pressuposto de que todos nós, em nossos respectivos partidos políticos, temos um mesmo objetivo nacional.

Mandela prosseguiu, lançando o seguinte desafio:

De fato, há aqui um desafio mais amplo. Conforme nos aproximamos do período eleitoral, os partidos terão de se fazer perguntas muito básicas. É extremamente fácil atiçar os sentimentos mais baixos que existem em qualquer sociedade e que são reforçados numa sociedade com uma história como a nossa. Pior ainda, é extremamente fácil atiçá-los de uma maneira que corrói nossas conquistas na construção da unidade nacional e no fortalecimento da legitimidade de nossas instituições democráticas. Precisamos fazer essas perguntas porque é muito mais fácil destruir do que construir.[36]

Mais uma vez, vale lembrar a excepcional capacidade de Mandela de manter amizades com pessoas que lhe pareciam ser de importância fundamental para a construção da democracia na África do Sul. Ele conquistou muitas pessoas de direita que ameaçavam seu projeto e ganhou a cooperação delas; outras, como Eugene Terre'Blanche, líder do Movimento de Resistência Africâner, que Mandela julgava extrapolarem os limites, tratava com indisfarçado desdém. Por exemplo, falando a Mike Siluma, do jornal *The Sowetan*, ele disse: "Marginalizamos a direita... [Eugene] Terre'Blanche costumava atrair 2 mil pessoas a seus comícios. Hoje ele se debate. Não consegue nem cem – mesmo contando seu próprio cavalo."[37]

Mandela adotara e defendera Meiring, mesmo diante das críticas de seus camaradas. Após a renúncia de Meiring, ele disse:

Aceitei com pesar sua decisão de sair porque ele é um oficial pelo qual tenho o mais alto apreço devido ao serviço inestimável que prestou às Forças Armadas Nacionais Sul-Africanas, ao país e a mim pessoalmente. Nesses quatro anos, criamos uma relação muito próxima em que eu o tinha como um de meus amigos mais próximos.[38]

Assim, que o general tivesse participado ativamente na conspiração da inteligência militar constituía uma traição muito pessoal.

Depois da saída de Meiring, Nyanda entrou como chefe das Forças Armadas. O arcabouço geral que definia a função e a doutrina estratégica para uma nova força militar foi extraído do *Documento oficial sobre a Defesa nacional*, de 1996, e da *Revisão da Defesa nacional*, de 1998. Ele criava um Secretariado da Defesa, que reforçava o controle civil, afastando-se do costume do regime de apartheid de utilizar o poder militar para impor seus interesses na África Austral. Reconhecia-se que, como a África do Sul fora aceita por muitas organizações internacionais, em particular a ONU, a Organização da Unidade Africana e a Comunidade de Desenvolvimento da África Austral, era de esperar que tivesse papel atuante nessas entidades, sobretudo em relação à paz e à segurança na África e na região. O arcabouço político do *Documento oficial* e da *Revisão da Defesa* procurava inverter a ordem de prioridades das Forças Armadas, fornecia apoio às operações policiais contra o crime e colocava a exigência de contribuírem para a reconstrução e o desenvolvimento.

O REEXAME DO PAPEL das forças de defesa e sua necessidade de equipamentos tomaria quase três anos, e a questão das aquisições surgiu tão logo o governo de Mandela subiu ao poder. Estava em andamento uma compra de corvetas da Espanha. Segundo Trevor Manuel, o ministro da Defesa, Joe Modise, acompanhado por Mandela com uma expressão severa, chegou à primeira convenção ministerial do CNA após as eleições. Era visível que ainda vinham com o ânimo alterado devido a uma conversa prévia. Manuel lembra:

> Madiba falou: "Joe?" E Joe Modise se descontrolou, exclamando: "Hoje não é um bom dia para eu dizer isso, e é meu aniversário, mas o presidente falou comigo sobre esse contrato para comprar as corvetas da Espanha, e disse que cancelaremos o contrato. Não sei como vou dizer para minhas tropas, principalmente para a Marinha, que estamos cancelando esse contrato, mas o presidente me garante que vamos examinar a questão."[39]

Mandela achava que o governo devia atender a todas as necessidades de todas as Forças Armadas, e não apenas de uma delas, e, por causa disso, o contrato devia ser anulado.[40] Havia, segundo ele, um consenso nacional de que nossas Forças Armadas requerem condições adequadas e equipamentos modernos. Agrada-nos que o debate sobre essas questões esteja agora encontrando uma reflexão racional nas discussões sobre o *Documento oficial sobre a Defesa* e a *Revisão da Defesa nacional*.[41]

Em vista do montante dos gastos, o gabinete reuniu todo o complexo processo de aquisição de armamentos num mesmo conjunto, conhecido como Pacote de Aquisições Estratégicas para a Defesa. O gabinete e um comitê especial formado pelos ministros das Finanças, da Defesa, das Empresas Públicas e da Indústria e Comércio, presidido por Thabo Mbeki, decidiu sobre a distribuição dos principais contratos. O comitê adotou como regra que não teria contato direto com nenhum dos licitantes, e outros quatro grupos de avaliação independente operavam como uma instância a mais de pesos e contrapesos. Mas era o gabinete quem decidiria sobre os fornecedores primários; estes, por sua vez, seriam responsáveis por contratar os fornecedores secundários necessários para cumprirem suas obrigações.[42]

Isso viria a ter grandes implicações para o governo sul-africano e, mais tarde, ganharia o deselegante apelido de "Negócio das Armas".

EMBORA TIVESSEM ENFRENTADO contratempos com o questionamento dos meios de comunicação e a cautela da opinião pública, a integração e a transformação das Forças Armadas haviam mudado profundamente ao final do mandato de Mandela na presidência. Foi um empreendimento complicado, uma incursão num território inexplorado, e que não teria dado certo sem a marca pessoal de Mandela, sem suas típicas intervenções sempre oportunas. A nova força de defesa era, de início, uma miscelânea de forças armadas com longos históricos de hostilidade e desrespeito mútuo. As tropas de libertação desprezavam os exércitos dos bantustões, considerando-os uma versão diluída do velho inimigo testado e comprovado, as Forças Armadas. Além disso, os soldados das FA tiveram de entrar arrastados, gritando e esperneando, na era moderna, agora tendo de enxergar seus compatriotas como seres humanos e não como alvos de seus fuzis.

Com o duplo processo de integração e racionalização, as Forças Armadas Nacionais ficaram com cerca de 40% de integrantes oriundos dos movimentos de libertação e das forças dos bantustões.[43] O recrutamento de jovens negros para o contingente de voluntários em meio período aumentou ainda mais o número dos novos integrantes.

Começou-se a desenvolver a camaradagem entre soldados das diversas forças. O apoio do Exército à polícia no combate ao crime era tido como apoio às comunidades, muito distante da presença indesejada do Exército do apartheid nos distritos. Segundo um levantamento de 1999 feito pelo Conselho de Pesquisas em Ciências Humanas, o índice de confiança dos africanos nas Forças Armadas era de 62%. Interessante anotar que o estudo afirma que "a confiança nas Forças Armadas Nacionais Sul-Africanas ultrapassa a confiança na polícia e no Judiciário".[44]

Quanto à transformação dos serviços de inteligência, que antes constituíam o centro nevrálgico e a espinha dorsal do regime de apartheid, o novo governo democrático teve de empregar grandes reservas intelectuais e lançar mão de um grau sofisticado de astúcia para se locomover num labirinto que levara décadas para ser construído. O processo de transformação demandava o exame minucioso das entranhas de um monstro de múltiplas cabeças com um orçamento ilimitado. Seus agentes haviam participado de programas de intercâmbio com seus correspondentes no Oriente Médio, em especial Israel, e com ditaduras nas Américas, onde aprenderam as artes mais refinadas de tortura e sumiço de adversários. Era um serviço ubíquo, que estava presente em todos os aspectos da vida – e da morte – na África do Sul. Ao mesmo tempo, era extremamente hábil em declarar sua inexistência, fazendo lembrar a frase de Baudelaire: "a mais bela artimanha do Diabo é vos persuadir de que ele não existe".[45]

As tentativas dos serviços de segurança do Estado de encobrir seus rastros encontraram significativa expressão nas vésperas da ascensão do novo governo sul-africano, com a queima e destruição de documentos secretos.

O Departamento de Inteligência Militar, que gerara o relatório que levou à renúncia de Meiring, era apenas uma das agências de inteligência do apartheid. O novo governo começou desde logo a reestruturação das agências, mas, antes disso, Mandela solicitara um levantamento abrangente da situação da segurança. Teve uma série de encontros com o comando do Serviço Nacional de Inteligência, das Forças Armadas e da polícia. Disse-lhes o que queria do SNI, o qual também estava incluído na reestruturação, e no mais curto prazo possível. Era uma lista extensa:

1) Foi destruído ou [provavelmente "editado"] algum documento com material da inteligência e informações da inteligência apagadas dos computadores no período de 1º de fevereiro de 1990 a 31 de maio de 1994?

a) Em caso afirmativo, a razão dessa destruição qual era o material ou info: dar todos os detalhes de tal material ou informação

b) As datas dessa destruição ou apagamento

c) O nome ou nomes das pessoas que autorizaram essa destruição ou apagamento.

2) O Conselho de Segurança do Estado e suas estruturas, como o Comitê de Administração Conjunta, ainda existem?

a) Em caso afirmativo, quem são os membros desse Conselho de Segurança do Estado e dos Comitês de Administração Conjunta?

b) Em caso negativo, os detalhes exatos de quando foram desmantelados

c) Uma lista dos membros antes que fossem desmantelados

d) A finalidade do Conselho de Segurança do Estado

e) O que aconteceu com suas verbas e equipamentos

3) Uma lista das organizações que o SNI espionava e uma lista dos agentes do SNI que se infiltraram nas organizações ou instituições espionadas.

4) O Escritório de Cooperação Civil ainda existe? Deve-se fornecer uma explicação detalhada de sua estrutura e pessoal.

a) Em caso negativo, quando foi desmantelado? O que aconteceu com suas verbas e outros equipamentos?

5) O Diretório de Coleta Secreta ainda existe?

a) Em caso afirmativo, quem são seus membros?

b) Em caso negativo, quando foi dissolvido?

c) O que aconteceu com suas verbas e equipamentos?

6) O documento original do Relatório do general Pierre Steyn deve ser entregue.*

a) Quais foram exatamente as ações criminosas que levaram à demissão ou pedido de renúncia de vários altos oficiais do exército, em decorrência desse relatório?

7) Quem é responsável pela violência de motivação política que levou ao assassinato de quase 20 mil pessoas?

8) Alega-se que as partes responsáveis pela violência de motivação política também foram responsáveis pela morte de combatentes da liberdade como Neil Aggett, Rick Turner, Imam Haroon, Ahmed Timol, David Webster, [Matthew] Goniwe e outros, Griffiths e Victoria Mxenge; Pebco Three; Bheki Mlangeni

9) A Unidade Vlakplaas continuou a existir depois de 1.2?**
Quem eram seus membros e o que aconteceu com eles.
Qual era ou é sua finalidade antes ou, se ela continuou, o que seus membros fizeram depois de 1990?
Se foi desmantelada, o que aconteceu com suas verbas e seus equipamentos?

10) Informações detalhadas sobre as operações dos esquadrões da morte no país. Segundo o Relatório Goldstone, os membros da Unidade Vlakplaas receberam entre 200 mil e 1 milhão de rands na ["dissolução"?] é verdade? A que título foram pagos?[46]

O relatório do general Pierre Steyn, de 1992, a que Mandela se refere, contribuíra muito para expor os esquadrões da morte. Embora tivesse sido

---

* O relatório do general Pierre Steyn, em 1992, apresentava o envolvimento da polícia e do Exército nos episódios de violência no período pré-eleitoral.
** A "Unidade Vlakplaas", divisão da unidade antissubversão da Polícia Sul-Africana, foi responsável pela tortura e morte de muitos ativistas contra o apartheid.

informado sobre algumas de suas conclusões, Mandela não vira a íntegra do documento, que chegou à sua mesa logo após a reunião de instruções.

Ao apontar a que ponto ia a conivência das agências de inteligência para sufocar a resistência, a lista explica a constante cautela – ou desconfiança – de Mandela e por que sempre se punha em guarda frente às renúncias de membros dessas estruturas. Ao transformar as agências de inteligência, em que a corrupção e as ações infiltradas constituíam o próprio tecido da operacionalidade do apartheid, Mandela precisava garantir que se aplicasse escrupulosamente o preceito constitucional sobre a segurança nacional. Ele reza que a segurança nacional "deve refletir a determinação dos sul-africanos, como indivíduos e como nação, de viver como iguais, viver em paz e harmonia, livres do medo e da necessidade e livres para buscar uma vida melhor".[47]

O primeiro grande obstáculo político para o novo Congresso democrático era a

> fragmentação dos setores de inteligência do novo Estado. Seis organizações de inteligência – cada uma delas subordinada a algum dos partidos ou autoridades políticas que participaram das negociações iniciais – precisaram ser unificadas e redirecionadas para um novo programa de segurança.[48]

No final de 1994, já havia a linha diretriz e a legislação para unificar as agências de inteligência nacionais e dos bantustões com os setores de inteligência dos movimentos de libertação. As funções da inteligência nacional ficaram com a Agência Nacional de Inteligência e as funções da inteligência internacional com o novo Serviço Secreto Sul-Africano. Após algumas negociações intensas que abrangiam todos os campos, desde a orientação estratégica até os detalhes técnicos dos cargos, o CNA mostrou sua prudência ao colocar seus quadros em posições mais estratégicas.[49] E, para garantir um controle e uma supervisão cerrada, haveria uma fiscalização operacional feita por inspetores-gerais independentes em cada serviço, a responsabilidade final a cargo do ministério e, muito importante, a fiscalização parlamentar a cargo do Comitê Conjunto Permanente de Inteligência.

O novo serviço foi formalmente lançado em 1995, tendo como primeiro diretor-geral Sizakele Sigxashe, do CNA, com dois vices, um do CNA comandando a Agência Nacional e outro do SNI comandando o novo Serviço Secreto Sul-Africano. O diretor *de facto* do serviço era Joe Nhlanhla, do CNA, que foi nomeado vice-ministro dos serviços de inteligência sob o ministro da Justiça.

Mais uma vez, porém, a integração parecia boa no papel, mas, na realidade, foi lenta e cheia de percalços, permeada pela persistente desconfiança entre os novos e os velhos quadros. Também era afetada por tensões internas entre os quadros do CNA. Talvez tenha sido esta a razão do baixo nível de qualidade das informações que chegavam à mesa de Mandela, para sua frustração. Segundo Jakes Gerwel, os informes regulares da inteligência enviados ao escritório do presidente eram como "ler jornais de três dias antes".[50] Era sabido que Mandela rejeitava esses relatórios, às vezes com palavras ásperas, em reuniões do gabinete ou em reuniões com os analistas da inteligência. Em determinada ocasião, ele dispensou esses analistas durante uma reunião ministerial, porque o relatório sobre as informações que solicitara era breve demais. Em certas questões internacionais, os políticos estavam sem dúvida mais bem informados do que os relatórios feitos por oficiais da administração anterior.

Um exemplo foi quando Alfred Nzo, o ministro das Relações Exteriores, recebeu um relatório sobre os participantes no conflito do Burundi e o considerou imprestável.* "Conheço essas pessoas", disse ele. "Vivi com algumas delas no exílio na Tanzânia."[51]

O novo serviço de inteligência era prejudicado pelos erros de informação, provenientes de ex-membros ou de outros ligados ao novo serviço, sobre conspirações da direita e da esquerda para desestabilizar ou derrubar o governo.[52] O relatório Meiring era uma dessas invencionices e utilizava o trabalho de "passadores de informações" forjadas por elementos da inteligência militar. Depois que a Comissão Judicial declarou que o relatório

---

* Após a morte do presidente da Tanzânia, Julius Nyerere, Mandela o sucedeu como presidente do comitê pluripartidário do Processo de Paz do Burundi.

era infundado, o general Nyanda disse a Mandela que a inteligência militar era "um dos elementos mais retrógrados e inalterados do Departamento de Defesa"; mostrava "tendenciosidade favorável aos velhos amigos das Forças Armadas nas análises e nos relatórios sobre a África Austral e predomínio de relatórios sobre ameaças fantasmas da esquerda sobre as ameaças mais graves da direita".[53]

Por trás de todo esse jogo sujo e dessas chicanas estava uma comunidade dos serviços de inteligência estreitamente unida pelo preconceito racial, incapaz de suportar a ideia de que o novo governo pudesse dar certo, e segundo seus próprios termos.

Trabalhando mais diretamente com Thabo Mbeki, o Serviço Secreto operava por trás dos bastidores em apoio às iniciativas internacionais de Mandela. Seu trabalho na inteligência estrangeira se afastou das prioridades do antigo regime em favor da Europa e dos Estados Unidos, passando para uma perspectiva mais sintonizada com os novos rumos da política internacional. Viu-se essa mudança em ação quando a África do Sul começou a desempenhar um papel de maior relevo na resolução de conflitos. O Serviço Secreto era muitas vezes chamado a operar como linha direta, facilitando iniciativas ou restabelecendo relações. Por exemplo, Mandela enviara seu vice Thabo Mbeki a Abuja para interceder em favor do escritor e ativista ogoni Ken Saro-Wiwa e oito compatriotas seus, ameaçados de execução pelo governo militar nigeriano do general Sani Abacha, em 1995. Quando o general Abacha ignorou o pedido de adiamento da execução e enforcou os nove militantes, Mandela teve uma explosão de raiva.

Segundo Lansana Gberie, jornalista acadêmico de Serra Leoa, ele ouviu em 27 de novembro de 1995 uma voz calma dando uma declaração na BBC. Era Mandela dizendo: "Abacha está sentado num vulcão. E vou explodi-lo debaixo dele." Mandela tinha uma grande fé na natureza humana e era movido por um sentimento de nacionalismo que esperava que se propagaria por todo o continente. Abacha podia ser corrupto e empedernido, mas era um líder africano e – talvez – não um monstro.[54]

Quando seu pedido – em nome de uma diplomacia pacífica – de adiamento da execução dos nove homens caiu em ouvidos moucos, Mandela
se sentiu frustrado e partiu para o ataque, tal como fizera repreendendo
De Klerk na frente das câmeras de tevê. Não foi um gesto com a intenção
de humilhar um adversário, como assinala Graça Machel. Houvera uma
quebra de confiança, mesmo que, no caso de Abacha, não tivesse sido sa-
cramentada por nenhum acordo formal. O setor de inteligência teve muito
trabalho para recompor alguma interação da África do Sul com a Nigéria.

Outro caso foi o aliviamento das tensões com o Egito após uma desa-
vença entre Mandela e o presidente Hosni Mubarak, quando este o enga-
nou em 1992 com uma falsa promessa de doar fundos para o CNA.[55]

Na inauguração oficial da nova sede conjunta das agências de inteligência em 1997, Mandela declarou que

> [os] desafios que se colocam para a África do Sul democrática são, sem dúvida,
> diferentes dos desafios de ontem. No passado, a maior ameaça à segurança
> de nosso povo vinha não do exterior, e sim de nossas agências responsáveis
> pela ordem pública, inclusive os serviços de inteligência …
>
> Nesse aspecto, iniciamos a tarefa difícil, mas indispensável, de transformar
> os setores público e a comunidade da inteligência em particular em estrutu-
> ras que, em vez de aterrorizarem o povo, sirvam a ele; estruturas que, em
> vez de desestabilizarem nossos vizinhos, protejam a integridade de nosso
> país; estruturas que, em vez de solaparem, protejam a democracia.

Passando para o trabalho dos serviços de segurança, ele apresentou
como tarefa primária tornarem-se "os olhos e ouvidos da nação". Esperava que a Agência Nacional de Inteligência e o Serviço Secreto ajudassem "a criar o ambiente propício à reconstrução e ao desenvolvimento,
à construção e reconciliação da nação", alertando que, "sem uma vida
melhor para todos, qualquer esperança de segurança nacional será uma
ilusão vazia". Ele frisou o fato flagrante de que não era assim que se
passavam as coisas no passado recente da África do Sul, observando que
a história do país "confirma que não é possível uma segurança a longo

prazo para ninguém se as comodidades básicas da vida são negadas à maioria". Pediu aos serviços de inteligência que "continuem a dar seu valioso apoio à polícia no combate ao crime, especialmente ao crime organizado".

Por falar nisso, ocorrera uma quantidade enorme de roubos nos escritórios do serviço de inteligência. A esse respeito, disse Mandela:

> Fica muito claro, pela natureza desses roubos, que há elementos dentro das estruturas de vocês, ligados a outros de fora, que estão trabalhando com forças sinistras, talvez inclusive com sindicatos do crime e agências de inteligência estrangeiras, para corroer nossa democracia ...
>
> São forças que estão decididas a reverter nossas conquistas democráticas, forças que escolheram desdenhar a mão amiga que lhes foi estendida, forças que não querem reconciliação, forças que, na verdade, querem que nos desculpemos por destruir o apartheid e instaurar a democracia.

Mas Mandela confiava que havia uma solução para os problemas:

> A inauguração oficial da sede conjunta da Agência Nacional de Inteligência e do Serviço Secreto Sul-Africano simboliza outro enorme passo que nos afasta de uma era em que as estruturas da inteligência estavam no centro das divisões e dos conflitos em nosso país. Também simboliza a confluência das diversas linhas de nosso passado dividido num serviço unificado, trabalhando para um bem comum.[56]

QUANTO AO SERVIÇO PÚBLICO, tanto o CNA quanto o governo do apartheid estavam sujeitos à crítica de que não mostravam urgência em transformá-lo. Skweyiya, que foi ministro da Administração e Serviço Público de 1994 a 1999, cita o "pesadelo", que deve ter causado insônia a Mandela por noites a fio, de elaborar fórmulas para tratar os três níveis do governo, sobretudo no plano miúdo da governança, a saber, o governo local:

Uma das primeiras coisas que fizemos foi organizar o serviço público, criar nove províncias de uma África do Sul unitária e garantir a existência de um corpo do funcionalismo, nomear pessoas para aqueles cargos e garantir que todas aquelas províncias e as onze administrações que existiam fossem racionalizadas como um organismo só, o que realmente foi um pesadelo.[57]

O governo do apartheid, pródigo no planejamento e na preparação das forças de segurança, da economia e das relações internacionais, nunca se dedicou muito ao funcionalismo público.[58] Não admira que Mandela se preocupasse com os problemas que a nova administração iria causar.[59]

As dificuldades que cercavam a transformação em áreas específicas, como o serviço público, tinham suas origens na arquitetura da transição negociada, sobretudo nas chamadas cláusulas de tempo de serviço defendidas por Joe Slovo. Incluídas na Constituição para enfrentar os cinco primeiros anos da transição, elas atendiam, entre outras coisas, à preservação das aposentadorias dos serviços públicos. Prestavam-se a garantir a estabilidade mantendo os funcionários com experiência institucional, que, por sua vez, garantiriam a capacidade do funcionalismo de atender a suas finalidades. Mas a necessidade premente de tornar o funcionalismo público mais representativo resultou numa mistura incômoda de "uma velha guarda ossificada e novatos inexperientes", como disse Allister Sparks, o que tornava a tarefa do governo mais complicada e mais lenta do que o planejado.[60] Além disso, com a inclusão do custo dos programas de aposentadoria voluntária, para facilitar a saída de funcionários das administrações anteriores, ela se mostrou dispendiosa demais. O anúncio das vagas dos antigos servidores públicos beneficiados levou ao primeiro atrito sério no Governo de Unidade Nacional.[61]

Um dos problemas surgiu de um descuido do CNA ao negociar a Constituição provisória: a velha Comissão de Administração Pública (CAP) ainda conservava seus poderes de controle de todas as nomeações no funcionalismo público. Essa anomalia só foi corrigida ao ser assinada a Constituição definitiva, e a CAP foi substituída em 1996 pela Comissão de Serviço Público.

Outro problema, que se destinava a contornar as restrições na hora de fazer as nomeações, derivava da alocação de altos integrantes do movimento de libertação em posições administrativas, alguns começando como assessores ministeriais, o que levou ao surgimento de centros paralelos de autoridade. Além disso, havia os choques culturais entre o regime antigo e o regime novo, bem como a inexistência de um projeto comum, o que fez com que os ministros tivessem mais poderes de nomeação para cargos de alto escalão. Essa medida improvisada acabou se consolidando, com consequências negativas para a profissionalização do serviço público nos anos seguintes.[62]

Estabeleceram-se metas de cinco anos para que se implantasse a nova administração do serviço público. As metas desejadas eram que os negros, isto é, mestiços, indianos e africanos, correspondessem a 50% do funcionalismo; pelo menos 30% das novas contratações seriam de mulheres; e, em dez anos, pelo menos 2% seriam pessoas com necessidades especiais. Somente esta última meta não foi inteiramente alcançada.[63]

Menos de um mês depois do início do novo governo, Mandela escreveu a seus ministros, mostrando a urgência que atribuía à questão específica da nomeação de mulheres:

> Nosso país alcançou o ponto em que se reconhece que a representação das mulheres é essencial para o êxito de nosso programa de construção de uma sociedade justa e equitativa.
>
> O governo precisa liderar esse processo dando provas visíveis da presença de mulheres em todos os níveis de governo.
>
> Assim, eu gostaria de lhes solicitar que deem prioridade à nomeação de mulheres para cargos nos departamentos do governo, no serviço público e nos comitês permanentes.
>
> Também gostaria de lembrá-los de que os serviços a serem prestados pelos departamentos de vocês devem trazer melhorias às condições não só dos homens, mas também das mulheres.[64]

Outro problema no serviço público era a necessidade de racionalizá-lo e enxugá-lo ao máximo, mantendo o nível necessário para operar com eficiência. Isso não podia ser feito por decreto ministerial a portas fechadas, mas devia passar por negociações com os sindicatos, os quais, até 1993, estavam totalmente banidos do funcionalismo público do apartheid. O que aumentava ainda mais a pressão era a crise macroeconômica que então afetava o país, o que só piorava a situação. O ministro das Finanças propôs a redução de 1,3 para 1 milhão de funcionários públicos. Essa cifra era politicamente inviável, em vista do nível de desemprego e do impacto concomitante sobre os setores mais pobres da sociedade.[65]

A corrupção também era um fator importante, consumindo recursos e afetando a legitimidade do novo governo aos olhos dos cidadãos. Ela era especialmente disseminada nas áreas dos antigos bantustões, embora não se restringisse a eles, pois lá o apadrinhamento e as vistas grossas às irregularidades azeitavam as engrenagens do apartheid remanescente. A começar pelo Cabo Oriental e depois se estendendo por todo o país, o governo montou um programa de ações para lidar com o problema. Identificou "funcionários fantasmas" e investigou as irregularidades nos fundos de pensões e nos recursos financeiros estatais.

Além disso, se antes eram quatro províncias e dez bantustões, agora havia nove administrações provinciais. Os ex-funcionários dos bantustões, agora integrados ao novo funcionalismo público, trouxeram uma herança institucional com consequências negativas duradouras.[66]

Ainda que o envolvimento de Mandela na transformação do serviço público fosse menos direto do que no caso das forças de segurança, ele se empenhou em divulgar ao público o novo funcionalismo público, de maior representatividade. Para ele, o serviço público devia ser um recurso que atendesse à sociedade como um todo.[67]

Mas, para que isso acontecesse, teria de haver uma reciprocidade entre o serviço público e o governo. Em seu segundo Discurso à Nação, em fevereiro de 1995, Mandela elogiou a dedicação do funcionalismo ao trabalho e falou diretamente aos funcionários públicos da África do Sul:

Nosso compromisso é motivar os trabalhadores de todos os setores públicos para que se tornem agentes conscientes, dispostos e qualificados da transformação de nossa sociedade, segundo os objetivos expostos no Programa de Reconstrução e Desenvolvimento.

Como parte desse processo, o gabinete deu instruções a todos os ministros para que mantenham interação constante com todos os integrantes de seus ministérios e departamentos, para informá-los sobre suas tarefas, atualizá-los sobre os avanços realizados, discutir como superar os obstáculos ao processo de transformação e, de modo geral, envolver-se na luta pela mudança.

Também convidamos os sindicatos do setor público a participar o máximo possível nos processos orçamentários, de forma que possam contribuir na difícil tarefa de decidir a melhor alocação possível dos recursos limitados de que dispõe o governo.

Mandela, porém, alertou sobre um eventual antagonismo entre o Executivo e a administração, o que "teria um impacto negativo sobre a tarefa comum ... de servir ao povo da África do Sul". E prosseguiu:

Assim, estamos dispostos e abertos a tratar de todos os assuntos de interesse para os trabalhadores do serviço público, inclusive questões de salários, promoções, aposentadorias e outros aspectos relacionados com as condições de trabalho.

Ele conclamou os funcionários públicos a "darem as mãos ao governo para tratar de outros assuntos importantes, como os desequilíbrios de raça e gênero dentro desse serviço", observando ao mesmo tempo que o serviço público

nunca será plenamente aceitável ao povo como um todo e nunca poderá atender verdadeiramente às necessidades do povo a menos que seja composto em todos os seus níveis de modo a refletir a composição de nossa população.

Para acelerar esse processo, o governo continuará a implementar medidas e programas que garantam aos que foram prejudicados pelo apartheid no passado condições de alcançar aqueles que receberam a oportunidade de se desenvolver e avançar em termos funcionais e em outras capacitações.

Depois de expor o significado do programa de ações afirmativas, que visava a corrigir as desigualdades do passado, Mandela exortou o povo "a não ouvir os falsos profetas que procuram perpetuar as divisões e os desequilíbrios do passado durante o apartheid, apresentando as ações afirmativas como um programa que traz vantagens a alguns e desvantagens a outros com base na raça e na cor".[68]

Todavia, Mandela precisou usar de franqueza ao expor as dificuldades e as ações tópicas programadas. E explicou ao Congresso em fevereiro de 1996 que, embora a intenção do governo fosse manter seu compromisso de criar um "Serviço Público único, moderno, eficiente e transparente e alocar mais recursos públicos a despesas fundamentais", era hora de ser

franco e dizer que o funcionalismo atual é grande demais e precisa ser racionalizado. Não há outra opção.

No entanto, nossas ações não podem ignorar a dolorosa verdade de que as mais afetadas serão as áreas pobres, com baixa atividade econômica e pouca perspectiva de outra utilização. Isso significa, entre outras coisas, procurar soluções negociadas criativas que ajudem a incentivar a atividade econômica.

O processo de racionalização não pode ser vingativo. Nem será realizado ao acaso. Ele afetará todas as raças e todas as províncias. Há debates bem adiantados com os respectivos ministérios para que se instaure a Comissão Presidencial de Revisão [CPR], que redefinirá a estrutura, as funções e os procedimentos do Serviço Público, e pode-se esperar para breve notícias referentes ao assunto.*

Entre os maiores desafios para 1996 está o de fortalecer a capacidade do governo de servir às comunidades. O nível em que isso se faz mais necessário é o local, onde o governo interage diariamente com as comunidades. Portanto, um dos temas principais deste ano será a implantação de programas de treinamento maciços para os novos conselheiros municipais eleitos e suas respectivas equipes.[69]

---

* Presidida pelo destacado acadêmico dr. Vincent Maphai e com um amplo leque de especialistas de várias áreas, a Comissão Presidencial de Revisão teve seus termos de referência publicados na *Government Gazette* (n.17020) em 8 de março de 1996, com uma nota recomendando a transformação do serviço público.

Durante a presidência de Mandela, foram encomendados dois grandes relatórios sobre o serviço público. O diretor-geral do Departamento de Serviço e Administração Pública, dr. Paseka Ncholo, esteve à frente de uma equipe de trabalho revisional, que examinou as administrações provinciais. No relatório, que chegou ao gabinete em agosto de 1997, Ncholo concluía que, "do ponto de vista administrativo, o sistema é caro, caótico e insustentável".[70]

A CPR, depois de dois anos de trabalho, recomendou em seu relatório de 1998 a reestruturação da herança executiva e administrativa para possibilitar uma melhor reconstrução e maior desenvolvimento. Suas recomendações amplas e abrangentes serviram de molde para as mudanças feitas pela administração seguinte. O relatório se deteve especialmente na necessidade de uma melhor coordenação e integração das estruturas no centro do governo, na presidência e no secretariado ministerial.

As várias comissões e os grupos de trabalho refletiam a determinação de Mandela em obter o máximo de conhecimento possível para permitir a concretização de seu sonho de criar uma sociedade melhor. Essa sociedade só poderia surgir se o público abraçasse o ideal de transformar a África do Sul no país de seus sonhos. Foi o que disse ao abrir a terceira sessão parlamentar em 9 de fevereiro de 1996:

> Sim, a África do Sul não se limita a estar no caminho certo. Avançamos bastante para torná-la o país de nossos sonhos. Aproveito a oportunidade para parabenizar todos os sul-africanos, no setor público e no setor privado – desde os mais importantes aos mais humildes membros da comunidade –, todos aqueles que estão se esforçando para acrescentar mais um tijolo ao edifício de nossa democracia. Tomamos essa estrada juntos, e juntos tenhamos como meta as estrelas.

Ao elogiar as conquistas das comunidades, que "lançaram as bases que terão efetivo impacto sobre as desigualdades do passado", Mandela reconheceu que "estamos apenas no começo de uma longa jornada". Era

uma jornada que devemos empreender logo, se nossas consciências não forem insensíveis aos gritos de desespero de milhões. Mas é também uma

jornada que requer cuidadoso planejamento e persistente dedicação se quisermos continuar o percurso, com condições de sustentar nossa marcha ...
Todos nós, todos os sul-africanos, somos chamados a nos tornarmos cons-
trutores e terapeutas. Mas, apesar da alegria e do entusiasmo da criação,
construir e curar são empreendimentos difíceis.

Não podemos curar nem construir se tal cura e tal construção forem vistas
como um processo de mão única, com as vítimas das injustiças do passado
dando seu perdão e os beneficiados se sentindo meramente gratos e contentes.
Juntos, temos de começar a corrigir os defeitos do passado.[71]

10. Reconciliação

Numa tomada muito rápida no noticiário que foi transmitido ao mundo em 12 de junho de 1964, dia em que começou a cumprir sua sentença, Nelson Mandela aparece parcialmente obscurecido pela grade na janela do camburão que transportava os condenados.[1] Mesmo não aparecendo, os presos deixam uma marca indelével de rebelião com seus punhos cerrados, aparecendo pelos dutos de ventilação nas laterais do veículo blindado, um complemento físico da linguagem de desafio dos espectadores, muitos dos quais haviam lotado as galerias durante o julgamento.

Embora os policiais tivessem usado uma saída pelos fundos para evitar a multidão, muitos ainda puderam saudar seus heróis a caminho do cárcere. Por sobre o barulho do trânsito e do ronco das motocicletas dos batedores, Mandela podia ouvir a gritaria lá fora, as cantigas e os repentes que desde sempre chamavam os fiéis ao combate. Uma voz forte gritou em isiXhosa *"Amandla!"*, e o povo respondeu *"Awethu!"*. Então repetiram o canto em inglês, com a voz puxando "Todo o poder!" e a multidão respondendo "Ao povo!". Nunca, em toda a história da luta na África do Sul, houvera algo tão eloquente como essas cinco simples palavras para exprimir a agonia de milhões de pessoas e sua determinação em pôr fim a séculos de opressão.

Para um negro, entrar na prisão em junho de 1964, fazendo dezesseis anos que o Partido Nacional subira ao poder, significava estar à mercê de funcionários encalhados no nível mais baixo da hierarquia administrativa do Estado. Em termos simples, os funcionários brancos das prisões geralmente eram africâneres, mal-educados e com poder. Eram na maioria jovens, tanto homens quanto mulheres, parecidos com aqueles que tinham levado o escritor americano James Baldwin a comentar que "a ignorância, somada ao poder, é o inimigo mais feroz que a justiça pode ter".[2]

Os carcereiros negros, eles também vítimas da violência que movia a política do apartheid, que os convertera em instrumentos da opressão, eram, de modo geral, uma versão mais escura de seus irmãos mais claros. Mas a responsabilidade por Mandela e pelos presos políticos cabia aos funcionários brancos.

Este era o novo mundo de Mandela, um mundo em que os prisioneiros africanos eram, primeiramente, submetidos à indignidade de ficarem nus e depois serem obrigados a usar um calção, em vez das calças compridas usadas pelos prisioneiros indianos e mestiços. Ele sentia orgulho pela maneira como se vestia no mundo exterior – a roupa simbolizando seu senso de identidade. Quando foi receber sua sentença num comparecimento anterior ao tribunal, em 1962, Mandela trocou o terno ocidental por um manto de pele de chacal e com bordado de miçangas, que usou com altiva elegância para simbolizar sua africanidade.

Em 1965, quando cumpria a pena de prisão perpétua na ilha Robben, não havia qualquer indício de futura liberalidade numa série de fotos granulosas que saíram clandestinamente e foram publicadas pelo Fundo Internacional de Auxílio e Defesa em Londres, nas quais Mandela aparece de barba feita ao lado do compatriota Walter Sisulu, ambos imersos numa profunda discussão.* Estão inteiramente cercados pela implacável desolação da pedreira e dos muros de pedra. Como disse o falecido Indres Naidoo, era realmente uma "ilha acorrentada".[3] Ali não havia como alimentar um espírito de reconciliação.

No entanto, 31 anos depois, a imagem de um Mandela sorridente impressa na faixa dos Springboks, na vitória final na Copa do Mundo de Rúgbi em 1995, tornava-se em si mesma o símbolo da reconciliação e da lucidez, aumentando ainda mais o mistério que sempre cercou o homem a quem a imprensa certa vez chamou de Pimpinela Negro.

---

* As fotos foram tiradas por Cloete Breytenbach, que trabalhava para o *Daily Express* em Londres.

No COMEÇO DOS ANOS 1960, o sistema penal do Partido Nacional era um dos braços repressivos mais temidos do Estado de apartheid. Mandela já tivera atritos anteriores com a lei, notadamente como voluntário-chefe do CNA durante a Campanha de Desafio contra Leis Injustas, que se iniciara em 26 de junho de 1952, e foi um dos réus na maratona de processos do Julgamento por Traição de 1956 a 1961. Antes de ser condenado à prisão perpétua, cumpria uma sentença de cinco anos, desde 7 de novembro de 1962, por sair do país sem passaporte e incitar os trabalhadores à greve.

Em todos esses confrontos, Mandela mostrara grande dignidade. O senso de dignidade deriva da recusa em se deixar av[i]ltar, e desde o começo da sentença na prisão Mandela percebera que teria de frustrar os desígnios do regime e de seus sequazes. Como ocorre com todos os que são obrigados a lutar pela própria vida, ele descobriria sua força no próprio calor da luta. Lá fora, antes da prisão, Mandela contava com o apoio do CNA e de sua infraestrutura; a prisão era diferente e requeria táticas diferentes. Nela, contava consigo mesmo, com os camaradas mais próximos e com uma população carcerária composta de pessoas de várias filiações políticas. Mas todos tinham algo em comum: eram presos políticos que queriam a queda do regime de apartheid. Juntos, eles aprenderam a usar as regras em vantagem própria. Desafiavam as que julgavam inaceitáveis, e, por fim, após repetidas desfeitas, as regras se tornavam inaplicáveis.

Relembrando esse período, Michael Dingake, que foi libertado da ilha em 1981 após quinze anos de prisão, escreveu que Mandela, entre todos os prisioneiros,

> era o participante mais incansável nas discussões – nas discussões formais restritas a membros do CNA e nas discussões informais, bilaterais ou em grupo, com membros de outras organizações. Alguns de nós, sempre que podíamos, preferíamos ficar no *mlevo* (falatório ou conversa fiada). O camarada Nelson, não. Todos os dias, e todos os dias mesmo, além dos programas de seu partido, ele tinha vários encontros com outros indivíduos, sempre por iniciativa própria, para discutir relações entre as organizações, reclamações dos presos, estratégias conjuntas contra as autoridades carce-

rárias e temas gerais. Nelson Mandela é um ativista infatigável dos direitos humanos.[4]

Organizador político de grande força e energia – e figura independente entre os ministros do primeiro gabinete de Mandela –, Mac Maharaj tinha sido uma dor de cabeça para os carcereiros da ilha Robben. Ele criou planos engenhosos para enviar clandestinamente textos de Mandela para fora da prisão. Atuando como operador que resolvia situações difíceis durante a transição, Maharaj não fazia proselitismo de ninguém, coisa que outros consideravam desconcertante. Ele atribui a capacidade de sobrevivência do ex-colega de prisão a seu "extraordinário autocontrole":

> As maiores realizações de Mandela derivam de sua capacidade de se relacionar com os outros partindo dos pressupostos *deles* e então guiando cuidadosamente os argumentos para conduzi-los às conclusões dele mesmo. Ele avança seguindo a linha de ataque da outra parte. No plano pessoal, nunca deixa de procurar entender o outro lado, seja inimigo, adversário, opositor ou colega.[5]

Mas o que ressaltava a estatura de Mandela entre adeptos e adversários era seu infalível senso de oportunidade. Ele aproveitava toda e qualquer ocasião para criar impacto, nunca permitindo, porém, que qualquer ofensa, por insignificante que fosse, passasse incólume. Confrontava incessantemente as autoridades, invocando os direitos dos prisioneiros e resistindo a qualquer forma de humilhação imposta a si e a seus colegas de confinamento. Brigava com os funcionários da prisão por miudezas, por pequenas liberdades, por calças compridas. Aos poucos, foi inevitável que – sobretudo graças aos testemunhos de prisioneiros libertados e a juristas amistosos que podiam visitar os presos – as lutas e as privações no cárcere chegassem ao conhecimento do mundo exterior. E também o espírito inquebrantável daquele homem.

PROVAVELMENTE FOI APENAS na cultura popular, nos esportes e nas artes – em especial a música, o cinema e a dança – que o mundo pôde ter uma imagem mais rica, por assim dizer, da contagiosa humanidade de Mandela. As canções de libertação que inspiraram toda uma geração de ativistas políticos, dos anos 1960 aos anos 1990, invocavam o nome de Mandela. No plano internacional, artistas como Miriam Makeba e Hugh Masekela – pássaros na gaiola em sua terra natal que ganharam voo no exílio – colaboraram com nomes mundialmente famosos como Harry Belafonte, Quincy Jones e muitos outros para popularizar a luta do povo da África do Sul – luta que se tornara sinônimo do nome de Mandela.* Tony Hollingsworth, produtor dos "shows de Mandela" com grandes astros no Estádio de Wembley em 1988 e 1990, atribui o sucesso dos espetáculos ao fascínio global de Mandela.

A luta na África do Sul, que obrigou o mundo a examinar sua própria consciência – daí as várias resoluções da ONU condenando o apartheid como crime contra a humanidade –, encontrou solo firme em Mandela. Conforme adquiria forma e sua mensagem de coragem se difundia por todo o planeta, ela trazia na face a imagem de um único homem. Era habitual que os representantes do CNA iniciassem seus discursos em organismos mundiais com as palavras "Saudamos a todos em nome de Nelson Mandela e das massas combatentes da África do Sul."

Quanto mais tempo Mandela passava no cárcere, mais o mundo abria os braços a seus companheiros políticos, sobretudo os que moravam nas áreas de que a África do Sul era barrada. Exilados como Barry Feinberg, Ronnie Kasrils, Pallo Jordan, John Matshikiza, Billy Nannan – e muitos outros que mais tarde vieram a ocupar posições importantes na nova África do Sul – se uniram para formar a Mayibuye, unidade cultural do CNA que fazia sessões de leitura, apresentava músicas e montava pequenos esquetes

---

* Miriam Makeba e Hugh Masekela foram dois dos mais importantes músicos da África do Sul. Deixaram o país durante o apartheid e construíram uma carreira de sucesso no exterior.

sobre a vida na África do Sul e cujo repertório incluía o discurso de Mandela no banco dos réus.*

As turnês da Mayibuye por vários países da Europa Ocidental nos anos 1970 tiveram continuidade nos anos 1980 com o Amandla Cultural Ensemble, que, surgido nos acampamentos do CNA em Angola, de vez em quando tinha como convidado o presidente O.R. Tambo regendo o conjunto.[6] Em outros lugares, ativistas culturais como James Phillips criavam e ensaiavam corais na Alemanha Ocidental, Holanda, Bélgica, Suécia, País de Gales e Estados Unidos para entoar as canções de libertação nas línguas nativas do povo sul-africano. Para o público que lotava o Kulturhuset em Estocolmo, ver um grupo de pessoas loiras e de faces rosadas cantando e dançando ao som de "Shosholoza Mandela" era infinitamente mais eloquente do que qualquer discurso político.

Na época em que foi libertado, Mandela já se tornara o preso político mais famoso do mundo. Segundo alguns, era a marca mais conhecida depois da Coca-Cola – e não só no Ocidente.[7] O presidente ruandense da Aliança Mundial da Juventude, Obadias Ndaba, escreve:

> Desde o final dos anos 1980 e começo dos anos 1990, muita gente em meu remotíssimo mundo dava o nome dele a seus filhos recém-nascidos. Hoje, tenho vários amigos de infância que se chamam Mandela, mesmo que o nome em si não tenha nada a ver com a nossa cultura. Dessa forma, cresci associando o nome Mandela a algo bom que devia ser imitado: amor, liberdade e paz, que não existiam sob a loucura de Mobutu [Sese Seko, o falecido ditador do Zaire]. Como povo criador de gado bovino, para nós era até motivo de júbilo que Mandela tivesse pastoreado gado na infância.[8]

---

* Barry Feinberg foi ativista antiapartheid e exilado. Poeta e cineasta, hoje vive na África do Sul. Ronnie Kasrils foi um combatente da liberdade do MK. Esteve no gabinete de Mandela como vice-ministro da Defesa e, mais tarde, como ministro da Inteligência sob o presidente Mbeki. John Matshikiza foi ator, poeta, diretor teatral e jornalista. Partiu quando criança para o exílio, com seus pais, Todd e Esme Matshikiza, e voltou em 1991. Morreu na África do Sul em 2008. Billy Nannan foi um ativista antiapartheid que se exilou nos anos 1960, após ser detido e torturado. Trabalhou para o CNA em Londres até sua morte, em 1993.

Mandela contrariava as expectativas em seu inabalável empenho em humanizar os adversários e – nas palavras e nas ações – até mesmo seu próprio povo, com os traumas e cicatrizes decorrentes dos excessos do regime de apartheid. Abraçou seus antigos carcereiros, como Christo Brand, James Gregory e Jack Swart, dando-lhes um lugar de honra em sua cerimônia de posse em 10 de maio de 1994. Almoçou com Percy Yutar, o promotor que – segundo George Bizos – havia "mostrado seu desrespeito pelo exercício ético do direito".[9] Durante o Julgamento de Rivônia, em 1963-64, embora a acusação contra Mandela e os corréus fosse de sabotagem, Yutar dissera preferir que fossem acusados de alta traição, crime que tinha maior probabilidade de levá-los à forca.[10]

Mandela acreditava que a reconciliação e a unidade nacional eram um dos lados da mesma moeda, o outro lado sendo a reconstrução e o desenvolvimento – a que só se chegaria "por meio de um processo de reciprocidade" em que todos deviam "fazer parte – e ser vistos como parte – da tarefa de reconstrução e transformação de nosso país".[11]

O projeto de construção nacional de Mandela exigia que houvesse harmonia entre os diversos elementos da sociedade sul-africana. E só se alcançaria essa harmonia se os que se haviam beneficiado com as explorações da era do apartheid entendessem que agora era hora de repartir seus recursos para o bem de todos. Somente assim a África do Sul teria a chance de criar um futuro equitativo. A alternativa era a conflagração.

Politicamente, ainda que o CNA tivesse ficado com a parte do leão em termos de representação no Governo de Unidade Nacional, Mandela queria aprofundar a ideia de participação de partidos menores no governo. Assim, manteve discussões com o Congresso Pan-Africanista da Azânia, a Organização do Povo Azânio, o Partido Democrático, o Partido Conservador e a Frente da Liberdade. Embora não houvesse nenhum dispositivo constitucional para a inclusão desses partidos no gabinete ministerial, Mandela declarou que estava disposto a batalhar por uma alteração na Constituição para incluí-los.

Não era um gesto de altruísmo descabido, e sim um entendimento da Carta da Liberdade, entre outras diretrizes políticas, a qual declara que "a África do Sul pertence a todos que moram nela" e "Todos os grupos nacionais terão direitos iguais".[12] Mas Mandela sabia que seria relapso se ignorasse que o próprio caminho para o alardeado ideal de igualdade partia de uma série de desigualdades históricas. E sabia que as injustiças correntes tinham raízes em desigualdades históricas. Ele estava decidido a conseguir que o grupo que monopolizara o poder aceitasse a perda desse poder e se comprometesse com a criação de uma sociedade justa e reconciliada.

Não era possível criar tal sociedade sem um árduo esforço. Mandela tinha de se pôr no lugar de povos obrigados pelo tempo e pela história a se encararem de campos opostos e muito distantes entre si. Dedicara-se a estudar a história e a cultura africâner, tomando seus ex-carcereiros como parte da pesquisa. Estava plenamente ciente de que os africâneres tentariam dominar seus temores agarrando-se ao poder, bem como dos possíveis estragos caso as massas negras suspeitassem que suas árduas conquistas não lhes garantiriam um poder político duradouro. Zanele Mbeki, defensora dos direitos das mulheres e ex-primeira-dama da África do Sul, resumiu num comentário a um amigo como era trágica a diferença de percepções entre negros e brancos. Para os negros, disse ela, os brancos chegaram ao paraíso sem precisar morrer antes.[13]

Mandela havia escolhido os africâneres para sua iniciativa de reconciliação pela simples razão de constituírem um grupo populacional que estivera, em larga medida, por trás da ascensão do Partido Nacional ao poder. Mas muito mais importante era o fato de saber que os africâneres também eram autóctones, e sua terra natal era a África do Sul.* Eles eram considerados francos, sem a hipocrisia ou os embustes de seus análogos de língua inglesa, os quais, estes sim, eram vistos pelos negros como os responsáveis pelo início de tudo. A segregação racial era uma invenção colonial britânica; os africâneres, ao criarem o apartheid, apenas lançaram

---

* Os africâneres – termo em holandês para "africanos" – descendem dos colonos holandeses, alemães e franceses que se assentaram na África do Sul no século XVII. Eles ganharam predomínio político e econômico após as eleições de 1948, com a vitória do Partido Nacional, agremiação africâner, e implantaram o apartheid, que terminou oficialmente 46 anos depois, com a chegada da democracia.

mão de um modelo já conhecido.* Mandela também sabia que os africâneres – que dividem com os africanos uma mesma história de pobreza –,
caso aceitassem a transformação representada pela nova democracia, seriam fundamentais para defendê-la.

Apesar de tudo isso, Mandela estava ciente das nuances no interior
das comunidades e que seria um erro se pintasse todos os africâneres com
uma pincelada só e deixasse de lado o fato de que, como grupo, tinham
diferenças sociais e divergências políticas em relação à transição.

Fora possível evitar a guerra civil e o recurso à violência para tumultuar as primeiras eleições democráticas, por parte dos defensores da autodeterminação africâner, mas, quando o novo governo assumiu, as dis-
sensões ainda grassavam com a mesma intensidade. Mesmo elas, todavia,
perderam força com a criação do Conselho do Volkstaat, que ajudou a
persuadir a comunidade africâner de que ela era parte integrante da África
do Sul como um todo. O senso de preservação africâner diante da inexorável onda transformadora foi uma motivação muito mais forte para que
o pessoal de linha dura decidisse participar do processo. Aproveitando a
ocasião, Mandela, que sempre procurava uma forma de conciliação com os
que podiam se sentir insatisfeitos, assegurou o caráter inviolável dos acordos, reduzindo assim o risco de ações destrutivas, que arruinariam o país.

Mandela não poupou esforços na determinação de evitar qualquer coisa
que pudesse desestabilizar o país. A maior parte dos tumultuadores era
movida pela emoção. Tempos depois, ele expôs a necessidade dos líderes de
submeterem as emoções ao pensamento racional. Disse a Oprah Winfrey:

> Nossas emoções diziam: "A minoria branca é inimiga. Jamais conversaremos
> com ela." Mas nosso cérebro dizia: "Se você não conversar com esse homem,
> o país pegará fogo e passará muitos anos inundado por rios de sangue." En-
> tão tínhamos de resolver esse conflito, e nossa conversa com o inimigo foi
> resultado do domínio da razão sobre a emoção.[14]

---

* A África do Sul sob o apartheid adotava uma segregação por cor que designava certos
serviços com base na classificação racial da pessoa.

Se De Klerk, ao esboçar uma tentativa de acordo com Mandela logo após sua libertação, já havia enfrentado oposição por parte dos figurões dos serviços de segurança do apartheid, não deixava de haver uma certa ironia, que Mandela deve ter apreciado, quando encontrou forte resistência de vários setores contrários ao *volkstaat*. Mandela, como sempre, tinha de se manter atento à intransigência de alguns setores dentro do CNA, que não admitiam que se concedesse qualquer território em favor de um grupo de interesses específicos; o compromisso do CNA era com um Estado sul-africano unitário. Mandela também sabia que, mesmo quando estava numa fase inicial de conversas com autoridades do apartheid, ainda na prisão, houve tentativas de dissociá-lo – e assim afastá-lo – de sua base política, o CNA. Nos escalões mais altos do CNA, sempre havia a sensação de que o regime – em sua veterana tática de dividir para reinar e semear confusões entre as fileiras do movimento de libertação – se empenhara em passar a impressão de que Mandela tinha "feito concessões".

Havia no CNA alguns radicais que ainda se abespinhavam com a transição, a qual, bem ou mal, ia avançando pacificamente. Os imbuídos do espírito de Harry Gwala, ou mesmo de Chris Hani, prefeririam uma tomada do poder na base das armas, com o MK, sem as restrições da política de negociação. Mas, para Mandela, estes eram os rounds cruciais numa luta de boxe, em que o oponente, depois de desferir seus golpes no começo da luta, começava a fraquejar nas pernas. Assim, para dar pleno andamento ao projeto de reconciliação, Mandela prosseguiu sem se deixar intimidar ou recuar nos compromissos anteriores para com o *volkstaat*, só para contentar alguns elementos dentro do CNA. Em junho de 1995, depois que o Conselho do Volkstaat apresentou seu primeiro relatório – em que abandonava a ideia de uma pátria africâner e optava por um Conselho Cultural de Cidadãos, uma sub-região de desenvolvimento econômico e uma parcela da área de Pretória –, Mandela respondeu no Senado às questões sobre o *volkstaat*:

> Sobre a questão mais geral no relatório do *Volkstaatraad* [Conselho do Volkstaat], quero reiterar que minha organização e eu pessoalmente estudaremos o relatório com grande atenção. Faremos isso levando em conta

a cooperação desses líderes para a transição pacífica. Ao mesmo tempo, mantemos o firme compromisso com os princípios da democracia, do não racialismo e da igualdade.[15]

Pareceu-lhe necessário lembrar ao Senado todos os incêndios que tinham conseguido apagar:

Muitos não sabem os perigos que este país enfrentou logo antes das eleições. Mas aqueles dentre nós que negociamos desde 1986, e principalmente logo antes da eleição, sabemos que estávamos à beira de uma catástrofe, que poderia levar este país a uma carnificina ... É fácil para vocês dizer que não haverá *volkstaat* neste país. É fácil para vocês porque não foram vocês que fizeram o trabalho. Não sabem os perigos que conseguimos evitar.

Não vou brincar de política barata com o futuro deste país. Se as pessoas mudaram e agora estão cooperando, nós, como líderes responsáveis, temos de sentar e ver como podemos atendê-las. Já falei antes, e quero repetir, que a decisão sobre a questão do *volkstaat* ficará com o povo da África do Sul. Ele é que vai nos dizer se quer ou não um *volkstaat*. Não é uma questão que vai ser simplesmente tratada de maneira oportunista.[16]

Imaginando que havia encerrado o assunto com os insatisfeitos, Mandela teve de enfrentar outro problema em março de 1996, quando uma comissão de esportes recomendou que se abandonasse o símbolo dos Springboks. Invocando a ameaça da direita, Mandela criticou gente de dentro e de fora do CNA que

não percebe que ainda persistem elementos poderosos entre os brancos que não aceitam a atual transformação e querem usar qualquer desculpa para mergulhar o país num banho de sangue. Esta é a realidade da situação. Mas muita gente não leva isso em conta.[17]

Outra questão sensível era o hino nacional. Antes da eleição de 1994, a solução provisória combinada entre o CNA e o Partido Nacional no

Conselho Executivo de Transição foi que se cantariam "Nkosi Sikelel' iA-frika" (Deus abençoe a África) e "Die Stem van Suid-Afrika" (O chamado da África do Sul), um depois do outro. Assumindo a presidência, Nelson Mandela encarregou uma equipe de criar uma versão bem mais curta e menos canhestra, juntando elementos dos dois hinos.[18]

Todavia, durante a redação da Constituição final, em setembro de 1996, o Comitê Executivo Nacional do CNA tomou duas decisões sobre o hino antes que Mandela chegasse à reunião. A primeira delas foi que a nova Constituição não especificaria o hino, que seria determinado pelo presidente no cargo. A segunda decisão foi que o hino nacional seria "Nkosi Sikelel' iAfrika", traduzido em quatro línguas. Mandela só soube disso após a reunião. Disse aos colegas no Comitê Operacional Nacional que tais decisões não deviam ter sido tomadas em sua ausência e solicitou ao CEN que as revisse.[19] A questão do hino ficou como estava na Constituição interina, e em outubro de 1997, quando a equipe concluiu seus trabalhos, Mandela anunciou que a composição híbrida seria o hino nacional.

Em todas essas ocasiões de reconciliação, Mandela estava disposto a correr riscos, sabendo que suas ações poderiam ser mal interpretadas. Não era novidade. No clima impulsivo e irrefletido da África do Sul pós-eleições, era fácil esquecer os riscos enfrentados, as apostas arriscadas para que o país chegasse aonde estava. Mandela começara como voluntário-chefe da Campanha de Desafio de 1952, depois tornando-se comandante supremo do MK em 1961, num período em que – tal como ocorria com os Cavaleiros da Liberdade do movimento americano pelos direitos civis no Deep South – um negro corria risco de vida se proclamasse seu direito de ser tratado como ser humano. Ser voluntário naquela época, aos olhos de uma polícia ansiosa para entrar em ação, era procurar encrenca.

Mandela assumiu riscos ao se tornar comandante supremo do MK, ao entrar na clandestinidade e, certamente, ao se levantar do banco dos réus e fazer um discurso de desafio, sabendo muito bem que o juiz que proferiria a sentença tinha poder de vida e morte sobre ele. Se a revisão de um sistema injusto demandara coragem, Mandela iria fatalmente saber que, para colocar esse mesmo sistema a serviço da democracia, seria necessária uma determinação ainda maior – e uma grande perspicácia.

Ele viu que precisava recorrer a suas reservas pessoais de força, habilidade e poderes de persuasão para lidar com as preocupações da comunidade negra. Tratava-se de pessoas que tinham sido sistematicamente enganadas pelo poder racista. Mas, quando ele saiu da prisão e declarou às multidões cheias de expectativa que vinha "não como profeta, mas como humilde servidor do povo", não era muito provável – em vista do clima altamente explosivo daquele período da história sul-africana – que o povo levasse a sério essa sua ressalva.[20] A soltura de Mandela, simbolizando libertar-se do fardo da opressão, da violência, da miséria e do sofrimento, era para o povo a realização de uma profecia. Ele personificava as promessas de inúmeras campanhas políticas anunciando a paz, a liberdade e a prosperidade. Muito embora o CNA e seus parceiros na Aliança Tripartite fossem amplamente não raciais, ninguém preparara as massas para o fato de que a caminhada, em seu avanço, seria redirecionada para a reconciliação.

Mandela adotara a via da reconciliação, o que significava inteirar-se dos temores dos brancos e convencer os temerosos a aceitar o caminho da paz. Se ele ganhara admiração por ouvir pontos de vista opostos, como disse o psicólogo e ativista antiapartheid Saths Cooper ao relembrar o tempo que passaram juntos na ilha Robben, agora Mandela tinha de atender a um eleitorado que, embora concordasse em quase tudo com ele, sentia-se descontente com suas preocupações com a reconciliação.[21] Neste caso, Mandela se viu na situação de precisar se defender cada vez mais da acusação de que sua bandeira da reconciliação significava atender aos receios dos brancos em detrimento das necessidades dos negros. Essa acusação persistiu, por mais que ele explicasse a relação dialética entre, de um lado, a reconstrução e o desenvolvimento e, de outro, a reconciliação e a construção nacional – e que os beneficiários da estabilidade resultante seriam todos os sul-africanos, particularmente a maioria negra. Esta fora uma característica de sua presidência desde o início. Respondendo a uma pergunta de um membro do CNA durante o debate orçamentário no Senado em 1994, Mandela se empenhou em esclarecer a questão: "O programa socioeconômico que nos colocamos exige imensos recursos. Não podemos enfrentar esses problemas se houver instabilidade no país", disse ele, acrescentando que o governo

> estava perante um problema que alguns de nós levantam de tempos em tempos. Refiro-me ao problema da minoria branca neste país, com seu histórico de privilégios, que excluiu os negros não só dos centros de poder, mas também do usufruto dos recursos do país.

A minoria branca, prosseguiu ele,

> agora está diante da possibilidade de uma relação conjunta com uma maioria que tem sido excluída – e isso provoca os sentimentos de insegurança de que as mudanças democráticas ... possam levar à dominação da maioria negra sobre os brancos. Falta a nossos parceiros brancos essa atitude em sua abordagem dos problemas no país.

O exato oposto se verificava entre os negros do movimento de libertação, que haviam interiorizado a resistência a tal ponto que ela se tornara uma tradição "num momento em que são chamados a construir, e creem que devem se opor a qualquer coisa que venha a resultar na reconciliação e na construção nacional".

Para ilustrar o argumento, Mandela contou um episódio, tipicamente satirizando a si mesmo, numa conversa que tivera

> com uma importante personalidade de língua africâner ... [que] disse que eu não fazia ideia do que havia feito pelo seu povo, os africâneres. Ele percebeu que este também era seu país. A seu ver, não fui apenas eu que fui libertado, mas ele também. Ele estava pronto para servir à África do Sul, e isso se devia à minha força.
>
> Eu começava a me inflar de orgulho quando ele se virou e falou que isso também era sinal de uma grave fraqueza de minha parte. Que eu me preocupava em tranquilizar os brancos e descuidava de meu próprio povo, que

me havia posto no poder. Respondi depressa citando o Projeto do Presidente, conforme combinado no Congresso.* Ele estava a par desses projetos e declarou que a impressão que haviam criado – e que era mais perigosa do que os fatos – era justamente a que me havia apresentado.

Ele continuou sua fala e me informou que a imprensa e os meios de comunicação de massa não estavam interessados nas coisas que eu lhe dizia. Ele sabia que eu não tinha abandonado meu povo, mas a impressão alimentada pelos meios de comunicação era a de que eu não atendia aos assuntos do país. Espantam-se que um homem que passou muito tempo na cadeia agora adote essa abordagem conciliatória. Criaram essa impressão de que é a única coisa que me importa. Era como se até meus próprios camaradas, que conhecem minhas atividades entre nosso próprio povo, tivessem sido enganados por essa propaganda alimentada pelos meios de comunicação.

Mandela então passou para a pergunta que seu interlocutor do CNA lhe fizera:

Meu camarada agora me alertava que havia um elemento de verdade na afirmativa de que eu tenho descuidado de nosso povo e que agora estou me concentrando nos brancos. Todavia, entendo o espírito em que se diz isso, pois as pessoas estão com raiva, impacientes, sofreram por séculos e continuam a sofrer ainda hoje ... o Programa de Reconstrução e Desenvolvimento está aí para atender às necessidades básicas das massas do povo neste país. Essas necessidades são as dos negros – isto é, africanos, mestiços e indianos. Este é o objetivo do PRD.

O Governo de Unidade Nacional neste país se sustentará ou cairá a depender do cumprimento de todos os projetos presentes no PRD. Nossos ministros estão trabalhando 24 horas por dia para garantir que melhoremos

---

* Tratava-se de projetos que ficavam sob a supervisão direta do presidente, entre eles a assistência médica gratuita a mulheres grávidas e a crianças com menos de seis anos, um programa de merenda escolar para as escolas primárias carentes, a instalação de energia elétrica em 350 mil lares e a restauração de serviços de atendimento e geração de empregos nas áreas rurais.

a vida de nosso povo, que haja empregos suficientes, escolas, instalações de ensino e moradias suficientes, energia elétrica, transportes e instalação de redes de água potável. Todos esses projetos se destinam a servir aos interesses e às necessidades básicas das massas do povo neste país.[22]

As mudanças criadas pela nova democracia reduziam o Partido Nacional, antes um bastião da expressão política africâner, a um parceiro minoritário num governo de transição. Os dirigentes das forças de segurança, do serviço público e do Banco Central tinham sido temporariamente mantidos em seus cargos em nome da estabilidade, e o partido ultraconservador da Frente da Liberdade concordara em proceder politicamente apenas pelos meios legais e constitucionais.

Mas a menor representação não se traduzia num menor poder na sociedade branca. Os brancos saíam com vantagem no controle dos recursos econômicos, em detrimento da maioria negra, que sofria o impacto de séculos de desigualdade estrutural, cujos efeitos não podiam ser sumariamente anulados. Os negros podiam ser maioria, mas as instituições culturais, educacionais, religiosas e até agrícolas da África do Sul formavam a base do poder branco. E foi isso o que disse Mandela numa recepção oferecida pelo prefeito de Pretória em 26 de agosto de 1994.[23]

Assim, a reconciliação precisava ir além das instituições formais e envolver diretamente os diversos setores da sociedade. Para não fugir à regra, foi Mandela quem se pôs a surpreender as expectativas, sobretudo na adoção de símbolos que eram africâneres em sua própria quintessência. Sua enfática – e inesperada – demonstração de apoio ao time nacional de rúgbi na Copa do Mundo de 1995 foi um dos primeiros exemplos disso. Logo a seguir, ele ofereceu um chá da tarde às viúvas de líderes dos dois campos de luta em sua residência oficial em Pretória. Além disso, foi visitar as que estavam demasiado frágeis para comparecer, entre elas Betsie Verwoerd, viúva do odiado arquiteto do apartheid, dr. H.F. Verwoerd, em sua casa em Orânia, no Cabo do Norte. Quando P.W. Botha sofreu um derrame, Mandela foi visitá-lo no lar de idosos em George, no Cabo Ocidental. Como os meios de comunicação cobriram esses momentos pungentes – um Mandela grisalho ouvindo com paciência os sermões de P.W. Botha sobre as consequências das políticas do governo, ou ajudando Betsie Verwoerd a ler uma reivindicação em africâner de um *volkstaat* –, essa política de inclusão ganhou contornos nacionais. Mas o que também ganhou contornos nacionais foi o fato de que Mandela estava no comando.

Alguns dias depois da vitória na Copa do Mundo de Rúgbi, Mandela recebeu representantes de vinte organizações, basicamente conservadoras ou direitistas, numa iniciativa organizada por Constand Viljoen, o dirigente da Frente da Liberdade. Numa dessas ocasiões, quando um jornalista lhe perguntou sobre as razões de tais encontros, Mandela explicou que se tratava da reconciliação e construção nacional. Como disse, era importante "manter abertas as linhas de comunicação entre tais organizações e o governo, eliminar qualquer mal-entendido que pudesse levar a tensões".[24]

Falando na Afrikaanse Taal-en Kultuurvereniging, conhecida como ATKV (Associação Cultural e Linguística Africâner), Mandela declarou que entendia seus receios de uma política linguística que prejudicasse os africâneres. Assegurou que a proteção e promoção de todas as línguas do país, entre elas o africâner, constituíam uma política inabalável do governo e do CNA.[25]

Em 1996, o Ruiterwag, ala da juventude do Broederbond – agremiação poderosa e bastante fechada que tinha como objetivo principal promover a cultura, a economia e o poder político africâneres –, convidou Mandela para uma conferência de jovens líderes africâneres. Mandela os exortou a incentivar suas comunidades a ter papel ativo na reconstrução e no desenvolvimento.[26]

Ainda no embalo do encontro com os jovens líderes africâneres e querendo dar seu recado para a sociedade como um todo, Mandela foi às pressas para o Estádio FNB, em Joanesburgo, que estava lotado para o começo do Campeonato Africano das Nações de futebol. Lá, sua voz foi abafada pelo som de aviões que sobrevoavam a área, enquanto ele estourava o tempo concedido explicando aos torcedores que acabava de vir do encontro com o Ruiterwag africâner.

Mandela também foi a universidades como Stellenbosch, Pretória, Potchefstroom – historicamente de língua e cultura africâneres –, e falava em igrejas, geralmente a convite, mas às vezes sem convite, para o grande prazer da congregação. Onde havia uma tendência viva de defender uma identidade africâner, lá ia ele falar. A mensagem era sempre a mesma. Como escreveu:

> Para mim, é da maior importância que todos nós participemos de uma discussão séria sobre nosso futuro comum neste país ... Na última vez que falei do legado de reconciliação e unidade nacional que quero deixar, os mercados quase quebraram. Espero que isso não aconteça outra vez. Mas gostaria de repetir, hoje, que considero uma de minhas tarefas mais importantes trabalhar pela reconciliação nacional e deixar como legado um país em que exista uma paz duradoura, em que todas as pessoas e grupos vivam juntos em mútua aceitação, respeito e consenso nacional.[27]

Ciente de que os africâneres estavam preocupados com o ensino africâner e as escolas africâneres, ele distribuía cópias da Carta da Liberdade ao público que o ouvia. Dizia-lhes que a Carta, elaborada e aceita em 1955 no Congresso do Povo,

> é o documento político fundamental do CNA. Ainda hoje é a diretriz básica da organização. Então, quando falo em reconciliação e respeito por todas as línguas e culturas de nossa terra, não é, como dizem muitas vezes, apenas uma posição individual. É uma posição contida na linha política fundamental do CNA, o partido majoritário no Governo de Unidade Nacional. Estou dizendo isso para que vocês saibam que o respeito pela diversidade de nossa sociedade tem raízes fundas na organização política que hoje governa nosso país ...
>
> A luta de libertação, que foi travada por oito décadas em nosso país, estava alicerçada na profunda reflexão e busca de respostas para perguntas sobre a natureza de nossa sociedade. Uma que tem ocupado constantemente o movimento de libertação é a chamada "questão nacional". Como acomodar os interesses dos diferentes grupos nacionais dentro de uma unidade não racial? E é importante, antes de começarmos essa discussão sobre os interesses africâneres, lembrar que a questão nacional não diz respeito apenas aos

africâneres. Se se indaga sobre o lugar de uma cultura ou grupo linguístico em nossa terra comum, deve-se então considerar ao mesmo tempo os interesses dos outros.

Mandela frisou que o futuro do africâner

não pode ser equiparado ao racismo. Ao mesmo tempo, existe uma minoria que quer realmente explorar a questão para fins racistas. Existe uma minoria que usa o pretexto da preocupação com o africâner para tentar proteger privilégios atuais, interpondo-se no caminho das transformações, que atendem ao interesse da nação como um todo.

Os que estão genuinamente preocupados com o africâner devem se manifestar contra essa abordagem e contra os que a adotam. Com isso, vocês também ajudarão a garantir que a maioria de seus compatriotas não desconfie de intenções ocultas sempre que se levantar a questão do africâner.

Sempre extremamente conciliador, Mandela exortou os africâneres a "conduzir essa discussão com espírito positivo! Estamos aqui para nos ouvirmos uns aos outros e procurar soluções para quaisquer problemas que possam existir".[28]

Quando Mandela assinou o Acordo sobre a Autodeterminação Africâner entre a Frente da Liberdade, o CNA e o Partido Nacional, em abril de 1994, tal acordo incluía a ideia de um *volkstaat*, e se dissiparam as nuvens de uma guerra civil.

No dia em que Mandela foi eleito presidente, ele quebrou o protocolo ao deixar a procissão cerimonial, entrando na Assembleia Nacional para trocar um aperto de mãos com Viljoen, agora membro do Congresso. Viljoen conta que Mandela lhe disse, após a cerimônia de posse: "Tenho um grande desejo de ser presidente não só do CNA, mas presidente de todos, e quero lhe dar livre acesso a meu escritório. Se você tiver qualquer coisa sobre os africâneres que gostaria de vir discutir, basta dizer."

"E acredite", diz Viljoen, "nunca tive que esperar mais que dois dias para ver o presidente, quando havia algo que queria discutir."[29]

A existência de um Conselho do Volkstaat ganhou continuidade entrando na nova Constituição como instituição transitória.[30] Houve também concordância quanto ao reconhecimento constitucional dos direitos das comunidades voluntárias, como alternativa aos direitos de grupo do apartheid. Isso, por sua vez, lançou as bases para conselhos culturais voluntários em todas as esferas do governo e a criação da Comissão para a Promoção e Proteção dos Direitos das Comunidades Culturais, Religiosas e Linguísticas (também conhecida como Comissão CRL), com poderes para investigar queixas e resolver conflitos.[31]

Na verdade, porém, o Conselho do Volkstaat não fez grande coisa. Seus recursos secaram em 1999, a legislação em que se fundava caiu em 2001 e seus relatórios passaram para a Comissão CRL. A ideia de que os interesses africâneres precisavam de um território separado ou de um partido político próprio perdera a força de outrora.[32]

O Conselho do Volkstaat havia oferecido um fórum, como que uma arca em que um povo podia se abrigar durante uma tempestade, mesmo que fosse mais imaginária do que real. A verdade era que a turbulência das águas se acalmara. A mudança do poder político teve seu papel nisso, além da reconciliação e, em especial, a decisão de Mandela de dedicar grande parte de suas energias a um envolvimento com a sociedade africâner. Ele fez isso ciente do histórico de antipatia em relação aos africâneres. "Os sentimentos se exacerbam muito quando nosso povo pensa no africâner, o grupo que domina as instituições políticas do país, e fica difícil travar uma discussão sensata."[33]

Como ponto de partida, ele adotou a ideia de que era equivocado "tratá-lo [o africâner] como um grupo homogêneo com posição uniforme e inalterável em assuntos raciais, sustentando que não haveria utilidade nenhuma em tratar com ele".[34]

Mandela prosseguiu inabalável, falando àqueles africâneres que, a seu ver, podiam participar do projeto de construir uma democracia estável. De início, foi uma atitude desconcertante, sobretudo para alguns dos próprios africâneres. Assaltados por um sentimento de culpa, eles naturalmente esperavam uma reação hostil e vingativa de Mandela e do povo negro que ele liderava. Quando aconteceu o inverso, houve surpresa, perplexidade e – segundo a famosa poeta e acadêmica Antjie Krog – muito mais.[35] No contato de Krog com integrantes da comunidade africâner durante o período em que fez a cobertura radiofônica da Comissão de Verdade e Reconciliação, ela viu que os africâneres interpretavam a disposição de perdoar dos africanos como sinal de fraqueza e inferioridade. Pelo raciocínio deles, se os africâneres tivessem sofrido metade do que o povo africano sofrera, o país estaria mergulhado em sangue.

Em julho de 1995, o jornal *South African Times*, sediado em Londres, perguntou a várias pessoas quais seriam seus votos de aniversário a Mandela, baseando-se no que imaginavam que seriam os desejos de Mandela. O satirista Pieter-Dirk Uys comentou em resposta:

> O que Mandela iria querer? Uma vida longa? Sim, sim, claro. Uma vida feliz? Desejamos de todo o nosso coração. Uma vida normal? Como? Ele não precisa provar nada. Agora, perigosamente, pode espicaçar e contestar, como uma espécie rara ameaçada de extinção, para divulgar seu ponto de vista. Isso é muito evidente. O homem está empenhado em perdoar e reconciliar. O homem encarna o que há de melhor em todas as religiões. Ama teu próximo, mesmo que ele tenha te trancafiado por 27 anos![36]

"Foi Mandela", comentou Viljoen mais tarde, como se finalmente encaixasse a última peça do quebra-cabeça. "Mandela encantou os africâneres. Ele era tão aceitável, criou uma expectativa tão grande de uma verdadeira solução na África do Sul, que até o povo africâner aceitou a ideia."[37]

A COMISSÃO DE VERDADE E RECONCILIAÇÃO (CVR), presidida pelo arcebispo Desmond Tutu, tornou-se o símbolo da nova África do Sul tal como o apartheid a simbolizara no regime antigo, ficando atrás apenas da nova Constituição. Para a comunidade internacional, foi uma vívida demonstração da corajosa missão da África do Sul em aprofundar a democracia.

Desde o início, a comissão investigava violações dos direitos humanos e desenvolveu mecanismos para os que reconheciam seus crimes. A verdade nua e crua sobre os esquadrões da morte do regime de apartheid e a violência da Terceira Força tinha vindo a público por obra de jornalistas denodados, em especial do *Vrye Weekblad* e do *Weekly Mail*. Enquanto as audiências se desenrolavam sob o olhar impassível das câmeras, o pleno horror que fora perpetrado em apoio ao apartheid chegava às salas de estar de um público que não podia mais se dar ao luxo de alegar ignorância. O processo também abordou as brutais violações de direitos humanos cometidas durante a luta de libertação. Assim, aos olhos dos investigados, que em geral viam suas ações pelo prisma da transgressão justificável, a CVR parecia estar batendo em todo mundo indiscriminadamente. Em todo o país discutia-se se as violações cometidas pelos combatentes da liberdade poderiam de alguma maneira se comparar à violência do Estado sob o apartheid.

Sem um líder com a estatura e a posição moral de Mandela, a CVR não teria concluído seu trabalho. Ele teve de enfrentar controvérsias sobre a CVR a cada etapa: durante as negociações sobre a legislação que a criou, na nomeação dos integrantes da comissão, durante as audiências e quando o relatório finalmente foi publicado.

Por exemplo, aproveitando o convite das "portas abertas" que lhe fizera Mandela, de início Constand Viljoen tentara convencê-lo, sem sucesso, a adotar posição contrária à CVR, dizendo que ela teria consequências mais negativas do que positivas.[38] Embora mais tarde Viljoen tenha se persuadido dos méritos de participar da CVR, ele precisava levar em conta a posição vulnerável em que ficariam seus adeptos caso se mantivesse o prazo-limite para os réus políticos pleitearem anistia, a saber, 6 de dezembro de 1993 à meia-noite, data em que se instaurou o Conselho Executivo de Transição. Ele recorreu à ajuda de Alex Boraine, vice-presidente da CVR, para convencer Mandela a transferir o prazo final para 10 de maio de 1994, de modo que ele e seus adeptos pudessem pleitear anistia pelo envolvimento nos planos de tumultuar as eleições por meio da violência. Com o apoio de De Klerk, Mandela resistiu a Viljoen. No entanto, o general reformado teve sua persistência recompensada quando finalmente conseguiu convencer Mandela a apoiar uma prorrogação do prazo para a entrega dos pedidos de anistia de dezembro de 1993 para a data da posse de Mandela em 1994.

Mandela não se sentiu muito à vontade com a decisão: "Estivemos negociando... desde 1990, e os que cometeram crimes após o início das negociações, a meu ver, não têm qualquer direito a contemplações." Apesar disso, ele reconheceu o papel de Viljoen: "Conseguimos evitar uma situação como a da Bósnia devido à cooperação de dirigentes de um amplo leque de filiações políticas ... Eu não podia continuar a ignorar seus persistentes apelos a mim."[39]

Mais tarde, Viljoen compareceu à CVR e pediu anistia por seus planos de tumultuar à força as eleições.

Niël Barnard, ex-chefe do Serviço Nacional de Inteligência que iniciara tratativas secretas com Mandela na prisão, em nome de P.W. Botha, também tentou prevalecer sobre ele. Marcou um encontro com Mandela e Johan van der Merwe, chefe da polícia, numa casa sob segurança. Os dois altos funcionários da segurança tentaram argumentar que o processo todo seria divisionista e não resultaria em nenhum benefício permanente. Mandela ouviu até o fim, disse que entendia seus argumentos, mas que discordava deles. Eles tinham de abrir e revelar o passado para informar ao povo o que havia acontecido. Era a única maneira de cicatrizar as feridas do país.[40]

Não ia ser fácil.

Convocado para comparecer perante a CVR, em outubro de 1997, P.W. Botha se recusou, criando um dilema para Mandela.

Numa entrevista à South African Broadcasting Corporation, Mandela assinalou que era um

erro pensar que essa transformação simplesmente se deu sem qualquer dificuldade. Estávamos aqui diante de uma situação de guerra civil, em que a direita resolveu impedir a eleição por meio da violência. Tivemos de negociar, de recorrer a pessoas de influência que fossem capazes de deter isso. Não vou dizer que foi tal ou tal indivíduo que nos ajudou nesse aspecto. Mas tivemos de recorrer a pessoas que eram nossos inimigos mortais a fim de anular aquilo. E precisamos pensar nisso quando surgem os problemas.

Falei com P.W. Botha duas vezes sobre essa questão da CVR. Falei com todos os seus discípulos. Informei as Forças Armadas Sul-Africanas, as Forças Policiais Sul-Africanas, a Igreja Reformada Holandesa e outros, porque sei um pouco mais do que vocês quanto ao que se passa sob a superfície.

E é um grave erro encarar as questões do ponto de vista do que vocês enxergam e todo mundo percebe. Existem questões que muita gente desconhece e precisam ser levadas em conta. É preciso tentar neutralizar essa situação. Mas nossa determinação a esse respeito não pode chegar ao ponto de permitir que as pessoas desafiem a lei. Fiz minha parte e posso lhes assegurar que P.W. Botha não está acima da lei, e nunca permitirei que desafie a CVR. Insisti com sua família para que ajude a impedir sua humilhação. Se ele continuar nessa linha, a lei terá de seguir seu curso. Não há qualquer dúvida a esse respeito.[41]

Arrastar um indivíduo como P.W. Botha, o último dos generais guerreiros africâneres, perante um tribunal era uma proeza e tanto. Mas, ainda que Mandela tivesse procurado o auxílio de Botha para acalmar a direita, doida por uma briga, para ele o mais importante era que a lei imperasse. A lei era a lei. Ele não queria ver o velho comandante no pelourinho, mas, se assim tivesse de ser, assim seria. Dessa forma, Mandela pediu a Barnard que o ajudasse a convencer Botha. Barnard declinou. Botha não cederia. Obrigá-lo seria apenas convertê-lo em mártir.[42] Talvez Barnard estivesse certo ou – talvez mais provável – simplesmente não quisesse se meter com Botha, o qual ficara ainda mais irascível com a idade. Mandela podia ser um homem de convicções firmes, mas não era estouvado. A última coisa que queria era ressuscitar o fantasma da insurreição africâner. Botha acabou jamais comparecendo à CVR.

O relatório da Comissão de Verdade e Reconciliação, publicado em 1999 em sete volumes, alguns deles com centenas de páginas, foi um trabalho laborioso e muitas vezes penoso. Uma parte dele pretendia "oferecer uma visão geral do contexto em que se desenvolveu o conflito e ocorreram graves violações dos direitos humanos". O volume 2 se concentrava "nos responsáveis por graves violações dos direitos humanos e nas tentativas de entender os padrões de transgressão, as formas das graves violações dos direitos humanos e a autorização e responsabilidade final por elas".[43]

Fora igualmente difícil conduzir o processo e compilar dados úteis. Apesar dessas dificuldades,

> foi reunido um enorme conjunto de documentos ... Todavia, as fontes de informação, embora ricas, não estavam igualmente distribuídas, apresentando dificuldades na identificação das organizações e indivíduos que torturaram, mataram e cometeram outras graves violações. Os pedidos de anistia recebidos de ex-integrantes da Polícia Sul-Africana (PSA) constituem uma fonte inestimável de novos materiais. A Comissão recebeu muitas solicitações de policiais reformados ou na ativa, especificando o papel que tiveram em graves violações dos direitos humanos. Alguns desses casos, como a morte do sr. Steve Biko na casa de detenção, eram bastante conhecidos no país e no exterior; outros eram desconhecidos para além de um reduzidíssimo círculo dos próprios perpetradores. As informações contidas nos pedidos de anistia revelaram um grau mais profundo de verdade sobre o destino de numerosas vítimas.[44]

Como seria de se esperar, houve ressalvas e críticas de todos os lados. Ciente delas, Mandela aceitou o relatório e declarou:

> Não tive qualquer hesitação em aceitar o relatório da CVR que me foi apresentado em outubro, com todas as suas imperfeições.
>
> Era inevitável que uma tarefa de tal magnitude, feita em tão curto tempo e tão cedo num processo que ainda levará muitos anos para terminar, sofresse várias limitações. E, de fato, o próprio relatório destaca muitas delas.
>
> Também era inevitável, em vista da natureza das divisões que ainda atravessam nossa sociedade e das feridas frescas que ainda precisam cicatrizar, que os julgamentos de tal organismo entrem em conflito com a maneira como uns ou outros dentre nós enxergam as questões.
>
> Como antecipamos, quando o relatório foi entregue em outubro, surgiram questões sobre uma imparcialidade artificial que parecia colocar os

combatentes de uma guerra justa ao lado daqueles a quem se opunham e que defendiam um sistema desumano.

E, ainda mais, as consequências práticas do compromisso que deu origem ao processo de anistia como instrumento de transição pacífica são dolorosas para muitas das vítimas das violações dos direitos humanos e suas famílias.

Muitos dos que perderam entes queridos ou viveram o terror aparentemente incompreensível em sua cínica desumanidade hão de se espantar com o que parece ser a negação da inexistência de uma "terceira força": a existência de uma estratégia e programa deliberados dos poderes para fomentar, como faziam, a violência entre os oprimidos, para armar e liderar grupos que semeavam a morte e a destruição antes e principalmente depois de 1990 ...

Questionou-se também a parcialidade ou imparcialidade da Comissão. E houve quem tentasse encontrar no trabalho desse organismo uma caça às bruxas contra um grupo linguístico específico.

Não cabe a mim me pronunciar sobre todas essas questões, e algumas delas certamente poderão aparecer a outra luz quando a CVR fizer uma exposição mais completa, depois de terminado o processo de anistia.

Caberá ao debate nacional que hoje aqui iniciamos chegar a uma solução onde for possível.[45]

Tendo reconhecido os problemas, Mandela insistiu na necessidade de um reconhecimento nacional dos acontecimentos ocorridos no passado e de um esforço conjunto para que as recomendações da CVR se tornassem realidade:

O sucesso da reconciliação e da construção nacional dependerá de que todos os setores da sociedade reconheçam junto com o mundo, como fez a CVR, que o apartheid foi um crime contra a humanidade, cujas crueldades ultrapassaram nossas fronteiras e espalharam as sementes da destruição que ainda hoje continuamos a colher.

Sobre isso não pode haver qualquer dúvida: pois é este reconhecimento que está no próprio cerne do pacto nacional que é nossa nova Constituição, de nossa nova democracia e da cultura dos direitos humanos que estamos construindo juntos.

Apesar de todas as suas limitações, a CVR realizou um trabalho colossal ajudando nossa nação na compreensão disso.[46]

Fossem quais fossem seus êxitos e suas limitações, a CVR ofereceu uma oportunidade – plena vista da atenção nacional e mundial – de iluminar claramente os crimes inconfessos e os sofrimentos do passado.

Mas as reações à CVR continuaram a divergir muito. Um levantamento do Conselho de Pesquisas em Ciências Humanas em dezembro de 1998 mostrou a polarização. Entre o povo africano, 72% consideravam a CVR "boa para o país", e o mesmo percentual entre o povo branco considerava-a ruim.[47]

Alguns dos entrevistados no levantamento – entre eles os que julgavam a cooperação relutante e forçada de perpetradores como De Klerk e outros do Partido Nacional como uma grave traição – queriam que o passado ficasse no passado. Para eles, era difícil reconhecer a cumplicidade – ou as vantagens – com um sistema que estava sendo exposto como algo anacrônico. Não poucos se refugiaram no argumento de que o fato de terem concordado em ceder o poder político já era pena suficiente.

Mas, para algumas vítimas, reviver as horrendas experiências era retornar a traumas esquecidos. Havia entre a maioria a expectativa de que – para além das indenizações – o processo da CVR obtivesse dos beneficiários do apartheid uma contribuição para corrigir os erros históricos por meio de uma transformação mais rápida.

Mandela sabia dessas tensões, assim como estava atento ao fato de que uma parcela considerável da comunidade branca viera gradualmente a concordar com o processo da CVR e suas implicações para o novo regime constitucional. Em seu Discurso à Nação de 1997, Mandela reconheceu que o governo estava

ciente das preocupações de alguns africâneres em relação, especificamente, ao trabalho da Comissão de Verdade e Reconciliação.

Evidentemente, não é mais tão fácil quanto era antes falar de forma monolítica sobre os "africâneres", assim como não é mais tão simples a ninguém alegar que está falando em nome do povo africâner.

Os africâneres estão espalhados por toda a nossa sociedade em diversas esferas, mantendo diversas posições e diversos pontos de vista, falando em diversas vozes.

Os africâneres formam parte indissociável de nossa nação variegada, refletindo entre eles próprios a rica diversidade que é a força dessa nossa nação.

No entanto, ouvimos as vozes que se erguem em africâner sobre a CVR, vozes sugerindo que ela constitui uma caça às bruxas.

Ressaltando que os objetivos da CVR estavam claramente expostos na Constituição interina e na legislação, Mandela recomendou aos parlamentares – e ao país em geral – que todos deveriam

emergir desse processo com uma imagem mais clara dessa parte de nossa história. Devemos fazer justiça até onde nos for possível àqueles que sofreram e devemos seguir até o fim o caminho para a reconciliação duradoura, decididos a nunca mais repetir tais injustiças uns contra os outros.

Não há lugar para qualquer ideia de que algum grupo racial, étnico, linguístico, religioso ou o que for, esteja coletivamente no banco dos réus. A diversidade do povo africâner significa que os africâneres saberão que, quando um perpetrador africâner de graves violações dos direitos humanos comparece diante da Comissão, não são os africâneres em geral que estão sendo responsabilizados. Porque, como ocorre com outras comunidades linguísticas e culturais, não faz parte da natureza do africâner enquanto tal ser brutal com os outros.

Todos nós, como nação que acaba de encontrar a si mesma, partilhamos a vergonha perante a capacidade de seres humanos de qualquer raça ou grupo linguístico de serem desumanos com outros seres humanos. Todos nós devemos participar do compromisso com uma África do Sul onde isso nunca mais se repetirá.[48]

Mandela se engajou no impulso de reconciliação na plena esperança de que uma futura África do Sul superasse todos os horrores do passado, infligidos à maioria da população. Como em muitas lendas de coragem, o homem ou a mulher precisam inicialmente se afastar e viver grandes privações para poder voltar e servir ao povo. Nas noites de mormaço sufocante nos acampamentos do CNA em Angola, os soldados cantavam e dançavam na "Hora do Jazz", um momento de reafirmação. Enquanto a diversão prosseguia, uma parte de um pelotão dava aulas de alfabetização aos analfabetos, depois que vazara pelos muros da ilha Robben e percorrera milhares de quilômetros a notícia de que Mandela e os demais presos políticos estavam estudando e se preparando para voltar à terra natal.

11. Transformação social e econômica

QUALQUER ESTUDIOSO DE HISTÓRIA – e Nelson Mandela certamente o era – concordaria que os brancos que haviam se beneficiado com os saques do passado e ainda tinham firme controle das instituições socioeconômicas iriam lutar com unhas e dentes para preservar o status quo. No entanto, quando perceberam que não haveria nenhuma subversão traumática e que o constante brado para "perseguir e expulsar o branco" era tão vazio quanto o grito das gaivotas, mudaram de toada e passaram a atribuir todos os males sociais à incompetência do governo.

Dentro dos muros da prisão, à frente das negociações para a transição ou, por fim, como representante do CNA e da democracia nas eleições, Mandela sempre estivera a par dos problemas da África do Sul – as ameaças da direita e os altos índices de pobreza e criminalidade –, mas só veio a enxergar o quadro geral depois de subir ao poder. Estando no governo, logo percebeu que o maior problema era o socioeconômico.

Ao início do Governo de Unidade Nacional, Mandela não pôde ignorar a análise econômica feita pelo próprio Programa de Reconstrução e Desenvolvimento. A seção sobre economia afirma que "a economia sul-africana se encontra numa crise estrutural profunda e, como tal, exige uma reestruturação completa".[1] Isso se devia ao fato de que a minoria branca passara décadas utilizando seu acesso exclusivo ao poder político e econômico para promover seus próprios interesses, em detrimento da maioria negra. A África do Sul "agora tem um dos padrões de distribuição de renda e riqueza mais desiguais do mundo".[2] Falando em Adis-Abeba em 15 de dezembro de 1994, o secretário argelino da Comissão Econômica das Nações Unidas para a África (CEA) Layashi Yaker fez uma avaliação da economia africana em 1994 e das perspectivas para 1995. Segundo ele, o crescimento econômico da África do Sul ganharia impulso se "a mão de obra e o patronato... construírem uma nova relação pragmática, baseada num entendimento mútuo das preocupações básicas de cada lado ao se disporem a corrigir as distorções do mercado de trabalho consolidadas por quarenta anos de apartheid".[3]

Para Mandela, seu mandato no governo era o primeiro passo para tratar da herança econômica do apartheid caracterizada por desequilíbrios pesando sobre a maioria negra.

Para o novo governo, os primeiros passos para enfrentar o déficit socioeconômico foram dados na reunião do novo gabinete no dia seguinte à posse. Eles não tinham nenhuma linha de ação definida, a não ser um programa geral de mudar o país segundo os preceitos formulados em debates, conferências e fóruns populares. Um item registrado naquele dia enuncia: "O presidente ressaltou a importância da implementação imediata e entusiástica do Programa de Reconstrução e Desenvolvimento e conclamou todos os membros a darem seu apoio."[4]

Essa missão tinha suas origens em *Prontos para governar*, o grande programa político geral adotado na Conferência Nacional do CNA realizada no final de maio de 1992. A polêmica questão da propriedade estatal *versus* a privatização dos recursos econômicos também fora discutida. Ao sair da prisão, Mandela era um ardoroso defensor da nacionalização de setores-chave da economia, posição que fora obrigado a rever, como vimos no Capítulo 4. Na esteira da redução global das restrições à mobilidade do capital, o CNA formulou diretrizes contemplando uma economia mista.

A conferência Prontos para Governar, de 1992, registrara formalmente essa mudança, reconhecendo a necessidade de uma flexibilização, após um debate que se prolongou por horas. A partir daí, o programa do CNA passou a evitar as palavras "privatização" e "nacionalização". A propriedade pública se expandiria de maneira flexível, segundo "a proporção em que se evidencie que a reestruturação do setor público alcançará objetivos nacionais".[5]

A despeito das definições, quando o governo pôs em pauta a privatização de bens públicos, houve grandes divergências dentro do CNA. Mas a posição de Mandela foi que isso "deveria ser resolvido em negociações caso a caso".[6]

O país estava nas garras de uma crise econômica cuja gravidade se evidenciou ainda mais após a eleição. A necessidade de contorná-la levara o CNA à decisão de trabalhar por um Governo de Unidade Nacional, em vez de prolongar um processo de mobilização de massa e negociações que, ainda que bem-sucedido ao fim, teria um enorme custo.

O Estado não tinha condições de implantar programas de melhoria das condições de vida do povo, em especial dos pobres. Fragmentado segundo as linhas do apartheid, o Estado fora eficiente apenas para atender aos interesses da minoria branca e sufocar a maioria. Expandira-se artificialmente para acolher o patronato, tanto no governo nacional quanto nas administrações subordinadas. Devido a esse foco estreito, era ineficiente no desenvolvimento de políticas sociais. Por exemplo, os representantes do CNA envolvidos nas negociações para a criação de um Conselho Executivo de Transição ficaram surpresos ao descobrir que o Estado de apartheid dispunha apenas de frágeis mecanismos de controle e supervisão financeira.[7] A condução estratégica e a coordenação nacional tinham sido exercidas, em larga medida com preocupações referentes à segurança, pelo Sistema de Coordenação da Segurança Nacional, que De Klerk desmontara em 1989, deixando um vazio ainda maior.

Em vista do legado sistemático de desinteresse e empobrecimento, seria preciso, para enfrentar a pobreza e a desigualdade, uma ampla transformação do Estado e um crescimento sustentado, com redistribuição de renda.

A elaboração da arquitetura política e legislativa para a mudança foi iniciada rapidamente. A primeira reunião ministerial completa pôs na mesa cerca de vinte memorandos. Pode-se atribuir o mérito à capacidade da secretaria do gabinete, que indicara já de início que os memorandos ministeriais e departamentais eram a matéria-prima das reuniões de gabinete.[8] Eram os primeiros passos de longos procedimentos; alguns memorandos levavam até dois anos para se converterem em Documentos Oficiais – e, depois disso, ainda mais tempo para ganhar autoridade operacional na legislação. Portanto, as mudanças tolhidas pela opressão não se concretizariam imediatamente com o advento da democracia. Os primeiros anos foram dedicados à preparação do arcabouço legislativo que capacitasse o Estado a realizar a transformação tão necessária e tão longamente esperada.

As pesquisas mostravam, às vezes de maneira irrealista, que as camadas pobres aceitavam em larga medida que as mudanças significativas iriam demorar. Na realidade, o espectro da impaciência explosiva nunca se afastava dos debates nacionais. Sempre otimista, Mandela, atento à impaciência, dizia que levaria "pelo menos cinco anos" para que as mudanças apresentadas no manifesto político criassem raízes.[9]

Assim, foi com grande senso de urgência que os programas concentrados nas "principais áreas de extrema necessidade" tiveram de ser implementados nos primeiros cem dias de governo, como anunciou Mandela em seu discurso ao Congresso em maio de 1994.[10] Eles se encaixariam em atividades preexistentes; seu êxito causaria um impacto visível; os números mostrando esse avanço teriam presença constante nas mensagens do presidente. Outros projetos, porém, demandavam mais tempo de preparação. Implantar reformas habitacionais e fundiárias era como construir um castelo, exigindo alicerces fundos e muros sólidos para enfrentar os vendavais. Os programas tinham de lidar com obstáculos profundamente arraigados no Estado e na sociedade sul-africana em geral.

A moradia e a terra são centrais em qualquer luta de libertação, e Mandela sabia muito bem disso. Em suas memórias inéditas, ele escreve:

O saque das terras autóctones, a exploração de suas riquezas minerais e outras matérias-primas, o confinamento de sua população em áreas específicas e a restrição de seus movimentos têm sido, com notáveis exceções, a pedra fundamental do Colonialismo em toda a terra.

Esta foi a forma que o Colonialismo britânico adotou na África do Sul, a tal ponto que, após a aprovação da Lei da Terra de 1913 pelo governo sul-africano, uma minoria branca mal chegando a 15% da população do país possuía cerca de 87% da terra, ao passo que a maioria negra – africanos, mestiços e indianos – ocupava menos de 13%. Estes eram obrigados a viver na pobreza e na miséria ou a procurar emprego nas fazendas brancas, nas minas e em áreas urbanas.

Quando seu Partido Nacionalista [sic] subiu ao poder, em 1948, os africâneres procederam com incrível crueldade e tentaram roubar os negros até mesmo desses parcos direitos à terra que ainda possuíam.

Comunidades grandes e pequenas, que ocupavam as áreas desde tempos imemoriais, onde estavam enterrados seus ancestrais e entes queridos, foram impiedosamente arrancadas dali e atiradas ao campo aberto da savana, para se virarem sozinhas. E isso foi feito por uma comunidade branca comandada por um clero culto, mas vil, e por seus sucessores, que utilizaram sua religião e suas habilidades para cometer várias atrocidades contra a maioria negra, o que Deus proibia. Todavia, afirmavam hipocritamente que seus esquemas perversos eram inspirados por Deus.[11]

Aqui, no manuscrito, Mandela incluiu uma nota entre parênteses: "citar Sol Plaatje sobre a Lei da Terra de 1913".[12] As palavras de Plaatje sobre a questão da expropriação rezam: "Ao despertar na sexta de manhã, dia 20 de junho de 1913, o nativo sul-africano se viu transformado, não propriamente num escravo, mas num pária em sua própria terra natal."[13]

Mandela prossegue:

Foi com esse pano de fundo que o Programa de Reconstrução e Desenvolvimento do Congresso Nacional Africano ressaltou a importância da reforma agrária, defendendo a abolição da Lei da Terra e garantindo terras produtivas e habitáveis aos pobres rurais e urbanos, aos arrendatários, aos trabalhadores rurais e aos agricultores anteriormente desfavorecidos.[14]

Seis meses depois de ocupar o cargo, Mandela prometeu em seu preâmbulo ao *Documento oficial sobre a reconstrução e o desenvolvimento* que

a transformação se dará em todos os níveis do governo, em todos os departamentos e em todas as instituições públicas. As atividades do PRD do governo, portanto, devem ser entendidas não como um novo conjunto de projetos, mas como uma ampla reformulação e reconstrução das atividades existentes. O crescimento e o desenvolvimento estão mais do que interligados. Reforçam-se mutuamente. Corrigindo-se as desigualdades, o mercado interno será ampliado, mercados externos serão criados, assim como oportunidades de promover uma propriedade privada na economia que será representativa da sociedade. A expansão da economia sul-africana aumentará as receitas públicas, ampliando o universo de contribuintes em vez de aumentar constantemente as alíquotas de tributação.[15]

Para ter sucesso nessas iniciativas, o governo precisaria criar uma

parceria ativa com a sociedade civil e com o empresariado e a classe trabalhadora em particular ... [para] juntos enfrentarem os desafios mais amplos de estender oportunidades aos milhões de sul-africanos adultos que atualmente não encontram lugar na economia formal ...

Em conclusão, Mandela escreveu:

Nosso povo nos elegeu porque quer mudança. E mudança é o que terá. Nosso povo alimenta grandes expectativas que são legítimas. Embora o governo não possa atender a todas essas necessidades da noite para o dia, devemos estabelecer firmemente as metas concretas, os prazos e as estratégias para chegar a essa mudança.[16]

Em seu primeiro discurso ao Congresso, em maio de 1994, Mandela anunciou o redirecionamento de 2,5 bilhões de rands do orçamento para o PRD no ano vindouro e declarou que o governo, para mostrar sua seriedade, implementaria nos próximos cem dias um conjunto de Projetos Presidenciais Prioritários. Estes se concentravam na assistência médica gratuita a grávidas e a menores de seis anos, num programa de merenda escolar em todas as escolas primárias carentes, na continuidade do programa de eletrificação de 350 mil casas no ano fiscal em curso e num programa de obras públicas para reconstruir distritos e reformar os serviços essenciais em áreas rurais e urbanas. Além disso, haveria a aplicação de uma taxa única de reconstrução a pessoas físicas e jurídicas com rendas tributáveis acima de 50 mil rands.[17]

Devido à crise econômica herdada, nos primeiros anos o governo precisou muitas vezes chegar a um equilíbrio complicado entre a erradicação da pobreza e o incentivo ao crescimento. O ponto de partida para implementar o mandato democrático era que, para não depender de empréstimos internacionais que resultariam na perda da soberania, a economia teria de ser sustentável, trilhando um caminho que promovesse o crescimento e atraísse investimentos internos e externos. O governo também precisava reorientar o Estado realocando os recursos existentes.[18] Isso significava também reduzir a volatilidade da taxa de câmbio. Numa entrevista pela televisão depois de deixar a presidência, Mandela declarou:

O presidente do FMI veio aqui e disse: "A moeda de vocês é instável porque suas reservas em divisas são muito baixas. Estou disposto a ajudá-los, a lhes dar fundos." E eu respondi: "Não, o problema com vocês é que vocês impõem condições que violam a soberania dos países." Ele disse: "Não, não vou fazer isso." Fiquei contente. Então chamei o vice-presidente Thabo Mbeki e disse: "Cara, é isso o que o FMI diz." Ele falou: "Nada feito." Não vou entrar nas razões que eles dão, mas eles me pareciam melhores do que eu em questões dessa natureza, e aceitei sua sugestão de que não queremos ter dívidas com ninguém. Queremos nos basear em nossos próprios recursos e impostos, e assim por diante.[19]

Em outubro de 1994, o gabinete adotou a reestruturação como "contribuição para a transformação do setor público a fim de promover a implementação do PRD, do crescimento e da prosperidade".[20] Dando o exemplo, o presidente e seus dois vices reduziram seus salários em 20% e os ministros em 10%; os salários do alto escalão do funcionalismo foram congelados e o salário mínimo dos funcionários públicos, de 15 mil rands, recebeu aumento.[21] Era uma gota d'água no oceano, no que se referia ao orçamento, mas como mensagem foi eficiente, somando o corte de despesas e a diminuição da distância salarial. Para Mandela, os cortes salariais constituíam um exemplo a ser seguido para enfrentar a herança das mazelas sociais legada pelo apartheid.

Ao mesmo tempo que promovia o PRD, o governo tinha de reduzir o déficit fiscal, sem gastar mais do que tinha nos cofres, para não cair na armadilha do endividamento posterior. Portanto, redirecionou seus gastos para despesas mais essenciais, com o PRD financiado basicamente por meio da reestruturação orçamentária com vistas às prioridades do programa. O funcionalismo público seria reorganizado e treinado para fornecer serviços efetivos e eficientes a todos os cidadãos (como vimos no Capítulo 9). O desenvolvimento dos recursos humanos, a reforma do mercado de trabalho e os direitos de negociação coletiva para todos eram "essenciais se quisermos alcançar os objetivos contidos no PRD".[22]

O clima de austeridade econômica, herança dos gastos mal direcionados do passado, teve inevitavelmente um impacto negativo no financiamento dos objetivos do PRD. Todos os dias descobriam-se mais coisas inquietantes sobre a gravidade da crise. Durante as negociações, Derek Keys, ministro das Finanças do governo do Partido Nacional, fizera seus informes a Trevor Manuel, então diretor do Departamento de Política Econômica do CNA. Manuel transmitiu as informações a Mandela. Mandela concluiu que uma negociação prolongada terminaria com um governo democrático herdando uma economia irrecuperável.[23]

Mandela nunca esqueceu. Anos depois, em campanha para as eleições de 1999, ele respondeu a uma pergunta sobre o desemprego explicando a situação da economia que herdara em seu governo:

> Gostaria de contextualizar a questão do desemprego, porque seria um erro pensar que a questão da falta de empregos simplesmente caiu dos céus e não tem nenhum histórico. Todos nós sabemos que, na década que levou a abril de 1994, saíram 5,1 bilhões de rands do país, em virtude da insegurança política.

Em segundo lugar, o crescimento econômico do país era negativo. Havia uma inflação alta, na casa dos dois dígitos, e o déficit orçamentário também estava em dois dígitos.

O mais chocante, porém, foi descobrir, quando assumimos, que este país tinha uma dívida pública de nada menos que 254 bilhões de rands, que agora estamos pagando na base de 50 bilhões por ano. São 50 bilhões de rands que deixamos de ter para criar empregos e diminuir o índice de desemprego. Este é o pano de fundo da questão.

Ora, não é muito fácil lidar com isso porque uma das principais decisões que tomamos quando assumimos o governo foi reduzir o índice da inflação e o déficit do orçamento, e nesse aspecto tivemos enorme sucesso.

Mas reduzir o índice da inflação e o déficit orçamentário significava que seria preciso um corte drástico nos gastos do governo, e tomamos essa decisão. Fomos implacáveis em garantir o corte dos gastos do governo, em abaixar o índice da inflação, além do déficit orçamentário. De uma inflação que estava em dois dígitos quando assumimos, cerca de 13%, conseguimos reduzir para 4% a 5% ... Portanto, herdamos uma situação em que havia um enorme desemprego neste país. Não tínhamos, e não temos, os recursos para acabar com esse desemprego ...

Conseguimos ir à ONU numa época em que devíamos mais de 100 milhões de dólares de atrasados pela filiação à entidade, que o governo do apartheid não pagou quando foi suspenso ... Tive de ir à ONU e falar com [Bill] Clinton, Boris Iéltsin, Jacques Chirac e outros, Jiang Zemin, e pedir que cancelassem essa dívida, o que fizeram.

Então voltei a meu país confiando que, agora que essa dívida dos atrasados fora cancelada, conseguiria o cancelamento daqueles 254 bilhões de rands, e pedi ao ministro das Finanças para me dar uma desagregação dessa dívida. Quase caí de costas quando soube dos detalhes. Mais de 90% dessa dívida, devíamos a nossos trabalhadores. O que o regime de apartheid fez aqui foi pegar as aposentadorias e embolsá-las, enriquecer a eles mesmos com essas verbas. Não podíamos cancelar essa dívida porque, se a cancelássemos, um governo que cancela uma dívida, que deve a seus trabalhadores ... perderíamos toda a credibilidade. Então não temos escolha a não ser pagá-la.[24]

Voltando a 1994, além do que se devia aos fundos de pensão sul-africanos, havia empréstimos tomados a bancos estrangeiros e ao FMI.*

No começo, para lidar com os recursos limitados, o governo concordou em manter os gastos estatais periódicos num nível sustentável e, assim, fortalecer a pasta e as verbas do PRD como incentivo para reorientar o funcionalismo público para a reconstrução e o desenvolvimento, uma maior eficiência e quadros de pessoal mais representativos.[25]

Essas medidas, entre elas a privatização limitada de bens públicos, se mostraram inadequadas para atrair os investimentos tão necessários. A reação do setor privado foi decepcionante, apesar da abordagem do governo favorável aos investidores. Muitos empresários desconfiavam que o governo estava escondendo alguma arma que depois usaria contra eles.

Em agosto de 1995 – seguindo uma recomendação do Comitê Executivo Nacional do CNA –, o gabinete criou uma instância especial *ad hoc*, o Comitê para o Crescimento, presidido pelo presidente Mandela e composto pelos ministros das Finanças, Comércio e Indústria, Interior e PRD, além dos dois vice-presidentes.[26] Entre os temas de apreciação do comitê estava o exame da Estratégia Nacional de Crescimento e Desenvolvimento. Era um extenso processo, que deveria ser concluído durante o ano de 1996.[27] Mas, antes que chegasse o prazo final, o governo reagiu à volatilidade da moeda e à falta de confiança dos investidores anunciando, em junho de 1996, um plano macroeconômico, a estratégia de Crescimento, Emprego e Redistribuição (Cere).

Ao apresentar o Cere, Mandela teve de insistir em apertar os cintos, cortejar os investidores, reabrir as portas para ingressar na economia mundial. Também teve de se envolver com os aliados do CNA e se esqui-

---

* O empréstimo do FMI aprovado pelo Conselho Executivo de Transição foi de 889 milhões de dólares (2,8 bilhões de rands), pela linha de financiamento de contingências e indenizações do FMI para "ajudar os países a enfrentar choques exógenos passageiros afetando as receitas de exportação sem recorrer a ajustes indevidos e desnecessários". O objetivo era evitar uma crise na balança de pagamentos no período pré-eleitoral de 1994, sobretudo por causa de uma seca em 1992, que reduziu as exportações de cereais. O empréstimo representava 1,5% da dívida total do governo.

var às reivindicações de ministros que queriam uma fatia maior do bolo disponível.

Houve discussões acaloradas sobre as implicações da política do Cere. Houve críticas furiosas ao que, segundo alguns, representava um "afastamento de uma política de desenvolvimento com ressonâncias socialistas – o PRD – para uma política decididamente neoliberal na forma e no conteúdo – a política do Crescimento, Emprego e Redistribuição".[28] Mas, apesar dessas críticas, houve na sociedade uma concordância geral, ainda que relutante, de que o Cere merecia uma chance. Ele ganhou mais um reforço na 50ª Conferência Nacional do CNA, em dezembro de 1997, na qual se concluiu que a

> ênfase do PRD sobre o equilíbrio macroeconômico é parte integrante da política do CNA, e tem sido mencionada em todos os documentos de diretrizes políticas desde 1990. A estratégia para o Crescimento, Emprego e Redistribuição (Cere) tem como objetivo criar o ambiente de equilíbrio macroeconômico necessário para a concretização do PRD. Nisso, portanto, o Cere não tenta substituir o PRD.[29]

Sempre que lhe perguntavam qual era o sistema social que o CNA buscava, Mandela respondia exemplificando sua abordagem pragmática. Como disse após uma palestra que deu em Cingapura, em 1997:

> Não estamos preocupados com rótulos, se nosso sistema é capitalista ou socialista. Estamos preocupados em fornecer serviços às massas de nosso povo às quais foram negados todos os direitos básicos de cidadania, pessoas que não podiam ir à escola, que não podiam adquirir conhecimentos, qualificações e especializações. Declaramos em nosso manifesto eleitoral que nosso objetivo é melhorar as condições de vida de nosso povo.[30]

Havia críticas também por parte do empresariado. Mandela elogiou a reação de empresas a seus apelos pessoais para financiar a construção de escolas e postos de saúde ou para a participação em projetos como Business Against Crime e Rural Safety. Na verdade, porém, o empresariado se mostrava relutante em investir no futuro do país. Não se poderia depender dele como parceiro na reconstrução e no desenvolvimento.

A aplicação da política do Cere nem sempre era coerente. Mas, no geral, seu objetivo era alcançar um equilíbrio. As dificuldades, no entanto, muitas vezes aumentavam por causa de ocorrências externas, como a crise financeira asiática de 1997-98. As tentativas retrógradas do Banco Central de proteger a taxa de câmbio utilizando suas minúsculas reservas de ouro e de divisas tiveram o efeito contrário de aumentar vertiginosamente as taxas de juros a níveis que não se viam desde os anos 1980.

Uma das propostas da Comissão do Mercado de Trabalho, com o apoio de Mandela, era um pacto social entre o governo, o empresariado e os trabalhadores. Embora o Conselho Nacional do Trabalho e Desenvolvimento Econômico tivesse sido criado em 1995 em meio a grandes esperanças de ajudar a estabelecer esse pacto, tal objetivo, no final do mandato de Mandela, tinha ficado mais nas palavras do que na ação.

A necessidade de lidar com a crise econômica herdada era apenas um dos pré-requisitos para tratar do duplo flagelo da pobreza e da exclusão.

Mais tarde, refletindo sobre esse período, Mandela escreveu:

[Antes,] referimo-nos à posição do sr. Meyer Kahn em que ele se disse desapontado com o aumento do orçamento da polícia em apenas 3,7% em termos monetários. Muitos outros, inclusive ministros do governo, também reclamaram do corte dos gastos do governo.

Debati o assunto com a sra. Gill Marcus, [que em 1999 se tornou] vice-presidente do Banco Central Sul-Africano, e ela disse que, olhando em retrospecto o desenvolvimento da África do Sul desde 1994, não há dúvida de que o nosso país alcançou muitos sucessos notáveis. As políticas econômicas tiveram de enfrentar as consequências de décadas de discriminação do apartheid, ao mesmo tempo atendendo às rigorosas exigências de um mundo em rápida transformação, cuja tendência dominante era a globalização.

Ao sair de seu longo período de isolamento, a África do Sul entrou num mundo que estava, ele mesmo, passando por rápidas mudanças. A era da informação e as novas tecnologias, a desregulamentação e liberalização contribuíram para um mundo que mal conseguíamos reconhecer. O desafio, para nós, era não só alcançar o resto do mundo, mas, na verdade, tornarmo-nos parte de um mundo dinâmico em que padrões e princípios internacionais, códigos de conduta, regras de boas práticas, governança corporativa etc. ditavam os parâmetros pelos quais os países são tidos como bons destinos de investimento ou bons parceiros comerciais.

A integração na rede financeira internacional se reforçava com a participação da África do Sul em vários fóruns internacionais, entre eles entidades como a Organização Mundial do Comércio, o Comitê Monetário e Fiscal Internacional, o Grupo dos 20, a Organização Internacional de Valores Mobiliários (que promove o desenvolvimento de mercados eficientes de ações e futuros) e o Grupo de Ligação dos Princípios Fundamentais do Comitê da Basileia, encarregado de uma firme supervisão bancária.

As iniciativas do governo para integrar a África do Sul nos mercados financeiros internacionais se concentraram nos investimentos estrangeiros e na liberalização dos fluxos de capital.

Os desafios enfrentados por um novo governo democrático em 1994 eram gigantescos e muitas vezes subestimados. Muitas vezes não se reconhecem suas conquistas fenomenais porque não se entende plenamente a magnitude do problema. A desmontagem da infraestrutura estatal do apartheid, inclusive os bantustões, que se sustentavam largamente numa complexa rede jurídica, foi, por si só, uma proeza. Mas, acima de tudo, o novo governo se deparou com o caos econômico e os cofres praticamente vazios.

Reconhecemos que ainda temos muitos desafios pela frente, entre os quais o de lidar com o alto índice de desemprego e alcançar taxas de crescimento mais altas, mas mesmo nossos críticos mais severos hão de reconhecer que um governo CNA implantou políticas monetárias e fiscais sólidas e que a economia está mais bem administrada do que nunca.

Antes de 1994, os índices de crescimento econômico da África do Sul estavam em baixa. No período 1985-90, a taxa de crescimento médio anual da economia foi de 1%, caindo para 0,2% no período de 1990-94. Em contraste, durante o período de 1994-2000, a África do Sul registrou uma taxa de crescimento médio anual de 3%. Embora ainda não sejam suficientes para absorver os novos ingressos no mercado de trabalho, foram feitas reformas estruturais importantes, criando sólidas bases que ajudarão a garantir um crescimento futuro sustentável.

O governo teve de lidar com um grande déficit orçamentário. Teve de elaborar uma nova política econômica mista, visando a estabilizar os princípios macroeconômicos e a conquistar a confiança dos investidores externos.

A abertura da economia sul-africana a partir de 1994 (medida pelas importações e exportações da AS dentro do PIB) teve muitos efeitos positivos, entre os quais o desenvolvimento de um expressivo mercado exportador. A importância da demanda externa por produtos sul-africanos se reflete nos cinco superávits consecutivos nos saldos trimestrais na conta-corrente da balança de pagamentos que registramos em junho de 2001.

O déficit governamental foi reduzido a 2% do PIB em 2000, com uma baixa acentuada em relação aos 7,2% no ano fiscal de 1992-93. Está muito abaixo do nível dos déficits de muitas economias desenvolvidas.

No campo da política monetária, o Banco Central Sul-Africano ajudou a melhorar o clima das taxas de juros, outro fator de crescimento positivo, passando dos altíssimos níveis de 25% nos anos 1980 para 13,75% em junho de 2001. Os níveis baixos ou normalizados das taxas de juros levam a investimentos de capital fixo mais sólidos.

O índice de inflação baixou significativamente. De um patamar de 15,5% no período de 1985-90 para 12,5% no período de 1990-94, a inflação se manteve numa média de 7,3% no período de 1994-2000. Reconhecendo a importância da estabilidade dos preços, o governo e o Banco Central Sul-Africano criaram um arcabouço anti-inflacionário, com uma meta inicial de uma média de 3% a 6% em 2002. Assim, a tendência inflacionária dominante é de baixa.

Uma questão crítica que se coloca a muitos países em transição é a arrecadação tributária, um dos indicadores principais da qualidade da governança. A jovem democracia sul-africana enfrentou um desafio ainda maior, visto que a maioria africana resistira à tributação (p.ex., a rebelião de Bambata contra o imposto de capitação),* por não estar disposta a financiar sua própria escravização. Assim, a tarefa não se resumia a trazer milhões de novos

---

* A rebelião, que nasceu em Greytown, KwaZulu-Natal, em 1906 e foi liderada pelo chefe Bambata, era um protesto contra o imposto de capitação de uma libra, no intuito de obrigar o povo negro das áreas rurais a trabalhar nas minas.

contribuintes, mas também assegurar que todos pagassem sua devida parcela. A reforma tributária era parte integrante da estratégia fiscal geral.

O sucesso na reorganização de todo o sistema tributário, incluindo a administração das alfândegas e fronteiras, teve um papel significativo para que o governo conseguisse diminuir sua necessidade de empréstimos e, com isso, também o déficit orçamentário. Permitiu que ocorresse uma significativa reforma tributária ... O imposto de renda das empresas foi significativamente reduzido.

Apesar de cortar impostos, tanto de pessoas físicas quanto jurídicas, e de praticamente acabar com o arrasto fiscal, a Receita sul-africana tem superado sistematicamente as rigorosas metas colocadas para o total de arrecadação. Isso foi possível com uma melhoria da infraestrutura, métodos de trabalho mais modernos, um melhor sistema de cobrança, bem como a conscientização dos contribuintes de que todos têm a responsabilidade de pagar sua devida parcela.

A confiança do investidor estrangeiro teve um aumento acentuado em virtude do compromisso do governo com a disciplina macroeconômica. Apenas no ano de 2000, o mercado de títulos teve um movimento recorde de 10,5 trilhões de rands e o de ações um movimento recorde de 537 bilhões de rands.

Os custos do serviço da dívida aumentaram durante os anos 1990 de 15% para mais de 20% do orçamento em 1998-99. Com isso houve uma corrosão constante dos recursos disponíveis para o fornecimento de serviços; por exemplo, o total gasto com os serviços da dívida foi praticamente igual ao total gasto na educação, os maiores itens de despesa no orçamento. Essa tendência tem sido revertida, e espera-se que os custos do serviço da dívida em 2002-3 caiam para 4,4% do PIB, liberando um adicional de 10 bilhões de rands para os serviços. Em 2005, calcula-se que os juros da dívida serão reduzidos a 16,4% do valor consolidado.

A estratégia macroeconômica adotada desde 1996 se concentrou firmemente em construir as bases para o crescimento sustentável de longo prazo. Isso requer maiores níveis de poupança (atualmente por volta de 15,5% do PIB) e de investimentos. O recurso do governo à poupança diminuiu significativamente, e não tardará muito para que o setor dos governos locais faça uma contribuição positiva ao esforço da poupança nacional.

O déficit orçamentário diminuiu de 7,2% do PIB em 1992-93 para 4,6% do PIB em 1996-97 e para 2% do PIB em 2000-01.

Se o governo não tivesse adotado tal curso, nossa economia não teria tido um desempenho tão bom.[31]

Ao FINAL DO MANDATO presidencial de Mandela, em 1999, o primeiro Congresso aprovara mais de quinhentas novas leis, 87 delas de natureza socioeconômica, criando um arcabouço para a transformação da sociedade sul-africana.[32] Mandela comenta:

No final de setembro de 1999, 436 projetos de redistribuição de terra, envolvendo 55.507 famílias, haviam recebido aprovação ministerial. Esses projetos envolviam 13780,4463 hectares de terra, o que corresponde a 1,6% do total da área rural do país.*

A legislação também procura devolver terras e oferece outras soluções às pessoas despossuídas por leis e práticas racialmente discriminatórias. Em 31 de dezembro de 1998, 13.931 famílias receberam de volta suas terras, num total de 264.615 hectares. Outras 782 famílias receberam 13 milhões de rands como indenização.

Foi aprovada a legislação que protege os arrendatários contra expulsões e despejos. Ela também criou mecanismos para que os arrendatários comprassem a terra onde estavam. No final de setembro de 1999, o Departamento de Assuntos Fundiários aprovou 349 projetos de arrendatários envolvendo 434 famílias e 7.181 hectares de terra.

Outra legislação amplia o direito de posse dos trabalhadores rurais e os protege contra expulsões e despejos sem justa causa.

Realizaram-se muitos avanços desde 1994, apesar de certas dificuldades, algumas das quais são de conhecimento geral.[33]

---

* Essa estranha cifra de "13780,4463" hectares de "terras aprovadas" para projetos de redistribuição fundiária é um erro no manuscrito original de Mandela. Não se sabe qual foi a cifra aprovada. Mas um relatório de 2014 do Departamento de Planejamento, Monitoramento e Avaliação apresenta uma lista dos hectares "entregues" para redistribuição, que teriam sido em quantidade inferior aos hectares "aprovados". Até 1999, haviam sido entregues 521.276 hectares para projetos de redistribuição da terra. Em 2014, esse número havia aumentado para 4.313.168 hectares (*Development Indicators 2014*, p.35).

A QUESTÃO DA MORADIA, tal como a da terra, refletia – muito drasticamente
– as consequências da história sul-africana da desigualdade por meio da
legislação. Assim como se deu com a reforma fundiária, o programa habitacional e a respectiva legislação tiveram de eliminar múltiplas restrições
e barreiras impostas pelo apartheid.

> A segregação foi a base do governo de apartheid, com distritos negros super-
> povoados e mal policiados, situados longe das áreas brancas.
>
> O objetivo primário do governo democrático foi implantar uma política
> habitacional nacional homogênea e não discriminatória e substituir as mais
> de dezessete administrações controladas por funcionários mestiços, indianos
> e bantustânicos.
>
> Enfrentávamos o tremendo desafio de prover moradia ao grande número
> de pessoas que jamais haviam gozado do mais elementar privilégio de ter
> um teto, e com uma defasagem de 2 a 3 milhões. A prioridade número um
> do novo governo era reduzir essa defasagem.
>
> Além da construção de casas pelo novo governo, também fornecemos
> verba para que os novos empreiteiros, alguns deles mulheres, pudessem parti-
> cipar desse setor. Também elaboramos um sistema de empréstimos a famílias
> pobres para que possam ampliar suas casas. São pacotes de financiamento
> alternativos para pessoas de baixa renda. As pessoas tinham de ter moradia,
> em qualquer condição que vivessem.
>
> Por algum tempo, o ritmo do programa foi tolhido por falta de recursos
> para implementá-lo nos três níveis de governo. Apesar dos enormes proble-
> mas, como a existência de favelas em todo o país, conseguimos progressos.
>
> De 1994 a março de 1999, foi gasto um total de 10,7 bilhões de rands na
> entrega de casas e aprovamos subsídios para mais de 800 mil unidades, for-
> necendo teto a 3 milhões de pessoas.
>
> Com a Operação Mayibuye na província de Gauteng, devolvemos o tí-
> tulo de propriedade aos que haviam deixado suas propriedades devido às
> turbulências.*

---

* É provável que, na verdade, Mandela esteja aqui se referindo à Operação Masakhane
(Let's Build One Another) e não à Operação Mayibuye. Num discurso sobre o projeto,

Lançamos um projeto-piloto na reforma de albergues e convertemos 32 albergues destinados a pessoas do mesmo sexo em moradias de família, e 25 estão em processo de conversão.

Nosso programa incentivou a participação de mulheres num setor econômico que até então era monopólio masculino.

Também temos subsídios habitacionais para as pessoas com necessidades especiais e moradores das áreas rurais.

Um projeto-piloto para casas concebidas com o objetivo de economizar energia, concentrado no mercado de baixa renda, vem ganhando popularidade e reduziu a incidência de intoxicação com monóxido de carbono entre esses grupos.

O programa habitacional de baixo custo tem contribuído direta e indiretamente para o crescimento econômico, bem como para um acentuado aumento do Produto Interno Bruto.

Calcula-se que, para cada casa construída, tem-se a criação de um emprego permanente e três empregos temporários. Desde o começo de nosso programa, criamos 681.203 empregos permanentes e 2 milhões de temporários.

Além disso, o setor habitacional influi na balança de pagamentos com importações usadas diretamente na construção de casas.

Ao nos concentrarmos sobre os incapacitados, os aposentados e um amplo leque de sem-tetos, colocamos os pobres no centro de nossa política habitacional.

Estamos melhorando gradualmente a capacidade de entregar mais casas, à média de 200 mil por ano. Também aprovamos a legislação que garante o direito de posse ao trabalhador rural. Os arrendatários rurais [são] uma das parcelas mais oprimidas e exploradas de nosso povo.

---

feito em 2 de setembro de 1997, Jay Naidoo, que era o ministro do gabinete responsável pelo Programa de Reconstrução e Desenvolvimento do CNA, disse que o principal objetivo da Masakhane era facilitar "a reestruturação das instituições de governança, para colocar o país no caminho de um desenvolvimento sustentável". O programa insistia vivamente que os moradores pagassem por serviços como o fornecimento de energia elétrica, água, esgoto e coleta de lixo.

Resumindo, por meio dos vários programas apresentados acima, consegui-mos dar habitação a 3 milhões de pessoas nos últimos cinco anos, aprovamos mais de 1 milhão de subsídios e devolvemos a dignidade humana ao indivíduo convertendo os albergues femininos ou masculinos em unidades familiares.*

Introduzimos pela primeira vez na história de nosso país uma política não discriminatória que permitiu que os membros mais vulneráveis de nossa sociedade tivessem acesso a moradias acessíveis – viúvas, aposentados, de-sempregados e incapacitados.[34]

Ainda que o CNA não tenha conseguido alcançar a meta de 1 milhão de moradias nos primeiros cinco anos no poder, Mandela tinha o consolo de que seu governo realizara um progresso que não encontrava paralelo em nenhum lugar do planeta. Milhões de pessoas receberam a segurança e dignidade de um teto decente. Todavia, a defasagem não dava mostras de diminuir. O governo da África do Sul se tornou vítima involuntária de seu próprio êxito em remover o apartheid; o fim das restrições à liberdade de movimento dos africanos levou a uma migração interna maciça e esti-mulou uma mudança social, em que as famílias se dissolviam em unidades menores. Em 1999, a proporção de moradias informais (ou moradias em áreas informais) passara de 7,5% para 12,3%.[35]

Mandela também se preocupava com o tamanho das casas, problema que não podia ser evitado em vista dos recursos limitados do governo. Ao ver as primeiras habitações, ele brincou, dizendo que os pés dos moradores, ao deitar, passariam porta afora. Talvez por se lembrar de uma sucessão de celas apertadas em que vivera desde sua detenção, em 1962, até a soltura, em 1990, ele perguntou a Joe Slovo, ministro da Habitação, se não haveria outra solução, como lotes providos de infraestrutura básica nos quais as pessoas poderiam construir suas próprias casas, contando para isso com subsídios do governo.[36]

Stephen Laufer, então assessor de Joe Slovo, relembra que o Ministério da Habitação avaliou várias ideias para lidar com o déficit habitacional

---

* Na era do apartheid, os trabalhadores migrados do campo iam trabalhar nas cidades, recebendo alojamentos miseráveis em conjuntos de albergues, e eram proibidos de levar a família.

enfrentado pelo governo. A hipótese da habitação subsidiada foi rejeitada, como um retrocesso a práticas do apartheid, mas considerou-se a possibilidade de criar depósitos devidamente abastecidos com materiais e pessoal experiente que poderia ajudar as pessoas a construir suas moradias. Mas essa ideia não teve prosseguimento após a morte de Joe Slovo, em 1995.[37]

MANDELA TOMOU INTERESSE ESPECIAL e pessoal nos setores em que costuma haver maior vulnerabilidade para os mais pobres – a educação e a saúde. Preocupava-se em particular com a eficácia do programa de merenda escolar, o acesso à assistência médica básica para grávidas e crianças com menos de seis anos e a construção e melhoria de postos de saúde e escolas tanto por obra do governo quanto por parcerias que firmava pessoalmente com empresas do setor privado.

Sensível às desigualdades que devastavam a sociedade sul-africana, Mandela prosseguiu em sua missão pessoal. Desde o momento em que saiu pelos portões da prisão Victor Verster em Paarl, na tarde de 11 de fevereiro de 1990, ele se empenhara para que a comunidade empresarial se mostrasse mais solidária com a maioria – e tentara incentivá-la a tomar iniciativas de investimento social. Enquanto procedia a essas aproximações, também sabia que os meios de comunicação divulgavam outra versão, apresentando os novos integrantes do jogo político, sobretudo os parlamentares, como oportunistas gananciosos, e tentou ao máximo desfazer essa imagem. Mas, de vez em quando, tais comentários eram feitos por pessoas que Mandela respeitava, o que era muito mais difícil de engolir. Por exemplo, John Carlin, que entrevistara Mandela por diversas vezes, escreveu uma matéria para o jornal britânico *The Independent* intitulada "O CNA entra na lambança: John Carlin em Joanesburgo, sobre os cachorros magros que viraram gatos gordos em poucos meses". A matéria dizia: "Mandela prometeu em seu discurso na vitória eleitoral que acabara a época da lambança e que o 'governo do povo' não admitiria mais regalias. O que ele não previu foi que a distância entre governo e povo aumentaria após o nascimento da democracia." A mesma matéria citava o arcebispo

Desmond Tutu, dizendo que o novo governo "parou com a lambança só para poder entrar nela".[38]

Mas, antes mesmo que o CNA recebesse tais críticas mordazes de amigos e aliados de confiança, Mandela já decidira doar um terço de seu salário em prol dos direitos infantis. Num discurso proferido em junho de 1994 pelo aniversário da Revolta de Soweto, declarou:

> Estou em consultas com pessoas e entidades pertinentes para criar um Fundo Fiduciário Presidencial representativo do povo, para além do CNA e do movimento democrático de massas, que trate especificamente dos problemas de menores de rua e detentos. Pretendo contribuir anualmente com 150 mil rands para essa fundação, qualquer que seja a decisão do Congresso sobre os salários dos representantes eleitos. Serão apresentados maiores detalhes no devido momento.
>
> A Fundação a que me referi ajudará a aliviar esses problemas. Mas reconheço, como todos vocês, que uma solução permanente virá de programas abrangentes de fomento ao avanço socioeconômico. Ao mesmo tempo, os jovens, em especial das comunidades mais carentes, precisam entender que não podemos depender apenas da caridade e de programas governamentais. Temos de tomar iniciativas em nossas comunidades para reunir nossos magros recursos em favor de projetos como bolsas de estudo e aperfeiçoamento.[39]

O Fundo Fiduciário Presidencial viria a formar a base do Fundo Infantil Nelson Mandela, que se tornou uma entidade que ajudava a formar parcerias com líderes empresariais, garantindo também que tais parcerias não dependessem da máquina estatal e, assim, pudessem gerar resultados rápidos em setores de grande necessidade. Apesar dos resultados visíveis e marcantes, Mandela reconhecia que essas parcerias não substituíam o fornecimento dos serviços em massa por parte do Estado.

Mas ele sabia que o destino da África do Sul estava indissociavelmente ligado à sua capacidade de educar o povo. O progresso dependia disso, e a educação sempre foi para ele um assunto muito caro. "A emancipação do povo frente à pobreza e à privação está ligada de maneira absolutamente central ao fornecimento de uma educação de qualidade", disse ele.

Ainda que tenham sido as massas pobres e sofredoras de nosso povo a carregar o peso da luta de libertação, admitimos que não teríamos avançado da maneira como avançamos não fosse a educação que muitos de nossos líderes e quadros obtiveram. Reconhecíamos que a emancipação frente ao analfabetismo e à ignorância era parte importante de nossa luta de libertação e que a educação era fundamental para isso.

Foi por essa mesma razão, por exemplo, que uma das primeiras coisas que resolvemos fazer quando estávamos encarcerados na prisão da ilha Robben foi nos prepararmos para nossa própria educação e prosseguimento de nossa educação como prisioneiros. Muitos presos políticos aprenderam a ler e a escrever pela primeira vez na ilha Robben. Muitos se formaram e continuaram a se formar em grau mais avançado. E o ensino informal, com leituras e debates, constituiu provavelmente a parte mais significativa de nossa estada naquela prisão.

Uma das maneiras mais cruéis com que o sistema do apartheid atingiu nosso povo foi pela corrosão deliberada da qualidade do ensino público e pela destruição do ensino não oficial, por exemplo nas igrejas que procuravam oferecer um ensino de qualidade. Hoje, [quando] procuramos reconstruir e desenvolver nosso país, temos de combater esse legado de educação medíocre deliberadamente fornecida às massas do povo.

Se não [fossem] os missionários, provavelmente eu não estaria aqui hoje. Foram eles que trouxeram o ensino aos negros na África do Sul ... Compraram a terra, construíram as escolas, equiparam-nas, contrataram professores que nos ensinavam. Desde a escola primária até a Universidade de Fort Hare, frequentei escolas missionárias. A Igreja Presbiteriana, a Igreja Metodista, a Igreja Anglicana e as católicas. E é por isso que a religião está em nosso sangue, porque somos frutos da educação missionária.

Colocamos o ensino e o treinamento no centro das políticas de desenvolvimento de nosso governo democrático. Entendemos que, sem um amplo corpo de pessoas instruídas, altamente qualificadas e bem treinadas, não conseguiremos nos tornar a nação vitoriosa que queremos ser, a fim de proporcionar melhores condições de vida a todo o nosso povo.[40]

Os HISTORIADORES FUTUROS certamente esquadrinharão o trabalho de Mandela com os pobres, seu gosto em entrar nas áreas – ou competências – que deviam ser território próprio dos ministérios ou departamentos do governo. Como era possível – ou sequer desejável – que, por exemplo, seus esforços suplantassem o trabalho dos ministérios da Educação e da Saúde? Ao tomar a iniciativa para tentar mitigar os efeitos brutais criados por mais de trezentos anos de espoliação organizada, ele nunca terá se perguntado se sua contribuição, por importante que pudesse ser, não passava de mero paliativo para uma doença crônica? Quando andava pelos distritos e zonas de barracos, via a devastação e a ruína, as crianças de barriga inchada, pernas esqueléticas e rosto cheio de moscas esvoaçando animadamente, não sentiria naquele momento uma indizível vontade de agarrar De Klerk pela nuca e obrigá-lo a olhar? *Olhe a ruína na qual você agora finge que não teve nenhum papel.*

Tais perguntas, evidentemente, se desviariam do unívoco programa de Mandela de erguer o edifício da democracia que começara a construir no momento em que iniciou as negociações com seus algozes. O trabalho que estes fizeram – a destruição que a nação agora precisava reparar – se destacava muito mais por sua própria ausência, uma omissão nascida do descaso. Os postos de saúde eram quase inexistentes; os que existiam ficavam esquecidos e desatendidos nos cortiços das vilas, precisando de melhorias. Esse descaso tinha muito a ver com a atitude daqueles que deveriam fornecer esses serviços – e até eram pagos para isso; mostra um tipo indescritível de insensibilidade.

Aqui, mais uma vez, como nos programas prioritários a serem cumpridos nos primeiros cem dias, Mandela prosseguia em programas governamentais em andamento para a construção e melhoria de instalações como postos de saúde e centros de atendimento médico, convencendo o setor privado a se somar ou mesmo iniciar projetos em parceria com o governo. Também utilizava sua posição para mudar as atitudes que impediam o fornecimento de serviços, como o de atendimento médico.

Anos depois, falando numa conferência, Mandela relembrou algumas de suas iniciativas.

Quando eu era presidente da África do Sul, percorri o país com a então ministra do Bem-Estar Social, Geraldine [Fraser-]Moleketi. Em todas as cidades ou zonas rurais a que fomos, dissemos aos pais que trouxessem os filhos que estavam com doenças terminais, como HIV/aids, câncer, tuberculose, malária. "Também queremos que vocês tragam seus filhos física ou mentalmente incapacitados." E o fato de se ver o presidente de um país sentado à mesa com crianças com HIV/aids e sofrendo de doenças terminais, crianças incapacitadas, faz com que os pais tenham menos vergonha dos filhos. E os pais vão dizer: "Se o presidente de um país e a ministra do Bem-Estar podem se sentar à mesa e comer junto com nossos filhos que sofrem de doenças terminais, por que teremos vergonha deles? Queremos que apareçam, sejam vistos e aproveitem a vida como pessoas normais."[41]

Mandela gostava que todos fossem tratados como pessoas normais, principalmente porque a vida dele – e a de seus compatriotas – no cárcere tinha sido um teste de resistência, uma corrida de obstáculos na qual querer ser tratado como uma pessoa normal, um ser humano, era procurar problemas. Ele conhecia a doença e a morte até demais. Os que lhe eram próximos tinham morrido e não pudera enterrá-los. Agora ele também tinha aguda consciência das atitudes em relação aos portadores de aids, flagelo que se alastrara pelo país deixando um rastro de morte e destruição.

Como explicou aos jornalistas em seu último informe presidencial à imprensa, em 10 de maio de 1999:

Agora, a questão da aids, claro que é um problema muito difícil, porque estamos diante de uma comunidade conservadora. Vocês devem ter visto que uma senhora em KwaZulu-Natal, que confessou [ser] HIV-positiva, foi assassinada, foi apedrejada até a morte. E não é um caso isolado. Já em 1991, fui a Mpumalanga, convoquei uma reunião de pais, conversei com eles sobre a questão da aids e falei: "Em nossa comunidade, vocês não falam sobre sexo, qualquer que seja a questão. O sexo é tabu. Mas estamos diante dessa ameaça, que pode virar uma epidemia. Nenhum governo sozinho conseguiu recursos para lidar com ela. É algo que precisa ser tratado pelo governo e pela comunidade." E continuei: "Chegou a hora de vocês ensinarem sexo seguro aos filhos; que uma pessoa deve ter um parceiro só, precisa ter anticoncepcionais, e assim por diante." Enquanto falava com eles, dava para notar que estava dizendo coisas, entende, que eram revoltantes para eles. Depois da reunião, vieram e me disseram: "Como você pode falar assim? Quer incentivar a prostituição entre nossos filhos? Você acha que há aqui algum pai ou mãe que vá realmente dizer ao filho que ele precisa ter sexo seguro, precisa usar anticoncepcionais, e assim por diante?" Tentei me explicar, mas não adiantou.

E aí fui a Bloemfontein. Dessa vez eu já sabia; precisava ter cuidado, e falei com a diretora da escola. "Olha, quero falar sobre a aids." E ela me disse – e veja, é uma diretora com diploma, um diploma universitário: "Não, por favor. Se você continuar assim, vai perder a eleição." E claro que eu não queria perder a eleição. Tive de deixar o assunto de lado.

Assim, é absolutamente necessário que haja uma campanha educativa maciça para convencer o público de que agora precisam abandonar as velhas tradições e tabus, porque esta é uma doença que ataca o setor economicamente ativo da população. Pode destruir a economia do país ... Mas não é muito fácil, porque estamos diante desse problema do conservadorismo da comunidade e das igrejas. Ainda existem algumas igrejas que acham que não estamos lidando corretamente com a questão ao falar com pais e filhos e insistir que tenham sexo seguro. Elas dizem que ninguém devia ter sexo antes do casamento. Ainda hoje temos igrejas com esse ponto de vista.

Mas, apesar disso, é uma coisa que está sendo abordada. Tem de ser abordada. Existem inúmeras iniciativas educando o público e, claro, assegurando a disponibilidade desse medicamento [AZT], mas não tão caro quanto ainda é. Ele precisa ser acessível, e não temos recursos para conseguir distribuí-lo gratuitamente ... Simplesmente não temos os recursos. E vamos comprar e distribuir de acordo com nossos recursos.[42]

Podiam faltar recursos, mas era Mandela quem estava no comando do novo governo democrático – um homem com uma fé inabalável em seu poder de conseguir as coisas. Era um poder com sua fonte nas próprias pessoas. A qualquer lugar que fosse, Mandela ainda era recebido com o mesmo entusiasmo que cercara seu juramento de governar o país como seu primeiro presidente democrático; ele retribuía esse calor com alegre dignidade, como um atleta diante dos torcedores incentivando-o a ter um fantástico desempenho. Estava com 75 anos quando assumiu a presidência da República da África do Sul, uma idade em que a maioria preferiria se recolher, mas ele não era a maioria, e, como para muitos compatriotas que haviam definhado na prisão, recolher-se – levar uma vida sedentária – seria uma preparação, quando não um convite, para aquele descanso final numa "casinha de madeira", como dizia Thabo Mbeki.[43] Não era agora que ele iria descansar, fosse em caráter temporário ou definitivo. Ainda tinha trabalho a fazer – e a lista do que precisava ser feito era bem comprida.

O manifesto eleitoral de 1994 do CNA assumira compromissos sobre o que faria nos cinco anos seguintes. O programa era ambicioso, e Mandela se manteve muito atento durante todo o mandato para ver se as promessas de campanha tinham sido cumpridas. Ele queria que o público ficasse a par dos êxitos; também queria que o governo continuasse a se empenhar nas metas ainda não alcançadas. Ao abrir o ano parlamentar pela última vez, Mandela resumiu as mudanças nas condições de vida dos sul-africanos durante os cinco anos de seu mandato.

Declarou ao Congresso que o censo de 1996, "cujo resultado veio a público no ano passado, pela primeira vez apresentou à África do Sul seu retrato abrangente e detalhado. E são suas dimensões que devem nos servir para avaliarmos nosso progresso".

Então ele passou a ler as estatísticas, citando os bons resultados na instalação de redes de água para milhões de pessoas, perto de suas casas; o mesmo na instalação das redes elétricas, nas redes telefônicas, nos programas de alimentação nas escolas e serviços à comunidade com necessidades especiais. E afirmou:

Isso significa mais do que os meros números secos das estatísticas. As palavras da sra. Gladys Nzilane de Evaton, que recebeu as chaves de sua casa nova no ano passado, soam sinceras: "Ouço pessoas na rádio e na televisão dizendo que o governo falhou, mas não acredito nisso ... [O governo] nos deu vida."

Com isso ela expressava o sentimento de milhões de pessoas, inclusive de Mama Lenah Ntsweni, de Mpumalanga, que foi a terceira milionésima pessoa a ter acesso à água potável, poucas semanas atrás.

Mandela prosseguiu, arrolando as melhorias, os empregos e a construção de instalações que iriam beneficiar a sociedade por várias gerações. Contrapôs as realizações do governo ao que ainda não fora feito e fez referências gerais, sem entrar em detalhes, aos problemas de um processo que não fora fácil nem contínuo. Também admitiu que haviam errado em algumas metas. Mas, a despeito de tudo, mantinha o otimismo:

> Das reuniões da cúpula sobre a questão dos empregos, surgiram novas iniciativas, numa magnífica parceria entre o empresariado e o governo, para dar início a grandes projetos que trarão mais tetos aos necessitados. Como esse projeto começa destravando o problema da limitação dos recursos públicos, seus beneficiários se multiplicarão – do fornecedor de materiais de construção ao pequeno empreiteiro, dos novos contratados aos que ocuparão essas casas.[44]

Nos cinco anos da presidência de Mandela, houve uma enorme mudança social, embora menor do que se esperava. A mudança foi tanto maior nos setores em que a ação menos dependia da parceria nacional que Mandela procurava constantemente – maior no que se referia ao fornecimento de serviços públicos a lares e famílias do que em termos de oportunidades e avanços econômicos, maior para minorar a pobreza do que para reduzir a desigualdade.

Havia outros déficits, sinais das mazelas da ordem social, que afetavam a vida da maioria do povo da forma mais imediata e visceral. Os sul-africanos, em especial os negros, sempre conviveram com a violência – a violência estrutural criada e fomentada pelo aparato estatal do apartheid, que era camuflada e intangível, e a violência da criminalidade, que mostrava o rompimento do tecido social. Essa segunda forma de violência era mais visível e chocante. Alguns chegavam ao ponto de dizer que ter pele escura numa sociedade racista era um convite à violência.

A oposição tendia a exagerar desproporcionalmente a situação da criminalidade, espalhando casos e levantamentos na intenção de mostrar a incompetência do governo democrático. Repetia-se também a toada constante de que os crimes violentos tinham começado no dia em que o novo governo assumiu. Não é o que mostram as pesquisas disponíveis. Um artigo em *The Conversation* contribui muito para esclarecer os leitores sobre a situação verdadeira, informando que,

> de 1994 em diante, a taxa de homicídios [na África do Sul] diminuiu a uma média de 4% ao ano ... a taxa de homicídios não começou a subir em 1994 – muito pelo contrário. Houve um aumento constante até os anos 1950, um aumento um pouco mais rápido nos anos 1960, alguns anos de relativa estabilidade e em seguida uma alta maciça que atingiu o pico em 1993. Então as coisas se inverteram.[45]

A maioria dos jornais, fomentando o pânico nos leitores, frisava os altos índices de criminalidade, mas ignorava as estatísticas policiais mostrando que a taxa de crimes começava a declinar.[46] Mandela não deixou passar, e escreveu:

> Os partidos de oposição, alguns dos quais criaram ou herdaram aquela força autoritária e repressora e outros que condenavam a supremacia branca, mas se opunham a qualquer ação legítima dos oprimidos para libertar o país, agora acusam o governo de ser brando com o crime. Quase nunca elogiam o governo e o empresariado pelo excelente desempenho e pelo eficiente e devotado Serviço Policial Sul-Africano.
>
> Não é muito difícil encontrar a razão dessa curiosa atitude por parte de alguns políticos sul-africanos. Como foi dito num capítulo anterior, a minoria branca governou a África do Sul por mais de trezentos anos.
>
> Alguns deles, sem visão e embriagados pelo poder, jamais imaginaram que sofreriam em vida o trauma de perder esse poder político para uma maioria que aprenderam a desprezar desde o instante em que nasceram.

Mesmo diante da ampla transformação pacífica que ocorreu, e mais o zelo com que o partido governante tem promovido e implementado a política de reconciliação, alguns setores da oposição, devido a suas origens, à sua educação e formação política, são cegos, surdos e mudos ao que vem ocorrendo atualmente em nosso país.

Mostramos num capítulo anterior que, desde abril de 1994, nosso apoio eleitoral tem aumentado consideravelmente tanto no governo geral quanto no governo local, bem como nas megalópoles. Nada disso causou impressão alguma em alguns membros da oposição. Eles ainda repisam monotonamente falsas propagandas em que, afora eles, ninguém mais acredita. Criticam o governo por não cumprir o prometido, preveem uma cisão na Aliança do Congresso e acusam o governo de ser brando em relação ao crime. Se houvesse alguma ponta de verdade em todas essas acusações, por que então o apoio a nós continua a aumentar, como tem ocorrido nos últimos sete anos?

O chamado Novo Partido Nacional está para sumir e nunca mais voltar.* Não dispõe de nenhum líder do gabarito do ex-presidente De Klerk, que, quando chegou à encruzilhada, teve a visão e a coragem de virar na direção certa.

Mas a África do Sul gerou grandes liberais que condenaram corajosamente o apartheid. Embora discordassem de nossos métodos de ação política e insistissem que devíamos nos restringir a formas de luta exclusivamente constitucionais, eles eram muito menos arrogantes e destrutivos do que alguns de seus herdeiros.[47]

No entanto, o problema da criminalidade desembocava em questões mais amplas. Discursando para chefes religiosos na Cúpula da Moralidade convocada pelo Fórum Nacional de Líderes Religiosos em 1998, Mandela frisou que

o sistema desumano sob o qual vivemos por tanto tempo desgastou e corroeu o respeito pelo próximo e mesmo pela vida. Que o apartheid foi um

---

* O Novo Partido Nacional foi formado em 1997, depois que o Partido Nacional saíra no ano anterior do Governo de Unidade Nacional. O primeiro presidente do partido, F.W. de Klerk, foi substituído por Marthinus van Schalkwyk, mas a agremiação acabou se dissolvendo em 2005.

pecado e incentivou o comportamento pecaminoso é algo que nem mais se discute.

Os sintomas de nossa enfermidade espiritual são mais do que conhecidos. Incluem a extensão da corrupção no setor público e no setor privado, em que os cargos e postos de responsabilidade são tratados como oportunidades para o enriquecimento pessoal; a corrupção que vigora dentro de nosso sistema judiciário; a violência nas famílias e relações interpessoais, em especial o vergonhoso recorde de abusos contra mulheres e crianças; a extensão da evasão fiscal e a recusa em pagar pelos serviços utilizados.[48]

Vindo de um passado de resistência à autoridade, em que as estruturas estatais eram alvo fácil de críticas e em que o mantra era "Apoiaremos tudo ao que o regime se opõe e nos oporemos a tudo o que ele apoia", agora era necessária uma mudança de mentalidade. "Era de se esperar, em vista de nosso passado, que encontraríamos esse tipo de problemas, mas não, creio eu, que fossem dessa envergadura. Nem que fosse tão difícil mobilizar nossa sociedade para unir esforços e erradicar os problemas", disse Mandela.[49]

Mesmo ao prestar o juramento de posse em maio de 1994, Mandela ainda devia ouvir os ecos de alguns de seus colegas de maior confiança. Uma delas, Gill Marcus, então vice-presidente do Banco Central, sintetizara a complexidade da nascente África do Sul. Ela disse a Allister Sparks: "Havia a sensação de que, se resolvêssemos o problema do apartheid, um monte de outras coisas acabariam entrando nos eixos, mas não foi assim. É muito mais difícil do que esperávamos; há um monte de problemas muito mais arraigados." E continuou: "Espera-se tanto de nós, tudo ao mesmo tempo, que não há como pôr uma sequência. Há coisas demais para fazer, e estamos tentando fazer tudo."[50]

Para Mandela, "fazer tudo" significava endireitar o passado distorcido e alinhá-lo com as realidades do presente. Para isso, porém, a mudança necessária teria de ser conduzida por pessoas íntegras. Preocupava-o o potencial do poder em corromper ex-combatentes da liberdade, bem como a relutância dos que haviam se beneficiado com o passado em empregar seus privilégios indevidos para ajudar a construir o futuro. Ele pedia uma mudança de atitude e de valores, uma mudança de paradigma intelectual para criar um novo patriotismo. Insistia que as pessoas trabalhassem mais pelo bem comum que por interesses pessoais mesquinhos.

Mandela renovou esse apelo na conferência do Congresso dos Sindicatos Sul-Africanos em setembro de 1994, na esteira de uma greve do funcionalismo público:

Há pelo menos 5 milhões de pessoas desempregadas, que não sabem onde vão conseguir uma refeição durante o dia, não sabem onde vão dormir, não sabem como vestirão os filhos, como pagarão a escola. Este problema vocês é que têm de resolver. Ao fazerem greve, não olhem seus próprios interesses pessoais ou apenas os interesses de seu sindicato; vocês precisam adotar uma visão ampla. Precisam criar condições para que a iniciativa privada consiga realmente se expandir e absorver esses 5 milhões de desempregados. É sua tarefa. Vocês também precisam saber que, mesmo que tenhamos o direito de lutar por melhores condições de vida, não podemos nos precipitar; quanto maior o custo de produção, mais cortes de pessoal o empresariado quer fazer, e assim aumenta o exército de desempregados – tenham isso em mente.[51]

Ele fez um apelo parecido à elevação de propósitos cinco anos depois, no Congresso. Declarou que a sociedade também devia ter em mente a necessidade de manter o

equilíbrio entre liberdade e responsabilidade. Está muito claro que há algo de errado numa sociedade em que se entende liberdade como alunos ou professores irem bêbados para a escola, os guardas expulsarem os diretores e nomearem seus amigos para o comando das instituições, os grevistas recorrerem à violência e destruição das propriedades, os empresários torrarem dinheiro em ações judiciais somente para protelar a aplicação de leis que não lhes agradam, a evasão fiscal transformar os sonegadores em heróis das conversas de bar. É preciso tomar alguma medida drástica em relação a isso. A sociedade sul-africana – em suas escolas e universidades, no local de trabalho, nos esportes, no exercício profissional e em todas as áreas de interação social – precisa se imbuir de disciplina, de ética do trabalho e de responsabilidade pelas ações que praticamos.[52]

No Discurso à Nação de seu último ano na presidência, a impaciência e a frustração de Mandela transpareceram em toda a sua fala. Mas ele se mostrou sereno ao abordar questões que lhe eram caras. Isso se deu quando falou da "reconstrução da alma da nação, o 'PRD da Alma'":

Com isso, referimo-nos acima de tudo ao respeito pela vida, ao orgulho e respeito próprio como sul-africanos, em vez da ideia de nos entregarmos a uma autoflagelação insensata. Isso significa afirmarmos nossa identidade coletiva e individual como africanos comprometidos com o renascimento do continente, respeitarmos outros cidadãos e honrarmos as mulheres e as crianças de nosso país que estão expostas a todas as espécies de violência e abusos domésticos. Quando digo africanos, refiro-me a todos [os que veem o] continente da África [como] seu lar. Isso significa convertermos nossas escolas em comunidades de aprendizagem e aprimoramento do caráter. Significa mobilizarmo-nos mutuamente e não só ficar esperando que o governo limpe nossas ruas ou dê verbas para plantar árvores e cuidar dos pátios das escolas.

São coisas que precisamos abraçar como nação alimentando seu novo patriotismo. Constituem um ambiente importante para criar as novas gerações. Dizem respeito ao envolvimento dos sul-africanos na construção de uma vida melhor. Assim daremos não só pequenos passos, mas saltos gigantescos para um futuro brilhante no novo milênio.[53]

No dia em que se despediu do Congresso, em março de 1999, Mandela estava num estado de espírito mais clemente. Recuando aos objetivos gerais que o governo se colocara, ele arrolou as questões.

Os problemas eram: evitar o pesadelo da guerra racial e da matança, que apenas debilitam nosso povo, e chegar à reconciliação no princípio de que nosso objetivo mais amplo deve ser o de superarmos juntos a herança de pobreza, divisão e desigualdade.

Na medida em que ainda precisamos nos reconciliar e curar nossa nação; na medida em que as consequências do apartheid ainda permeiam nossa sociedade e definem a vida de milhões de sul-africanos como uma vida de privações, esses problemas continuam os mesmos.[54]

Na África do Sul contemporânea, houve progressos, mas a sociedade ainda tem de lidar com o ressurgimento periódico das velhas divisões. Isso acontece quando as organizações e os líderes dessas organizações acham vantajoso avivar ou manipular receios e preconceitos residuais, ou quando as comunidades e grupos sociais se sentem vulneráveis a ataques. Os problemas persistem de maneira diretamente proporcional à falta de reciprocidade, fundamental para a reconciliação. Apesar disso, agora os sul-africanos nunca deixam de ouvir a palavra "reconciliação" sem associá-la a Nelson Mandela.

12. Negociando com os meios de comunicação

Existe uma velha expressão africâner normalmente usada quando uma pessoa diz algo que não merece muito crédito: *"Hy lieg soos 'n koerant"* (Ele mente feito um jornal). Nelson Mandela, com sua deliberada reabilitação do africâner, retirando-lhe o status desonroso de instrumento de opressão, certamente devia conhecer essa expressão. No entanto, sua posição diante da imprensa – e dos meios de comunicação em geral – nascia do pragmatismo. Desde o começo dos anos 1990, em seu escritório na Shell House, sede do CNA, quando Jessie Duarte o mantinha atualizado sobre sua agenda, ele tinha na mesa o jornal africâner *Beeld*.

A partir do momento do juramento de posse, Mandela assumiu que, como presidente, encarnava a Constituição e todos os seus dispositivos, inclusive a seção 16, que garantia o direito à liberdade de expressão e também abrangia a imprensa e demais meios de comunicação. Ele era, acima de tudo, um advogado, e leu com interesse alguns dos julgamentos sobre os meios de comunicação, sobretudo a decisão do juiz Cameron de que "uma declaração difamatória relacionada à 'atividade política livre e legítima' está constitucionalmente protegida na Constituição interina, mesmo sendo falsa, a menos que o reclamante mostre que o editor agiu com exorbitância".[1]

Os meios de comunicação na África do Sul nunca tinham estado tão atarefados quanto no período pré-eleitoral de 1994, situação que se prolongou até o final do mandato presidencial de Mandela. O foco de toda a cobertura dos acontecimentos na África do Sul era Nelson Mandela. Encorajada com sua recente liberdade, a mídia cobria com igual entusiasmo os acertos e as irregularidades das autoridades públicas. Uma horda de colunistas de jornal dava seus vereditos sobre a democracia nascente, em geral apresentando Mandela como modelo de integridade enquanto espalhava calúnias sobre o encaminhamento dado pelo governo a questões como o crime.

Em decorrência disso, havia um paradoxo, uma tensão entre a maneira como Mandela via a si mesmo e a maneira como era visto pelo público – pelo mundo. Conhecendo as vulnerabilidades da nova África do Sul e seu lugar nela, ele tinha muito jogo de cintura com os meios de comunicação, como um boxeador soltando golpes leves no adversário, medindo-o e, ao mesmo tempo, não sendo apanhado totalmente de surpresa pelo vigoroso *uppercut* do oponente. "Tivemos boas lutas com a mídia", disse ele. "Numa democracia, não se pode eliminar ou evitar tais divergências."[2]

Como todos os líderes, ele tinha sentimentos contraditórios em relação aos meios de comunicação, considerando-os um mal necessário. Thami Mazwai, decano do jornalismo negro na África do Sul, relembra:

> Ele respeitava a independência da mídia como instituição. Este era o Mandela estadista. Mas o Mandela político tendia a reagir energicamente quando julgava que alguma interpretação sobre o CNA, o governo ou ele mesmo era injusta.[3]

Havia desde longa data uma relação próxima entre os meios de comunicação e a luta de libertação, desde o período colonial oitocentista, quando importantes pensadores africanos haviam exposto suas posições na imprensa. Isso ajudou a dar expressão à unidade e à resistência negra, que vieram a originar o CNA em 1912.[4]

O próprio Mandela admitiu que nos anos 1950, quando foi banido e ficou confinado a Joanesburgo, dependia da imprensa para se informar. No entanto, disse também:

> Embora eu leia uma variedade de jornais de todo o país, os jornais constituem apenas uma sombra pobre da realidade; suas informações são importantes para um combatente da liberdade não por revelarem a verdade,

mas por mostrarem os vieses e as percepções de quem produz e de quem lê o texto.[5]

Em 29 de março de 1961, quando terminou o Julgamento por Traição, com a absolvição de todos os réus, Mandela logo passou para a clandestinidade. Encontrava-se clandestinamente com os editores dos jornais mais liberais, atualizando-os sobre a campanha do CNA para uma convenção nacional. Criava notícias para "alimentar a mitologia do Pimpinela Negro, pegando um punhado de 'fichas', telefonando dos orelhões para os repórteres e repassando o que andávamos planejando ou contando casos sobre a incompetência da polícia".[6]

Se ele brincava de gato e rato com a polícia, era, porém, muito direto no trato com a imprensa, implorando em vão que os editores dos jornais de língua inglesa apoiassem uma ampla paralisação contra a saída da África do Sul da Commonwealth e a iminente instauração da república.* Os jornais foram contrários à greve e minimizaram seu impacto, adotando um papel que Mandela considerou "absolutamente vergonhoso".[7]

Mais tarde, na prisão, ele viu que, a despeito de sua ambivalência, os jornais eram "mais valiosos para os presos políticos do que ouro ou diamantes, mais cobiçados do que comida ou cigarros; eram o item de contrabando mais precioso na ilha Robben". Eram mais importantes por divulgar no mundo exterior notícias sobre a luta dos prisioneiros. Como disse Mandela:

> Para que uma greve de fome tenha resultados, é preciso que o mundo exterior saiba sobre ela. Do contrário, os prisioneiros simplesmente morrerão de fome, e ninguém ficará sabendo. As informações contrabandeadas de que estávamos em greve de fome geravam matérias nos jornais, e estas, por sua vez, geravam pressão dos grupos de apoio.[8]

Essa sua ambivalência se refletiu no texto de despedida encaminhado a um grupo seleto de editores e formadores de opinião no quinto aniversá-

---

* A África do Sul se retirou do Commonwealth em 1961, quando se tornou uma república.

rio de sua posse, em maio de 1999. Dizia ele: "Fizemos várias declarações, sobretudo no período pré-eleitoral de 1994, afirmando que consideramos a imprensa livre um pilar da democracia e que não temos absolutamente qualquer intenção de limitar essa liberdade de imprensa".

Ele reconhecia que nem sempre o governo e a imprensa concordavam.

Tivemos nossas divergências porque, quando a imprensa nos critica e nós respondemos, a imprensa diz "Ora, isso é uma ameaça à liberdade de expressão", o que dá a impressão de que só ela pode exercer a liberdade de expressão – quando somos criticados, temos de ficar quietos. Isso não aceitamos e nunca aceitaremos. Se vocês nos criticam, também precisam nos dar o direito de criticá-los ... Não queremos cachorrinhos de colo; queremos cães de guarda. E vocês cumpriram esse papel, e penso que é bom que continuem a ter uma feroz independência. A única coisa que queremos é que, mesmo quando vocês criticam e não concordamos com as críticas, haja integridade no que dizem.

E muitos de vocês têm essa qualidade ao lidar com as questões, principalmente quando estão lidando com um governo como o nosso, em que as pessoas nunca tinham tido experiência de governo antes de ocupar um ministério. Cometemos muitos erros, e assim esse debate no país, esse debate nacional, deve continuar. E haverá divergências. O importante é que a imprensa está aí para ser usada como um espelho em que podemos ver nosso desempenho, e mudamos nossa atitude em várias coisas porque percebemos, pelas reações da imprensa, que estávamos errados ou que não tínhamos feito a preparação suficiente para que a nação aceitasse o ponto de vista que adotamos ...

Mas, ao mesmo tempo, não podemos ter pressa demais, porque não dá para mudar da noite para o dia algumas questões que enfrentamos. A mudança é um processo. E fico satisfeito que, nesse contexto, a imprensa esteja desempenhando um papel importante.[9]

Mandela expressou uma vez mais essa convicção sobre o direito inalienável dos meios de comunicação de cumprirem seu papel sem serem agrilhoados pelo controle do Estado em seu discurso no Congresso do Instituto Internacional de Imprensa em 1994:

> É apenas tal imprensa livre que pode moderar o apetite de qualquer governo em acumular poder em detrimento do cidadão. É apenas tal imprensa livre que pode ser o guardião vigilante do interesse público contra a tentação de abuso do poder por parte de seus detentores. É apenas tal imprensa livre que pode ter a capacidade de expor incessantemente os excessos e a corrupção por parte do governo, das autoridades do Estado e de outras instituições que detêm poder na sociedade.
>
> O Congresso Nacional Africano nada tem a temer das críticas. Posso lhes garantir que não enfraqueceremos sob um escrutínio cerrado. Nossa prezada posição é que tais críticas só podem nos ajudar a crescer, chamando a atenção para aquelas ações e omissões nossas que não atendem às expectativas de nosso povo e aos valores democráticos que subscrevemos.[10]

Ele estava diretamente envolvido na projeção de sua imagem pública e, com a avalanche de convites para falar, acabou se tornando vítima de sua própria popularidade. Inundado por uma agenda sempre cheia, reclamava com Parks Mankahlana, seu porta-voz dinâmico, perspicaz e sempre vestido com elegância, que quase não tinha tempo para ler os documentos oficiais e os jornais nem tampouco para refletir sobre as questões. Dizia brincando que sentia falta dos dias na ilha Robben, quando tinha tempo para pensar, e pedia que lhe deixasse a tarde livre sempre que possível.[11]

Mandela administrava sua comunicação ao vivo passando a mensagem com o tipo de roupa que usava. Quando usou a camisa de rúgbi dos Springboks em Ellis Park, estava declarando algo de grande importância para todos os sul-africanos e para o mundo. Também fez um manifesto na cerimônia de sua posse, quando usou um terno simples em vez de fraque e cartola, e sempre usava roupas formais para comparecer ao Congresso. Com o tempo, passou a usar as "camisas Madiba" soltas e coloridas que vieram a ficar associadas a ele em seus contatos com o público.

Em geral seus compromissos com a mídia eram programados por seus assessores, mas ele também tinha encontros por iniciativa própria. Reuniu-se com editores africâneres em 1995 para discutir a questão candente do futuro da língua africâner; quando as tensões em KwaZulu-Natal se agravaram por causa da redação da Constituição, ele convidou os editores de jornais da província para uma reunião, com o propósito de informá-los sobre a direção que o governo pensava em tomar sobre o assunto.[12]

Por intermédio de Mankahlana, Mandela mantinha relações diretas com jornalistas e editores. As coletivas de imprensa eram ocasião para que mostrasse sua fantástica memória, chamando os jornalistas pelo primeiro nome, mesmo aqueles que conhecera muito tempo antes. Tinha uma cortesia no velho estilo; era ao mesmo tempo amigável e firme com todos com quem discutia. Trabalhando com Mandela, Mankahlana chegava a entrar nas salas de redação para oferecer alguma história, passando – ao que parecia – pouquíssimo tempo em seu próprio escritório.[13]

Se Mandela tinha algo a levantar com editores ou jornalistas veteranos, pegava o telefone, convidava-os para comer algo juntos e então expunha a questão. Mazwai relembra:

> [Mandela] procurava manter o equilíbrio na corda bamba e reagir de modo a que não houvesse nenhuma invasão do direito da mídia de falar e escrever as coisas como são. Sua tendência era convidar jornalistas específicos para o café da manhã. Então dizia: "Olha, você disse isso aqui, mas na realidade a situação é essa outra." Era assim que ele procurava administrar a situação.[14]

Por exemplo, Mandela teve uma reunião oficiosa com o editor de *Die Burger*, por achar que o jornal não dera uma explicação suficiente do contexto do tiroteio na sede do CNA na Shell House, em março de 1994.[15] Nessa mesma linha, ele convidou o editor do *City Press* para uma reunião, quando achou que este tinha deixado de lado uma ideia importante num editorial, em que afirmava que os cartolas do críquete e do rúgbi estavam usando Mandela para converter a reconciliação num processo unilateral, em detrimento do povo negro. Os dois concordaram que foi uma conversa proveitosa, mas nenhum dos lados cedeu.[16]

Às vezes o contato de Mandela com os meios de comunicação ganhava um elemento farsesco, ao qual ele dava de ombros. Jakes Gerwel contou um episódio que lhe mostrou um outro lado de seu chefe. A revista pornográfica masculina *Hustler* apontara Mandela como seu "Pentelho do Mês", ao que se ergueram vozes indignadas exigindo a proibição daquele número. Mandela, por seu lado, achou muito divertido e gracejou: "Para que ficar proibindo coisas..."[17]

Embora recebesse uma análise diária dos noticiários logo que começava o expediente, a essa altura Mandela já havia lido vários jornais, a maioria deles durante o café da manhã em casa. Quando chegava ao escritório, normalmente já tinha telefonado a ministros e à sua equipe de comunicação para saber de suas reações a questões que tinham aparecido na mídia naquele dia.

Ele gostava de delegar a redação de seus discursos quando confiava – o que, geralmente, era o caso – que saberiam expressar suas posições e prioridade. Às vezes indicava o que precisaria ser enfatizado, mas, como era esperto o bastante para saber que os jornalistas iriam se agarrar infalivelmente a pontos não contemplados num discurso já pronto, pedia que não incluíssem pontos importantes nesses discursos. Com frequência, os jornalistas que cobriam seus eventos só aguçavam os ouvidos e se punham a escrever quando ele começava a falar de improviso. Muitas vezes ele iniciava suas observações dizendo que o que acabara de ler era o que seus chefes tinham mandado dizer – e que agora ia falar sinceramente.

Ao contrário da crença popular de que Mandela costumava improvisar ou falar sem pensar, a verdade é que, na maioria das vezes, seus comentários eram muito pensados e deliberados; ele refletira sobre a questão, mas sabia que encontraria oposição dos colegas, se os consultasse. Além disso, as frequentes repetições que caracterizavam suas falas nada tinham de esquecimento ou distração. Ao iniciar seus discursos, ele dizia, gozando de si mesmo, que sua equipe o alertara para sua mania de se repetir. Mas isso era uma estratégia não só para deixar uma questão registrada, mas também para garantir que se tornasse foco do discurso público. Por exemplo, o tema da ampliação do acesso a serviços básicos se converteu num mantra de comunicação em todos os tipos de situações, formais ou informais, preparadas ou improvisadas, em discursos e notas.

Com a fama de ser um pesadelo para as equipes de segurança dos VIPs – no país e no exterior –, Mandela preferia uma interação social direta com o público. Ganhava energia com o reforço positivo constante de pessoas normais de todas as condições sociais. Chegava ao final de um dia de contato direto com o público mais satisfeito do que se tivesse ficado no escritório ou em reuniões ministeriais. E comentava: "Vocês fizeram com que eu me sentisse jovem outra vez, com as baterias recarregadas."[18]

Embora soubesse que se transformara num ícone mundial, capaz de atrair interesse por qualquer aspecto de sua vida, Mandela também era muito firme ao traçar a linha a partir da qual esse interesse seria francamente invasivo. Relutava em falar sobre o que lhe fora penoso – por exemplo, o divórcio de Winnie Madikizela-Mandela – tanto quanto comentar em público a inquestionável fonte de alegria que era sua relação com Graça Machel. Quando Mandela e Graça Machel se casaram, nem mesmo seu porta-voz ficou ciente do segredo, o que o levou a assegurar com toda a boa-fé à mídia que não havia nenhum casamento no mesmo exato instante em que ele ocorria.

Muito embora a transparência fosse o lema do governo democrático, ela tinha de operar dentro de fronteiras que simplesmente não se podiam limitar às questões pessoais. Havia também a linha divisória entre a transparência e a necessidade do governo de poder operar em sossego em áreas nas quais o conhecimento público prejudicaria ou dificultaria ainda mais esse trabalho. Sabendo que qualquer medida que afetasse a liberdade de expressão ou o acesso à informação despertaria a indignação dos defensores de uma sociedade aberta, Mandela pedia aos jornalistas que entendessem os processos em andamento. Acostumaram-se a ouvi-lo dizer: "Estamos tratando de assuntos muito sensíveis, e assim espero que vocês não me pressionem pedindo mais detalhes." Isso era dito com tanta firmeza, mas com tanta cortesia, que eles aceitavam.

No entanto, muitas vezes era bem menor a harmonia entre o governo e os meios de comunicação, quando se tratava da maneira como as duas instituições entendiam a transformação. O governo, que se considerava injustiçado quando era alvo de matérias inexatas, interpretava essas inexatidões como distorções ideológicas. Os jornalistas, sentindo-se mordidos pelo questionamento de seu profissionalismo, simplesmente consideravam tais acusações uma impossibilidade. Para Mandela, essa negatividade em relação ao governo comandado pelo CNA não era diferente de uma ação retrógrada, consciente ou inconsciente, em defesa dos privilégios do passado. Em fevereiro de 1994, ele disse:

> Os meios de comunicação sul-africanos ainda são largamente dominados por pessoas extraídas quase exclusivamente de um único grupo racial. À exceção de *The Sowetan*, os corpos editoriais de todos os jornais diários da África do Sul provêm do mesmo molde racial. São brancos; são homens; são de classe média; costumam ter experiências de vida muito parecidas. O mesmo vale para os escalões mais altos da mídia eletrônica, também, com raríssimas exceções recentes.
>
> Embora ninguém possa ter objeções de princípio a editores com esse perfil, o que é inquietante é a ameaça de unidimensionalidade que isso coloca para os meios de comunicação de nosso país. É claramente injusto que, num país cuja população é de esmagadora maioria negra (85%), os principais agentes nos meios de comunicação não tenham nenhum conhecimento das experiências de vida dessa maioria.[19]

A expectativa implícita de que editores e jornalistas negros teriam uma identificação necessariamente maior em suas matérias logo se demonstrou falsa. Então Mandela passou cada vez mais para a propriedade dos veículos de comunicação. Isso refletia uma posição do CNA que, muito antes, resultara em tensões entre o CNA e os jornalistas negros. Estes achavam que o CNA estava impugnando sua integridade e seu profissionalismo ao representá-los como incapazes de trabalhar em outros termos que não os aprovados pelos proprietários e editores brancos; isso era desconsiderar o papel que haviam desempenhado em circunstâncias muito difíceis. O nascente Fórum de Editores Negros deu início a reuniões com o CNA em agosto e setembro de 1994, para tentar resolver essas questões. Numa das reuniões, Mandela deu seu apoio a uma ação afirmativa na mídia e à nomeação de mais editores negros. Os jornalistas consideraram a reunião muito positiva. Mazwai disse: "Estávamos comendo na mão dele."[20]

Mas a relação com a mídia continuou tensa. As críticas dos meios de comunicação ao governo – e, por extensão, ao CNA e a Mandela – se concentravam na expulsão de Bantu Holomisa do CNA e em sua demissão do governo, além de alegações de corrupção contra a ministra da Saúde, Nkosazana Dlamini-Zuma, no caso do musical *Sarafina II*, tratado no Capítulo 7. Mandela interpretou a situação como uma cruzada da mídia contra a transformação do país e contra o CNA. Acusou duas vezes jornalistas negros, azedando as relações com a mídia por um ano ou mais.

Alguns, disse ele numa entrevista na televisão, não conseguiam entender os problemas do país. Os jornalistas negros que o acusavam de dar mais importância às apreensões dos brancos do que às necessidades dos negros, afirmou Mandela, não conseguiam entender a estratégia de neutralizar aqueles que haviam desejado impedir a eleição de 1994 por meio da violência.[21] O professor Guy Berger, então diretor da Escola de Estudos de Jornalismo e Mídia na Universidade de Rhodes, comentou a ambivalência dos jornalistas negros em relação ao ritmo da mudança:

> Muitas vezes eles parecem sentir a necessidade de relembrar aos brancos em geral e a seus colegas brancos em particular o poder branco e os preconceitos do presente e do passado. Tendo sido muito mais vítimas do que os jornalistas brancos, muitos relutam em aceitar a reconciliação sem uma reparação. Disso resulta uma posição crítica frente à política oficial de reconciliação, que enfureceu o próprio Mandela, o qual crê que eles não conseguem entender por que fez acordos em que a reparação ocupa apenas uma pequena parte do quadro geral.[22]

Mandela pôs suas ideias no papel e ressaltou que se referia a "alguns jornalistas negros veteranos":

O que você tem hoje é um tipo de jornalista veterano – e há alguns – que lamenta termos destruído a supremacia branca neste país e desfere seu veneno contra a única organização que realizou mudanças radicais neste país. Eles não fazem ideia dos problemas que o país enfrenta. Como falei antes, eles pensam – supõem – que derrotamos os brancos no campo de batalha e que agora os brancos estão estendidos no chão, impotentes, implorando-nos misericórdia.

Tivemos de adotar uma estratégia para afastar, para marginalizar aqueles elementos que queriam deter as eleições à força. Alguns jornalistas veteranos nem sequer sabem disso. E são apenas uns poucos jornalistas negros veteranos que tinham uma agenda secreta.[23]

A outra acusação foi que alguns jornalistas negros tinham sido cooptados por interesses reacionários. Mandela escreveu o que já dissera repetidas vezes em ocasiões públicas: "Jornalistas negros e brancos estão empreendendo uma campanha tendenciosa e venenosa contra o CNA."

Passou então a criticar a mídia por levantar polêmicas sobre Holomisa e Dlamini-Zuma, denunciando o papel de "alguns jornalistas negros veteranos" que tinham "sido cooptados nessa questão sórdida ... Os partidos tradicionalmente brancos e seus representantes têm rancor contra o movimento democrático por ter destruído a supremacia branca e os privilégios monopolizados pela minoria dominante de outrora".

Entre os jornalistas cooptados, um "foi de uma franqueza e honestidade desconcertante" ao responder a um alto dirigente do CNA. Declarou que era o jornal, e não o CNA, que lhe pagava e o promovia como jornalista. O exemplo mais claro demonstrando como era tendenciosa a abordagem dos assuntos públicos foi o caso do dissidente Bantu Holomisa, de cuja situação esses jornalistas se aproveitavam, segundo Mandela, usando-o "como um instrumento para destruir o CNA, e ignoravam totalmente os fatos básicos que deviam dar forma a um comentário objetivo".[24]

No relatório político que apresentou durante a Conferência Nacional do CNA em 1997, Mandela expôs alguns elementos de sua preocupação com os proprietários e a administração dos meios de comunicação:

Mesmo um exame superficial das posições adotadas pelos partidos basicamente brancos no Legislativo nacional nestes últimos três anos, o Partido Nacional, o Partido Democrático e a Frente da Liberdade, mostrará que eles e os meios de comunicação que representam a mesma base social apresentam a mais enérgica oposição sempre que se introduzem medidas legislativas e executivas destinadas a pôr fim às disparidades raciais que continuam a caracterizar nossa sociedade.[25]

Além de alertar para o fato de que algumas das redes do apartheid continuavam a constituir uma ameaça à segurança – junto com a preocupação com o papel de oposição de algumas ONGs –, esse comentário provocou uma enxurrada de críticas de grande parte da mídia e dos partidos oposicionistas. Pensando em como reagiria a isso ao encerrar a conferência, Mandela voltou à questão da propriedade dos meios de comunicação e, em vez de recuar, decidiu fazer uma investida. Eis o que escreveu nas anotações que preparou antes de apresentar o discurso de encerramento:

O pânico entre os partidos de oposição e em alguns editoriais em resposta ao meu relatório político não foi inesperado. O traço característico do Partido Nacional e do Partido Democrático frente à crítica sempre foi o de um bando de sujeitos de pele delicada e nervos frágeis; não conseguem aceitar uma crítica. Os membros esclarecidos desses dois partidos desertaram e deixaram para trás um grupo arrogante de racistas inescrupulosos cujo único objetivo é demonizar o movimento democrático e conduzir desavergonhadamente uma campanha virulenta de desinformação.[26]

Ele prossegue afirmando que a saída de nomes ilustres do Partido Democrático, indivíduos "agora servindo ao nosso país com distinção", colocou "o Partido Democrático à direita do Partido Nacional".[27]

Analogamente, pessoas insignes, que "não conseguiam mais se sentir à vontade com correligionários decididos a defender o apartheid e seus privilégios para a minoria branca", deixaram o Partido Nacional.[28]

Os mesmos meios de comunicação que

tentaram encobrir o fato de que existia uma Terceira Força neste país ... agora afirmam que não existem elementos contrarrevolucionários neste país.

A hostilidade da mídia branca neste país levou analistas dotados de princípios a dizerem que os jornalistas sul-africanos escrevem como se fossem estrangeiros em seu próprio país.

Thami Mazwai, jornalista negro veterano, que foi preso por sua posição de princípios e mais tarde foi alçado ao cargo de presidente do Fórum Nacional de Editores, tentou em vão incentivar um espírito patriótico entre seus colegas. Foi obrigado a renunciar.[29]

Todavia, no encerramento da conferência, Mandela decidiu se abster de ler o que havia redigido e, em lugar disso, resumiu suas opiniões sobre o assunto numa única frase: "A reação de alguns partidos políticos e de alguns setores da sociedade – inclusive os meios de comunicação – a meu Relatório Político não era inesperada e, no mínimo, confirma tudo o que dissemos."[30]

Uma das primeiras resoluções do Fórum Nacional de Editores Sul-Africanos, associação setorial nascida em outubro de 1996, foi de crítica às observações de Mandela sobre os jornalistas negros. Mais tarde, 22 jornalistas negros, enfurecidos com suas observações, pediram uma reunião com ele por se sentirem difamados. Após um embate acalorado, seguiu-se uma coletiva de imprensa em que Mandela declarou que defendia uma imprensa livre que vigiasse e fiscalizasse o governo, mas que, enquanto brancos conservadores controlassem os meios de comunicação, os jornalistas negros não teriam liberdade. Contestando vivamente tal afirmação, os jornalistas concordaram em discordar.[31]

Ao final, decepcionado com o vagar na transformação dos meios de comunicação – e crítico quanto à qualidade de grande parte do conteúdo –, Mandela incluiu a aceitação de divergências entre mídia e governo como traço característico da democracia, num elogio com certas ressalvas que apresentava como ideal a cobertura quase unanimemente eufórica de sua cerimônia de posse:

Tivemos vigorosos diálogos com a imprensa; em alguns, as palavras usadas foram cuidadosamente escolhidas para transmitir apenas o que ambas as partes acreditavam ser verdadeiro. Outros foram mais do que vigorosos, e os contendores saíram feridos e perdendo o equilíbrio. Não é possível evitar ou eliminar esses diálogos acalorados numa democracia.

É bom para nós, para a mídia e para o país como um todo saber que nossos jornalistas podem estar à altura das expectativas e se desincumbir com excelência, como no dia da posse e em várias outras ocasiões.[32]

Em última análise, Mandela mostrava enorme habilidade nas relações públicas. Saíra da prisão numa época em que a comunicação da mídia se transformara num sistema de vazão constante, uma fera voraz com apetite sem fim sempre querendo algo suculento. Parecia de alguma maneira – e, pode-se dizer, com uma ajudinha de sua incansável equipe de comunicação – que avaliara e aceitara essa nova realidade; usando sua estatura, aproveitava a necessidade da mídia de transmitir mensagens importantes para passar o que se alinhasse com sua missão durante uma transição difícil.

Aceitava com compostura o caráter invasivo da mídia, compreendendo que ela também era movida pelo fascínio com o homem Mandela. Usando seu status de celebridade, que crescia em proporção com sua idade, ele dominava plenamente a disciplina do autocontrole para passar mensagens importantes sobre os interesses coletivos da humanidade e o lugar e o papel da África do Sul num mundo em processo de globalização.

Chapter One

The Challenge

An unprecedented challenge faced the first democratically elected government of the Republic of South Africa.

It was a major rubicon to cross for the generation of dynamic and steeled freedom fighters who, for almost half a century, had sacrificed everything for the liberation of their country.

Some of them had given up lucrative careers, spent almost a lifetime under harsh conditions in exile, mobilising the international community to condemn apartheid and to isolate white South Africa.

That white South Africa was in due course shunned by almost every country in the world, and apartheid condemned as a crime against humanity was a measure of the success of their historic campaign.

Those in exile crisscrossed the five continents briefing heads of state and government on our situation, attending world and regional gatherings, and flooding the world with material exposing the inhumanity of apartheid.

It was this worldwide campaign which made the African National Congress (ANC) and its leaders inside and outside the country, one of the most well-known liberation movement of the world.

The fighters of Umkhonto we Sizwe (M.K) displayed unrivalled courage and infiltrated the country, attacked government installations, and clashed with the apartheid forces and, now

Página manuscrita original do terceiro rascunho das memórias de Mandela sobre os anos presidenciais. Sua secretária particular, Zelda la Grange, e respectiva equipe datilografavam o texto escrito a mão, depois Mandela fazia anotações na versão datilografada ou escrevia um novo rascunho inteiro a mão. Alguns capítulos passaram por várias versões seguindo esse procedimento.

Mandela discursa ao povo após sair da prisão, prefeitura, Cidade do Cabo, 11 de fevereiro de 1990. "Estou aqui diante de vocês não como profeta, mas como humilde servidor do povo", disse ele. "Seus sacrifícios heroicos e incansáveis me permitiram estar aqui hoje. Portanto, coloco em suas mãos os anos que me restam de vida."

Cantando "Nkosi Sikelel' iAfrika" com Winnie Mandela, sua esposa na época, no comício Bem-Vindo ao Lar, no estádio FNB, em Soweto, em 13 de fevereiro de 1990, dois dias depois de sair da prisão. Mais de 100 mil pessoas estiveram presentes no comício para ouvi-lo.

Mandela discursa no Comitê Especial das Nações Unidas contra o Apartheid, Nova York, 1990, e pede que sejam mantidas as sanções impostas pela ONU e por diversos governos contra a África do Sul até a abolição do apartheid. As sanções econômicas contra a África do Sul, que a ONU impusera desde 1962, foram suspensas em outubro de 1993.

Em janeiro de 1991, os líderes do belicoso Inkatha e do CNA, Mangosuthu Buthelezi e Nelson Mandela, se encontraram e lançaram uma declaração sobre um acordo conjunto de paz para deter a violência política. Essa charge publicada em *Die Transvaler* sugere que, no fundo, os sentimentos mútuos dos dois líderes não eram tão magnânimos.

Com o líder do Inkatha, Mangosuthu Buthelezi, e o presidente F.W. de Klerk numa coletiva de imprensa para anunciar a entrada tardia do Inkatha nas primeiras eleições democráticas da África, apenas algumas semanas antes da votação, em abril de 1994.

Mandela e Walter Sisulu saúdam o caixão do popular ativista político Chris Hani, estádio FNB, Soweto, 19 de abril de 1993. O assassinato de Hani quase levou o país à guerra civil. Num discurso pela tevê, Mandela exortou a nação a agir com dignidade e se dedicar novamente a construir a democracia (ver p.48).

Mandela cumprimenta a multidão durante um comício eleitoral no estádio Galeshewe, perto de Kimberley, 1994. Mzwandile Vena, que trabalhou por muito tempo como guarda-costas de Mandela, diz que ele era um pesadelo para a equipe de segurança, por causa de sua imprevisibilidade quando estava entre o povo. "Era preciso ficar alerta o tempo todo" (ver p.167).

Em campanha eleitoral, 1994. Mandela escreveu que, "para a maioria negra", a eleição "significava o nascimento de um sonho" (ver p.69).

Mandela vota pela primeira vez no Ohlange High School, Inanda, 27 de abril de 1994. O local ficava próximo do túmulo do primeiro presidente do CNA, John Dube.

"Luz… câmera… ação"/"Luz… água… ação". Nesta charge, publicada em *The Sowetan*, Nanda Soobben coloca lado a lado o alvoroço com a posse de Mandela e as expectativas dos eleitores por melhores condições de vida.

Estando Mandela de relações estremecidas com a esposa, Winnie, é sua filha,
a princesa Zenani Dlamini, quem o acompanha ao almoço após a cerimônia de posse,
Pretória, 10 de maio de 1994.

Presidente Mandela ladeado por seus dois vices – Thabo Mbeki (à esquerda) e F.W.
de Klerk, o presidente de saída, Palácio do Governo, Pretória, 10 de maio de 1994.

Na entrada de Tuynhuys, o gabinete presidencial na Cidade do Cabo, no dia da abertura do primeiro parlamento democrático. Mandela está acompanhado (da esquerda para a direita) do parlamentar Cyril Ramaphosa, de Zanele Mbeki e seu marido, o vice-presidente Thabo Mbeki, da presidenta do Congresso, Frene Ginwala, de Kobie Coetsee, que foi presidente do Senado até 1997, e do vice-presidente F.W. de Klerk.

Mandela com alguns ministros de seu primeiro gabinete e membros do alto escalão presidencial. Tem à sua direita o líder do Inkatha, Mangosuthu Buthelezi, e à sua esquerda o vice-presidente Thabo Mbeki.

11. E. P. Jordaan : Minister of Environment & Fisheries: Post & Communication
12. S. Sigcau : Minister of Public Enterprises
13. S. W. Tshwete : Minister of Sport & Recreation
14. S. R. Maharaj : Minister of Transport
15. N. C. Dlamini Zuma : Minister of Health
16. A. B. Nzo : Minister of Foreign Affairs
17. D. M. Hanekom : Minister of Lands
18. S. F. Mufamadi : Minister of Safety & Security
19. T. T. Mboweni : Minister of Labour

Professor Jakes Gerwel was Director-General in the Office of the President and Secretary of the Cabinet.

Soon after the formation of the Government of National Unity, and long before Deputy-President De Klerk pulled out of that great Cabinet, the ANC was repeatedly accused of racism and of promoting only the interests of Africans and neglecting those of other of the minority groups. There still people today who still peddle this fable. Irrespective of ethnic group to which they

I have deliberately set out the names of the full Cabinet of the GNU and those who have respect for truth and themselves will refrain from tarnishing their image by endorsing a senseless propaganda and transparent subterfuge by those who have no credible altr. policy to present to the people of to our country to the people of South Africans

How can we be accused of racism

The subterfuge becomes all the more transparent glaring when you consider that apart from Mr Williams, a member of the coloured community, the remaining 5 cabinet members of Mr De Klerk's National Party were all whites and Afrikaners. No indeed, no As far as the ANC is concerned we had not less Yet all these national groups were represented in the ANC cabinet

Página do quinto capítulo do manuscrito de Mandela, com suas memórias dos anos presidenciais. Aqui ele colocou os nomes de seus ministros no Governo de Unidade Nacional para mostrar que a lista era plenamente representativa dos diversos grupos étnicos. Isso foi em resposta a acusações de que o CNA se ocupava basicamente dos interesses dos africanos. "Ainda há figuras públicas em nosso país – reacionárias – que continuam a espalhar essa propaganda ignóbil" (ver p.126).

No alto: Com Jessie Duarte, chefe de operações do CNA na presidência.

Abaixo: Com Joe Slovo, que foi nomeado ministro da Habitação no Governo de Unidade Nacional.

No alto: Com Trevor Manuel, que se tornou o mais longevo ministro das Finanças da África do Sul.

Abaixo: Mandela com o diretor-geral de seu gabinete, professor Jakes Gerwel.

No Congresso com seu velho amigo, ex-companheiro de prisão e assessor político Ahmed Kathrada.

AUGUST (08)		1995	SEPTEMBER (09)		1995	OCTOBER (10)		1995
SUNDAY	6 13 20 27		SUNDAY	3 10 17 24		SUNDAY	1 8 15 22 29	
MONDAY	7 14 21 28		MONDAY	4 11 18 25		MONDAY	2 9 16 23 30	
TUESDAY	1 8 15 22 29		TUESDAY	5 12 19 26		TUESDAY	3 10 17 24 31	
WEDNESDAY	2 9 16 23 30		WEDNESDAY	6 13 20 27		WEDNESDAY	4 11 18 25	
THURSDAY	3 10 17 24 31		THURSDAY	7 14 21 28		THURSDAY	5 12 19 26	
FRIDAY	4 11 17 25		FRIDAY	1 8 15 22 29		FRIDAY	6 13 20 27	
SATURDAY	5 12 19 26		SATURDAY	2 9 16 23 30		SATURDAY	7 14 21 28	

THURSDAY
JULY 06
WEEK No 27
DAY No 187

TIME PLANNER	CONTACT	PHONE NO.	CALL AGENDA:

07:00   30. 12. 96

07:30

08:00   Meeting with officer of the SAPS

08:30

09:00   a report released by the national Information

09:30

10:00   management Centre of the SAPS showed that

10:30

11:00   1996 saw a reduction in levels of serious

11:30

12:00   Crime; crime categories which reflected a

12:30

13:00   reduction include such violent crimes as

13:30

14:00   hijackings, armed robberies, politically motivated

14:30

15:00   violence, murder NOTES; LETTERS; FAX; MEMO; MINUTES; AGENDA & taxi

15:30

16:00   violence.

16:30

17:00   Member of the SAPS need to be congratulated,

17:30

18:00   for the reduction in levels of crime is a result

18:30

19:00   of hard work & sacrifices which they made &

19:30

20:00   Continue to make.

20:30

EVE   notwithstanding the many problems which

DAILY GOALS   PRIORITY

some communities in the E. Cape still have, eg.

2:

taxi violence in Port Elizabeth, violence in

4:

Qumbu, Isolo, Mganduli, as well as gang

6:

related crimes in the northern areas of P.E.

Page 173

Mandela fazia anotações constantes e registrava as reuniões em sua agenda, como fez no caso dessa reunião com oficiais do Serviço Policial Sul-Africano em 30 de dezembro de 1996.

Mandela visita o ex-presidente sul-africano e firme defensor do apartheid P.W. Botha, conhecido como "Die Groot Krokodil" (O Grande Crocodilo), em sua casa em Wilderness, 1995.

Praticante ativo da reconciliação, Mandela visitou Betsie Verwoerd, viúva do arquiteto do apartheid, o dr. H.F. Verwoerd, em sua casa em Orânia, cidade "só de brancos", 1995.

Assinando a Constituição da República da África do Sul, Sharpeville, 10 de dezembro de 1996, com (a partir da direita) Cyril Ramaphosa e Yunus Chamda, prefeito do Conselho Metropolitano de Lekoa-Vaal.

Em Libertas, a residência presidencial em Pretória, cujo nome Mandela trocou para Mahlamba Ndlopfu, "A Nova Alvorada", em xitsonga, ou, literalmente, "o banho dos elefantes".

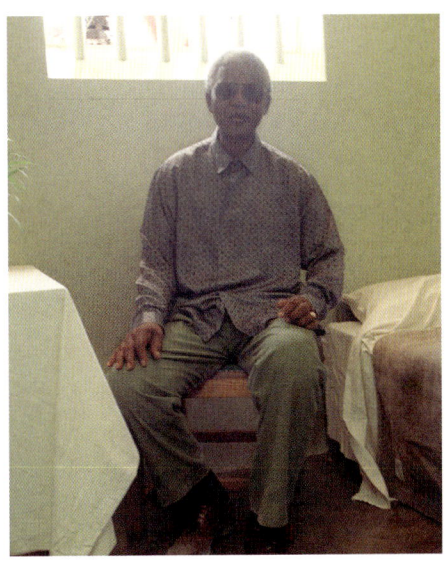

Em sua antiga cela na ilha Robben, numa reunião de presos políticos, 10 de fevereiro de 1995.

Com o presidente americano Bill Clinton na Casa Branca, Washington, D.C. Mandela utilizava suas relações pessoais com líderes internacionais para influir nas negociações e resoluções de conflitos.

Com o presidente cubano Fidel Castro. Mandela insistiu que Fidel fosse à sua cerimônia de posse.

The combination of talent and humility, of being able to be at home with both the poor and the wealthy, the weak and the mighty, ordinary people and royalty, young and old, men and women with a common touch, ~~irrespective of their race or backgrounds,~~ are admired by humankind all over the globe.

The ANC has ~~also~~ *always* been rich with talented men and women, who preferred to remain in the background, and to push forward promising young people to positions of eminence and responsibility, to expose them early in their political careers to the basic principles and problems of leadership, and on how to manage such problems. This kind of leader has always made a formidable impression on many of us. *Comrade Walter Sisulu is such a man; that is why he has always towered about all of us irrespective of the offices we occupied in the movement and government.* I urged the three senior leaders that I would prefer to serve without holding any position in the organisation or government. One of them, however, put me flat on the carpet.

He reminded me that I had always advocated the crucial importance of collective leadership, and that as long as we scrupulously observed that principle, we could never go wrong. He bluntly asked whether I was now rejecting what I had consistently preached down the years.

Nesta página do Capítulo 6 do manuscrito original, Mandela inicia sua descrição do amigo e ex-sócio no escritório de advocacia Oliver Tambo, comentando que o CNA sempre teve membros que preferiam ficar no segundo plano, preparando os mais jovens para ocupar postos de liderança. Mais tarde, acrescentou ao texto: "O camarada Walter Sisulu é um desses; é por isso que ele sempre se elevou acima de todos nós, independentemente dos cargos que ocupávamos no movimento ou no governo" (ver p.100).

Com o presidente francês Jacques Chirac em desfile militar no Dia da Queda da Bastilha, Champs-Élysées, Paris, 1996.

No alto: Com o líder palestino Yasser Arafat.

Abaixo: Com Graça Machel, a rainha Margarida II e o príncipe Henrique da Dinamarca, Copenhague, 1999.

No alto: Com a rainha Elizabeth II, percorrendo a alameda até o Palácio de Buckingham, Londres, 1996.

Abaixo: Com o príncipe Bandar bin Sultan, da Arábia Saudita, e o líder líbio Muammar Kadhafi, 1999 (ver p.370).

Mandela insistia em realizar pessoalmente várias tarefas prosaicas, a ponto
de arrumar a cama nos hotéis e engraxar os sapatos a bordo do jato presidencial.
"Você simplesmente não deixava as coisas jogadas na presença dele", diz a viúva
Graça Machel. "Onde ele está, tudo tem de estar em ordem... impecavelmente limpo"
(ver p.199).

Ao lado: Com Graça Machel, aeroporto de Heathrow, 1997. Eles começaram a se
corresponder depois que Mandela lhe enviou da prisão uma carta de condolências
pela morte de seu marido, o presidente moçambicano Samora Machel, em 1986.
Casaram-se no aniversário de oitenta anos de Mandela, em 1998.

The apartheid regime had put law and order in disrepute. Human rights were ruthlessly suppressed, there was detention without trial, torture and murder of political activists, open villification of Appeal Court judges who were independent and gave judgments against the regime, and the packing of the judiciary with conservative lawy and pliant lawyers. The police, especially the security branch, were law unto themselves. Because of this crude practice, and out of my own convictions, I exploited every opportunity to promote respect for law and order and for the judiciary.

Two examples will illustrate this point: During my presidency parliament authorised me to issue two proclamations dealing with elections in the Western Cape Province. That provincial government took me to the Constitutional Court which overruled me in a unanimous judgment. As soon as I was informed of

Nesta página manuscrita do sexto capítulo das memórias de Mandela, ele explica que, devido aos procedimentos corruptos e desumanos das instituições judiciais e policiais sob o apartheid, "aproveitei todas as ocasiões para promover o respeito pela lei e a ordem e pelo judiciário" na nova África do Sul democrática (p.190).

Em uma partida de rúgbi da Tri Nations Series com Zelda la Grange, que trabalhou com Mandela por dezenove anos, primeiro como sua secretária particular, e depois como sua assistente pessoal, porta-voz e responsável administrativa nos anos de aposentadoria.

Mandela e Graça Machel visitam em 1997 a prisão de Pollsmoor, onde o próprio Mandela estivera preso dez anos antes, para uma reunião com os prisioneiros, após alegações de que haviam sofrido ataques.

Com François Pienaar, capitão dos Springboks, estádio Ellis Park, Joanesburgo, depois que a África do Sul venceu a Copa do Mundo de Rúgbi em 1995. O gesto de Mandela em vestir a camisa e o boné dos Springboks ganhou o coração de milhares de africâneres.

Na 50ª Conferência Nacional do CNA, Mandela deixa a presidência do partido e entrega as suas rédeas a Thabo Mbeki, Mafikeng, 20 de dezembro de 1997. No encerramento da conferência, ele disse: "Anseio pelo momento em que poderei me levantar com o sol e andar pelos montes e vales de Qunu com paz e tranquilidade" (ver p.379).

Recebendo o relatório da Comissão de Verdade e Reconciliação das mãos do presidente da comissão, arcebispo Desmond Tutu, Pretória, 1998. A comissão investigou as violações dos direitos humanos ocorridas no país entre 1960 e 1994. Ciente das dúvidas sobre o processo, Mandela reconheceu as imperfeições, mas insistiu num reconhecimento nacional dos crimes do passado (ver p.297).

Cumprimentando crianças em sua cidade natal, Qunu, Dia de Natal, 1995. Ao descrever
Qunu para Richard Stengel, em 1993, ele disse: "As pessoas aqui, sabe, é uma dimensão
totalmente diferente, e fico... tão contente ao ouvi-las falar; seus maneirismos,
tudo isso me faz lembrar de quando eu era mais novo."

Falando a estudantes no lançamento do Fundo Infantil Nelson Mandela, Pretória, 1995.
A saúde e a educação infantil estavam entre suas principais preocupações, e ele doou
ao fundo um terço de seu salário enquanto esteve na presidência.

Jovens acolhem seu herói, o qual faz uma demonstração do famoso "Arrasta-pé Madiba", dançando ao som de uma banda local numa visita ao distrito de Oukasie, em Brits, 1995.

Sempre sentindo as energias renovadas no contato com o público, aqui Mandela abraça uma funcionária do Hanover Day Hospital, Hanover Park, 1996.

Após o final do mandato, Mandela se tornou um dos principais ativistas nas campanhas de conscientização sobre a aids. Aqui ele fala durante um evento em Red Ribbon, em apoio à conscientização sobre a aids, 1998.

Mandela é aplaudido de pé ao final de seu último discurso ao primeiro Congresso democraticamente eleito, antes de deixar o cargo, Congresso, Cidade do Cabo, 26 de março de 1999.

"Suspiro"/"É, eu também…" Nesta charge de Zapiro, a nação democrática ainda na infância solta um saudoso suspiro coletivo enquanto o sol se põe sobre "A Era Mandela" e seu primeiro presidente democrático deixa o cargo, em março de 1999.

13. Na África e no mundo

Para Nelson Mandela, a África era um lugar tão complexo quanto a África do Sul mostrara ser quando ele saiu da prisão. Ele fora preso exatamente na mesma época em que um número cada vez maior de Estados africanos ganhava independência ou, em alguns casos, arrancava-a dos governos coloniais. Mesmo sua linguagem ou escolha de termos refletia essa ligação com um período imobilizado no passado; por exemplo, continuava a usar a velha palavra "emancipação" para libertação, mantendo a terminologia preferida de estudiosos e militantes políticos de outrora, fosse W.E.B. du Bois ou Marcus Garvey, ou encontrada em livros como *A cabana do pai Tomás*, de Harriet Beecher Stowe, ou *Memórias de um negro*, de Booker T. Washington.[1]

A linguagem de Mandela podia apresentar bizarrices anacrônicas ou ser pontuada de excentricidades, mas ele estava firmemente decidido a assegurar que a relação da África do Sul democrática com os demais países africanos se baseasse em realidades sólidas e concretas. Dedicava toda a sua atenção à África que conhecera na clandestinidade, e que também lhe permitira ver em que consistia ser tratado como ser humano integral – e alimentara por alto preço o movimento de libertação.

Nos primeiros seis meses depois de sair da prisão, Mandela passou metade do tempo fora da África do Sul. Embora visitasse três continentes – a África, a Europa e a América do Norte –, a África era seu foco principal e o primeiro a ser visitado, descontando uma viagem de urgência a Estocolmo, na Suécia, para visitar seu amigo e mentor, O.R. Tambo, internado num hospital.

A África a que Mandela voltou após o período no cárcere era muito diferente da que conhecera antes. Muitos líderes não estavam mais presentes, pagando o preço imposto por golpes, pelo exílio, por execuções ou pela morte por causas naturais. A situação geopolítica também se alterara, e agora os líderes do momento se debatiam com as implicações de grandes transformações globais. Assim, em julho de 1990, enquanto a Cúpula de Chefes de Governo e de Estado da Organização da Unidade Africana (OUA) elaborava resoluções para acelerar os estágios finais da libertação da África do Sul, foi preciso incluir na pauta as relações entre Oriente e Ocidente que vinham mudando, o final da Guerra Fria e a formação de novos blocos econômicos regionais.

O menor envolvimento direto de países estrangeiros nos assuntos africanos deu oportunidade aos povos e governos de assumirem plena responsabilidade por seus destinos por meio da cooperação regional, de uma maior democratização e da participação popular. Como "o tremendo desafio duplo do desenvolvimento econômico e da transformação demo-crática" requeria paz e estabilidade, era fundamental haver uma solução dos conflitos.[2] A expressão lógica do novo paradigma foi a criação do Mecanismo para a Prevenção, Gestão e Resolução de Conflitos, da OUA, em 1993, que funcionaria em parceria com a ONU. Esperava-se que a Co-munidade de Desenvolvimento da África Austral (CDAA), embora embrio-nária, também tivesse um papel no futuro.[3] Ela sucedera à Conferência de Coordenação de Desenvolvimento da África Austral, que fora formada em 1980 por chefes de Estados independentes para coordenar os investimentos e o comércio e diminuir a dependência econômica frente à África do Sul do apartheid. Em 1992, estando a Namíbia agora independente e a África do Sul em transição para a democracia, a conferência de coordenação foi integrada à CDAA, cujo foco passara para a integração econômica.

Mandela e a participação do CNA nas reuniões e conferências de cú-pula da OUA lançaram as bases para a contribuição que a África do Sul democrática daria na busca da paz e do desenvolvimento na África e no mundo. Iniciaram-se aí alguns dos esforços de Mandela para a resolu-ção de conflitos. Quando a África do Sul se integrou à OUA, em 1994, a organização já estabelecera um novo curso. Previa problemas. Haveria tensões – sendo a África tão grande, com muitos Estados-membros com prioridades diversas – entre os compromissos coletivos com a promoção da paz e da democratização, por um lado, e o respeito pela soberania dos Estados-membros, por outro. Se a OUA não tivesse ajuda da ONU e de outros países, teria bastante dificuldade em reunir recursos e experiência para desenvolver esferas de manutenção da paz e de resolução de conflitos. Mas havia um motivo de otimismo: agora os novos rumos eram claros.

Assim, quando o presidente Nelson Mandela discursou na cúpula da OUA um mês após sua posse, em junho de 1994, foi uma ocasião de grande entusiasmo. Para muitos, era a realização comovente de uma promessa. No discurso cuidadosamente elaborado para apresentar a nascente "política africana" de seu país, Mandela expôs as perspectivas, os compromissos e as responsabilidades da África do Sul para com o continente:

> Agora alcançou-se a libertação total da África quanto ao domínio da minoria branca e estrangeira. Nossos colegas que serviram com distinção no Comitê de Libertação da OUA já cumpriram a tarefa histórica de impulsionar esta instituição, que sempre recordaremos como parceira na linha de frente pela emancipação dos povos de nosso continente.

Então, numa frase que deve ter sido emocionante para ele mesmo, Mandela disse: "Finalmente, nesta reunião de cúpula em Túnis, retiraremos a consideração sobre a questão África do Sul do Apartheid de nossa pauta."

Esse item sempre estivera na pauta de convenções, cúpulas e seminários de todos os encontros das forças progressistas durante o período de prisão de Mandela. Sua retirada de pauta indicava uma vitória de enormes proporções – vitória que pertencia a uma parcela significativa da comunidade mundial.

Mandela prosseguiu dizendo que uma época

> com suas tarefas históricas chegou ao fim. Sem dúvida, há de se iniciar outra com seus desafios próprios. A África clama por um novo nascimento, Cartago aguarda a restauração de sua glória.
>
> Se a liberdade era a coroa que os combatentes da libertação procuraram pôr na cabeça da mãe África, que o avanço, a felicidade, a prosperidade e o conforto de seus filhos sejam a joia da coroa.

Sobre o imperativo de "dedicar todos os esforços para reconstruir as economias africanas", Mandela relembrou aos líderes que as partes fundamentais

do que é preciso ser feito são conhecidas por todos nós. Entre elas está a necessidade de enfrentar a realidade de que a África continua a ser exportadora de capitais e sofre com a deterioração dos termos comerciais. Nossa capacidade de autossuficiência, de encontrar os recursos internos que gerem um desenvolvimento sustentado, continua a ser muito restrita.

Ele apontou as armadilhas do vitimismo em que os líderes culpam agentes externos por seus problemas enquanto deviam fazer um pequeno exame de consciência. Rendeu homenagem aos "grandes pensadores de nosso continente" e criticou a África por não conseguir lidar com a tragédia humana em Ruanda, que

se destaca como grave e implacável censura a todos nós por não termos conseguido lidar com esses assuntos inter-relacionados. Em decorrência disso, ocorreu e continua a ocorrer um terrível massacre de inocentes diante de nossos próprios olhos.

E exortou:

Sabemos como fato inquestionável que cabe a nós como africanos transformar tudo isso. Devemos afirmar na prática nossa vontade de fazê-lo. Devemos dizer na prática que não há obstáculo tão grande que nos impeça de criar um novo renascimento africano ...

Na perspectiva que vocês dividiam conosco, usaríamos os recursos de nosso país para criar uma sociedade em que todo o nosso povo se emanciparia dos flagelos da pobreza, da doença, da ignorância e do atraso.

O objetivo que todos perseguíamos era a criação de uma África do Sul que seria uma boa vizinha e uma parceira em pé de igualdade com todos os países de nosso continente, que usaria suas capacidades e potencialidades para ajudar a promover a luta comum que assegurasse o devido lugar da África dentro do sistema econômico e político mundial.[4]

Durante os anos de Mandela na presidência, a África do Sul teve papel ativo na reformulação da OUA. Em 2002, essa reformulação culminou no lançamento da União Africana (UA) em Durban, com novos sistemas e estruturas à altura das exigências do continente após a libertação. A presença de Mandela na OUA, diz Nkosazana Dlamini-Zuma, "teve uma profunda influência", porque

> ali estava um homem com quem a OUA e os Estados-membros haviam trabalhado ao longo dos anos, desde o começo, quando foi criado o MK. Ele estivera em muitos países africanos antes de ser preso. E, quando estava na prisão, a OUA teve papel importante apoiando a luta pela libertação de Mandela e de outros presos políticos, bem como a luta na África do Sul. Assim, para esse homem que também era um ícone mundial, fazer parte da OUA tinha um impacto enorme.[5]

Em 1996, ele também teve imenso impacto como presidente da CDAA. Empenhado em liderar uma organização que não fosse apenas mais uma instância burocrática e inoperante, Mandela, num discurso na cúpula da CDAA no Malawi em setembro de 1997, abordou os desafios que ela enfrentaria para harmonizar desenvolvimento e segurança e – como ocorrera na OUA – reconciliar o respeito pela soberania dos Estados-membros e o compromisso com os princípios democráticos, aspectos que não eram homogeneamente entendidos em todos os Estados. Para ele, era imperioso que os representantes dos Estados-membros "façam perguntas francas e deem respostas honestas sobre a situação em que estamos e aonde pretendemos chegar".[6]

Após uma longa apresentação que continha alguns dos pontos que ele levantara categoricamente na cúpula da OUA de 1994, refletindo sua preocupação com os processos democráticos, Mandela arrolou as tarefas da organização intergovernamental. Ressaltou que não haveria avanços efetivos sem a igualdade de gênero, o respeito pelos direitos humanos e os "postulados básicos da boa governança".[7]

Uma das questões que ele não abordou foi o status do Órgão de Cooperação em Política, Defesa e Segurança, uma instituição formal da CDAA que fora criada em junho de 1996. Comandado pelo presidente Robert Mugabe e tendo se reunido nas vésperas da cúpula em Gaborone, no Botswana, nos últimos meses o órgão fora objeto de intensos debates sobre sua estrutura e função, que poderiam suplantar a própria cúpula, na medida em que podia "operar no nível da Cúpula e… funcionar com independência de outras estruturas da CDAA".[8] Irritado com a falta de transparência do órgão – e desejando que suas estruturas fossem simples e diretas –, Mandela não se convenceu inteiramente de que ele devia operar em nível de cúpula, como mostram suas anotações:

1. Compareci à cúpula da CDAA em Gaborone em junho de 1996 e concordei com a decisão de formar o Órgão.

2. Não sabia, porém, que ele iria operar em nível de cúpula [e não em] nível ministerial.

3. Descobri, quando nos reunimos em Luanda em 1º de outubro de 1996, que o Órgão era, em si, uma cúpula. Foi um choque para mim –
Não saber da existência de alguma organização.
Eles podem ser
Se eu soubesse, não teria aceitado a presidência [da CDAA].

4. Então fiz uma viagem para visitar o presidente Mugabe e discutir a questão. Depois vi o pres. Masire como meu predecessor e o pres. Chissano como vice-presidente. Mais tarde, quatro de nós nos reunimos em CT.*

5. Em todas essas ocasiões, eles explicaram em detalhes por que o Órgão tinha de operar em nível de cúpula. Concordamos que o assunto seria trazido a esta Cúpula [de Blantyre, no Malawi].

6. Encontrei os dois presidentes em Gaborone e sugeri solução.[9]

---

* Robert Mugabe, presidente do Zimbábue de 1987 a 2017; Quett Masire, presidente do Botswana (1980-88); Joaquim Chissano, presidente de Moçambique (1986-2005).

No dia seguinte, a cúpula ouviu as posições dos membros, sem se chegar a nenhum consenso claro, a não ser que o órgão era necessário em vista dos problemas da região. Adiada a decisão, insistiram com Mandela para que não renunciasse. Seis meses depois, outra discussão numa reunião de chefes de Estado em Maputo terminou mais uma vez sem chegar a uma solução.[10] Mas houve maior consenso de que o órgão deveria ser um subcomitê da CDAA, e não uma entidade separada.

Já se falou muito sobre a relação entre Mandela e Mugabe, inclusive o fato de ter ficado claro desde o começo que não havia grande simpatia entre os dois dirigentes. Mugabe, que sempre fora o chefe de Estado mais antigo, adulado por seus pares mais jovens em reverência à sua aguerrida posição anti-imperialista, sentia-se um tanto eclipsado por Mandela, que entrava em cena com louváveis credenciais éticas e morais. Além disso, sendo-lhe amplamente atribuída a frase de que o único branco em quem se pode confiar é o branco morto, não era de surpreender que Mugabe não fosse fã do projeto de reconciliação de seu colega sul-africano. Todavia, como era necessário que a CDAA continuasse a existir, eles trabalharam juntos em várias questões, ainda que o status do órgão continuasse a gerar tensões entre os dois. Quett Masire comenta em suas memórias que essa relação tensa prosseguiu ao longo dos anos.[11]

A INSTABILIDADE NO CONGO e na região dos Grandes Lagos africanos teve um impacto negativo na maioria dos países da CDAA. O envolvimento da África do Sul no conflito começou quando ela concordou em participar de uma força internacional que se estabeleceria no leste do Zaire, para auxiliar numa crise humanitária, com cerca de 1 milhão de refugiados fugindo do genocídio em Ruanda. O presidente do Zaire, Mobutu Sese Seko, pediu à África do Sul que intermediasse conversações entre o governo do Zaire e Laurent Kabila, da Aliança das Forças Democráticas para a Libertação do Congo-Zaire (AFDL). Tendo se estabelecido na parte leste, a AFDL estava avançando para a capital, Kinshasa. Por instâncias dos Estados Unidos, a AFDL de Kabila participou de uma série de conversas de aproximação na África do Sul, em fevereiro de 1996. Elas abriram caminho para conversações diretas entre Mobutu e Kabila a bordo do SAS *Outeniqua*, em Pointe-Noire, na foz do rio Congo. Esteve presente às conversas o representante especial da OUA e da ONU.[12]

Em vista do êxito nas conversações para um regime novo e democrático na África do Sul – e para dissipar o espírito revanchista entre os beligerantes –, Mandela acreditava que seria possível pôr um ponto final na crise do Zaire. A seu ver, isso só ocorreria persuadindo o idoso Mobutu – universalmente desacreditado – a deixar o cargo com dignidade e Kabila a aceitar uma política inclusiva na formação de um novo governo.

O avanço das forças rebeldes diminuiu a vontade de Kabila de adotar uma solução inclusiva. Dando o medo como razão para não participar da continuidade das conversas a bordo do navio, dez dias após o início das mesmas, Kabila vacilou publicamente, enfurecendo Mandela, o qual lhe passou uma reprimenda entreouvida pela imprensa. Ficou combinado que Kabila iria no dia seguinte até a Cidade do Cabo, para que Mandela o atualizasse sobre as propostas elaboradas após a primeira reunião; haviam sido feitas amplas consultas a governos da África, à França e aos Estados Unidos. Quando estava a bordo do SAS *Outeniqua*, Mandela também telefonou para diversos chefes de Estado da região, dissuadindo-os de uma intervenção militar na República Democrática do Congo.[13]

Mandela soube que Kabila não detivera o avanço de suas forças sobre Kinshasa, embora tivesse assegurado o contrário. A frustração de Mandela transparece em suas notas para o encontro com Kabila:

1. Avanço sobre Kinshasa
   Declaração de Bizima Karaha*
   Cerca, mas não ataca

2. Algo de extremamente errado em alguém que faz uma declaração firme & clara & depois nega tê-la feito. Tende a destruir o respeito & a confiança mútua que devem existir entre camaradas.

---

* Bizima Karaha, que era o ministro das Relações Exteriores da Aliança das Forças Democráticas antes e depois que Kabila assumiu a presidência da República Democrática do Congo, em 1997, também participou das conversações sobre a paz.

Entende sua preocupação com a segurança

Mas muita gente acha sua alegação ridícula, para dizer o mínimo.

3. Prometeu duas vezes subir a bordo em Pointe-Noire

Falta das cortesias de praxe: vice-presidente [Mbeki], representante da ONU & OUA, presidente Mobutu.

Manteve-nos esperando um dia inteiro sem qualquer informação sobre seu paradeiro

Atitude infeliz para com um moribundo, insensível, falta de sentimentos humanos, falta de respeito.*

Martti Ahtisaari – famoso diplomata int.

4. Falta de reconhecimento das enormes despesas às custas dos contribuintes de meu país,

o navio em si

30 soldados.

5. [Você foi] precipitado com a imprensa.

6. Manchando sua imagem; não tem mais a superioridade moral.

7. Coisas infelizes sendo ditas a seu respeito. Defendi você & tenho certeza de que outros também.

8. Sadako Ogata**

9. Kofi Annan***

[Me deu] muito trabalho. Mas você tem se empenhado em destruir a confiança mútua.

Como posso ajudar alguém que me trata sem respeito?[14]

---

* Mobutu tinha câncer de próstata e morreu no Marrocos em 7 de dezembro de 1997.
** Sadako Ogata ocupou a chefia do Alto-Comissariado da ONU para os Refugiados de 1991 a 2000, e se encontrara com Mandela em março de 1997 para discutir a crise dos refugiados no Zaire.
*** Kofi Annan, secretário-geral da ONU, endossara as conversações de paz na esperança de que levassem a um cessar-fogo.

COM A INTERVENÇÃO MILITAR no Lesoto em 22 de setembro de 1998 pelas Forças Armadas Nacionais Sul-Africanas e, em menor grau, pelas Forças Armadas do Botswana, a CDAA e sua direção – inclusive Mandela – ficaram sob a mira da comunidade internacional dos direitos humanos. E, como ocorre com grande frequência nessas iniciativas, a intervenção tinha boas intenções. Seguiu-se a uma eleição acirrada, que foi saudada por observadores nacionais e internacionais como uma eleição pacífica e, ao mesmo tempo, segundo detratores, que diziam ter sido irregular, caracterizada por profundas tensões e animosidades.

Com o amotinamento do Exército e duas solicitações por escrito do primeiro-ministro do Lesoto pedindo intervenção, a CDAA concluiu que o processo político não poderia avançar sem uma estabilização militar da situação de segurança, a qual ficaria a cargo da África do Sul e do Botswana em nome da CDAA.[15]

Em 22 de setembro, entraram no Lesoto seiscentos soldados sul-africanos, aos quais depois se somaram duzentos soldados das Forças Armadas do Botswana. A resistência dos integrantes das Forças Armadas do Lesoto foi muito maior do que o previsto, e oito soldados sul-africanos e 29 lesotenses perderam a vida.

O presidente interino sul-africano, Mangosuthu Buthelezi (Mandela estava no exterior), informou o Congresso Nacional sobre a intervenção em curso e, acompanhado do ministro da Defesa, conversou com o gabinete no dia seguinte. O gabinete apoiou a avaliação da CDAA de que o objetivo da intervenção, chamada Operação Boleas, era estabilizar a situação e criar um clima em que fosse possível prosseguir com as negociações para um acordo duradouro.[16]

Voltando da América do Norte para a África do Sul, Mandela declarou:

Fomos lá não para lutar, mas para garantir que essas atividades violentas – que eram ilegais – fossem detidas e as partes pudessem se sentar para chegar a um acordo pacífico. Estamos lá para essa finalidade. Não disparamos primeiro.[17]

Os objetivos da CDAA foram alcançados. O Lesoto adotou uma série de mudanças políticas e constitucionais, inclusive um sistema eleitoral por representação proporcional, que dava aos partidos pequenos mais voz do que tinham no sistema anterior de maioria simples. Disse Mandela:

> Não há dúvida de que a iniciativa coletiva da CDAA teve êxito em criar espaço para que os líderes políticos daquele país encontrem uma solução pacífica de suas divergências; devemos aproveitar esta oportunidade para cumprimentar as Forças Armadas do Botswana e da África do Sul por suas contribuições decisivas e prestar homenagem aos que perderam a vida.[18]

Conflitos, sobretudo quando resultam em perda de vidas, geram recriminações. A invasão da CDAA, como muitas reportagens a definiram, despertou perguntas difíceis e acusações de que a África do Sul – o Botswana foi poupado em larga medida – tinha agido *ultra vires* [além de sua alçada], e que a intervenção da CDAA contrariava a Carta da ONU, pois era preciso ter obtido autorização do Conselho de Segurança da entidade. Apesar das dificuldades em alcançar seu objetivo – algumas operacionais, as reações públicas negativas no Lesoto etc. –, a primeira intervenção militar empreendida pela África do Sul e pela CDAA teve êxito; no entanto, a CDAA ainda não estava plenamente equipada para conduzir tais intervenções. A intervenção deu a todos os envolvidos uma lição prática para se desenvolver uma abordagem mais apropriada na manutenção da paz e na resolução de conflitos regionais.

HOUVE ALGUMAS OUTRAS SITUAÇÕES que Mandela tentou corrigir, comprometido, como sempre, com o princípio de expandir a cultura dos direitos humanos por todo o continente. Havia uma pressão correspondente por parte dos povos daqueles países de norte a sul da África que sentiam que a África do Sul tinha a obrigação moral de ir em seu auxílio, retribuindo o apoio que lhe haviam dado à luta pela libertação.

Mas, para a sobrevivência do continente, era necessário criar um clima que atraísse investimentos. Os turbilhões e guerras muitas vezes decorriam da instabilidade econômica. Abordando a questão, Mandela disse:

Precisamos do apoio dos velhos países industriais. Eles nos devem esse apoio, não como uma questão de caridade, mas porque temos direito a isso. Nossa região e muitas outras foram submetidas à mais brutal forma de exploração na era colonial.[19]

Como de hábito, embora Mandela tivesse redigido na prática o manual sobre os méritos da reconciliação, que visava a assegurar o futuro, relutava igualmente em deixar que as iniquidades do passado, como o impacto do colonialismo, passassem intocadas, sem uma reparação. O renascimento da África não seria possível no isolamento; devia se dar em colaboração com o resto do mundo.

Nos QUASE 2 MIL DIAS em que ocupou a presidência da República da África do Sul, Mandela atraiu os holofotes sobre o país e, ao mesmo tempo, envolveu a África do Sul – país que ficara absorvido por seu próprio drama – nos acontecimentos mundiais. Os incessantes louvores a um negro feitos por grandes expoentes, sobretudo do mundo ocidental, serviram de edificação para uma parcela considerável de brancos. De maior importância foi a aceitação da África do Sul em prestigiosas organizações mundiais, bem como o fim da condição vergonhosa do país – sentida agudamente pelos brancos durante os boicotes e os embargos – como a escória entre as nações.

A política externa da nascente África do Sul, em parte decorrente das relações multifacetadas que o CNA criara e alimentara ao longo dos anos, com maior número de missões internacionais do que o governo do apartheid, refletia as mudanças dinâmicas pelas quais o mundo vinha passando com o fim da Guerra Fria.

Além do foco da África do Sul na renovação africana, as relações com os países do hemisfério sul ocupavam um lugar fundamental. Mandela apresentou suas ideias no discurso a uma reunião de cúpula do Mercosul, que compreende várias economias sul-americanas, em 1998. Falou sobre a

unidade das experiências do mundo em desenvolvimento e o grande potencial para o fortalecimento do hemisfério Sul pela cooperação e construção de relações entre nós e, ao mesmo tempo, como isso pode ser a base para promover uma parceria mutuamente benéfica com os países do hemisfério Norte ...

Os contextos comuns nos levaram – na parte austral da África e no Cone Sul da América Latina – a criar e construir associações regionais caracterizadas pelo compromisso com a democracia, pelas necessidades imperiosas de desenvolvimento numa economia mundial em rápida globalização e pelo reconhecimento de que a paz e a segurança dependem do desenvolvimento, da justiça social e da gestão ambiental adequada no contexto da meta de um desenvolvimento sustentável ...

Uma das maiores oportunidades de cooperação frutífera consiste em intervenções coordenadas em organizações multilaterais, para promover uma política e uma ação que sejam do interesse dos países em desenvolvimento ...

Pense-se, como claro exemplo do potencial para tal cooperação, na iniciativa em assuntos nucleares da Zona de Paz e Cooperação no Atlântico Sul, que inclui o Mercosul e os membros da CDAA.

Ao promover a ideia de vínculos e de cooperação entre as quatro zonas, existentes ou em perspectiva, isentas de armamentos nucleares, a organização apontou um caminho para consolidar o status de um hemisfério Sul e áreas adjacentes livres da ameaça de armas nucleares.*

Tal desenvolvimento, baseado no fato de que as quatro zonas e a Antártida desmilitarizada correspondem a mais da metade da área de terra firme do planeta, poderia promover a não proliferação e fortalecer avanços no desarmamento nuclear. O êxito em alcançar o consenso num assunto tão

---

* Nos anos 1960, o CNA se juntou ao Movimento dos Não Alinhados, em sua defesa de quatro zonas livres de armas nucleares na África, na Ásia, na América Latina e na Europa.

complexo indica o potencial da cooperação Sul-Sul em ajudar a moldar a ordem mundial nascente. São inúmeros os fóruns para essa ação concertada. A democracia trouxe à África do Sul a oportunidade de desempenhar seu papel nesse processo, e ela está firmemente empenhada em cumpri-lo de modo integral, quer como novo membro do grupo de países da África, Caribe e Pacífico, como membro da Organização da Unidade Africana e da Comunidade de Desenvolvimento da África Austral, na presidência da Conferência das Nações Unidas sobre o Comércio e o Desenvolvimento, ou como membro da recém-criada Associação da Bacia do Oceano Índico.[20]

Quatro anos antes, ao fazer seu primeiro discurso como presidente da Assembleia das Nações Unidas, Mandela ressaltara a urgência em reformular as prioridades da comunidade internacional e a interdependência de nações e regiões.

A própria resposta da comunidade internacional ao problema do apartheid confirmou esse mesmo ponto que todos nós entendemos, a saber, que, enquanto existisse o apartheid na África do Sul, toda a humanidade se sentiria diminuída e degradada.[21]

A ONU, disse ele,

entendeu muito bem que o racismo em nosso país não podia senão alimentar o racismo em outras partes do mundo também. A luta universal contra o apartheid, portanto, não foi um gesto de caridade movido pela compaixão por nosso povo, mas uma afirmação de nossa mesma humanidade.

Acreditamos que um ato de afirmação requer que esta Organização volte uma vez mais sua atenção concentrada e constante às bases de tudo o que contribui para um mundo melhor para toda a humanidade.[22]

Mandela acreditava convictamente na capacidade dos organismos multilaterais de promover mudanças, por mais que elas demorassem. Para ele, era satisfatório ver uma tendência adquirir forma; embora isso nascesse do bom senso – do entendimento de que, quanto maior o consenso numa decisão, maior sua legitimidade –, também se baseava na cultura estratégica do CNA. A jornada para a instauração de uma África do Sul democrática – os vários passos, desde as negociações à assinatura da nova Constituição – fora caracterizada por uma laboriosa obediência ao princípio do consenso. Mandela acreditava na sensatez de uma decisão coletiva que mudaria a sociedade.

Na cúpula do Movimento dos Não Alinhados (MNA) que se reuniu em Durban em 1998, Mandela frisou a necessidade de remodelar a ordem global. Formado no auge da Guerra Fria em Bandung, na Indonésia, em 1955, durante a derrocada do sistema colonial e o surgimento das lutas de independência na África, Ásia e América Latina, o MNA foi fundamental para o processo de descolonização e teve papel central na preservação da paz e da segurança mundiais.

Disse Mandela:

Temos de refazer esse nosso mundo comum. A violência que vemos em torno de nós, contra pessoas que são seres humanos como nós que estamos em posições privilegiadas, certamente precisa ser resolvida de maneira decidida e constante.[23]

Ele estava falando sobre

a violência da fome que mata, a violência da falta de um teto que mata, a violência do desemprego que mata, a violência da malária e do HIV/aids que mata e do narcotráfico que mata. Falo sobre a destruição de vidas humanas, que acompanha o subdesenvolvimento ... a violência da guerra ...

Estou falando sobre a dupla questão do desenvolvimento e da paz, que foram os objetivos centrais de nosso Movimento [dos Não Alinhados] desde sua fundação e continuam a ser seus principais desafios.[24]

Levando a mensagem ao hemisfério norte, Mandela discursou numa sessão conjunta do Congresso norte-americano. Como em ocasiões anteriores, primeiro teve de esperar que cessassem os aplausos de um plenário geralmente apático de grandes personalidades antes de começar o discurso. No profundo silêncio que se seguiu, sua voz alcançava os cantos mais distantes do salão, as figuras ilustres assentindo volta e meia com a cabeça quando o orador tocava em alguma questão que repercutia em suas convicções. Falou de Martin Luther King Jr. e citou T.S. Eliot e Walt Whitman.

Talvez venha a ocorrer que essa interconexão gere entre os senhores, ilustres membros dessas Câmaras do Congresso, tal como entre outros atores no cenário mundial, políticas que nascerão do reconhecimento conjunto do fato de que o êxito ou o fracasso na condução dos assuntos humanos não pode mais ser medido dentro da esfera restrita definida por fronteiras nacionais que são herança de uma realidade antiga, a mil léguas de distância de onde a sociedade se encontra agora, por ação da própria vida. Se o que dizemos for verdade, que o mundo é visivelmente um único palco e as ações de todos os seus habitantes fazem parte do mesmo drama, não se seguirá então que cada um de nós enquanto nação, inclusive os senhores mesmos, deveríamos começar a definir o interesse nacional para que inclua a genuína felicidade dos outros, por mais distante no tempo e no espaço que possa ser o domicílio deles?

Os senhores, ilustres membros do Congresso americano, fazem parte e representam a nação mais poderosa de nosso universo. Eu, por outro lado, sou um africano.

Venho de um continente cujas dificuldades e sofrimentos os senhores bem conhecem. Portanto, entenderão facilmente por que me ergo para dizer que, para um país poderoso como o dos senhores, a democracia, a paz e a prosperidade na África são de seu interesse nacional tanto quanto de nosso interesse.

Por ser eu um africano, tenho certeza de que os senhores entenderão por que estou aqui e digo que temos a profunda convicção de que a nova ordem mundial em formação deve se concentrar na criação de um mundo de democracia, paz e prosperidade para toda a humanidade.[25]

Mandela fez outras visitas a outros continentes, estabelecendo laços comerciais e econômicos com países da região Ásia-Pacífico, num processo avançado de se tornar uma das principais áreas econômicas do mundo. Foi primeiramente à Índia, depois ao Japão e à Coreia do Sul, mais tarde às Filipinas, Malásia, Cingapura, Bangladesh, Tailândia e Paquistão, e no final do mandato à China.

Mandela também estendeu suas viagens à Escandinávia e à Finlândia, que haviam dado irrestrito apoio ao CNA durante os períodos mais difíceis da luta. A ajuda fora material e política, auxiliando quase todos os movimentos de libertação da África Austral. Já na presidência, ele agradeceu ao povo escandinavo pelo apoio no passado e manifestou sua confiança numa cooperação no futuro:

> Alcançarmos nossos objetivos depende também de outros alcançarem os mesmos objetivos. Neste mundo moderno, tudo o que acontece num país tem repercussões em outros lugares, e até no mundo todo. O desenvolvimento integrado da África Austral, a paz e a estabilidade em todo o nosso continente e a construção de uma ordem internacional que assegure que o crescimento econômico mundial se traduza em desenvolvimento são partes essenciais de nossa abordagem ao ocuparmos nosso lugar na comunidade internacional das nações.[26]

Algumas das iniciativas de Mandela em estender os direitos humanos a jurisdições de todas as partes – como demonstrou sua desastrosa interação com o general nigeriano Sani Abacha, tema apresentado no Capítulo 9 – encontraram resistência e fracassaram. A única sanção contra a Nigéria pela execução de Ken Saro-Wiwa e os demais ativistas ogonis foi uma suspensão da prestigiosa Commonwealth (Comunidade das Nações) durante três anos e meio. O impacto dessa experiência levou a uma alteração mais ampla na política sul-africana, para um maior envolvimento de organismos multilaterais sem fechar o espaço para intervenções do presidente Mandela.

Mas ele conseguiu um verdadeiro avanço na questão de Lockerbie. Mandela já criara um certo desconforto nos Estados Unidos quando, numa turnê da boa vontade pelos Estados africanos em maio de 1990, agradecera a Muammar Kadhafi pelo apoio da Líbia. E também reagiu às ruínas da residência de Kadhafi, que fora alvo de um bombardeio americano na Líbia em 1986, a pretexto de retaliação por uma ação terrorista pela qual a Líbia seria supostamente responsável. "Quaisquer que possam ser as diferenças entre países e povos, é inaceitável que se tente assassinar um adversário e sua família", disse ele.[27]

Quando Mandela esteve outra vez na Líbia, em 1992, haviam sido emitidas ordens de prisão na Escócia contra dois líbios suspeitos pelo atentado que explodiu o avião de passageiros da Pan Am, enquanto sobrevoava Lockerbie, na Escócia, em 1988. Houve 270 mortes, entre passageiros, tripulantes e moradores em terra.

A Líbia não quis entregar os suspeitos e mobilizou a Liga Árabe e a OUA; esses organismos estavam preocupados com Lockerbie e, em igual medida, com a imposição unilateral dos Estados Unidos de sanções à Líbia que se refletiriam sobre o resto da África.[28]

A posição de Mandela foi que, se houvesse claras provas da culpa dos suspeitos, eles deveriam ser julgados pelo Tribunal Internacional de Haia, para evitar a humilhação de um chefe de Estado. Ele insistiu que "os países envolvidos mostrem diplomacia e liderança. Isso garantirá que a década de 1990 fique livre de confrontos e conflitos".[29]

Mandela havia conversado com uma série de representantes internacionais sobre sua declaração. Hank Cohen, assessor da Secretaria de Estado norte-americana para Assuntos Africanos, confirmou que a declaração de Mandela condizia com uma resolução sobre Lockerbie que seria adotada naquele dia pelo Conselho de Segurança da ONU. Outros da lista de Mandela eram o secretário-geral da ONU, Kofi Annan, a ministra britânica do Desenvolvimento Ultramarino e Africano, Lynda Chalker, e as embaixadas da Espanha e da França.

Apesar de todo esse alvoroço, o Conselho de Segurança da ONU impusera sanções de viagens aéreas à Líbia por não ter entregado os suspeitos. A caminho de uma Cúpula de Chefes de Governo da Commonwealth na Escócia, em 1997, Mandela visitou Kadhafi, na esperança de convencê-lo a chegar a um entendimento com o Ocidente.[30] Antes de chegar à Líbia, Mandela pediu a suspensão das sanções contra o país, posição adotada pela cúpula da OUA meses antes, naquele mesmo ano.[31]

Dessa vez, Mandela entrou na Líbia de carro, vindo pela Tunísia, para não violar o embargo da ONU a viagens aéreas para o país. Dirigindo-se à imprensa líbia, ele reiterou sua posição:

A Organização da Unidade Africana defendeu que os ... suspeitos ... sejam julgados por um país neutro. Esta é uma posição que discuti em 1992 com os americanos, com o presidente [François] Mitterrand, com o rei [Juan] Carlos da Espanha, bem como com o primeiro-ministro [John] Major. Nossa posição é que os suspeitos devem ser julgados por um país neutro. Não podemos aceitar que um país seja reclamante, promotor e juiz ao mesmo tempo. Deve-se não só fazer justiça, mas vê-la sendo feita.[32]

Quando lhe perguntaram se a reação de fúria, sobretudo do governo americano, o afetava, Mandela respondeu:

Bem, um político não pode ter pele delicada. Se você é um político, precisa estar preparado para sofrer por seus princípios. É por isso que optamos por ficar 27 anos na prisão, pois não queríamos mudar nossos princípios.

Apontando para Kadhafi, ele prosseguiu:

Este é meu amigo. Ele nos ajudou numa época em que estávamos totalmente sozinhos, quando aqueles que agora dizem que não devíamos vir aqui estavam ajudando o inimigo. Aqueles que dizem que eu não devia vir aqui não têm princípios morais, e não vou me juntar a eles em sua falta de moral.[33]

As negociações se prolongaram, somando os esforços de Mandela, de seu enviado diplomático, Jakes Gerwel, do diplomata saudita príncipe Bandar bin Sultan e da ONU. Eles trabalharam para uma solução que envolvia três países e seus respectivos dirigentes, a saber, Kadhafi, Bill Clinton e Tony Blair. A iniciativa ganhou impulso com um crescente apoio multilateral dentro da OUA, do Movimento dos Não Alinhados e da Liga Árabe, e com uma decisão do Tribunal Internacional de Justiça de que lhe cabia a jurisdição sobre a questão de Lockerbie; isso significava que se tratava de uma questão jurídica, e não de segurança internacional a cargo da ONU.[34]

Nesse contexto, Mandela e seus enviados diplomáticos criaram publicamente um espaço de negociação para um acordo, enquanto persuadiam e até pressionavam em reservado. Por exemplo, ele elogiava Kadhafi em público, concedendo-lhe a mais alta honraria que podia ser conferida a cidadãos de outros países. Em reservado, porém, quando julgava necessário, admoestava Kadhafi sobre a necessidade de ser cortês ao falar dos outros, como a ONU, mesmo que não concordasse com eles.[35] Mandela utilizou suas relações pessoais com Kadhafi, Clinton e Blair nesses momentos críticos, exemplificando o papel das relações pessoais diretas entre líderes em sua abordagem das negociações e resoluções de conflitos.

O desfecho dessa diplomacia foi que, em 19 de março de 1999, Mandela pôde anunciar com orgulho ao povo líbio que a questão de Lockerbie fora concluída:

> É com grande admiração pelo povo líbio que hoje posso anunciar ao mundo que a Líbia decidiu escrever ao secretário-geral das Nações Unidas dando uma data certa para a entrega, para julgamento na Holanda, dos dois líbios citados como suspeitos no caso Lockerbie ... Vocês, o povo líbio, demonstraram o potencial dos países da África para serem os líderes da paz, da igualdade e da prosperidade para todos ao ingressarmos no novo milênio. Nossas saudações e nossos melhores votos a vocês, e boa sorte.[36]

ALGUMAS ESCOLHAS DE MANDELA eram incômodas, mas foram feitas nos interesses maiores do país. Um desses casos foi a guinada política que a África do Sul teve de dar, ao decidir deixar de reconhecer a República da China para reconhecer a República Popular da China.* Jakes Gerwel relembra o momento em que Mandela não pôde mais adiar a decisão:

---

* Isso condizia com a política de "Uma China" aplicada pelo governo de Pequim, que sustenta que a República Popular da China é o único governo que representa todos os chineses. Suas raízes se encontram no final da guerra civil, em 1949, quando o Kuomintang de Chiang Kai-Shek se retirou para Taiwan após a derrota e ali instalou a sede do governo, enquanto os comunistas vitoriosos, liderados por Mao Tsé-Tung, concentraram a sede do governo na China continental.

Ele sempre dizia: "Olha, não podemos encerrar grosseiramente as relações com Taiwan por causa do que fizeram antes das eleições." De repente, um dia de manhã, ele falou: "Chegou a hora." Sempre comentei com os outros: no começo, a pessoa tinha a impressão de ser conselheira política de Madiba – mas Madiba é, em certo sentido, inaconselhável; ele tem o que os alemães chamam de "sensação na ponta do dedo". O velho às vezes toma uma decisão política porque tem um senso de oportunidade intuitivo. Foi o que aconteceu. Certo dia ele acordou, ligou para o embaixador para avisar que íamos tomar esse caminho, e então fez o anúncio.[37]

Numa declaração especial à mídia em novembro de 1996, em sua casa, Mandela explicou que encontrara os respectivos representantes dos dois governos chineses, e

manifestei a esperança de que, nos doze meses seguintes, seria possível chegar a uma transição tranquila, aceitável para a República Popular da China e para o governo da República da China em Taiwan, em termos de que a África do Sul concede reconhecimento diplomático à República Popular da China, mas continua a manter relações construtivas com Taiwan.[38]

Ele prosseguiu em seu empenho em persuadir o mundo a levar o multilateralismo a sério e se tornou frequente mediador em assuntos internacionais. Em todos esses casos, mostrava seu usual respeito pelos seres humanos. Por exemplo, logo após anunciar a decisão do governo de aceitar a República Popular da China, passando por cima de Taiwan, ele convidou o ministro taiwanês das Relações Exteriores, John Chang, para conversações na África do Sul, e depois deu com ele uma coletiva de imprensa no Palácio do Governo.[39] Não era tanto uma questão de adoçar a pílula, e sim de mostrar o dilema da África do Sul na escolha feita por exigências diplomáticas.

A última visita de Mandela como presidente fora do continente africano, quando se despediu da comunidade internacional, foi uma viagem à China. Em seu último discurso, na Universidade de Pequim, ele reiterou a necessidade de uma abordagem multilateral do desenvolvimento, da paz e da segurança. Denunciou o que estava se passando no Kosovo:

> De um lado, os direitos humanos estabelecidos na Declaração Universal de Direitos estão sendo violados na limpeza étnica. Por outro lado, o Conselho de Segurança das Nações Unidas está sendo ignorado pela ação unilateral e destrutiva de alguns membros permanentes. As duas ações devem ser condenadas nos mais enérgicos termos.[40]*

Voltando à África do Sul, perguntaram-lhe por que não levantara a questão dos direitos humanos na China durante a visita. A resposta de Mandela frisou sua grave preocupação com a autoridade dos organismos internacionais:

> A experiência histórica tem mostrado que não são os indivíduos que mudam as políticas dos países; são as organizações. A África do Sul saiu de seu regime de apartheid devido à intensa pressão exercida pelo movimento de libertação e por outros democratas dentro e fora do país, principalmente o movimento de libertação apoiado pela comunidade internacional. Foi isso que mudou a política da África do Sul. Você não pode querer que um indivíduo se intrometa nos assuntos internos dos países. Precisa respeitá-los, mas, se quiser fazer algo a respeito da política interna de um país, então deve usar organismos internacionais ou organismos regionais. E é um equívoco pensar que um indivíduo pode ser um fator que influencie, que mude a política de um país.[41]

---

* Mandela se referia à Guerra do Kosovo, por um lado às ações das forças iugoslavas contra os albaneses do Kosovo, pelas quais oficiais iugoslavos foram posteriormente condenados por crimes de guerra e crimes contra a humanidade, e por outro lado à intervenção da Otan, sem autorização do Conselho de Segurança da ONU, bombardeando a Iugoslávia para forçar a retirada das forças iugoslavas do Kosovo. Mandela fez os comentários cinco semanas antes que o Conselho de Segurança da ONU interviesse para pôr fim à guerra.

Epílogo

Nelson Mandela saiu pelos portões da prisão em 11 de fevereiro de 1990 para um país em necessidade desesperada de uma solução para seus antiquíssimos problemas – problemas que haviam causado danos incalculáveis. Ele tinha uma ideia do mundo ao qual retornava, mas era um quadro incompleto, montado a partir de matérias de jornal censuradas e informações introduzidas clandestinamente na prisão, no final de seu período no cárcere.

De volta ao mundo exterior, o abstrato se tornou concreto e tangível; o tumulto, o barulho, o sangue adquiriram realidade. Diariamente, durante o processo das negociações, ele esteve em contato com muitas pessoas, algumas das quais patrocinavam a carnificina. Sorriam-lhe, em respeito à idade e a algo imensurável num homem que saíra da prisão sem se curvar, mantendo o brio, e em cujo olhar viam refletida a monstruosidade do que haviam perpetrado. Ele, por sua vez, via no olhar de seu povo a dor de tentar entender tudo aquilo.

Um dos primeiros atos dos representantes do passado foi iniciativa de generais e chefes dos serviços de segurança; um deles entregou um arquivo a Mandela que, segundo ele, continha os nomes de pessoas do alto escalão do CNA que tinham sido agentes do regime de apartheid. Mandela examinou atentamente o arquivo, mas devolveu à fonte. Sua visão de uma nova sociedade não seria tolhida pelo passado. Ele dissera a si mesmo que esse projeto iria envolver a todos, amigos e inimigos por igual. Não havia tempo nem recursos a perder com caças às bruxas.

Mandela estava com 75 anos quando se tornou o primeiro presidente de uma África do Sul democrática. Seu mentor, Walter Sisulu, a quem homenageava afetuosamente chamando-o por seu nome tribal de Xhamela, estava com 81 anos; seu outro velho amigo e confidente, Oliver Tambo, que voltara após três décadas de exílio, morrera no ano anterior. Muitos camaradas veteranos, alguns dos quais tinham estado na ilha Robben junto com ele, também tinham envelhecido e era evidente para ele que, mesmo tendo sobrevivido à prisão, o tempo corria.

Talvez ele tenha se surpreendido com o conselho de alguns dos camaradas mais antigos, mas animava-o saber que contava com o respaldo dos milhões de sul-africanos que tinham votado pela primeira vez na vida em 26 e 27 de abril de 1994. O expressivo mandato concedido ao CNA o incentivou a assumir com confiança o leme do Estado.

Mandela queria resolver o maior número possível dos problemas da África do Sul no curto tempo de que dispunha. Foi uma das razões pelas quais manteve uma agenda tão puxada durante sua presidência. Mas ele também reconhecia que a prisão lhe dera grande resistência e lhe ensinara que, já que não podia controlar o tempo, devia aproveitá-lo e fazer que trabalhasse a seu favor.

A prisão, lugar de castigo, tornou-se, pelo contrário, um lugar onde pôde encontrar a si mesmo. Um lugar onde podia pensar, entregando-se à única coisa que lhe dava um senso de identidade. E, claro, foi na prisão que nasceu seu projeto de reconstruir a África do Sul como uma nova nação democrática.

Em vista dos milhões de elementos móveis que formam uma nação, a conversão desse projeto numa realidade dotada de coesão sempre seria uma tarefa gigantesca. A primeira coisa que Mandela fez foi declarar que ocuparia a presidência apenas por um mandato. Raríssimos líderes têm esse desprendimento. A história está repleta de exemplos de dirigentes que procuram estender sua permanência no cargo. Mandela, porém, fez essa promessa porque sabia que contava com o apoio de pessoas em quem confiava implicitamente e que o guiariam.

Existe um belo provérbio isiZulu: *"Inyathi ibuzwa kwabaphambili"* (Os que foram à sua frente, que conhecem o terreno, lhe dirão se o caminho é seguro ou se há um búfalo ferido na floresta). Mandela sempre teve uma ideia bastante clara da direção que queria tomar. Mas tinha dois guias, os dois um pouco mais velhos do que ele, aos quais recorria em busca de conselho para iniciativas arriscadas e perigosas: Sisulu e Tambo.

Graça Machel relembra que, quando houve um avanço nas conversações iniciais com o representante de P.W. Botha, Kobie Coetsee, as quais resultaram na posterior libertação dos presos políticos, Walter Sisulu repreendeu Mandela, perguntando:

"Por que não fez isso antes?"

"Estava aguardando suas instruções!", respondeu Mandela.[1]

Antes da soltura de Mandela, foi Tambo quem se manteve a par de cada movimento de Mandela ao estabelecer relações pré-libertação com seus captores. Muito embora a distância e as condições carcerárias dificultassem a troca de informações sensíveis – e abrisse a possibilidade de equívocos e distorções –, o CNA em Lusaka se mantinha informado. A certa altura, houve até boatos de que Mandela tinha se vendido, e foi Tambo quem os conteve.

Esse relacionamento e a fidedignidade de Mandela convenceram o CNA a utilizar a imagem e a aura icônica de Mandela – embora "legalmente" fosse uma não pessoa – como o rosto de suas campanhas internacionais. Assim, o nome e as várias imagens de Mandela se tornaram sinônimos da luta contra o apartheid. Nos acampamentos, eram pouquíssimos os líderes que tinham canções de libertação compostas em sua homenagem. Quando Mandela foi libertado da prisão, muitos beneficiados com o apartheid, que esperavam a caricatura de um vingador sequioso de sangue, viram-se, pelo contrário, diante de um modelo de reconciliação. Era vingança o que esperavam, pois sabiam o que lhe haviam feito. Mas Mandela não correspondia àquela imagem. Do outro lado da arena, as bizarrices de seus heróis, Botha e seu seguidor radical, Eugene Terre'Blanche, de repente começavam a parecer inaceitáveis.

Líderes internacionais de países que *eles* admiravam vinham invariavelmente bater na porta desse ex-prisioneiro. O mesmo faziam personalidades ricas e famosas. No país e no exterior, aonde quer que Mandela fosse, atraía enormes multidões e louvores.

Mas todo o renome, todo o seu status de celebridade estava a serviço do povo sul-africano. Apesar das purpurinas, realizaram-se muitas coisas. A cortesia de Mandela venceu, ali onde uma atitude de belicosidade provavelmente teria reduzido a África do Sul a cinzas. A direita – inclusive os que acreditavam que a guerra civil levaria a algum respeito mútuo entre os beligerantes – estava armada e afiando os dentes. Mandela neutralizou com calma e rapidez essa facção. Era uma manobra clássica, que deveria ser retomada em outras áreas de conflito.

Teria conseguido concluir a obra de reconciliação de outra maneira?

Talvez. As impressões contam. Quando as pessoas veem Mandela com Betsie Verwoerd ou com P.W. Botha – e o contexto não é claro, ou o simbolismo é sufocado pela gritaria –, podem tirar conclusões precipitadas. Os sul-africanos negros têm um longo histórico de traições sofridas e precisavam ser constantemente relembrados de que o filho mais brilhante de sua terra não os abandonara.

Além disso – e é preciso dizê-lo –, podia haver integrantes do CNA que, por qualquer razão, vissem motivos para defender a ideia de que Mandela perdera contato com as pessoas comuns. Naturalmente, isso era descartado como de somenos importância pelos que entendiam que o CNA era, como sempre se dizia, uma ampla igreja. E constituía uma expressão de dúvida que o próprio Mandela saberia apreciar. Durante o tempo todo, ele procurou dizer ao mundo que não era um santo, "mesmo com base numa definição terrena de santo como um pecador que continua a se esforçar".[2]

HOUVE UMA DOLOROSA SIMETRIA na vida de Mandela. No primeiro dia no Palácio do Governo como presidente, em 1994, a área parecia desolada e sem vida enquanto ele seguia pelo corredor até a sala que seria seu escritório pelos próximos cinco anos. No último dia, em 1999, quando não era mais o presidente da África do Sul e foi recolher seus pertences pessoais, o edifício estava deserto.[3] Era a tarde de um feriado nacional, dia em que Thabo Mbeki foi empossado na presidência.

Houve muitas despedidas antes desse dia. Ao se despedir como presidente do povo da África do Sul e de países e organismos multilaterais de todo o mundo, Mandela antevia uma vida de serena reflexão em seu vilarejo natal no campo. Desse retiro idílico, ele observaria a evolução dos fatos, preocupado com os problemas enfrentados pela África do Sul e pelo mundo, mas sempre com a esperança de que os líderes estariam à altura dos desafios na busca da paz, da justiça e do desenvolvimento. Seria a hora de viver a vida de uma maneira que antes fora impossível, devido à sua militância e, depois, às pressões do cargo na presidência.

O longo adeus se iniciou na época da Conferência Nacional do CNA de 1997. Numa entrevista à televisão na noite anterior à conferência, Mandela pôs a nu seus sentimentos ao se preparar para deixar a liderança do CNA:

> Uma das coisas de que sinto muita falta é de ter tempo para sentar e pensar. A agenda apertada que tenho, como presidente da organização, não me permite isso. Também sinto falta de ter tempo para ler, que eu tinha na prisão, por irônico que isso possa parecer. Mas o tempo para sentar e pensar faz parte do trabalho político, e sinto enorme falta disso. E, por fim, do tempo para sentar com meus filhos e netos, ouvir os sonhos deles e tentar ajudá-los o máximo possível.[4]

Ao encerrar a conferência do CNA em Mafikeng, era como se ele enxergasse sua aldeia natal. "Anseio pelo momento em que poderei me levantar com o sol e andar pelos montes e vales de Qunu com paz e tranquilidade."[5]

Durante o último ano na presidência, ele levou essa imagem a vários países e comunidades, desde a Assembleia Geral da ONU à multidão reunida nas ruas durante um passeio na época das eleições.

> Todos vocês sabem que estou deixando a presidência deste país e estou andando por aqui só para me despedir de todos vocês e agradecer pelo apoio e até amor que vocês me deram. Vou para minha aldeia no campo. É para lá que vou porque sou essencialmente um rapaz do campo. Quero ver um pé de capim, quero ver os pássaros voando, quero ouvir o som dos riachos.[6]

Havia um misto de leveza e emoção entre os parlamentares e os convidados presentes na última sessão do Congresso, enquanto Mandela expunha pela última vez o que fora alcançado e o que ainda restava por fazer. Como sempre, ele ressaltou que o progresso da África do Sul resultava de um esforço coletivo, que prosseguiria:

Todo período histórico define os desafios específicos do comando e do progresso nacional; e nenhum homem é uma ilha.

Quanto a mim, pessoalmente, faço parte da geração de líderes para os quais o desafio definidor era alcançar a democracia.

Considero-me afortunado por não ter precisado viver os rigores do exílio e as décadas de clandestinidade e lutas de massa que consumiram a vida de gigantes como Oliver Tambo, Anton Lembede, Duma Nokwe, Moses Kotane e J.B. Marks, Robert Sobukwe e Zephania Mothopeng, Oscar Mpetha, Lilian Ngoyi, o bispo Alpheus Zulu, Bram Fischer, Helen Joseph, Alex La Guma, Yusuf Dadoo e Monty Naicker.* Infelizmente, Steve Biko faleceu na juventude, mas tinha grande futuro. Se tivesse tido a chance, eu o incluiria entre estes.

Considero-me afortunado, entre essa geração, pelo fato de a história ter me permitido participar na transição da África do Sul daquele período para a nova era, cujas bases estamos lançando juntos.

Espero que daqui a algumas décadas, quando estiver escrita a história, o papel dessa geração seja devidamente avaliado e eu não apareça muito aquém

---

* Anton Lembede foi cofundador da Liga da Juventude do CNA, criada em 1944, e seu primeiro presidente. Morreu em 1947, aos 33 anos de idade. Duma Nokwe foi o primeiro advogado negro a ser admitido no Supremo Tribunal do Transvaal, mas foi impedido de assumir o cargo ao se tornar um dos réus no Julgamento por Traição de 1956-61. Foi secretário-geral do CNA (1958-69). John Beaver Marks foi presidente do CNA no Transvaal, do Conselho do Transvaal das Uniões Não Europeias de Comércio e do Sindicato dos Mineiros Africanos. O CNA o designou para a sede da Missão Externa na Tanzânia em 1963. O bispo Alpheus Zulu foi membro do CNA, presidente do Conselho Mundial de Igrejas durante os anos 1960 e bispo da Zululândia e da Suazilândia. Após a saída do cargo, filiou-se ao Inkatha. Alex La Guma, um dos primeiros escritores da África do Sul no século XX, foi presidente da Organização do Povo Mestiço Sul-Africano. Devido a seu trabalho sobre a Carta da Liberdade, foi preso e acusado de alta traição. Até sua morte em Havana, Cuba, foi o representante do CNA no Caribe.

da força e da visão que ela mostrou. Na verdade, senhora presidenta, tenho notado com profunda gratidão os generosos elogios que muitas vezes me prestam como indivíduo. Mas deixe-me declarar o seguinte:

Até onde fui capaz de realizar alguma coisa, sei que foi porque sou fruto do povo da África do Sul.

Sou fruto das massas rurais que instilaram em mim o orgulho por nosso passado e o espírito de resistência.

Sou fruto dos trabalhadores da África do Sul que, nas minas, fábricas, campos e escritórios de nosso país, seguem o princípio de que os interesses individuais se fundam no interesse comum de todos.

Sou fruto da intelectualidade de todas as raças da África do Sul que se esforçam para dar à nossa sociedade o conhecimento sobre si mesma e para reunir as aspirações de nosso povo num sonho que seja possível. Sou fruto do empresariado da indústria e da agricultura, do comércio e das finanças da África do Sul – cujo espírito de empreendedorismo ajudou a converter os imensos recursos naturais de nosso país na riqueza de nossa nação.

Até onde fui capaz de conduzir nosso país para essa nova era, sou fruto das pessoas do mundo inteiro que acalentam a visão de uma vida melhor para os povos de todas as partes. Elas insistiram, com espírito abnegado, que tal visão devia se materializar também na África do Sul. Deram-nos esperanças porque sabíamos que, graças à sua solidariedade, nossas ideias não poderiam ser silenciadas, visto que eram as ideias da humanidade.

Sou fruto da África e de seu sonho longamente acalentado de um renascimento que agora pode se materializar para que todos os seus filhos brinquem ao sol.

Se fui capaz de ajudar nosso país a avançar alguns passos rumo à democracia, ao não racialismo e ao não sexismo, foi porque sou fruto do Congresso Nacional Africano, do movimento pela justiça, dignidade e liberdade, que gerou inúmeros gigantes a cuja sombra encontramos nossa glória.

Quando eu me tornar novamente um cidadão comum de nossa terra, como acontecerá daqui a alguns meses, será como indivíduo cujas preocupações e capacidades são moldadas pelo povo de nossa terra.

Vou me considerar um dos idosos de nossa sociedade; como indivíduo pertencente à população rural; como alguém preocupado com as crianças e os jovens de nosso país; como cidadão do mundo comprometido, enquanto tiver forças, em trabalhar por uma vida melhor para as pessoas de todo o mundo. E farei, como sempre fiz, tudo o que puder dentro da disciplina do amplo movimento pela paz e pela democracia ao qual pertenço.

Então vou me incluir entre os homens e mulheres comuns cujo bem-estar deve ser, em qualquer país, o padrão pelo qual se deve julgar o governo democrático.

Básico entre esses critérios é o Programa de Reconstrução e Desenvolvimento, visando a construir uma vida melhor para todos.

Básica entre esses critérios é a unidade nacional, bem como a reconciliação entre comunidades e cidadãos cujos destinos são indissociáveis.

Ilustres parlamentares: dá-nos uma medida de nosso êxito como nação o fato de que uma comunidade internacional que nos instilou esperança agora encontre esperança, por sua vez, na forma como superamos as divisões multisseculares buscando a união. Até onde nos é possível, em reciprocidade, renovar a esperança entre as pessoas do mundo, ficamos realmente agradecidos e nos sentimos duplamente felizes. E é desnecessário dizer que todos nós deveríamos nos conduzir à altura dessas expectativas do mundo a nosso respeito.

Como fui mais uma vez relembrado, na visita que acabo de fazer à Holanda e a quatro países nórdicos, o mundo nos admira por nosso êxito como nação em nos elevarmos à altura dos desafios de nossa era.

Tais desafios eram: evitar o pesadelo da guerra racial e dos derramamentos de sangue tão debilitantes e reconciliar nosso povo, tendo como base que nosso objetivo geral deve ser o de superarmos juntos a herança da pobreza, da divisão e da injustiça.

Na medida em que ainda precisamos reconciliar e curar nossa nação; na medida em que as consequências do apartheid ainda permeiam nossa sociedade e definem a vida de milhões de sul-africanos como uma vida de privações, esses desafios continuam inalterados ...

A longa caminhada continua![7]

Informações suplementares

Anexo A

Abreviaturas das organizações

AFDL	Aliança das Forças Democráticas para a Libertação do Congo-Zaire
CAJ	Comissão de Atendimento Jurídico
CEI	Comissão Eleitoral Independente
CEN	Comitê Executivo Nacional
CET	Conselho Executivo de Transição
Cisa	Congresso Indiano Sul-Africano
CNA	Congresso Nacional Africano
Codesa	Convenção para uma África do Sul Democrática [Convention for a Democratic South Africa]
Contralesa	Congresso de Líderes Tradicionais da África do Sul [Congress of Traditional Leaders in South Africa]
Cosatu	Congresso dos Sindicatos Sul-Africanos [Congress of South African Trade Unions]
CPA	Congresso Pan-Africanista da Azânia
CVR	Comissão de Verdade e Reconciliação
ENPC	Estratégia Nacional de Prevenção ao Crime
FDU	Frente Democrática Unida
FPA	Frente do Povo Africâner
GUN	Governo de Unidade Nacional
LJCNA	Liga da Juventude do Congresso Nacional Africano
LMCNA	Liga das Mulheres do Congresso Nacional Africano
MK	Umkhonto weSizwe ("Lança da Nação")
MNA	Movimento dos Não Alinhados
MPLA	Movimento Popular de Libertação de Angola
MRA	Movimento de Resistência Africâner
OUA	Organização da Unidade Africana
PCSA	Partido Comunista Sul-Africano

PN   Partido Nacional

SPSA   Serviço Policial Sul-Africano

Swapo   Organização do Povo do Sudoeste da África [South West Africa People's Organisation]

Unita   União Nacional para a Independência Total de Angola

Anexo B

Pessoas, lugares e eventos

Aliança do Congresso
Fundada nos anos 1950 e formada pelo CNA, o Congresso Indiano Sul-Africano, o Congresso dos Democratas e a Organização do Povo Mestiço Sul-Africano (mais tarde Congresso do Povo Mestiço). Ao ser fundado, em 1955, o Congresso Sul-Africano de Sindicatos (Sactu, na sigla em inglês) tornou-se o quinto membro. Foi importante na organização do Congresso do Povo e na mobilização pela inclusão de artigos na Carta da Liberdade.

Autshumao (referido por Mandela como Autshumayo)
(m. 1663). Líder khoikhoi (ou dos hotentotes). Aprendeu inglês e holandês e trabalhou como intérprete durante a colonização holandesa do Cabo da Boa Esperança em 1652. Após se rebelar contra os colonizadores, ele e dois seguidores foram banidos por Jan van Riebeeck para a ilha Robben em 1658. Foi um dos primeiros prisioneiros e o único a conseguir escapar da ilha.

Barnard, dr. Lukas (Niël)
(1949-). Acadêmico. Professor de ciência política da Universidade do Estado Livre de Orange (1978). Diretor do Serviço de Inteligência da África do Sul (1980-92). Promoveu encontros clandestinos com Mandela na prisão com o propósito de planejar sua libertação e ascensão ao poder. Participaram dessas reuniões o presidente P.W. Botha e, mais tarde, o presidente F.W. de Klerk. Diretor-geral da administração da província do Cabo Ocidental (1996-2001).

Biko, Stephen Bantu
(1946-1977). Ativista antiapartheid e nacionalista africano. Líder do Movimento da Consciência Negra. Fundador da Organização dos Estudantes Sul-Africanos (1968) e seu presidente em 1969. Cofundador da Convenção do Povo Negro de 1972. Banido e proibido de participar de atividades políticas em 1973. Preso em agosto de 1977 e assassinado pela polícia em setembro do mesmo ano.

Bizos, George
(1927-). Advogado defensor dos direitos humanos, de origem grega. Membro e cofundador do Conselho Nacional de Advogados pelos Direitos Humanos. Membro do

Comitê Jurídico e Constitucional do CNA. Assessor jurídico da Codesa. Advogado de defesa no Julgamento de Rivônia. Também atuou em prol de ativistas antiapartheid do alto escalão, como as famílias de Steve Biko, Chris Hani e dos Quatro de Cradock, na Comissão de Verdade e Reconciliação. Indicado por Mandela para a Comissão de Atendimento Jurídico.

Botha, Pieter Willem (P.W.)
(1916-2006). Primeiro-ministro da África do Sul (1978-84). Chefe de Estado (1984-89). Líder do Partido Nacional da África do Sul. Em 1985, Mandela recusou a oferta de Botha de libertá-lo sob a condição de que abrisse mão da violência. Em 1998, Botha se recusou a testemunhar na Comissão de Verdade e Reconciliação sobre crimes do apartheid.

Buthelezi, Mangosuthu
(1928-). Político sul-africano e príncipe zulu. Membro do CNA até a deterioração das relações com o partido, em 1979. Fundador e presidente do Partido da Liberdade Inkatha em 1975. Ministro-chefe de KwaZulu. Foi nomeado para o cargo de ministro do Interior (1994-2004) e atuou várias vezes como presidente interino durante o mandato de Mandela.

Campanha de Desafio contra Leis Injustas
Iniciada pelo CNA em dezembro de 1951 e lançada com o Congresso Indiano Sul-Africano em 26 de junho de 1952 contra seis leis do apartheid. Envolvia atos de desobediência a leis racistas como entrar em estabelecimentos reservados "somente a brancos", violar toques de recolher e provocar prisões. Mandela foi nomeado voluntário-chefe nacional e Maulvi Cachalia seu representante. Mais de 8.500 voluntários foram presos por participação na campanha.

Carta da Liberdade
Declaração de princípios da Aliança do Congresso oficializada no Congresso do Povo em Kliptown, Soweto, em 26 de junho de 1955. A Aliança do Congresso congregou milhares de voluntários itinerantes que percorreram a África do Sul registrando os desejos da população. A Carta da Liberdade defendia direitos iguais para todos os sul-africanos independentemente de raça, a reforma agrária, melhores condições de trabalho e moradia, distribuição de renda, ensino obrigatório e leis mais justas. Foi uma ferramenta poderosa na luta contra o apartheid.

Convenção para uma África do Sul Democrática (Codesa, na sigla em inglês)
Plataforma em torno da qual várias agremiações políticas se uniram a partir de dezembro de 1991 para negociar a nova configuração política da África do Sul. Na primeira edição da Codesa, foi assinada uma resolução e cinco comitês foram nomeados para elaborar uma nova Constituição para uma África do Sul democrática,

planejar um governo interino e decidir sobre o futuro da nação, entre outras questões. No entanto, em sua segunda edição, iniciada em maio de 1992, as discussões se transformaram em controvérsias sobre o governo majoritário e a distribuição do poder. Pouco mais de um mês depois, em junho, Mandela encerrou as discussões sob a alegação do envolvimento da polícia no massacre em Boipatong. Por fim, após reuniões de bastidores entre o ministro do gabinete, Roelf Meyer, e o membro do CNA Cyril Ramaphosa, as negociações foram retomadas no Fórum Pluripartidário de Negociações, reunido pela primeira vez em 1º de abril de 1993.

Coetsee, Hendrik (Kobie)
(1931-2000). Político do Partido Nacional, advogado, administrador e negociador. Vice-ministro da Defesa e da Inteligência Nacional (1978). Ministro da Justiça (1980). Promoveu reuniões com Mandela a partir de 1985 com o objetivo de estabelecer o diálogo entre o Partido Nacional e o CNA. Foi eleito presidente do Senado após as primeiras eleições democráticas da África do Sul, em 1994.

Comissão de Verdade e Reconciliação (CVR)
Fundada por Mandela em 1995 como forma de superar décadas de abusos brutais na África do Sul da era do apartheid, a CVR investigou violações de direitos humanos ocorridos entre 1960 e 1994, em depoimentos televisionados. Os acusados podiam pedir anistia nos julgamentos por tais abusos. Eram obrigados a depor sobre as acusações e recebiam anistia se a comissão concluía que seus testemunhos eram verdadeiros e seus atos tinham motivação política.

Comunidade de Desenvolvimento da África Austral (CDAA)
Organização intergovernamental composta por quinze nações do sul da África, fundada em 17 de agosto de 1992, com o objetivo de estreitar a cooperação socioeconômica e a integração entre os países-membros. Sucedeu à Conferência de Coordenação de Desenvolvimento da África Austral, fundada em 1º de abril de 1980, quando nove países democráticos da África Austral assinaram a Declaração de Lusaka, "Rumo à Libertação Econômica".

Congresso do Povo
Foi o ápice de uma longa campanha de um ano durante a qual membros da Aliança do Congresso visitaram até as mais remotas localidades da África do Sul, reunindo as reivindicações da população para uma nação livre, que foram incluídas na Carta da Liberdade. Ocorreu de 25 a 26 de junho de 1955 em Kliptown, Joanesburgo, e contou com a presença de 3 mil delegados. A Carta da Liberdade foi oficializada no segundo dia do evento.

Congresso de Líderes Tradicionais da África do Sul (Contralesa, na sigla em inglês)
Formado em 1987 em KwaNdebele, uma das terras nativas ou "bantustões". Com o

apoio do CNA, então clandestino, e da Frente Democrática Unida (FDU), tornou-se um grupo de pressão antiapartheid nos bantustões da África do Sul. O Contralesa ainda é uma potência na defesa de mais direitos para os líderes tradicionais.

Congresso Nacional Africano (CNA)
Fundado com o nome de Congresso Nacional Nativo Sul-Africano (CNNSA) em 1912, foi renomeado Congresso Nacional Africano (CNA) em 1923. Após o Massacre de Sharpeville, em março de 1960, o CNA foi banido pelo governo sul-africano e permaneceu clandestino até a suspensão da ilegalidade, em 1990. Seu braço militar, o Umkhonto weSizwe (MK), foi criado em 1961, tendo Mandela como comandante-geral. O CNA se tornou o partido de situação no governo da África do Sul depois das primeiras eleições democráticas do país, em 27 de abril de 1994.

Congresso Pan-Africanista da Azânia (CPA)
Organização dissidente do CNA fundada em 1959 por Robert Sobukwe, defensor do lema "África para os africanos". As campanhas do CPA incluíram protestos em escala nacional contra as leis do passe, dez dias antes de o CNA começar sua própria campanha. Elas culminaram no Massacre de Sharpeville, em 21 de março de 1960, em que a polícia matou a tiros 69 manifestantes desarmados. Foi banido, assim como o CNA, em abril de 1960, e readmitido em 2 de fevereiro de 1990.

Conselho Executivo de Transição (CET)
Em 1993, durante as negociações para o fim do governo da minoria branca, o CNA sugeriu a criação de um Conselho Executivo de Transição que "promoveria a preparação e a transição para um regime democrático na África do Sul". O CNA argumentou que o governo de então, dominado por brancos, não poderia atuar simultaneamente como juiz e participante das eleições. O CET foi criado para dar legitimidade ao processo e gerar um clima de liberdade política no período que antecedia as eleições, em abril de 1994. Era formado por sete subconselhos: lei e ordem – estabilidade e segurança; defesa; inteligência; relações exteriores; estatuto das mulheres; economia; governo local e regional e autoridades tradicionais.

Constituição da República da África do Sul
Negociada na Assembleia Constituinte de maio de 1994 a outubro de 1996, durante o Governo de Unidade Nacional (GUN). Nas discussões da Codesa – iniciadas em 1991 –, o Partido Nacional e o CNA concordaram em criar uma Constituição interina que serviria de base para a versão definitiva. A Constituição final seria elaborada por membros do Congresso Nacional em uma Assembleia Constituinte. Em 8 de maio de 1996, a Constituição definitiva foi adotada, e, um dia depois, o segundo vice-presidente, F.W. de Klerk, anunciou a saída de seu Partido Nacional do GUN, com data marcada para 30 de junho. Após emendas solicitadas pelo Supremo Tribunal, o texto final foi oficializado pela Assembleia Constituinte em outubro de 1996.

Corbett, Michael

(1923-2007). Presidente do Supremo Tribunal (1989-96). Encontrou Mandela pela primeira vez na ilha Robben. Mais tarde, presidiu o juramento do gabinete quando Mandela foi eleito presidente da África do Sul, em 9 de maio de 1994, e no dia seguinte durante a cerimônia de posse.

Dadoo, dr. Yusuf

(1909-1983). Médico, ativista antiapartheid e orador. Presidente do Congresso Indiano Sul-Africano. Representante de Oliver Tambo no Conselho Revolucionário do MK. Presidente do Partido Comunista Sul-Africano (PCSA) (1972-83). Líder do CNA. Preso pela primeira vez em 1940 por atividades antibelicistas e depois por mais seis meses durante a Campanha de Resistência Passiva, em 1946. Um dos vinte acusados no Julgamento da Campanha de Desafio em 1952. Durante o Estado de Emergência de 1960, ficou foragido e depois exilou-se para evitar a prisão. Recebeu a mais alta condecoração do CNA, a medalha Isitwalandwe Seaparankoe, no Congresso do Povo em 1955.

De Klerk, Frederik Willem (F.W.)

(1936-). Advogado. Presidente da África do Sul (1989-94). Líder do Partido Nacional (1989-97). Em fevereiro de 1990, anistiou o CNA e libertou Nelson Mandela da prisão. Vice-presidente, com Thabo Mbeki, de Mandela (1994-96). Líder do Novo Partido Nacional (1997). Dividiu o Nobel da Paz com Mandela, em 1993, em reconhecimento por sua contribuição para o fim do apartheid.

Dlamini-Zuma, Nkosazana

(1949-). Médica, ativista antiapartheid e política. Formou-se em medicina pela Universidade de Bristol, em 1978, e trabalhou para o Comitê Regional de Saúde do CNA, e mais tarde para a Health and Refugee Trust, uma ONG britânica. Voltou à África do Sul após o retorno do CNA à legalidade e participou das negociações da Codesa. Nomeada ministra da Saúde (1994). Ministra das Relações Exteriores (1999-2009) nos mandatos presidenciais de Mbeki e Motlanthe. Foi ministra do Interior no mandato do ex-marido, o presidente Jacob Zuma, de 10 de maio de 2009 a 2 de outubro de 2012. Presidenta da União Africana do fim de 2012 ao início de 2017.

Duarte, Jessie Yasmin

(1953-). Ativista antiapartheid e política. Secretária especial de Mandela depois que ele saiu da prisão e antes de ser eleito presidente. Membro do gabinete provincial de Gauteng. Nomeada vice-secretária-geral do CNA (2012). Embaixadora da África do Sul em Moçambique.

Dube, John Langalibalele

(1871-1946). Educador, editor, redator, autor e ativista político. Primeiro presidente do CNNSA (renomeado CNA em 1923), fundado em 1912. Fundou a Escola Industrial

Cristã Zulu em Ohlange. Criou o primeiro jornal inglês-zulu, *Ilanga lase Natal* (Sol de Natal), em 1904. Opôs-se à Lei da Terra de 1913. Mandela votou pela primeira vez na Escola de Ohlange em 1994 e depois visitou o túmulo de Dube para anunciar que agora a África do Sul era livre.

Erwin, Alexander (Alec)
(1948-). Político, sindicalista e acadêmico. Participou com o CNA das negociações para o fim da dominação da minoria branca e foi membro do Comitê de Reconstrução e Desenvolvimento. Eleito para o Comitê Executivo Nacional do CNA em 1990. Vice-ministro das Finanças do primeiro gabinete de Mandela e posteriormente ministro do Comércio e da Indústria. Ministro das Empresas Públicas no mandato de Mbeki, de 29 de abril de 2004 a 25 de setembro de 2008.

Estado de Emergência
(1960). Decretado em 30 de março de 1960 em resposta ao Massacre de Sharpeville. Caracterizou-se por detenções em massa e prisões de muitos líderes africanos. Em 8 de abril de 1960, o CNA e o CPA foram proibidos pela Lei de Organizações Ilegais.

Fischer, Abram (Bram)
(1908-1975). Advogado e ativista político antiapartheid. Líder do Patido Comunista da África do Sul (PCAS). Membro do Congresso dos Democratas. Acusado de incitação pelo envolvimento na Greve dos Mineiros Africanos por melhores salários em 1946. Defendeu com êxito Mandela e outros líderes do CNA no Julgamento por Traição. Liderou a defesa no Julgamento de Rivônia (1963-64). Sujeito a inúmeras condenações e à prisão perpétua em 1966 por violar a Lei de Eliminação do Comunismo e por conspirações de sabotagem. Recebeu o Prêmio Lênin da Paz em 1967.

Fivaz, George
(1945-). Nomeado primeiro comissário nacional do novo Serviço Policial Sul-Africano pelo presidente Nelson Mandela. Seu primeiro trabalho foi integrar onze forças num único Serviço Policial Sul-Africano e o segundo foi adaptar essa força à nova legislação e ao processo de mudança na África do Sul. Quando seu mandato expirou, em janeiro de 2000, foi substituído pelo comissário nacional Jackie Selebi.

Frente do Povo Africâner (FPA)
Fundada em 19 de maio de 1993 como organização que congregava brancos de língua africâner, incluía organizações de extrema direita tais como o Movimento de Resistência Africâner (MRA) e ex-comandantes policiais e militares da época do apartheid. Defendia a autonomia de sul-africanos brancos de língua africâner e lutava por uma pátria [*volkstaat*] ou território nativo africâner.

Gerwel, G.J. (Jakes)

(1946-2012). Acadêmico. Chefe de gabinete do presidente Mandela (1994-99). Secretário de gabinete no Governo de Unidade Nacional (1994-99). Reitor da Universidade de Rhodes. Professor emérito de ciências humanas na Universidade do Cabo Ocidental. Presidente da Fundação Nelson Mandela.

Ginwala, Frene Noshir

(1932-). Ativista antiapartheid, jornalista, política e membro do CNA. Deixou a África do Sul em 1960, depois de ter criado rotas de fuga para ativistas antiapartheid. Ajudou Oliver Tambo e Yusuf Dadoo na criação da primeira sede do CNA no exílio. Como jornalista, tornou-se editora-chefe de dois jornais tanzanianos em inglês, *The Standard* e *Sunday News*. Voltou para a África do Sul em 1991. Primeira mulher a atuar como presidente do Congresso sul-africano, de 1994 a 2004.

Goldberg, Denis

(1933-). Ativista político antiapartheid. Membro do PCSA. Cofundador e líder do Congresso dos Democratas. Diretor técnico do MK. Preso em Rivônia em 1963 e depois condenado à prisão perpétua na prisão regional de Pretória. Ao ser libertado, em 1985, exilou-se no Reino Unido e representou o CNA no Comitê Especial das Nações Unidas contra o apartheid. Fundou a comunidade H.E.A.R.T. (Health Education and Reconstruction Training) em 1995 para ajudar sul-africanos pobres. Voltou à África do Sul em 2002 e foi nomeado assessor especial do ministro do Meio Ambiente, Ronnie Kasrils.

Governo de Unidade Nacional (GUN)

Governo da África do Sul de 27 de abril de 1994 a 3 de fevereiro de 1997 sob a liderança do CNA e em conformidade com a cláusula 88 (2) da Constituição interina da África do Sul, segundo a qual qualquer partido com vinte assentos ou mais na Assembleia Nacional poderia reivindicar uma ou mais pastas ministeriais e fazer parte do governo. O Partido Nacional e o Inkatha obtiveram ministérios para seus líderes e parlamentares. F.W. de Klerk decidiu que o PN deixaria de integrar o GUN em 3 de junho de 1996, alegando falta de participação na redação da Constituição definitiva e de influência nas decisões do governo.

Gumede, Josiah Tshangana

(1867-1947). Ativista político e jornalista. Cofundador do CNA (então Congresso Nacional Nativo Sul-Africano) em 8 de janeiro de 1912. Em 1906, esteve na Inglaterra para discutir o direito à terra do povo sotho. Presidente do CNA (1927-30). Seu filho, Archie Gumede, era militante do CNA e cumpriu pena na prisão. Nelson Mandela se correspondeu com ele do cárcere.

Gwala, Themba Harry
(1920-1995). Professor e ativista político. Trabalhou clandestinamente para o CNA até ser preso, em 1964. Acusado de sabotagem, foi condenado a oito anos de prisão, cumprindo a pena na ilha Robben. Solto em 1972, continuou na militância e foi condenado à prisão perpétua em 1977, retornando à ilha Robben. Foi libertado em novembro de 1988, por sofrer de distúrbios neuromotores que o impediam de mover os braços. Eleito para o Comitê Executivo Nacional do CNA (1991). Após a eleição de 1994, atuou no Congresso de KwaZulu-Natal.

Hani, Thembisile (Chris)
(1942-1993). Ativista político antiapartheid. Membro da Liga da Juventude do Congresso Nacional Africano desde os quinze anos. Também integrou o PCSA. Membro e depois líder do MK. Muito atuante nas ações clandestinas do CNA no Cabo Ocidental e no Cabo Oriental, acabou no exílio, onde subiu na hierarquia do MK. Voltou à África do Sul em 1990. Secretário-geral do PCSA em 1991. Foi morto diante de sua casa em Joanesburgo, em 1993, por Janusz Waluś. Recebeu a mais alta distinção do CNA, a medalha Isitwalandwe Seaparankoe, postumamente, em 2008.

Hartzenberg, Ferdinand (Ferdi)
(1936-). Político e plantador de milho. Foi ministro da Educação na gestão de P.W. Botha (1979-82). Um dos membros mais conservadores do Partido Nacional, deixou a situação para fundar o Partido Conservador (PC). No mandato de Andries Treurnicht, foi vice-líder do partido e, após a morte de Treurnicht, em 1993, tornou-se líder. O PC boicotou as eleições de 1994 na África do Sul. Foi o segundo e último líder do PC quando este se fundiu com a Frente da Liberdade e com o Partido da Unidade Africâner em 2004, para formar a Nova Frente da Liberdade. Depois disso, afastou-se da política.

Holomisa, Bantubonke (Bantu) Harrington
(1955-). Político e comandante militar. Iniciou a carreira militar nas Forças Armadas de Transkei, em 1976, e tornou-se brigadeiro em 1985. Obrigou o primeiro-ministro do então Estado independente de Transkei a renunciar, em outubro de 1987, e dois meses depois também derrubou sua sucessora, Stella Sigcau. Comandante das Forças Armadas de Transkei e chefe de governo de 1987 a 1994, quando o território foi reintegrado à África do Sul. Eleito para o Comitê Executivo Nacional do CNA em 1994, foi vice-ministro do Meio Ambiente e Turismo no mandato de Mandela. Foi expulso do CNA em 30 de setembro de 1996, depois de acusar o partido de corrupção. Em 1997, ajudou a fundar o Movimento Democrático Unido (MDU), partido do qual é líder no Congresso desde 1999.

Ilha Robben
Ilha localizada na baía da Mesa, a sete quilômetros da costa da Cidade do Cabo, com cerca de 3,3 quilômetros de extensão e 1,9 quilômetro de largura. Foi ocupada prin-

cipalmente como local de degredo e cárcere, em especial de presos políticos, desde o assentamento holandês no século XVII. Três futuros presidentes da África do Sul estiveram lá: Nelson Mandela (1964-82), Kgalema Motlanthe (1977-87) e Jacob Zuma (1963-73). Agora é Patrimônio da Humanidade, santuário natural e museu.

Jordan, Zweledinga Pallo
(1942-). Ativista antiapartheid e político. Trabalhou para o CNA de Londres, em 1975. Chefe do departamento de pesquisas do CNA (1979-88), sediado no Centro de Estudos Africanos da Universidade Eduardo Mondlane, em Maputo, Moçambique, onde, em 1982, ficou gravemente ferido num atentado a bomba que explodiu o prédio, deixando-o surdo de um dos ouvidos e matando uma de suas colegas, a ativista antiapartheid Ruth First. Ministro das Comunicações no governo de Mandela (1994-96). Ministro do Meio Ambiente e Turismo (1996-99). Ministro da Cultura do presidente Mbeki (2004-9).

Joseph (nome de solteira: Fennell), Helen
(1905-1992). Professora, assistente social e ativista antiapartheid e pelos direitos das mulheres. Membro fundadora do Congresso dos Democratas. Secretária nacional da Federação das Mulheres Sul-Africanas (FMSA). Umas das principais organizadoras da Marcha das Mulheres, que conduziu 20 mil mulheres ao Palácio do Governo, em Pretória. Esteve entre os réus no Julgamento por Traição em 1956. Colocada em prisão domiciliar em 1962. Ajudou a cuidar de Zindziswa e Zenani Mandela quando seus pais foram presos. Recebeu a mais alta distinção do CNA, a medalha Isitwalandwe Seaparankoe, em 1992.

Julgamento de Rivônia
Julgamento ocorrido entre 1963 e 1964 no qual figuras importantes da Aliança do Congresso foram acusadas de sabotagem e condenadas à morte. Batizado com o nome do subúrbio de Rivônia, em Joanesburgo, onde seis integrantes do alto-comando do MK foram presos em seu esconderijo, Liliesleaf Farm, em 11 de julho de 1963. Foram encontrados documentos incriminadores, incluindo um plano de revolução guerrilheira chamado Operação Mayibuye. Mandela, que já cumpria pena por incitação ao tumulto e saída não autorizada da África do Sul, foi implicado, e documentos de sua autoria sobre a guerrilha, assim como seus diários de viagem pela África em 1962, também foram confiscados. Em vez de depor como testemunha, Mandela fez uma declaração no banco dos réus, em 20 de abril de 1964, que ficou conhecida como o discurso "Estou preparado para morrer". Em 11 de junho de 1964, oito dos acusados foram declarados culpados pelo juiz Qartus de Wet no Palácio da Justiça, em Pretória, e condenados à prisão perpétua no dia seguinte.

Julgamento por Traição
(1956-61). Foi a tentativa do regime de apartheid de sufocar o poder da Aliança do Congresso. Em batidas policiais na madrugada de 5 de dezembro de 1956, 156 indiví-

duos foram presos e acusados de alta traição. No fim do julgamento, em março de 1961, todos ou tiveram as acusações retiradas ou, no caso dos últimos 28 acusados, incluindo Mandela, foram absolvidos.

kaBhekuzulu, rei Goodwill Zwelithini
(1948-). Rei da nação zulu. Subiu ao trono depois da morte do pai, o rei Cyprian Bhekhuzulu kaSolomon, em 1968. Um regente foi nomeado até que atingisse a maioridade. Depois de completar 21 anos e de se casar pela primeira vez, Zwelithini tornou-se o oitavo monarca do povo zulu em 3 de dezembro de 1971.

Kahn, Jacob Meyer (Meyer)
Empresário. Diretor-geral do Serviço Policial Sul-Africano (1997-99). Diretor-geral (1981-2012) e presidente executivo (1990-2012) da SABMiller (antes Cervejarias Sul-Africanas).

Kathrada, Ahmed Mohamed (Kathy)
(1929-2017). Ativista antiapartheid, prisioneiro político e parlamentar. Um dos principais nomes do CNA e do PCSA. Membro fundador do Corpo de Voluntários Indianos do Transvaal, depois renomeado como Congresso da Juventude Indiana do Transvaal. Ficou preso por um mês em 1946 por sua participação na Campanha de Resistência Passiva do Congresso Indiano Sul-Africano contra a Lei de Representação Indiana e de Arrendamento Agrário Asiática. Condenado por sua participação na Campanha de Desafio em 1952. Banido em 1954. Um dos organizadores do Congresso do Povo e membro do Comitê de Objetivos Gerais da Aliança do Congresso. Detido durante o Estado de Emergência decretado em 1960. Um dos últimos 28 acusados no Julgamento por Traição absolvidos em 1961. Passou a cumprir prisão domiciliar em 1962. Preso em Liliesleaf Farm em julho de 1963 e acusado de sabotagem no Julgamento de Rivônia. Encarcerado na ilha Robben (1964-82) e depois na prisão de Pollsmoor até ser libertado em 15 de outubro de 1989. Tornou-se parlamentar a partir de 1994, após as primeiras eleições democráticas da África do Sul, e atuou como assessor político de Mandela. Presidente do Conselho da ilha Robben (1994-2006). Recebeu a medalha Isitwalandwe Seaparankoe, a mais alta honraria do CNA, em 1992, e o prêmio Pravasi Bharatiya Samman, do presidente da Índia; também recebeu vários títulos de doutor *honoris causa*.

Keys, Derek
(1931-). Político e empresário. Depois de fazer carreira no mundo empresarial, foi ministro das Finanças na África do Sul nos mandatos presidenciais de De Klerk e Mandela. Nomeado ministro da Indústria, Comércio Exterior e Serviços por De Klerk em dezembro de 1991. O Ministério das Finanças foi incluído em sua pasta em 1992. Depois da nomeação para o gabinete de Mandela, renunciou em 6 de julho de 1994. Foi substituído por Chris Liebenberg em 19 de setembro.

Kotane, Moses
(1905-1978). Ativista político antiapartheid. Secretário-geral do PCSA (1939-78). Tesoureiro-geral do CNA (1963-73). Defensor no Julgamento de Rivônia em 1956. Um dos vinte acusados no Julgamento da Campanha de Desafio. Em 1955, participou da Conferência de Bandung, na Indonésia. Detido no Estado de Emergência de 1960 e condenado à prisão domiciliar. Exilou-se em 1963. Recebeu a mais alta distinção do CNA, a medalha Isitwalandwe Seaparankoe, em 1975.

Kriegler, Johann
(1932-). Juiz. Nomeado presidente da Comissão Eleitoral Independente em dezembro de 1993. Em seu mandato na CEI, teve como principal meta estabelecer o voto universal como base das primeiras eleições da África do Sul. Um dos primeiros ministros do Supremo Tribunal (1994). Seu mandato terminou em 2002. Desde a aposentadoria, tem trabalhado nos cinco continentes para a ONU, a União Africana, a Commonwealth e várias ONGs. Atualmente, é vice-presidente do Conselho da Seção 27, um centro jurídico de interesse público que busca promover a igualdade e a justiça social na África do Sul.

Lei de Eliminação do Comunismo, n.44, 1950
Lei aprovada em 26 de junho de 1950, por meio da qual o governo proibiu o PCSA e quaisquer atividades que julgasse comunistas, definindo "comunismo" em termos tão abrangentes que qualquer protesto antiapartheid violava essa lei.

Liebenberg, Chris
(1934-). Banqueiro e político. Galgou os degraus que o levaram de *office boy* à posição de um dos mais prestigiados banqueiros da África do Sul, atuando como diretor executivo do Nedbank. Ministro das Finanças sob Mandela (1994-96). Mandela lhe pediu que substituísse Derek Keys, que renunciara ao cargo alguns meses após a nomeação, no início do mandato do presidente.

Liga da Juventude do Congresso Nacional Africano (LJCNA)
Fundada em 1944 por Nelson Mandela, Anton Lembede, Walter Sisulu, A.P. Mda e Oliver Tambo em reação à guinada conservadora do CNA. Promovia ações de desobediência civil e greves como formas de protesto contra o apartheid. Muitos integrantes saíram e fundaram o Congresso Pan-Africanista da Azânia (CPA), em 1959. Foi proibida de 1960 a 1990.

Liga das Mulheres do Congresso Nacional Africano (LMCNA)
Fundada em 1948. Desempenhou papel importante na Campanha de Desafio de 1952 e nas campanhas contra as leis do passe.

Luthuli, chefe Albert John Mvumbi
(1898-1967). Professor, ativista antiapartheid e sacerdote. Presidente da Reserva Groutville. Presidente do CNA (1952-67). A partir de 1953, ficou confinado em sua residência por

decreto do governo. Réu no Julgamento por Traição de 1956. Condenado a seis meses de prisão (suspensa) em 1960 por queimar sua caderneta bancária em público e conclamar a população a um dia nacional de luto pelo Massacre de Sharpeville. Vencedor do Nobel da Paz em 1960 por sua atuação não violenta na luta contra o apartheid. Recebeu a mais alta distinção do CNA, a medalha Isitwalandwe Seaparankoe, em 1955, no Congresso do Povo.

Machel, Graça (nome de solteira: Simbine)
(1945-). Professora moçambicana, ativista pelos direitos humanos, defensora internacional dos direitos das mulheres e crianças e política. Casou-se com Mandela em julho de 1998. Viúva do presidente moçambicano Samora Machel (m. 1986). Integrante da Frente de Libertação de Moçambique (Frelimo), que lutou e obteve sua independência de Portugal em 1975. Ministra moçambicana da Educação e Cultura após a independência. Entre inúmeros prêmios, recebeu a Medalha Nansen da ONU em reconhecimento por sua longa atuação humanitária em prol de crianças refugiadas.

Madikizela-Mandela, Nomzamo Winifred (Winnie)
(1936-2018). Assistente social e ativista antiapartheid e pelos direitos das mulheres. Membro do CNA. Casada com Nelson Mandela (1958-96, mas separada dele desde 1992). Mãe de Zenani e Zindziswa Mandela. Primeira negra formada como assistente social médica no hospital Baragwanath, em Joanesburgo. Ficou presa numa solitária por dezessete meses em 1969. Cumpriu prisão domiciliar a partir de 1970 e foi várias vezes alvo de mandados de interdição de 1962 a 1987. Fundou a Federação das Mulheres Negras (1975) e a Associação dos Pais Negros (1976), em resposta à Revolta de Soweto. Presidente da LMCNA (1993-2003). Parlamentar do CNA.

Maharaj, Satyandranath (Mac)
(1935-). Acadêmico, ativista político antiapartheid, prisioneiro político e parlamentar. Um dos principais membros do CNA, do PCSA e do MK. Acusado de sabotagem em 1964 e condenado a doze anos de prisão, cumpridos na ilha Robben. Ajudou a transcrever em segredo a autobiografia de Mandela, *Longa caminhada até a liberdade*, e levou-a secretamente ao sair da prisão, em 1976. Comandou a Operação Vulindlela (Vula), uma operação secreta do CNA para eleger uma liderança interna clandestina. Atuou no secretariado da Codesa. Ministro dos Transportes (1994-99). Embaixador do presidente Jacob Zuma.

Malan, Magnus
(1930-2011). Comandante militar e político. Cadete das forças permanentes sul-africanas em 1949, servindo na Marinha e, no passado, como marinheiro na ilha Robben antes de se juntar ao Exército como tenente. Comandante do Exército (1973). Comandante das Forças Armadas Sul-Africanas (1976). Ministro da Defesa (1980-91). O presidente De Klerk o destituiu do cargo em julho de 1991, após um escândalo

envolvendo verbas secretas do governo para o Partido da Liberdade Inkatha e outros oponentes do CNA. Acusado, em novembro de 1995, junto com outros quinze oficiais, da morte de treze pessoas, incluindo sete crianças, em 1987. Todos foram absolvidos após um julgamento que se estendeu por sete meses. O presidente Mandela pediu à população que respeitasse a decisão do tribunal.

Mandela, Winnie
(Ver Madikizela-Mandela, Nomzamo Winifred)

Manuel, Trevor
(1956-). Ativista antiapartheid e político. Nomeado secretário regional e membro da Executiva Nacional da FDU (1983). Entre 1985 e 1990, foi detido várias vezes sem direito a defesa ou condenado à prisão domiciliar por suas atividades políticas. Eleito para o Congresso em 1994 e nomeado por Mandela ministro da Indústria, Comércio Exterior e Serviços. Mais longevo ministro das Finanças da África do Sul, ocupou o cargo sob Mandela, Thabo Mbeki e Kgalema Motlanthe, de 1996 até 2009. Entre 2009 e 2014 atuou como ministro da presidência para a Comissão Nacional de Planejamento na gestão de Jacob Zuma. Presidiu o Comitê de Desenvolvimento do Fundo Monetário Internacional. Embaixador especial para o Desenvolvimento Econômico dos secretários-gerais da ONU Kofi Annan e Ban Ki-Moon. Um dos presidentes do Comitê de Transição do Fundo Verde para o Clima, 2011, uma iniciativa da ONU para ajudar as nações pobres no combate e adaptação às mudanças climáticas.

Marcus, Gill
(1949-). Ativista política, acadêmica e banqueira. Filha de militantes políticos que tiveram de se exilar da África do Sul em 1969, Marcus começou a se dedicar em tempo integral ao CNA em Londres, em 1970. Foi eleita para o Congresso em 1994 e atuou como primeira presidenta do Comitê Conjunto Permanente de Economia. Vice-ministra das Finanças no mandato de Mandela de 1996 a 1999, quando renunciou ao cargo para assumir a vice-presidência do Banco Central Sul-Africano. Permaneceu no posto por cinco anos e tornou-se professora de Política, Liderança e Estudos de Gênero no Instituto Gordon de Ciências Empresariais antes de atuar na iniciativa privada. Presidenta do Banco Central Sul-Africano de julho de 2009 a novembro de 2014.

Masekela, Barbara Mosima Joyce
(1941-). Ativista política, acadêmica e embaixadora. Deixou a África do Sul nos anos 1960 e estudou em Botswana, Suazilândia e Gana. Bacharel pela Universidade Estadual de Ohio e professora assistente de literatura inglesa na Faculdade Comunitária de Staten Island, Nova York, e na Universidade Rutgers, Nova Jersey, até 1982. Ocupou a presidência do comitê político regional dos Estados Unidos no CNA. Chefiou o Departamento de Arte e Cultura do CNA (1983). Voltou à África do Sul em 1990 e

foi eleita para o Comitê Executivo Nacional do CNA em 1991. Tornou-se secretária particular de Mandela em 1990. Tem atuado como embaixadora da África do Sul nos Estados Unidos, na França e na Unesco.

Masemola, Jafta Kgalabi (Jeff)

(1929-1990). Professor e membro da Liga da Juventude do CNA e depois do CPA. Conhecido como o "Tigre da Azânia", fundou o braço armado do CPA. Depois de ser preso e acusado de sabotagem por explodir redes elétricas e ajudar na fuga de guerrilheiros em 1962, foi condenado à prisão perpétua em julho de 1963. Em 13 de outubro de 1989, quando ainda estava detido, encontrou-se com Mandela na prisão Victor Verster. Consta que conversaram sobre a unificação do CNA com o CPA. Saiu da prisão em 15 de outubro de 1989 e morreu num acidente de carro suspeito em 17 de abril de 1990.

Massacre de Sharpeville

Confronto no distrito de Sharpeville, na então província do Transvaal, hoje província de Gauteng. Em 21 de março de 1960, 69 manifestantes desarmados foram mortos a tiros pela polícia e mais de 180 ficaram feridos. A manifestação convocada pelo CPA atraiu entre 5 mil e 7 mil manifestantes. Essa data é agora comemorada anualmente como feriado nacional na África do Sul: o Dia dos Direitos Humanos.

Mbeki, Archibald Mvuyelwa Govan (nome tribal: Zizi)

(1910-2001). Historiador e ativista antiapartheid. Importante membro do CNA e do PCSA. Serviu no alto-comando do MK. Pai de Thabo Mbeki (presidente da África do Sul, 1999-2008). Réu no Julgamento de Rivônia e condenado à prisão perpétua. Libertado da prisão da ilha Robben (1987). Atuou no Senado sul-africano no período pós-apartheid (1994-97), como vice-presidente, e também como integrante do órgão que o sucedeu, o Conselho Nacional das Províncias (1997-99). Recebeu a maior distinção do CNA, a medalha Isitwalandwe Seaparankoe, em 1980.

Mbeki, Mvuyelwa Thabo

(1942-). Político e ativista antiapartheid. Presidente da África do Sul (1999-2008). Vice-presidente (1994-99). Filho de Govan Mbeki. Filiou-se à Liga da Juventude do CNA, em 1956, aos catorze anos. Deixou a África do Sul com outros estudantes em 1962. Ascendeu rapidamente no CNA no exílio e recebeu treinamento militar na União Soviética. Trabalhou ao lado de O.R. Tambo e liderou a delegação do CNA que manteve reuniões secretas com o governo sul-africano, participando de todas as negociações subsequentes. Presidente do CNA (1997-2007).

Mboweni, Tito Titus

(1959-). Ativista antiapartheid, político e banqueiro. Deixou a África do Sul em 1980 e filiou-se ao CNA no exílio no Lesoto. Voltou à África do Sul em 1990 após a anistia do CNA. Ministro do Trabalho no mandato de Mandela, de 1994 a julho de 1998.

Nomeado diretor do Departamento de Política do CNA (1998), responsável pela coordenação dos processos políticos da organização. Depois de juntar-se à equipe do Banco Central Sul-Africano em julho de 1998 como assessor administrativo, renunciou a todos os seus cargos por eleição e nomeação no CNA. Nomeado governador em 1999 e assessor internacional do Goldman Sachs International em junho de 2010.

Meiring, Georg

(1939-). Comandante militar. Passou a servir no Exército sul-africano em 1963, depois de se formar em física pela Universidade do Estado Livre de Orange. Comandante das Forças Armadas Sul-Africanas (1990-93) na posição de tenente-general. Nomeado primeiro comandante das Forças Armadas Sul-Africanas (1993-98).

Mhlaba, Raymond (nome tribal: Ndobe)

(1920-2005). Ativista antiapartheid, político, diplomata e prisioneiro político. Um dos dirigentes do CNA e do PCSA. Comandante-geral do MK. Preso em 1963 em Rivônia e condenado à prisão perpétua no Julgamento de Rivônia. Encarcerado na ilha Robben até ser transferido para a prisão de Pollsmoor, em 1982. Libertado em 1989. Envolveu-se nas negociações com o governo do Partido Nacional, que liderava o processo de democratização da África do Sul. Membro do Comitê Executivo Nacional do CNA (1991). Premiê do Cabo Oriental (1994). Alto-comissário sul-africano em Uganda (1997). Recebeu a mais alta distinção do CNA, a medalha Isitwalandwe Seaparankoe, em 1992.

MK

(Ver Umkhonto weSizwe)

Mkwayi, Wilton Zimasile (nome tribal: Mbona; apelido: Bri Bri)

(1923-2004). Sindicalista, ativista e prisioneiro político. Membro do CNA e do Congresso Sul-Africano de Sindicatos (Sactu, na sigla em inglês). Organizador sindical dos Trabalhadores Africanos da Indústria Têxtil em Port Elizabeth. Voluntário da Campanha de Desafio de 1952 e participante ativo na campanha do Congresso do Povo. Escapou ao Julgamento por Traição de 1956 e se refugiou no Lesoto. Juntou-se ao MK e recebeu treinamento militar na República Popular da China. Tornou-se comandante-geral do MK depois das prisões em Liliesleaf Farm. Julgado e condenado à prisão perpétua no que ficou conhecido como "Pequeno Julgamento de Rivônia". Cumpriu pena na ilha Robben. Libertado em outubro de 1989. Eleito senador na Assembleia Nacional em 1994 e depois conduzido ao Legislativo da província do Cabo Oriental, onde atuou até se retirar da vida pública, em 1999. Recebeu a mais alta honraria do CNA, a medalha Isitwalandwe Seaparankoe, em 1992.

Mlangeni, Andrew Mokete (nome tribal: Motlokwa; apelido: Mpandla)

(1926-). Ativista antiapartheid, prisioneiro político e parlamentar. Membro do CNA, da LJCNA e do MK. Condenado no Julgamento de Rivônia, em 1963, à prisão perpétua. Cumpriu dezoito anos na ilha Robben e foi transferido para a prisão de Pollsmoor em 1982. Recebeu a maior distinção do CNA, a medalha Isitwalandwe Seaparankoe, em 1992.

Modise, Johannes (Joe)

(1929-2001). Motorista de ônibus, ativista antiapartheid e político. Réu com Mandela e outros 155 no Julgamento por Traição de 1956. Todos foram absolvidos. Tornou-se guerrilheiro nos anos 1960 e subiu à posição de comandante-geral do MK, o braço armado do CNA, ocupando o posto por 25 anos, de 1965 a 1990. Após a libertação de Mandela, retornou à África do Sul e somou-se às negociações do CNA com o Partido Nacional, da situação. A discussão inicial resultou no Termo de Groote Schuur, que foi a base para a anistia de exilados e a negociação que pôs fim ao apartheid. Ministro da Defesa no gabinete de Mandela (1994-99).

Mokaba, Peter

(1959-2002). Ativista e político. Depois de trabalhar por um breve período como professor, Peter Mokaba foi preso em 1982 e condenado por posse de armas e treinamento como integrante do MK em Moçambique e Angola. Foi condenado a seis anos de prisão, mas libertado um ano depois, após ganhar um recurso. Membro fundador do Congresso da Juventude Sul-Africana e depois primeiro presidente da organização, em 1987, era venerado como herói por vastos setores da juventude sul-africana. Presidente da LJCNA (1991-94). Vice-ministro do Meio Ambiente e Turismo no governo Mandela.

Moosa, Mohammed Valli (Valli)

(1957-). Ativista antiapartheid, político e empresário. Membro da FDU. Participou das negociações pluripartidárias que puseram fim ao governo da minoria branca. Vice-ministro das Cidades e da Justiça sob Mandela. Após a saída do Partido Nacional do GUN, em 1996, tornou-se ministro dessas pastas. A partir de 1999, foi ministro do Meio Ambiente e Turismo. Ingressou na iniciativa privada após deixar a política.

Moroka, dr. James Sebe

(1892-1985). Médico, político e ativista antiapartheid. Presidente do CNA (1949-52). Condenado no Julgamento da Campanha de Desafio em 1952. Durante o julgamento, indicou seu próprio advogado, dissociou-se do CNA e apelou por uma pena mais branda. Em decorrência disso, não foi reconduzido à presidência do CNA, sendo substituído pelo chefe Luthuli.

Mothopeng, Zephania Lekoame (Zeph)

(1913-1990). Professor e ativista antiapartheid. Juntou-se à LJCNA em 1940. Filiou-se ao CPA e elegeu-se presidente do partido em 1989, quando estava na prisão. Encarcerado por dois anos em 1960, de novo em 1964, e preso com Mandela por algum tempo na ilha Robben. Detido novamente em 1976 e condenado a quinze anos. Foi libertado em 1988, após ser diagnosticado com câncer. Sob sua liderança, o CPA se recusou a participar das negociações pluripartidárias para uma África do Sul democrática.

Motsoaledi, Elias (nome tribal: Mokoni)
(1924-1994). Sindicalista, ativista antiapartheid e prisioneiro político. Membro do CNA, do PCSA e do Conselho do Transvaal das Uniões Não Europeias de Comércio. Detido após a Campanha de Desafio de 1952. Ajudou a fundar o Congresso Sul-Africano de Sindicatos (Sactu, na sigla em inglês) em 1955. Preso por quatro meses durante o Estado de Emergência de 1960 e encarcerado mais uma vez sob as leis de detenção por noventa dias de 1963. Condenado à prisão perpétua no Julgamento de Rivônia e preso na ilha Robben de 1964 a 1989. Eleito para o Comitê Executivo Nacional do CNA após sua libertação. Recebeu a mais alta condecoração do CNA, a medalha Isitwalandwe Seaparankoe, em 1992.

Movimento da Consciência Negra
Movimento antiapartheid direcionado a jovens e trabalhadores negros. Estimulava o orgulho pela identidade negra. Surgiu na segunda metade dos anos 1960 na esteira do vácuo deixado pelo contínuo banimento e encarceramento de membros do CNA e do CPA. Originou-se da Organização dos Estudantes Sul-Africanos liderada por Steve Biko, fundador do movimento.

Mpetha, Oscar Mafakafaka
(1909-1994). Sindicalista, ativista político e membro do CNA. Detido por quatro anos após o Massacre de Sharpeville, em 21 de março de 1960. Condenado a cinco anos de prisão em 1983 depois de ser acusado de terrorismo e incitação à desordem. No mesmo ano, foi eleito copresidente da recém-criada FDU. Cumpriu os últimos anos de prisão sob custódia no Groote Schuur Hospital. Era diabético, teve a perna amputada e usou cadeira de rodas. Foi solto em 15 de outubro de 1989, com outros presos políticos, após pedido oficial de Mandela para que fossem libertados.

Mufamadi, Fohlisani Sydney
(1959-). Ativista antiapartheid, político, sindicalista e professor. Filiou-se ao CNA (1977). Membro fundador da Organização do Povo Azânio (1978). Juntou-se ao PCSA em 1981. Eleito secretário de Propaganda do Transvaal pela FDU em 1983, cargo que ocupou até 1990. Eleito secretário-geral adjunto do Cosatu (1985). Ministro da Segurança Pública no gabinete de Mandela até 1999. Ministro das Cidades e da Integração Nacional (1999-2008).

Naidoo, Jayaseelan (Jay)
(1954-). Político e sindicalista. Quando estudante, foi membro ativo da Organização dos Estudantes Sul-Africanos, interditada em 1977 depois que seu líder, Steve Biko, foi assassinado durante detenção policial. Tornou-se líder comunitário e juntou-se

ao movimento sindicalista. Eleito primeiro secretário-geral no lançamento do Congresso de Sindicatos Sul-Africanos, em 1975. Sob Mandela, atuou como ministro de gabinete sem pasta específica, com a função de coordenar o Programa de Reconstrução e Desenvolvimento. Mais tarde, atuou como ministro das Comunicações. Presidente do conselho administrativo e do conselho de parcerias da Aliança Global para a Melhoria Alimentar.

Netshitenzhe, Joel Khathutshelo

(1956-). Ativista antiapartheid e político. Passou muitos anos exilado da África do Sul, trabalhando para o CNA. Porta-voz do gabinete de Mandela. Presidente do Sistema de Comunicação e Informação do Governo (1998-2006), antes de chefiar a Unidade Política da presidência. Atuou na primeira Comissão Nacional de Planejamento da África do Sul (2010-15). Diretor executivo e vice-presidente do conselho do Instituto Mapungubwe de Reflexão Estratégica (Imre).

Ngoyi, Lilian Masediba

(1911-1980). Política, oradora, ativista antiapartheid e pelos direitos das mulheres. Uma das principais líderes do CNA. Primeira mulher eleita para o Comitê Executivo do CNA (1956). Presidenta da Liga das Mulheres do CNA. Presidenta da Federação das Mulheres Sul-Africanas (1956). Conduziu a Marcha das Mulheres contra as leis do passe (1956). Julgada e absolvida no Julgamento por Traição de 1956. Detida em 1960 durante o Estado de Emergência. Presa e mantida na solitária por 71 dias em 1963 sob as leis de detenção por noventa dias. Alvo de sucessivos mandados de interdição. Recebeu a mais alta honraria do CNA, a medalha Isitwalandwe Seaparankoe, em 1982.

Nkobi, Thomas Titus

(1922-1994). Ativista antiapartheid, tesoureiro e parlamentar. Filiou-se ao CNA (1950) e participou da Campanha de Desafio contra Leis Injustas e do Congresso do Povo de 1955. Presidente nacional do CNA (1958). Preso durante o Estado de Emergência de 1960 por seu papel como chefe do Plano M (Plano Mandela) de criação de redes clandestinas do CNA. Exilou-se em 1963, vivendo principalmente em Lusaka. Tesoureiro-geral do CNA (1968-73). Voltou à África do Sul em 1990 e foi reeleito tesoureiro-geral do CNA e parlamentar.

Nyanda, Siphiwe

(1950-). Político, ativista e comandante militar. Juntou-se ao MK, braço armado do CNA, em 1974. Nomeado chefe de gabinete do MK em 1992. Atuou no Conselho Executivo de Transição que supervisionou o término do governo da minoria branca. Quando o MK foi incorporado às Forças Armadas Nacionais Sul-Africanas, em 1994, ascendeu ao cargo de comandante, em 1998. Permaneceu nesse posto até 2005. Ministro das Comunicações sob o presidente Jacob Zuma (2009-10).

Nzo, Alfred Baphetuxolo

(1925-2000). Importante membro da LJCNA e do CNA. Participante da Campanha de Desafio de 1952 e do Congresso do Povo. Em 1962, ficou em reclusão domiciliar por um dia, e, em 1963, foi detido por 238 dias. Depois da libertação, o CNA decidiu que ele deveria deixar o país. Representou o CNA em vários países, tais como Egito, Índia, Zâmbia e Tanzânia. Sucedeu a Duma Nokwe como secretário-geral em 1969 e ocupou o posto até a primeira conferência legal do CNA na África do Sul, em 1991. Integrou a delegação do CNA que participou das negociações com o governo de De Klerk depois de 1990. Nomeado ministro das Relações Exteriores no novo regime democrático da África do Sul (1994). Recebeu diversos prêmios, incluindo a Ordem de Ouro Luthuli (2003).

OR

(Ver Tambo, Oliver)

Organização da Unidade Africana (OUA)

Fundada em 25 de maio de 1963 em Adis Abeba, Etiópia, com 32 governos signatários, e mais tarde incluindo todos os países do continente africano com exceção do Marrocos, que se retirou em 1984. O propósito maior era a erradicação de todas as formas de colonialismo e governos de minoria branca da África. Também tinha como objetivo coordenar e estreitar a cooperação entre as nações africanas para melhorar as condições de vida dos povos africanos e defender a soberania, a integridade territorial e a autonomia dos Estados africanos. Foi dissolvida em 9 de julho de 2002 por seu último líder, o presidente sul-africano Thabo Mbeki, e substituída pela União Africana.

Pahad, Aziz Goolam

(1940-). Político e ativista antiapartheid. Exilou-se em 1964 e tornou-se militante em tempo integral do então clandestino CNA a partir de 1966. Desempenhou importante papel no Movimento contra o Apartheid no Reino Unido e na Europa. Eleito para o Comitê Executivo Nacional do CNA em 1985. Voltou à África do Sul após a anistia do CNA em 1990 e participou das negociações que puseram fim ao governo da minoria branca. Atuou como vice-ministro das Relações Exteriores sob Mandela e seu sucessor, Thabo Mbeki. Renunciou ao gabinete em setembro de 2008.

Partido Comunista da África do Sul (PCAS)

(Ver Partido Comunista Sul-Africano)

Partido Comunista Sul-Africano (PCSA)

Fundado em 1921 como Partido Comunista da África do Sul (PCAS) para combater o imperialismo e a dominação racista. Foi renomeado Partido Comunista Sul-Africano (PCSA) em 1953 após sua proibição em 1950. Só foi legalizado em 1990. Forma uma aliança tripartite com o CNA e o Cosatu.

Partido da Liberdade Inkatha
Originalmente Movimento Nacional pela Libertação Cultural Inkatha, conhecido como Inkatha, foi fundado pelo dirigente Mangosuthu Buthelezi em 1975. Tornou-se partido político em 14 de julho de 1990, liderado por Buthelezi. Defendia um governo nacional federalista que garantiria autonomia regional. Juntou-se à Aliança da Liberdade, formando uma união de grupos de direita em oposição ao CNA. Ameaçou boicotar as eleições de 1994, mas desistiu de última hora. Obteve 10,5% dos votos e três pastas ministeriais no governo de Mandela. Ameaçou abandonar o GUN, mas também não o fez.

Partido Nacional
Partido conservador sul-africano fundado em Bloemfontein, em 1914, por nacionalistas africâneres. Partido da situação na África do Sul de junho de 1948 a maio de 1994. Impôs o apartheid, regime jurídico de segregação racial que garantia o governo da minoria branca. Dissolvido em 2004.

Plaatje, Solomon Tshekisho (Sol)
(1876-1932). Escritor, jornalista, linguista, articulista político e ativista pelos direitos humanos. Membro da Organização do Povo Azânio. Primeiro secretário-geral (1912) do CNNSA (renomeado CNA em 1923). Primeiro negro sul-africano a escrever um romance em inglês (*Mhudi*, publicado em 1913). Fundou o primeiro semanário setswana/inglês, *Koranta ea Becoana* (Jornal dos Setswanas), em 1901, e depois o *Tsala ea Becoana* (O amigo do povo), em 1910. Membro da delegação do CNNSA que apelou junto ao governo britânico contra a Lei da Terra de 1913, que restringiu severamente o direito dos africanos à posse ou ocupação da terra.

Prisão de Segurança Máxima de Pollsmoor
Prisão no subúrbio de Tokai, Cidade do Cabo. Em 1982, Mandela foi transferido da ilha Robben para lá com Walter Sisulu, Raymond Mhlaba, Andrew Mlangeni e, mais tarde, Ahmed Kathrada.

Prisão Victor Verster
Prisão de regime semiaberto localizada entre Paarl e Franschhoek, no Cabo Ocidental. Mandela foi transferido para lá da prisão de Pollsmoor e morou numa casa dentro do complexo penitenciário. Há uma estátua dele do lado de fora dos portões da prisão, que agora se chama Centro de Correção Drankenstein.

Programa de Reconstrução e Desenvolvimento (PRD)
Implementado pelo governo do CNA de Mandela, foi desenvolvido para sanar as enormes desigualdades socioeconômicas geradas pelo apartheid. Seu objetivo era a redução da pobreza e do déficit de assistência social. Foi subordinado ao programa macroeconômico de Crescimento, Emprego e Redistribuição a partir de 1996.

Qunu
Distrito rural na província do Cabo Oriental da África do Sul onde Mandela morou depois que sua família se mudou de sua cidade natal, Mvezo.

Ramaphosa, Matamela Cyril
(1952-). Político, empresário e sindicalista. Primeiro secretário da poderosa União Nacional dos Mineiros (1982). Essencial na fundação do Cosatu. Presidente do Comitê Nacional de Recepção, que coordenou a libertação de Mandela da prisão. Eleito secretário-geral do CNA em 1991. Desempenhou papel de destaque nas negociações que puseram fim ao governo da minoria branca, o que lhe valeu a admiração de Mandela. Deixou a política para se dedicar à iniciativa privada em 1994, quando foi preterido para o cargo de vice-presidente por Mandela, que escolheu Thabo Mbeki. Eleito vice-presidente do CNA em dezembro de 2012 e vice-presidente da África do Sul no governo do presidente Zuma a partir de 2014.

Sekhukhune
(1814-1882). Rei do povo marota (mais conhecido por baPedi). Governante ilegítimo que chegou ao poder por meio de um golpe militar. Como consequência, seu meio-irmão e herdeiro legítimo do trono, Mampuru, foi forçado a deixar o reino. Consolidou seu poder com muitos casamentos diplomáticos que o ligaram a várias dinastias, com a incorporação de outras sociedades a seu império e com conquistas militares. Tudo isso lhe angariou apoio e legitimidade.

Seme, Pixley ka Isaka
(1881-1951). Ativista político. Batizado com nome inglês pelo missionário americano reverendo S.C. Pixley, que o enviou para os Estados Unidos para cursar o ensino médio. Voltou à África do Sul depois de estudar nas universidades Columbia e Oxford. Um dos fundadores do CNA (então Congresso Nacional Nativo Sul-Africano) em 8 de janeiro de 1912 e seu presidente entre 1930 e 1937.

Sisulu (nome de solteira: Thethiwe), Nontsikelelo (Ntsiki) Albertina
(1918-2011). Enfermeira, parteira, ativista antiapartheid e pelos direitos humanos, parlamentar. Uma das lideranças do CNA. Em 1944, casou-se com Walter Sisulu, que conheceu por intermédio da amiga enfermeira Evelyn Mase (primeira mulher de Mandela). Membro da Liga das Mulheres do CNA e da Federação das Mulheres Sul-Africanas. Desempenhou papel significativo no protesto feminino contra as leis do passe, em 1956. Primeira mulher presa sob a Lei de Reforma das Leis Gerais (1963), período em que ficou na solitária por noventa dias. Alvo constante de mandados de interdição e perseguição policial a partir de 1963. Eleita uma das presidentas da FDU em sua fundação, em agosto de 1983. Em 1985, foi acusada com outros quinze integrantes da FDU e sindicalistas no que ficou conhecido como Julgamento por Traição de Pietermaritzburg. Parlamentar de 1994 até se aposentar, em 1999. Presidente do

Conselho Mundial da Paz (1993-96). Recebeu o Prêmio de Destaque Feminino da ONG sul-africana Women for Women em 2003, em reconhecimento por sua longa contribuição para a dignidade e os direitos humanos.

Sisulu, Walter Ulyate Max (nomes tribais: Xhamela e Tyhopho)
(1912-2003). Ativista antiapartheid e prisioneiro político. Marido de Albertina Sisulu. Conheceu Mandela em 1941 e apresentou-o a Lazar Sidelsky, que o contratou como funcionário. Um dos líderes do CNA e conhecido como "pai da luta". Um dos fundadores da Liga da Juventude do CNA, em 1944. Preso e acusado pela Lei de Eliminação do Comunismo por ter desempenhado papel relevante na Campanha de Desafio em 1952. Preso e depois absolvido após o banimento do CNA e do CPA. Ajudou a fundar o MK e atuou em seu alto-comando. Entrou na clandestinidade em 1963 e se refugiou em Liliesleaf Farm, em Rivônia, onde foi preso em 11 de julho de 1963. Condenado à prisão perpétua por sabotagem no Julgamento de Rivônia, em 12 de junho de 1964. Cumpriu pena na ilha Robben e na prisão de Pollsmoor. Libertado em 15 de outubro de 1989. Um dos integrantes da equipe de negociação do CNA com o governo do apartheid para pôr fim ao governo da minoria branca. Recebeu a mais alta condecoração do CNA, a medalha Isitwalandwe Seaparankoe, em 1992.

Slovo, Joe
(1926-1995). Ativista antiapartheid. Casou-se com Ruth First (1949). Um dos líderes do CNA e do Partido Comunista da África do Sul (PCAS). Comandante do MK. Filiou-se ao PCAS em 1942 e estudou direito na Universidade de Witwatersrand, onde conheceu Mandela e teve intensa atuação em movimentos estudantis. Ajudou a fundar o Congresso dos Democratas e foi réu no Julgamento por Traição em 1956. Detido por seis meses durante o Estado de Emergência de 1960. Auxiliou na formação do MK. Exilou-se de 1963 a 1990, quando morou no Reino Unido, em Angola, em Moçambique e na Zâmbia. Secretário-geral do PCSA (1986). Chefe do estado-maior do MK. Participou das negociações pluripartidárias pelo fim do governo da minoria branca. Ministro da Habitação no governo de Mandela a partir de 1994. Recebeu a mais alta comenda do CNA, a medalha Isitwalandwe Seaparankoe, em 1994.

Sobukwe, Robert Mangaliso
(1924-1978). Advogado, ativista antiapartheid e prisioneiro político. Membro da LJCNA e do CNA até fundar o CPA, que tinha como lema "África para os africanos". Editor do jornal *The Africanist*. Detido e preso após o Massacre de Sharpeville em 1960. Condenado a três anos de prisão por incitação à desordem. Antes que fosse libertado, foi aprovada a Lei de Reforma das Leis Gerais, n.37, de 1963, que permitia a renovação da pena de presos – naquela que ficou conhecida como "Cláusula Sobukwe" –, o que lhe valeu mais seis anos de prisão na ilha Robben. Foi solto em 1969 e juntou-se à família em Kimberley, onde permaneceu em regime semiaberto de prisão domiciliar e foi proibido de participar de qualquer ato político – consequência

da proibição imposta ao CPA. Na prisão, estudou direito, e criou sua própria firma de advocacia em 1975.

Stengel, Richard
(1955-). Editor e escritor. Colaborou com Mandela em sua autobiografia, *Longa caminhada até a liberdade* (publicada em 1994). Coprodutor do documentário *Mandela* (1996). Editor da revista *TIME*.

Tambo, Oliver Reginald (OR)
(1917-1993). Advogado, político e ativista antiapartheid. Um dos líderes do CNA e membro fundador da LJCNA. Sócio fundador, com Mandela, da primeira firma africana de advocacia da África do Sul. Secretário-geral do CNA depois que Walter Sisulu foi banido e vice-presidente do CNA (1958). Cumpriu ordem de banimento por cinco anos (1959). Deixou a África do Sul durante os anos 1960 para coordenar as atividades do CNA no exterior e mobilizar a oposição contra o apartheid. Fundou campos de treinamento militares fora da África do Sul. Deu início à campanha de libertação de Mandela nos anos 1980. Exilado em Londres até 1990. Presidente em exercício do CNA em 1967, após a morte do chefe Albert Luthuli. Eleito presidente na Conferência de Morogoro, em 1969, posto que ocupou até 1991, quando, de volta à África do Sul, tornou-se presidente nacional do CNA. Recebeu a mais alta honraria do CNA, a medalha Isitwalandwe Seaparankoe, em 1992.

Terre'Blanche, Eugene
(1941-2010). Supremacista branco, policial, fazendeiro e político malsucedido. Fundador e líder do MRA, jurou fazer uso da violência para manter o governo da minoria branca e tumultuou o World Trade Centre em Joanesburgo durante o desenrolar das negociações pelo fim desse governo. Cumpriu três anos de prisão por ter atacado um frentista de um posto de gasolina e tentado matar um segurança. Foi solto em junho de 2004 e assassinado em 3 de abril de 2010.

Trew, Tony
(1941-). Ativista antiapartheid e do CNA. Prisioneiro (1964-5). Deixou a África do Sul para se exilar no Reino Unido. Nomeado chefe de pesquisas do Fundo Internacional de Auxílio e Defesa (1980). Voltou à África do Sul em 1991 para atuar como pesquisador do CNA. Trabalhou em pesquisas sobre comunicações no gabinete de Mandela (1994-99).

Tshwete, Steve Vukile
(1938-2002). Ativista antiapartheid, prisioneiro político e parlamentar. Membro do CNA e do MK. Preso na ilha Robben (1964-78) por fazer parte de uma organização ilegal. Atuou no Comitê Executivo do CNA (1988) e participou das conversas sobre um diálogo entre o governo e o CNA para discutir o início das negociações formais entre ambos em Groote Schuur, em 1990. Ministro dos Esportes (1994-99). Promo-

veu a integração inter-racial no esporte sul-africano. Ministro da Segurança Pública (1999-2002).

Tutu, arcebispo Desmond

(1931-). Arcebispo emérito e ativista antiapartheid e pelos direitos humanos. Bispo do Lesoto (1976-78). Primeiro secretário-geral negro do Concílio de Igrejas da África do Sul (1978). Depois da eleição de 1994, presidiu a Comissão de Verdade e Reconciliação para investigar crimes da era do apartheid. Recebeu o Prêmio Nobel da Paz (1984) por buscar um fim pacífico para o apartheid; o Prêmio Albert Schweitzer de Humanitarismo (1986); e o Prêmio Gandhi da Paz (2005).

Umkhonto weSizwe (MK – "Lança da Nação")

O Umkhonto weSizwe, que significa "Lança da Nação", foi fundado em 1961 e é conhecido pela abreviatura MK. Nelson Mandela foi seu primeiro comandante-geral. Tornou-se o braço armado do CNA. Na véspera das eleições de 1994, o MK foi dissolvido e seus soldados incorporados às recém-criadas Forças Armadas Nacionais Sul-Africanas, também integradas por militares das Forças Armadas Sul-Africanas da era do apartheid, das forças armadas dos bantustões, das forças de segurança do Inkatha e do Exército de Libertação do Povo Azânio, braço militar do CPA.

Van der Merwe, Johan

(1950-2012). Oficial de polícia. Juntou-se ao Serviço Policial Sul-Africano em 1953. Comandou o setor de segurança da polícia de janeiro de 1986 a outubro de 1989, quando foi promovido a vice-comissário da Polícia Sul-Africana. Tornou-se general em janeiro de 1990, ao passar a ser comissário da Polícia Sul-Africana. Aposentou-se em março de 1995.

Verwoerd, dr. Hendrik Frensch

(1901-1966). Primeiro-ministro da África do Sul (1958-66). Ministro do Interior (1950-58). Membro do Partido Nacional. Conhecido como arquiteto do apartheid, defendia um regime de "desenvolvimento separado". Sob sua liderança, a África do Sul tornou-se uma república em 31 de maio de 1961. Assassinado no Congresso por Dimitri Tsafendas.

Viljoen, Constand

(1933-). Político e comandante militar. Juntou-se às Forças Armadas da União em 1956 e em 1977 era comandante do Exército na África do Sul. Juntamente com outros generais da reserva, fundou a Frente do Povo Africâner (FPA), em 1993. Antes das primeiras eleições democráticas da África do Sul, acreditava-se que ele convocara de 50 mil a 60 mil combatentes para entrar em luta e impedir a transição democrática. Em março de 1994, liderou uma tropa para proteger o líder do bantustão de Bophuthatswana contra um golpe popular. Foi então que abandonou a FPA e cofundou a

Frente da Liberdade, em 1994, tornando-se seu líder. Sua decisão de participar das primeiras eleições democráticas da África do Sul, em 1994, é atribuída ao receio de ser assassinado. Afastou-se em 2001 e transferiu a liderança da Frente da Liberdade para Pieter Mulder.

Xhamela
(Ver Sisulu, Walter)

Zuma, Jacob Gedleyihlekisa
(1942-). Político e ativista antiapartheid. Filiou-se ao CNA em 1959 e a seu braço armado, o MK, em 1962. Acusado de conspirar para derrubar o regime de apartheid em 1963, foi condenado a dez anos de prisão. Ao ser libertado, continuou a trabalhar para o CNA e ascendeu ao cargo de chefe da inteligência. Tornou-se membro do Comitê Executivo Nacional do CNA em 1977. Voltou à África do Sul em 1990, após o retorno do CNA à legalidade. Depois das eleições de 1994, atuou como ministro da Economia e Turismo da província de KwaZulu-Natal. Eleito vice-presidente do CNA em dezembro de 1997 e vice-presidente da África do Sul em junho de 1999. Em 14 de junho de 2005, foi exonerado de seu cargo pelo presidente Mbeki devido a rumores de corrupção e fraude. Empossado presidente da África do Sul em maio de 2009.

Anexo C

Cronologia: 1990-99

11 de fevereiro de 1990: Nelson Mandela sai da prisão Victor Verster, perto de Paarl.

27 de fevereiro de 1990: Chega a Lusaka, Zâmbia, na primeira viagem ao exterior desde 1962.

4 de maio de 1990: Ele e o presidente F.W. de Klerk assinam o Termo de Groote Schuur, em que se comprometem mutuamente a resolver o conflito político, negociar pacificamente, anistiar exilados, libertar presos políticos e suspender o Estado de Emergência.

6 de agosto de 1990: Assina o Termo de Pretória, que suspende a luta armada e trata da libertação de presos políticos, do retorno dos exilados e dos obstáculos na Lei de Segurança Interna.

12 de fevereiro de 1991: Assina o Acordo D.F. Malan com o presidente De Klerk a fim de solucionar o impasse entre o CNA e o governo sobre detalhes do Termo de Pretória, tais como a consequente suspensão do conflito armado e a libertação de presos políticos em andamento. Fecha-se um acordo sobre o fim do treinamento do MK na África do Sul.

14 de setembro de 1991: Assina o Acordo Nacional de Paz na tentativa de frear a violência política por meio de códigos de conduta específicos para todos os partidos. Foi assinado por 27 líderes políticos, sindicais e do governo.

20 de dezembro de 1991: Participa da abertura das negociações pluripartidárias, a Convenção para uma África do Sul Democrática (Codesa, na sigla em inglês), no World Trade Centre, em Kempton Park, perto de Joanesburgo.

24 de setembro de 1993: Discursa na ONU, em Nova York, para pedir o fim das sanções impostas à África do Sul.

17 de novembro de 1993: Participa das negociações da Codesa, durante as quais são firmados os últimos acordos sobre a Constituição interina.

10 de dezembro de 1993: Recebe o Prêmio Nobel da Paz em Oslo, Noruega, com F.W. de Klerk.

18 de dezembro de 1993: Encontra-se com uma delegação especial da ONU para discutir a adesão da Aliança da Liberdade (grupos de caucasianos de direita, o Inkatha e os governos dos bantustões de Bophuthatswana e Ciskei) ao processo de pacificação.

27 de abril de 1994: Vota pela primeira vez na vida, durante as primeiras eleições democráticas da África do Sul, na Escola Ohlange, em KwaZulu-Natal.

6 de maio de 1994: As primeiras eleições democráticas da África do Sul são declaradas livres e idôneas pela Comissão Eleitoral Independente.

10 de maio de 1994: É empossado em Pretória como primeiro presidente democraticamente eleito da África do Sul.

24 de maio de 1994: Faz seu primeiro Discurso à Nação como presidente no Congresso.

13 de junho de 1994: Discursa na Cúpula da Organização da Unidade Africana na Tunísia.

18 de agosto de 1994: Discursa no Congresso para assinalar seus cem dias na presidência.

17 de novembro de 1994: Aprova a Lei de Restituição do Direito à Terra, devolvendo direitos aos que foram vitimados pela legislação fundiária discriminatória, em vigor desde a Lei da Terra de 1913.

15 de dezembro de 1994: Publica sua autobiografia, *Longa caminhada até a liberdade*.

17 de dezembro de 1994: Discursa na 49ª Conferência Nacional do CNA em Bloemfontein.

10 de fevereiro de 1995: Volta à ilha Robben para reunir-se com antigos presos políticos.

15 de fevereiro de 1995: Anuncia que não se candidatará à reeleição ao fim de seu mandato como presidente.

18 de março de 1995: Recebe o Prêmio Africano da Paz em Durban, KwaZulu-Natal.

20 de março de 1995: Recebe a Ordem do Mérito da rainha Elizabeth II na Cidade do Cabo.

8 de maio de 1995: Discursa na inauguração da Fundo Infantil Nelson Mandela em Pretória.

24 de junho de 1995: Participa da final da Copa do Mundo de Rúgbi, que teve a vitória da África do Sul.

19 de julho de 1995: Sanciona a Lei de Reconciliação e Promoção da Unidade Nacional, que funda a Comissão de Verdade e Reconciliação.

15 de agosto de 1995: Visita Betsie Verwoerd, viúva do primeiro-ministro H.F. Verwoerd, no enclave branco de Orânia.

19 de agosto de 1995: Discursa em comício no distrito de Alexandra, Joanesburgo.

3 de setembro de 1995: Estabelece diálogo com Suharto, presidente da Indonésia, sobre o conflito no Timor-Leste.

23 de outubro de 1995: Discursa na quinquagésima reunião de aniversário da Assembleia Geral da ONU em Nova York, Estados Unidos.

9 de novembro de 1995: Participa da Cúpula de Chefes de Governo da Commonwealth, na Nova Zelândia.

23 de novembro de 1995: Encontra-se com o promotor do Julgamento de Rivônia, dr. Percy Yutar, em sua residência oficial em Pretória.

13 de janeiro de 1996: Discursa na abertura do Campeonato Africano das Nações de futebol.

23 de janeiro de 1996: Encontra-se com Mangosuthu Buthelezi numa tentativa de cessar a violência em KwaZulu-Natal.

1º de fevereiro de 1996: Abre o Fórum de Investimento da Conferência Consultiva da Comunidade de Desenvolvimento da África Austral, em Joanesburgo.

23 de fevereiro de 1996: Discursa na Conferência Nacional de Comprometimento: Gênero e Empoderamento das Mulheres, em Joanesburgo.

19 de março de 1996: Ele e a esposa, Winnie Mandela (nome de solteira: Madikizela), se divorciam.

8 de maio de 1996: Participa de jantar na Cidade do Cabo em comemoração à adoção da nova Constituição da África do Sul.

9 de maio de 1996: Discursa sobre a saída do Partido Nacional do Governo de Unidade Nacional.

14 de junho de 1996: Discursa sobre o lançamento da nova política macroeconômica da África do Sul: Crescimento, Emprego e Redistribuição.

23 de junho de 1996: Discursa sobre a aposentadoria do arcebispo Desmond Tutu em missa de ação de graças na Catedral de São Jorge, na Cidade do Cabo.

11 de julho de 1996: Discursa na Câmara dos Comuns do Reino Unido, em Londres, Reino Unido.

14 de julho de 1996: Acompanha o presidente francês Jacques Chirac em desfile militar nos Champs-Élysées, em Paris, França.

22 de agosto de 1996: Encontra-se com o dalai-lama na Cidade do Cabo.

1º de setembro de 1996: Seu gabinete confirma o relacionamento de Mandela com Graça Machel.

9 de setembro de 1996: Tem início seu mandato de três anos como presidente da Comunidade de Desenvolvimento da África Austral (CDAA).

2 de novembro de 1996: Participa de reunião com velhos colegas da faculdade de direito da Universidade de Witwatersrand, em Joanesburgo.

27 de novembro de 1996: Anuncia que a África do Sul romperá relações diplomáticas com Taiwan e estreitará laços diplomáticos com a República Popular da China.

7 de dezembro de 1996: Discursa às Comissões de Avaliação do Comitê Olímpico Internacional.

10 de dezembro de 1996: Sanciona a nova Constituição da África do Sul, em Sharpeville.

3 de fevereiro de 1997: Discursa no Fórum Econômico Mundial em Davos, Suíça.

2 de maio de 1997: Viaja a Pointe-Noire, no Zaire, para mediar negociações de paz, a bordo do SAS *Outeniqua*, entre o presidente do Zaire, Mobutu Sese Seko, e o líder rebelde e político congolês Laurent Kabila.

14 de maio de 1997: Chega e parte de Point-Noire após o fracasso da tentativa de estabelecer uma segunda rodada de negociações entre Mobutu Sese Seko, do Zaire, e Laurent Kabila.

21 de maio de 1997: Participa da Cúpula Econômica da África Austral do Fórum Econômico Mundial em Harare, Zimbábue.

2 de junho de 1997: Participa da Cúpula da Organização da Unidade Africana (OUA) em Harare, Zimbábue.

4 de julho de 1997: Oferece uma festa para mais de mil crianças portadoras de HIV/ aids e outras doenças terminais.

25 de julho de 1997: Encontra-se com o líder preso do Movimento de Resistência do Timor-Leste, Xanana Gusmão, em Jacarta, Indonésia.

25 de agosto de 1997: Encontra-se com o presidente da República Democrática do Congo, Laurent Kabila.

26 de agosto de 1997: Homenageia F.W. de Klerk no dia do anúncio de sua saída da liderança do Partido Nacional.

8 de setembro de 1997: Participa da Cúpula da Comunidade de Desenvolvimento da África Austral em Blantyre, Malawi.

24 de setembro de 1997: Declara a ilha Robben patrimônio da humanidade.

25 de outubro de 1997: Participa da Cúpula de Chefes de Governo da Commonwealth em Edimburgo, Escócia.

29 de outubro de 1997: Visita a Líbia para condecorar o coronel Muammar Kadhafi com o mais alto prêmio da África do Sul, a Ordem da Boa Esperança, em reconhecimento ao apoio da Líbia à África do Sul na luta pelo fim do apartheid.

31 de outubro de 1997: Participa da coroação do rei Letsie III em Maseru, Lesoto.

22 de novembro de 1997: Discursa na Marcha Nacional dos Homens contra o estupro, a violência doméstica e o abuso infantil em Pretória.

4 de dezembro de 1997: Encontra-se com o antigo diretor da prisão da ilha Robben, coronel Prinsloo, num asilo em Pretória.

20 de dezembro de 1997: Passa as rédeas do CNA para Thabo Mbeki.

19 de março de 1998: Depõe no processo judicial movido contra ele pela Liga Sul-Africana de Rúgbi, em Pretória.

27 de março de 1998: Visita a ilha Robben com o presidente dos Estados Unidos, Bill Clinton.

28 de abril de 1998: Participa de discussões com o Fórum Nacional de Editores Sul-Africanos na Cidade do Cabo.

29 de abril de 1998: Discursa à Assembleia Nacional Angolana, em Angola.

19 de maio de 1998: Participa da Cúpula da Organização Mundial do Comércio em Genebra, Suíça.

8 de junho de 1998: Participa da Cúpula de Chefes de Governo e de Estado da Organização da Unidade Africana em Ouagadougou, Burkina Faso.

18 de junho de 1998: Encontra-se com o papa João Paulo II no Vaticano.

3 de julho de 1998: Participa da conferência da Comunidade e Mercado Comum do Caribe em Santa Lúcia.

12 de julho de 1998: Visita o local de um massacre em Richmond, KwaZulu-Natal.

18 de julho de 1998: Casa-se pela terceira vez, com Graça Machel, em seu octogésimo aniversário.

24 de julho de 1998: Participa da Cúpula do Mercosul (Mercado Comum do Sul) na Argentina.

13 de setembro de 1998: Discursa na abertura da Cúpula de Chefes de Governo e de Estado da Comunidade de Desenvolvimento da África Austral, em Ilhas Maurício.

21 de setembro de 1998: Participa da 53ª Assembleia Geral da ONU em Nova York.

23 de setembro de 1998: Recebe a Medalha de Ouro do Congresso Nacional dos Estados Unidos, Colina do Capitólio, Washington D.C., Estados Unidos.

24 de setembro de 1998: Torna-se o primeiro líder estrangeiro a receber a Ordem do Canadá, em Ottawa, Canadá.

8 de outubro de 1998: Visita a família real suázi na Suazilândia.

22 de outubro de 1998: Abre a Cúpula da Moralidade organizada pelo Fórum Nacional de Líderes Religiosos da África do Sul em Joanesburgo.

29 de outubro de 1998: Recebe o relatório final da Comissão de Verdade e Reconciliação em Pretória.

30 de outubro de 1998: Participa da Cúpula de Chefes de Estado da Comunidade Econômica dos Estados da África Ocidental, em Abuja, Nigéria.

17 de novembro de 1998: Discursa em comício em Dar Es-Salaam em visita oficial de um dia à Tanzânia.

7 de dezembro de 1998: Participa da 19ª Cúpula do Conselho de Cooperação do Golfo, em Abu Dhabi, Emirados Árabes Unidos.

13 de dezembro de 1998: Discursa no 15º aniversário do Conselho Mundial de Igrejas, em Harare, Zimbábue.

29 de janeiro de 1999: Participa do Fórum Econômico Mundial em Davos, Suíça.

5 de fevereiro de 1999: Faz seu último Discurso à Nação no Congresso, na Cidade do Cabo.

13 de fevereiro de 1999: Discursa sobre suas discussões com o coronel Muammar Kadhafi sobre o atentado de Lockerbie.

29 de abril de 1999: Encontra-se com o presidente russo Boris Iéltsin em visita oficial a Moscou.

30 de maio de 1999: Apresenta-se no último comício do CNA depois de participar da campanha eleitoral.

2 de junho de 1999: Vota nas segundas eleições democráticas da África do Sul.

9 de junho de 1999: Participa de sua última reunião de gabinete, em Pretória.

14 de junho de 1999: Participa da eleição e do discurso de vitória de seu sucessor, Thabo Mbeki.

16 de junho de 1999: Participa da posse de seu sucessor, o presidente Thabo Mbeki, no Congresso, em Pretória.

Anexo D

Mapa da África do Sul, c.1996

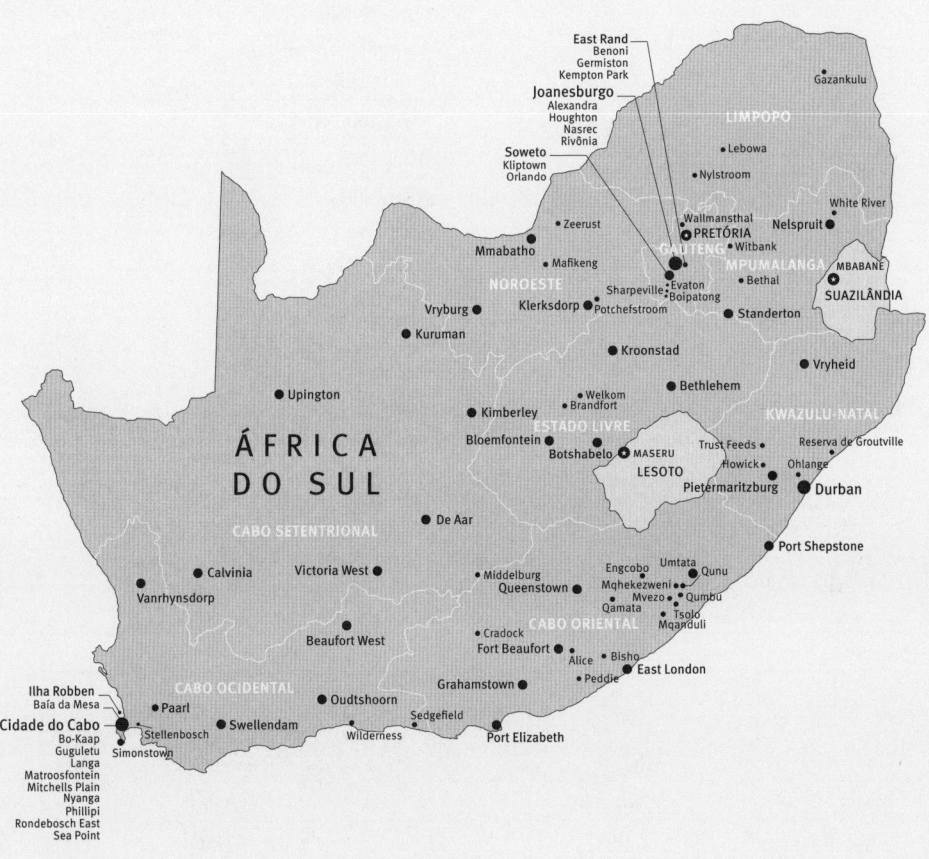

East Rand
Benoni
Germiston
Kempton Park
Joanesburgo
Alexandra
Houghton
Nasrec
Rivônia

Soweto
Kliptown
Orlando

Gazankulu

LIMPOPO

Lebowa

Nylstroom

White River

Zeerust

Wallmansthal
PRETÓRIA

Nelspruit

Mmabatho

GAUTENG

Witbank

MBABANE

Mafikeng

NOROESTE

Sharpeville
Evaton
Boipatong

Bethal

MPUMALANGA

SUAZILÂNDIA

Vryburg

Klerksdorp
Potchefstroom

Standerton

Kuruman

Kroonstad

Vryheid

Upington

Bethlehem

Welkom
Brandfort

KWAZULU-NATAL

ÁFRICA
DO SUL

Kimberley

Bloemfontein
Botshabelo

ESTADO LIVRE

MASERU

LESOTO

Trust Feeds

Howick

Reserva de Groutville

Ohlange

Pietermaritzburg

Durban

CABO SETENTRIONAL

De Aar

Calvinia

Victoria West

Middelburg
Queenstown

Engcobo
Mqhekezweni
Qamata

Umtata
Qunu
Mvezo
Qumbú
Tsolo
Mqanduli

Port Shepstone

Vanrhynsdorp

Beaufort West

Cradock
Fort Beaufort

CABO ORIENTAL

Alice
Peddie

Bisho
East London

Ilha Robben
Baía da Mesa

Paarl

Oudtshoorn

Grahamstown

CABO OCIDENTAL

Cidade do Cabo
Bo-Kaap
Guguletu
Langa
Matroosfontein
Mitchells Plain
Nyanga
Phillipi
Rondebosch East
Sea Point

Stellenbosch
Simonstown

Swellendam

Sedgefield

Wilderness

Port Elizabeth

Quando o primeiro governo democraticamente eleito da África do Sul chegou ao poder, em 1994, ele reorganizou seus dez bantustões, ou territórios nativos, e as quatro províncias existentes em nove províncias menores totalmente integradas, conforme mostra o mapa.

As quatro províncias que existiram de 1910 a 1994 foram reorganizadas nas novas províncias de acordo com a tabela:

Antigas províncias	Novas províncias
Província do Cabo	Cabo Oriental
	Cabo Setentrional
	Cabo Ocidental
Natal	KwaZulu-Natal
Estado Livre de Orange	Estado Livre
Transvaal	Noroeste
	Limpopo
	Mpumalanga
	Gauteng

Dos dez bantustões, apenas Ciskei e QwaQwa tinham regiões e fronteiras limítrofes. Os demais eram formados por cerca de três a 44 áreas bem delimitadas.

Bantustão	Grupo linguístico	Novas províncias
Bophuthatswana*	Tswana	Estado Livre
		Cabo Setentrional
		Província do Noroeste
Ciskei*	Xhosa	Cabo Oriental
Gazankulu	Tsonga	Limpopo
		Mpumalanga
KaNgwane	Suázi	Mpumalanga
KwaNdebele	Ndebele	Mpumalanga
KwaZulu	Zulu	KwaZulu-Natal
Lebowa	Sesotho	Limpopo
QwaQwa	Sesotho	Estado Livre
Transkei*	Xhosa	Cabo Oriental
Venda*	Venda	Limpopo

* Quatro bantustões foram declarados "independentes" pelo governo do apartheid entre 1976 e 1981.

Notas

Muitos dos discursos de Nelson Mandela podem ser acessados no site da Fundação Nelson Mandela em <https://www.nelsonmandela.org/content/page/speeches>.

Todas as entrevistas concedidas a Padraig O'Malley pertencem ao O'Malley Archive e podem ser acessadas no site The Heart of Hope, abrigado pela Fundação Nelson Mandela em <https://www.nelsonmandela.org/omalley/index.php/site/q/03lv00017.htm>.

Veja a página do livro em <https://www.nelsonmandela.org/publications/entry/dare-not-linger>.

Abreviaturas

ANCLH: African National Congress Luthuli House
AP: Associated Press
Nasa: National Archives of South Africa
NCOP: National Council of Provinces
NEC: National Executive Committee
NM: Nelson Mandela
NMF: Nelson Mandela Foundation
NMPP: Nelson Mandela's Private Papers
SABC: South African Broadcasting Corporation
Sapa: South African Press Association
TRC: Truth and Reconciliation Commission

Prefácio (p.15-22)

Todas as citações foram extraídas do discurso de NM durante a 50ª Conferência Nacional do Congresso Nacional Africano, realizada em Mafikeng em 16 dez 1997.

1. O desafio da liberdade (p.23-38)

1. Ralph Waldo Emerson, "Self-Reliance", in *Essays* (Boston: 1841). Reeditado em 1847 como *Essays: First Series*.
2. "SA is Rendered Lawless and Ungovernable", *City Press*, 18 abr 2015.
3. NM, *Long Walk to Freedom: The Autobiography of Nelson Mandela* (Londres: Abacus, 1994; citações ed. 2013), p.626.

4. C.L.R James, prefácio a *The Black Jacobins* (Londres: Secker & Warburg, 1938).

5. NM, "The Presidential Years", p.1, NMF, Joanesburgo, 1998.

6. NM, "The Presidential Years", p.1.

7. Niël Barnard, *Secret Revolution* (Cidade do Cabo: Tafelberg, 2105), p.245.

8. NMF, comunicado à imprensa, "Ahmed Kathrada Remembers Reuniting with Madiba after His Release", 13 fev 2015.

9. NM, "The Presidential Years", p.1.

10. NM, *Long Walk to Freedom*, p.651.

11. NM, "The Presidential Years", p.1.

12. NM, "The Presidential Years", p.1-2.

13. NM em conversa com Richard Stengel, Joanesburgo, *c*.abr/mai 1993, CD 61, NMF, Joanesburgo.

14. Valli Moosa, entrevista a Tony Trew, Cidade do Cabo, 8 set 2014.

15. NM, *Long Walk to Freedom*, p.751.

16. Václav Havel, fonte desconhecida.

17. Barbara Masekela, entrevista a Tony Trew, Cidade do Cabo, 28 ago 2014.

18. NM, "The Presidential Years", p.7.

19. NM, "The Presidential Years", p.7-8.

20. Hugh Macmillan, *The Lusaka Years: The CNA in Exile in Zambia 1963-1994* (Joanesburgo: Jacana Media, 2013), p.258.

2. Negociando a democracia (p.39-66)

1. Robin Denselow, *When the Music's Over: The Story of Political Pop* (Londres: Faber and Faber, 1990), p.276.

2. NM, discurso em comício na Cidade do Cabo após saída da prisão, Prefeitura da Cidade do Cabo, Cidade do Cabo, 11 fev 1990.

3. Zoë Wicomb, "Nelson Mandela", *New Yorker*, 16 dez 2013.

4. NM, *Long Walk to Freedom*, p.690.

5. Scott Kraft, "CNA President Tambo Returns to SA After a 30-Year Exile", *Los Angeles Times*, 14 dez 1990.

6. NM, entrevista a James Lorimer e Des Latham, residência de Mandela, rua Vilakazi, Orlando West, Soweto, 15 fev 1990, Paddi Clay Collection.

7. NM, *Long Walk to Freedom*, p.706.

8. NM, "The Presidential Years", p.2.

9. NM, "The Presidential Years", p.3.

10. Sydney Mufamadi, entrevista a Tony Trew, Joanesburgo, 29 mai 2015.

11. Ibid.

12. Ibid.

13. NM em conversa com Richard Stengel, Joanesburgo, *c*.abr/mai 1993, CD 61, NMF, Joanesburgo.

14. Ibid.

15. Ferdi Hartzenberg, entrevista a Padraig O'Malley, 25 ago 1992, O'Malley Archive, Fundação Nelson Mandela.

16. Jessie Duarte entrevistada por John Carlin, *Frontline*, site PBS Frontline.

17. NM, "The Presidential Years", p.3.

18. Ibid.

19. NM, pronunciamento à nação em rede nacional sobre o assassinato de Chris Hani, 13 abr 1993.

20. Wilson Ngqose, entrevista a Mandla Langa, Joanesburgo, 17 dez 2016.

21. Agostinho Neto, "Depressa", *Sagrada esperança*. Disponível no site da Fundação Agostinho Neto em <http://www.agostinhoneto.org/index.php?option=com_content&view=article&id=564%3Aluta&catid=45%3Asagrada-esperanca&Itemid=233>.

22. NM, discurso à Assembleia Nacional Angolana, Luanda, 29 abr 1998.

23. Chris Hani, in *They Shaped Our Century: The Most Influential South Africans of the Twentieth Century* (Cidade do Cabo: Human & Rousseau, 1999), in NM, "The Presidential Years", p.3.

24. Exemplo de tal votação foi a pesquisa de Markinor, em novembro de 1992, com amostragem de africanos, mestiços e membros de comunidades indianas em áreas metropolitanas e brancos em nível nacional.

25. NM, "The Presidential Years", p.4.

26. NM, "The Presidential Years", p.8.

27. *Weekly Mail*, 30 abr 1993.

28. NM, "The Presidential Years", p.9.

29. Hermann Giliomee, *The Afrikaners: Biography of a People* (Londres: C. Hurst & Co., 2003), p.646.

30. Georg Meiring, entrevista a Hermann Giliomee, 11 nov 2002, in Hermann Giliomee, *The Afrikaners: Biography of a People*, p.646.

31. Martin Luther King Jr., "Nobel Lecture: The Quest for Peace and Justice", 11 dez 1964.

32. NM, "The Presidential Years", p.9.

33. Ibid.

34. Joseph R. Gregory, "P.W. Botha, Defender of Apartheid, is Dead at 90", *New York Times*, 1 nov 2006.

35. Hugh Robertson, "Intrigue Over 'New' Offer to the Alliance", *Daily News*, 2 mar 1994.

36. NM, "The Presidential Years", p.9.

37. Scott MacLeod, "Nelson Mandela: I Am No Prophet", *TIME*, 26 fev 1990.

38. NM, "The Presidential Years", p.8-9.

39. NM, "The Presidential Years", p.9.

40. NM, "The Presidential Years", p.9-10.

41. NM para Winnie Mandela na prisão de Kroonstad, 1 fev 1975, in *Conversations With Myself* (Londres: Macmillan, 2010), p.212.

42. Niël Barnard, *Secret Revolution*, p.24-5.
43. NM, "The Presidential Years", p.10.
44. Carl von Clausewitz, *On War* (Berlim, 1832).
45. Jonathan Hyslop, "Mandela on War", in *The Cambridge Companion to Nelson Mandela*, org. Rita Barnard (Cambridge: Cambridge University Press, 2014), p.179.
46. NM, "The Presidential Years", p.10.
47. Constand Viljoen, entrevista a Tony Trew, Pretória, 19 set 2015.
48. Martin Challenor, "Victory for Alliance", *Daily News*, 22 fev 1994.
49. Princeton Lyman, *Partner to History: The US Role in South Africa's Transition* (Washington, D.C.: United States Institute of Peace, 2002), p.171-9; Accord on Afrikaner Self-Determination, 23 abr 1994, O'Malley Archive.
50. NM, "The Presidential Years", p.10.
51. Bill Keller, "The South African Vote: The Overview; More Bombings Rattle South African's", *New York Times*, 26 abr 1994.
52. James Baldwin, *No Name in the Street* (Londres: Michael Joseph, 1972), p.82.

3. Eleições livres e idôneas (p.67-96)

1. David Yutar, "No-show Troopies may face prosecution", *The Argus*, 12 mai 1994.
2. Johann Kriegler, entrevista a Tony Trew, Joanesburgo, 2 fev 2016.
3. Ibid.
4. Ibid.
5. S. Mbiti, *African Religions and Philosophy* (Londres: Heineman, 1969).
6. NM, "The Presidential Years", p.12-3.
7. Robert Mattes, Hermann Giliomee e Wilmot James, *Launching Democracy in South Africa: The First Open Election, April 1994*, org. R.W. Johnson e Lawrence Schlemmer, abr 1994 (New Haven, CT: Yale University Press, 1996), p.129.
8. Johannes Rantete, *The African National Congress and Negotiated Settlement in South Africa* (Pretória: J.L. van Schaik, 1998), p.243.
9. NM, "The Presidential Years", p.13-4.
10. "'Dirty Tricks' Election Row", *The Argus*, 8 abr 1994.
11. Ibid.
12. Thabo Mbeki, entrevista a Joel Netshitenzhe e Tony Trew, Joanesburgo, 17 dez 2014.
13. NM, "The Presidential Years", p.14-5.
14. NM, "The Presidential Years", p.15.
15. Charles Oulton, "South African Elections: Huddleston Casts His Vote and Rejoices", *Independent*, 26 abr 1994.
16. Paul Taylor, "Historic Election Begins in South Africa", *Washington Post*, 27 abr 1994.
17. NM, *Long Walk to Freedom*, p.742.
18. NM, "The Presidential Years", p.15-6.
19. NM, "The Presidential Years", p.15.

20. Dito pelo juiz Johann Kriegler quando presidiu a Comissão Eleitoral Independente; Peter Harris, *Birth: The Conspiracy to Stop the '94 Election* (Cidade do Cabo: Umuzi, 2010), p.267-75.
21. F.W. de Klerk, *The Last Trek – A New Beginning: The Autobiography* (Nova York: St. Martin's Press, 1999), p.336.
22. NM, discurso sobre a vitória do Congresso Nacional Africano nas eleições de 1994, Hotel Carlton, Joanesburgo, 2 mai 1994.
23. NM, discurso a convidados durante a comemoração da vitória do Congresso Nacional Africano nas eleições, Hotel Carlton, Joanesburgo, 2 mai 1994.
24. Jessie Duarte, entrevista a Tony Trew, Joanesburgo, 15 jul 2014.
25. Chris Streeter, entrevista a Tony Trew, Pretória, 21 jan 2015.
26. "Time Now to Begin Anew: Mandela Joins Peace Prayers", *Cape Times*, 9 mai 1994.
27. Jessie Duarte, entrevista a Tony Trew, Joanesburgo, 15 jul 2014.
28. NM, *Long Walk to Freedom*, p.401-2.
29. Walter Sisulu, "We Shall Overcome!", *Reflections in Prison*, org. Mac Maharaj (Cidade do Cabo: Zebra Press and Robben Island Museum, 2001), p.85.
30. Pixley ka Isaka Seme, "Native Union", *Imvo Zabantsundu*, 24 out 1911, in Sheridan Johns III, *Protest and Hope 1882-1934*, vol.1 de *From Protest to Challenge: A Documentary History of African Politics in South Africa 1882-1964*, org. Thomas Karis e Gwendolen M. Carter (Stanford, CA: Hoover Institution Press, 1972), p.71.
31. NM, "The Presidential Years", p.40.
32. Sydney Mufamadi, entrevista a Tony Trew, Joanesburgo, 30 abr 2015.
33. Ibid.
34. Ibid.
35. Ibid.
36. Barbara Masekela, entrevista a Tony Trew, Cidade do Cabo, 28 ago 2014.
37. NM, discurso à população da Cidade do Cabo ao ser eleito presidente da África do Sul, prefeitura, Cidade do Cabo, 9 mai 1994.
38. Jessie Duarte, entrevista a Tony Trew, Joanesburgo, 15 jul 2014.
39. NM, discurso de posse como presidente da democrática República da África do Sul, Palácio do Governo, Pretória, 10 mai 1994.
40. Adrian Hadland, "Let's Build a Great SA", *Business Day*, 11 mai 1994.
41. "F.W. de Klerk: Mandela Held My Hand for All to See", *City Press*, 6 dez 2013.
42. Adrian Hadland, "Let's Build a Great SA", *Business Day*, 11 mai 1994.
43. NM, discurso durante o almoço após a cerimônia de posse, Cidade do Cabo, 10 mai 1994, SABC, SABC Archive, SABC Information Library, Joanesburgo.

4. Entrando no Palácio do Governo (p.97-126)

1. Jessie Duarte, entrevista a Tony Trew, Joanesburgo, 15 jul 2014.
2. Fanie Pretorius, entrevista a Tony Trew, Pretória, 11 jul 2014.
3. Equipe do gabinete presidencial, entrevistas a Sahm Venter, out 1994.

4. William Ernest Henley, "Invictus", *A Book of Verses* (Londres: 1888).

5. NM, "The Presidential Years", p.27-9.

6. NM, "The Presidential Years", p.22-3.

7. Barbara Masekela, entrevista a Tony Trew, Cidade do Cabo, 28 ago 2014.

8. Ahmed Kathrada em conversa com Tony Trew e Joel Netshitenzhe, Joanesburgo, 2 dez 2014.

9. Jakes Gerwel, apresentação do gabinete presidencial à Comissão Presidencial de Revisão, 25 set 1997.

10. NM, "The Presidential Years", p.19.

11. NM, "The Presidential Years", p.19-20.

12. Jakes Gerwel, entrevista a Aziz Pahad, 21 jul 2010.

13. Memorando do diretor-geral, gabinete presidencial, despesas de Estado, nov 1997, Gerwel Papers, coleção particular.

14. Jan-Jan Joubert, "He Could See the Essential Core", *City Press*, 8 dez 2013.

15. Walter Sisulu, entrevista a Sahm Venter, Cidade do Cabo, out 1994.

16. Trevor Manuel, entrevista a Tony Trew, Joanesburgo, 10 set 2014.

17. Nkosazana Dlamini-Zuma, entrevista a Tony Trew, Durban, 26 fev 2016.

18. Mary Mxadana, entrevista a Sahm Venter, Cidade do Cabo, out 1994.

19. NM, entrevista a Charlayne Hunter-Gault, *MacNeil/Lehrer NewsHour*, PBS, 6 mai 1994, de "South Africa: Pres Elect Interview", AP Archive, matéria n.W066632.

20. NM, "The Presidential Years", p.4-5.

21. Neal Chapman e Peter Wrighton, "Civil Society: The Role of Business and the Churches in Facilitating Transition", in *South Africa at 10: Perspectives by Political, Business and Civil Leaders* (Cidade do Cabo: Human & Rousseau, 2004), p.29.

22. Tito Mboweni, entrevista a Tony Trew, Joanesburgo, 12 set 2014.

23. NM, "The Presidential Years", p.17-8.

24. NM, "The Presidential Years", p.18.

25. Thabo Mbeki, entrevista a Tony Trew e Joel Netshitenzhe, Joanesburgo, 17 dez 2014.

26. NM, "The Presidential Years", p.18.

27. F.W. de Klerk, *The Last Trek*, in NM, "The Presidential Years", p.238.

28. NM, "The Presidential Years", p.18-9.

29. Trevor Manuel, entrevista a Tony Trew, Joanesburgo, 10 set 2014.

30. Ibid.

31. Ibid.

32. Ibid.

33. F.W. de Klerk, entrevista por e-mail a Tony Trew, 13 mar 2015.

34. Valli Moosa, entrevista a Tony Trew, Cidade do Cabo, 8 set 2014; Jessie Duarte, entrevista a Tony Trew, Joanesburgo, 15 jul 2014; Trevor Manuel, entrevista a Tony Trew, Joanesburgo, 10 set 2014.

35. F.W. de Klerk, *The Last Trek*, p.342-4; David Welsh, "Coalition Government, An Unwilling Marriage", in Bertus de Villiers (org.), *State of the Nation*, 1997-8 (Pretória: HSRC), p.37.

36. Tim Cohen, "Mandela's Saintly Reign a Case of Hit or Myth", *Business Day*, 11 mai 1994.

37. Kader Asmal e Adrian Hadland com Moira Levy, *Politics in my Blood: A Memoir* (Joanesburgo: Jacana Media, 2011), p.193.

38. NM, "The Presidential Years", p.23.

5. Unidade Nacional (p.127-68)

1. Andries Nel, anotações feitas na ocasião, 9 mai 1994, coleção particular.

2. Trevor Manuel, entrevista a Tony Trew, Joanesburgo, 10 set 2014.

3. Ibid.

4. Tito Mboweni, entrevista a Tony Trew, Joanesburgo, 12 set 2014.

5. *Rapport*, 31 jul 1994, in David Welsh, "Coalition Government", in *State of the Nation*, p.46.

6. Nelson Mandela, entrevista à BBC, out 1993, gravações da Fundação Nelson Mandela, gravação M8 da BBC, NMF, Joanesburgo.

7. Padraig O'Malley, *Shades of Difference: Mac Maharaj and the Struggle for South Africa* (Nova York: Viking Penguin, 2007), p.400-2.

8. Constituição da República da África do Sul, 1996, cap.6: O Executivo Nacional, cláusula 89 (2).

9. Jakes Gerwel, entrevista a Padraig O'Malley, 8 nov 1994, O'Malley Archive.

10. Kader Asmal e Adrian Hadland com Moira Levy, *Politics in my Blood*, p.197.

11. Mangosuthu Buthelezi, entrevista a Padraig O'Malley, 3 out 1995, O'Malley Archive.

12. NM, entrevista a Patti Waldmeier, Palácio do Governo, Pretória, 1º jul 1994, entrevistas de Patti Waldmeier, Arquivo de Pesquisa de Documentos Históricos, Biblioteca William Cullen, Universidade de Witwatersrand, Joanesburgo.

13. Thabo Mbeki, entrevista a Joel Netshitenzhe e Tony Trew, Joanesburgo, 17 dez 2014.

14. Sapa, "NP to Fare Worse than in 1994 Poll, Says Mandela", *The Citizen*, 26 jun 1995.

15. F.W. de Klerk, *The Last Trek*, p.357.

16. F.W. de Klerk, entrevista por e-mail a Tony Trew, 13 mar 2015.

17. Tony Leon, *Opposite Mandela: Encounters with South Africa's Icon* (Joanesburgo: Jonathan Ball Publishers, 2014), p.97.

18. AP Archive, "South Africa – de Klerk and Mandela Make Up", matéria n.W019071, 20 jan 1995.

19. AP Archive, "Mandela Denies Rumours of de Klerk's Resignation", matéria n.15992, 13 out 1995.

20. F.W. de Klerk, *The Last Trek*, p.353.

21. NM para F.W. de Klerk, 26 set 1995, Gerwel Papers, coleção particular.

22. Graça Machel, entrevista a Mandla Langa, Joanesburgo, 22 set 2016.

23. F.W. de Klerk, *The Last Trek*, p.353.

24. F.W. de Klerk, entrevista por e-mail a Tony Trew, 13 mar 2015.

25. Thabo Mbeki, entrevista a Joel Netshitenzhe e Tony Trew, Joanesburgo, 17 dez 2014.

26. NM, discurso durante sessão de debate do orçamento presidencial no Senado, Congresso Nacional, Cidade do Cabo, 18 jun 1996.

27. Jeremy Seekings, "Partisan Realignment in Cape Town, 1994-2004", CSIR Working Paper, n.111, dezembro de 2005.

28. Mangosuthu Buthelezi, entrevista a Tony Trew, Durban, 28 nov 2014.

29. Jakes Gerwel, entrevista a Jan-Jan Joubert baseada em entrevista de 2010, "Jakes Gerwel: Mandela Could See the Essential Core", *City Press*, 10 dez 2013.

30. Mangosuthu Buthelezi, entrevista a Padraig O'Malley, 3 out 1995, O'Malley Archive.

31. Mangosuthu Buthelezi, entrevista a Tony Trew, Durban, 28 nov 2014.

32. Mangosuthu Buthelezi, entrevista a Tony Trew, Durban, 28 nov 2014; NM para Irene Buthelezi, 3 ago 1979, in NM, *Conversations with Myself*, p.170-2; NM para o dirigente Mangosuthu Buthelezi, 3 fev 1989, in NM, *Conversations with Myself*, p.255.

33. Anthony Lewis, "Mandela the Pol", *New York Times Magazine*, 23 mar 1997.

34. NM, "The Presidential Years", p.36.

35. Mangosuthu Buthelezi, entrevista a Padraig O'Malley, 3 out 1995, O'Malley Archive.

36. Declaração do presidente Nelson Mandela por ocasião do afastamento do PN do Governo de Unidade Nacional (GUN), 9 mai 1996.

37. Sapa, "Government Failed SA Says Winnie", *Citizen*, 6 fev 1995.

38. Declaração sobre o pedido de desculpas da vice-ministra Winnie Mandela emitida pelo gabinete presidencial, 14 fev 1995.

39. Declaração do presidente Nelson Mandela sobre mudanças no Ministério das Artes, Cultura, Ciência e Tecnologia, 27 mar 1995.

40. AP Archive, "South Africa: Winnie Mandela Resigns From Government", matéria n.6108, APTV, 17 abr 1995.

41. Declaração sobre a reintegração da sra. Winnie Mandela emitida pelo presidente em exercício, 12 abr 1995.

42. Declaração do presidente Nelson Mandela sobre mudanças no Ministério das Artes, Cultura, Ciência e Tecnologia, 14 abr 1995.

43. Bob Drogin, "Winnie Mandela Quits Post, Criticizes Estranged Husband", *Los Angeles Times*, 18 abr 1995.

44. *Sunday Telegraph*, 1 mai 1994.

45. NM, "The Presidential Years", p.23-4.

46. Khulu Sibiya, "Truly, Truly Unforgettable", *City Press*, 15 mai 1994, in NM, "The Presidential Years", p.24.

47. Ibid.

48. Jerry Zremski, "Mandela Inauguration, Spirit of Reconciliation Thrills Houghton", *Buffalo News*, 11 mai 1994.

49. Marga Ley, *"Wit, Swart Neem Mekaar as Gesinslede aan"*, *Beeld*, 11 mai 1994, in NM, "The Presidential Years", p.31.

50. Sarel van der Walt, "Goeie SA 'kan kom uit wittebroodstyd'", *Beeld*, 11 mai 1994, in NM, "The Presidential Years", p.31.

51. Themba Khumalo, "Madiba's World Coup: Leaders Flock to Pretoria", *City Press*, 15 mai 1994, in NM, "The Presidential Years", p.31.

52. "Sowetan Comment", *The Sowetan*, 11 mai 1994.

53. Ibid.

54. Ken Owen, "To Our Rainbow Nation Finally United in Peace", *Sunday Times*, 15 mai 1994, in NM, "The Presidential Years", p.32.

55. NM, "The Presidential Years", p.31-3.

56. NM, anotação, NMPP 2009/8, caixa 7, arquivo 11, p.48, NMF, Joanesburgo.

57. NM, notas para o discurso de abertura na convenção do CEN, caixa 4, pasta 38, ANCLH, Joanesburgo.

58. Yusuf Mohamed Dadoo, "Why the South Africa United Front Failed: Disruptive Role of the Pan Africanist Congress of Azania", mar 1962, in *South Africa's Freedom Struggle: Statements, Speeches and Articles Including Correspondence with Mahatma Gandhi* (Londres: Kliptown Books, 1990).

59. NM, *Long Walk to Freedom*, p.580.

60. Graça Machel, entrevista a Mandla Langa, Joanesburgo, 22 set 2016.

61. NM, discurso na comemoração de aniversário de veteranos, Pretória, 20 jul 1996.

62. NM, discurso aos veteranos durante banquete, State House, Pretória, 23 jul 1994.

63. Jay Naidoo, *Fighting for Justice: A Lifetime of Political and Social Activism* (Joanesburgo: Picador Africa, 2010), p.227.

64. Sydney Mufamadi, entrevista a Tony Trew, Joanesburgo, 30 abr 2015.

65. Jay Naidoo, entrevista a Padraig O'Malley, 14 abr 2003, O'Malley Archive.

66. NM, discurso aos veteranos durante banquete, State House, Pretória, 23 jul 1994.

67. NM, declaração na Assembleia Nacional, Congresso Nacional, Cidade do Cabo, 28 mar 1996.

68. Ibid.

69. Chris Liebenberg, entrevista a Tony Trew, Somerset West, 1 dez 2015.

70. Alan Hirsch, *Season of Hope: Economic Reform Under Mandela and Mbeki* (Scottsville: University of KwaZulu-Natal Press; Ottawa: International Development Research Centre, 2005), p.93.

71. Trevor Manuel, entrevista a Tony Trew, Joanesburgo, 10 set 2014.

72. Graça Machel, entrevista a Mandla Langa, 22 set 2016.

73. NM, réplica no debate do CNP sobre o orçamento presidencial, Congresso Nacional, Cidade do Cabo, 29 ago 1997, Hansard, cols.1551-2.

74. Sue van der Merwe, entrevista a Tony Trew, Cidade do Cabo, 8 abr 2015.

75. NM, notas para uma reunião do CEN, 19 fev 1996, NMPP 2009/8, caixa 7, arquivo 11, Banco Africano, 1995, p.1-7, NMF, Joanesburgo.

76. NM, réplica no debate do CNP sobre o orçamento presidencial, 7 ago 1998, Debates do Conselho Nacional das Províncias, Hansard, 3 mar a 12 nov 1998, cols.1807-15.

77. Trevor Manuel, entrevista a Tony Trew, Joanesburgo, 10 set 2014.
78. Ibid.
79. Ibid.
80. Ibid.
81. Ahmed Kathrada em conversa com Joel Netshitenzhe e Tony Trew, Joanesburgo, 2 dez 2014.
82. Sydney Mufamadi, entrevista a Tony Trew, Joanesburgo, 30 abr 2015.
83. John Higgins, "Living Out Our Differences: Reflections on Mandela, Marx and My Country: An Interview with Jakes Gerwel", *Thesis Eleven*, vol.115, n.1, Sage Publications, 2013.
84. "'Unpredictable' Madiba Kept Bodyguards on Their Toes", *City Press*, 8 dez 2013.
85. Toine Eggenhuizen, entrevista a Mandla Langa, Joanesburgo, 10 fev 2017.

6. A presidência e a Constituição (p.169-91)

1. NM, discurso no banco dos réus na abertura do processo de defesa, Julgamento de Rivônia, Supremo Tribunal de Pretória, Pretória, 20 abr 1964.
2. NM, "The Presidential Years", p.30.
3. Johann Kriegler, entrevista a Tony Trew, Joanesburgo, 2 fev 2016; NM entrevistado por David Dimbleby, Oxford, 2002, gravações da Fundação Nelson Mandela, NMF, Joanesburgo.
4. NM, "The Presidential Years", p.29.
5. Frene Ginwala, entrevista a Tony Trew, Joanesburgo, 12 set 2014.
6. AP Archive, "South Africa: Constitutional Court Ruling on Election Boundaries", matéria n.14965, 22 set 1995.
7. Declaração do gabinete presidencial sobre a Comissão Browde na Liga Sul-Africana de Rúgbi, 26 set 1997.
8. AP Archive, "South Africa: Mandela Testifies in Court", 19 mar 1998.
9. NM, "The Presidential Years", p.29-30.
10. Declaração do gabinete presidencial sobre o caso da Liga Sul-Africana de Rúgbi, 17 abr 1998.
11. NM, discurso na abertura da sessão de debate sobre o orçamento presidencial na Assembleia Nacional, Congresso Nacional, Cidade do Cabo, 21 abr 1998.
12. Ibid.
13. Andy Capostangno, "Black President for Rugby", *Mail & Guardian*, 22 mai 1988.
14. NM, Bram Fischer Memorial Lecture, 9 jun 1995.
15. Kader Asmal e Adrian Hadland com Moira Levy, *Politics in my Blood*, p.108-9.
16. Ibid., p.110, 125.
17. George Bizos, *Odyssey to Freedom* (Houghton: Random House, 2007), p.487.
18. Nicholas Haysom, "Negotiating a Sustainable Political Settlement: Part 2 Legitimation – Lessons from the South African Transition" (artigo apresentado em

Toward Inclusive and Participatory Constitution Making, 3-5 ago 2004, Katmandu, Nagarkot), p.9; Hassen Ebrahim, *The Soul of a Nation: Constitution-making in South Africa* (Cidade do Cabo: Oxford University Press, 1998), p.134 ss.

19. Valli Moosa, entrevista a Tony Trew, Cidade do Cabo, 8 set 2014.
20. Thabo Mbeki, entrevista a Joel Netshitenzhe e Tony Trew, Joanesburgo, 17 dez 2014.
21. Cyril Ramaphosa, entrevista a Tony Trew, Joanesburgo, 6 out 2014.
22. George Bizos, *Odyssey to Freedom*, p.508.
23. NM, notas para discurso ao CEN, 23 fev 1995, caixa 3, pasta 29, ANCLH, Joanesburgo.
24. NM, réplica na sessão de debate do Discurso à Nação, 24 fev 1995.
25. Hassen Ebrahim, *The Soul of a Nation*, p.132; *Cape Times*, 29 abr 1996; *Mail & Guardian*, 4 abr 1996 e 10 mai 1996.
26. NM, discurso à Assembleia Constituinte sobre a adoção da nova Constituição, Congresso Nacional, Cidade do Cabo, 8 mai 1996, Hansard, cols.452-62.
27. George Bizos, *Odyssey to Freedom*, p.518.
28. Langston Hughes, "Justice", *The Panther and the Lash* (Nova York: Knopf, 1967).
29. George Bizos, *Odyssey to Freedom*, p.518.
30. Constituição da República da África do Sul, 1996, cap.8: Tribunais e Ministério da Justiça, cláusula 174 (2).
31. George Bizos, *Odyssey to Freedom*, p.519.
32. NM, discurso na abertura do Tribunal Constitucional, 14 fev 1995.
33. NM, discurso em banquete oficial em homenagem ao presidente do Supremo Tribunal Corbett, 11 dez 1996.
34. NM, discurso lido em seu nome pelo ministro da Justiça no jantar do Conselho do Tribunal de Joanesburgo em homenagem ao presidente do Supremo Tribunal Mohamed, 25 jun 1997.
35. NM, "The Presidential Years", p.29.
36. NM, discurso no banquete do Conselho Geral de Tribunais da África do Sul, 28 jul 2000.
37. Albie Sachs, *We, the People: Insights of an Activist Judge* (Joanesburgo: Wits University Press, 2016), p.303.

7. O Congresso (p.192-208)

1. Ingrid Jonker, "The Child Who Was Shot Dead by Soldiers in Nyanga", *The Heinemann Book of African Women's Poetry*, org. Stella e Frank Chipasula (Londres: Heinemann, 1995), p.151, apud NM, Discurso à Nação, Congresso Nacional, Cidade do Cabo, 24 mai 1994.
2. NM, Discurso à Nação, Congresso Nacional, Cidade do Cabo, 24 mai 1994.
3. Frene Ginwala, entrevista a Tony Trew, Joanesburgo, 12 set 2014.

4. Essop Pahad, entrevista a Joel Netshitenzhe e Tony Trew, Joanesburgo, 11 set 2014.

5. NM, "The Presidential Years", p.20-1.

6. NM, discurso na abertura da segunda sessão do Congresso democrático, Congresso Nacional, Cidade do Cabo, 17 fev 1995.

7. Declaração do presidente Nelson Mandela sobre retratos e obras de arte no Congresso, 30 jan 1996.

8. Graça Machel, entrevista a Mandla Langa, Joanesburgo, 22 set 2016.

9. Frene Ginwala, entrevista a Tony Trew, Joanesburgo, 12 set 2014.

10. Max Sisulu, entrevista a Tony Trew, Joanesburgo, 15 abr 2015.

11. Frene Ginwala, entrevista a Tony Trew, Joanesburgo, 12 set 2014.

12. Ibid; Max Sisulu, entrevista a Tony Trew, Joanesburgo, 15 abr 2015.

13. Max Sisulu, entrevista a Tony Trew, Joanesburgo, 15 abr 2015; Ben Turok, entrevista a Tony Trew, Cidade do Cabo, 17 mar 2015; Sue van der Merwe, entrevista a Tony Trew, Cidade do Cabo, 8 abr 2015.

14. Atas do CEN, 24 abr 1995, caixa 5, pasta 23, ANCLH, Joanesburgo.

15. Mangosuthu Buthelezi, entrevista a Padraig O'Malley, 27 nov 1996, O'Malley Archive.

16. NM, notas para reunião com a convenção interna do CNA, NMPP 2009/8, caixa 3, caderno 12, p.20-1, NMF, Joanesburgo.

17. NM, anotação pessoal, NMPP, caixa 4, arquivo 2, 011-12, NMF, Joanesburgo.

18. NM, notas para reunião da bancada, 18 ago 1996, NMPP 2009/8, caixa 4, arquivo 2, p.1-2, NMF, Joanesburgo.

19. Richard Calland, *Anatomy of South Africa: Who Holds the Power?* (Cidade do Cabo, Zebra Press, 2006), p.89.

20. Andries Nel, entrevista a Tony Trew, Cidade do Cabo, 28 mar 2015; Sapa, "Decision on Afrikaans in Army Slated", *Star*, 1 fev 1996.

21. Sófocles, *Fragments*, org. e trad. Hugh Lloyd Jones (Cambridge, MA: Harvard University Press, 1996), p.37.

22. André Brink, "Mandela a Tiger for Our Time", *The Guardian*, 22 mai 1999.

23. "The Day the Truth Hit Home", *Sunday Times* Heritage Project.

24. George Bizos, entrevista a Tony Trew, Joanesburgo, 30 abr 2015.

25. NM, réplica na sessão de debate do Senado sobre o orçamento presidencial, 1 jun 1995, Hansard, col.1341.

26. Sydney Mufamadi, entrevista a Tony Trew, Joanesburgo, 30 abr 2015.

27. NM, notas para reunião com o alto escalão do CNA após comentar o massacre da Shell House no Senado, NMPP 2009/8, caixa 4, pasta 1, NMF, Joanesburgo.

28. NM, abertura da sessão extraordinária de debate sobre os eventos relacionados com o massacre da Shell House na Assembleia Nacional, Congresso Nacional, Cidade do Cabo, 7 jun 1995.

29. NM, discurso final à Assembleia Nacional na sessão extraordinária de debate sobre o massacre da Shell House, Congresso Nacional, Cidade do Cabo, 7 jun 1995.

30. NM, discurso na última sessão do primeiro Congresso eleito democraticamente, Congresso Nacional, Cidade do Cabo, 26 mar 1999.

31. Joseph Chiole, segunda sessão plenária na Comissão sobre o Projeto de Lei da Remuneração dos Congressistas, 14 nov 1994, Hansard, cols.4256 e 4259.

32. NM, discurso na última sessão do primeiro Congresso eleito democraticamente, Congresso Nacional, Cidade do Cabo, 26 mar 1999.

8. Liderança tradicional e democracia (p.209-34)

1. Pixley ka Isaka Seme, discurso na conferência de abertura do CNA, Bloemfontein, 8 jan 1912.

2. NM, "Clear the Obstacles and Confront the Enemy", *Reflections in Prison*, p.12.

3. Christopher S. Wren, "Foes of Apartheid Hold Unity Talks", *New York Times*, 10 dez 1989.

4. NM, bilhete para Walter Sisulu, NMPP 2009/8, caixa 5, arquivo 5, NMF, Joanesburgo.

5. NM, Participação de Líderes Tradicionais na Codesa, declaração emitida pelo CNA, 17 dez 1991.

6. NM, discurso à juventude, Estádio KaNyamazane, Mpumalanga, 13 abr 1994.

7. NM, "The Presidential Years", p.34-8.

8. Allister Sparks, *Beyond the Miracle: Inside the New South Africa* (Chicago, IL: University of Chicago Press, 2003), p.18.

9. Grupo de Trabalho sobre as Eleições Locais, *Local Elections in South Africa 1995/1996* (Pretória: ABC Press, 1997).

10. Valli Moosa, entrevista a Tony Trew, Cidade do Cabo, 8 set 2014.

11. NM, "The Presidential Years", p.38-9.

12. NM, discurso durante comício em Durban, 25 fev 1990.

13. Instituto Sul-Africano das Relações Raciais, *Fast Facts*, mar 1997.

14. Cf. provas da CVR fornecidas por Daluxolo Luthuli, ex-membro do MK que se tornou comandante do esquadrão da morte do Inkatha em KwaZulu-Natal depois de treinamento pelas forças de segurança do apartheid, in *TRC Final Report*, vol.6, seção 3, cap.3, p.351, apresentado ao presidente Nelson Mandela, 29 out 1998: Thula Bophela e Daluxolo Luthuli, *Umkhonto weSizwe: Fighting for a Divided People* (Joanesburgo: Galago, 2005); cf. também a contribuição de Eugene de Kock à CVR, Audiências da Anistia, Port Elizabeth, 29 set a 3 out; e *TRC Final Report*, vol.6, seção 4, anexo, p.583, apresentado ao presidente Nelson Mandela, 29 out 1998.

15. Sydney Mufamadi, entrevista a Tony Trew, Joanesburgo, 29 mai 2015.

16. NM, "The Presidential Years", p.36-7.

17. NM, discurso durante comício em Durban, 25 fev 1990.

18. NM, em conversa com Richard Stengel, Joanesburgo, *c.*26 abr e 3 mai 1993, CD 61, NMF, Joanesburgo.

19. John Nkadimeng, transmissão da Rádio Liberdade de Adis Abeba, Etiópia, 18 nov 1986.

20. Mzala, *Gatsha Buthelezi: Chief with A Double Agenda* (Londres: Zed Press, 1988), p.64.

21. NM, em conversa com Richard Stengel, Joanesburgo, *c.*26 abr e 3 mai 1993, CD 61, NMF, Joanesburgo.

22. NM, discurso no lançamento da Associação dos Professores Democráticos Sul-Africanos, 6 out 1990, Shareworld, Shaft 17, Joanesburgo.

23. NM, notas para pronunciamento em reunião do CEN, 21 jan 1995, NMPP 2009/8, caixa 4, arquivo 2, p.174-5, NMF, Joanesburgo.

24. NM, *Long Walk to Freedom*, p.689.

25. Walter Sisulu, entrevistado por ocasião de uma solenidade da Fundação Albertina Sisulu, gravações da Fundação Nelson Mandela, BBC TV Collection, M18A, NMF, Joanesburgo.

26. "Under Fire in an Inkatha Stronghold", *Mail & Guardian*, 5 mai 1995.

27. Ibid.

28. NM, discurso de encerramento da sessão de debate sobre o orçamento presidencial na Assembleia Nacional, Congresso Nacional, Cidade do Cabo, 3 mai 1995, Hansard, cols.818-20.

29. Ibid.

30. Ibid.

31. Ibid.

32. Ibid.

33. NM, sessão de debate no Senado sobre o orçamento presidencial, Congresso Nacional, Cidade do Cabo, 1 jun 1995, Hansard, cols.1139-42.

34. 7 jun 1995, NMPP 2009/8, caixa 5, pasta 4; "Can 1000 Troops Stop the Carnage?", *Mail & Guardian*, 25 ago 1995.

35. Sydney Mufamadi, entrevista a Tony Trew, Joanesburgo, 29 mai 2015.

36. NM, Dois anos e meio de governo democrático: redigido pelo presidente Nelson Mandela para o CEN, nov 1996, caixa 6, pasta 58, ANCLH, Joanesburgo.

9. Transformação do Estado (p.235-76)

1. Uma dessas ocasiões em que NM disse ter tirado "longas férias de 27 anos" aconteceu em 15 de novembro de 1993, quando ele retornou ao local de sua prisão ocorrida em 5 de agosto de 1962 em Howick.

2. Howard Fast, *Spartacus* (publicação independente, 1951); Liev Tolstói, *Guerra e paz* (1869); Dee Brown, *Bury My Heart at Wounded Knee: An Indian History of the American West* (Nova York: Hold, Rinehart & Winston, 1970); Edgar Snow, *Red Star Over China* (Londres: Victor Gollancz, 1937).

3. Luis Taruc, *Born of the People* (Nova York: International Publishers, 1953).

4. Allister Sparks, *Beyond the Miracle*, p.18.

5. NM, em entrevista à BBC, out 1993, gravações da Fundação Nelson Mandela, BBC M8, NMF, Joanesburgo.

6. Zola Skweyiya, entrevista a Padraig O'Malley, 30 nov 1995, O'Malley Archive.

7. NM, anotação sobre uma entrevista a Nomavenda Mathiane, NMPP 2009/8, caixa 7, arquivo 11, p.39, NMF, Joanesburgo.

8. Decreto do Conselho Executivo de Transição, 1993; Barry Gilder, *Songs and Secrets: South Africa from Liberation to Governance* (Nova York, NY: Columbia University Press, 2012), p.156-7; Sydney Mufamadi, entrevista a Tony Trew, Joanesburgo, 30 abr 2015; Barry Gilder, entrevista a Tony Trew, Joanesburgo, 24 nov 2015; Siphiwe Nyanda, entrevista a Tony Trew, Joanesburgo, 5 nov 2015.

9. Graça Machel, entrevista a Mandla Langa, Joanesburgo, 22 set 2016.

10. NM, notas editadas para discurso antes da reunião com generais do Serviço Policial Sul-Africano, NMPP 2009/8, caixa 3, caderno 12, p.25-30, NMF, Joanesburgo.

11. Ibid.

12. Ibid.

13. Ibid.

14. Sydney Mufamadi, entrevista a Tony Trew, Joanesburgo, 30 abr 2015.

15. NM, notas para reunião com oficiais do Serviço Policial Sul-Africano, 30 nov 1996, NMPP/8, caixa 7, arquivo 11, Banco Africano, 1995, p.89-93, NMF, Joanesburgo.

16. Ibid.

17. NM, "The Presidential Years", p.40.

18. Stephane Botha, "Commissioner of Police to Retire", *Business Day*, 11 jan 1995; Sydney Mufamadi, entrevista a Tony Trew, Joanesburgo, 30 abr 2015.

19. NM, "The Presidential Years", p.40-2.

20. Grupo de pesquisa, Instituto Africano das Relações Raciais, *Race Relations Survey 1993/1994*, Joanesburgo, 1994, in NM, "The Presidential Years", p.42.

21. NM, "The Presidential Years", p.40-3.

22. NM, "The Presidential Years", p.45.

23. Ian van der Waag, *A Military History of Modern South Africa* (Joanesburgo e Cidade do Cabo: Jonathan Ball Publishers, 2015), p.287; Princeton Lyman, *Partner to History*, p.163.

24. Siphiwe Nyanda, entrevista a Tony Trew, Joanesburgo, 25 nov 2015.

25. Greg Mills, "The South African National Defence Force: Between Downsizing and New Capabilities", *Naval War College Review*, vol.52, n.1, inverno 1999, p.79-98.

26. Siphiwe Nyanda, entrevista a Tony Trew, Joanesburgo, 25 nov 2015.

27. AP Archive, 11 set 1994; *Beeld* Archive, 10 set a 4 nov 1994.

28. NM, NMPP 2009/8, caixa 3, caderno 12, NMF, Joanesburgo.

29. NM, NMPP 2009/8, caixa 3, caderno 12, NMF, Joanesburgo; AP Archive, 11 set 1994; *Beeld* Archive, 10 set a 4 nov 1994.

30. Telex de Amrit Manga, do *New Nation*, para Parks Mankahlana, do gabinete presidencial, com transcrição de entrevista com o presidente Mandela; discursos: Dia da Juventude de 1996, comunicação do presidente Mandela, Nasa, Pretória.

31. NM, nota para reunião do CEN, 8-9 dez 1995, NMPP 2009/8, caixa 4, arquivo 1, p.159 ss., NMF, Joanesburgo.

32. Siphiwe Nyanda, entrevista a Tony Trew, Joanesburgo, 25 nov 2015.

33. Gert van der Westhuizen, "Mandela kap voorstel teen Afrikaans", *Beeld*, 1 fev 1996.

34. *Defence in a Democracy: White Paper on National Defence for the Republic of South Africa*, mai 1996, seção 51.

35. Louise Flanagan e Chandre Gould, "What Modise Didn't Know About DCC", *Weekly Mail*, 17 jun 1994.

36. NM, discurso de abertura da sessão de debate do orçamento presidencial na Assembleia Nacional, Cidade do Cabo, 21 abr 1998.

37. "Mandela Speaks to the Nation", *The Sowetan*, 11 nov 1996.

38. AP Archive, "South Africa: President Mandela Praises Outgoing Military Chief", matéria n.76476, 7 abr 1998.

39. Trevor Manuel, entrevista a Tony Trew, Joanesburgo, 10 set 2014.

40. Thabo Mbeki, entrevista a Joel Netshitenzhe e Tony Trew, Joanesburgo, 17 dez 2014.

41. NM, Discurso à Nação, Congresso Nacional, Cidade do Cabo, 9 fev 1996.

42. Comitê de Avaliação da Defesa, *South African Defence Review 1998* (Pretória: Department of Defence, 1998); defensor público, auditor-geral e procurador-geral, *Report to Parliament on the Joint Investigation into the Strategic Defence Procurement Packages Undertaken by the Public Protector, Auditor-General and National Director of Public Prosecutions*, 13 nov 2001.

43. Ministério da Defesa Sul-Africano, *Department of Defence Annual Report 2001/2002* (Pretória: Department of Defence, 2002), p.62.

44. Yvonne Muthien, "Democratic Consolidation in South Africa, 1994-1999", *Democracy South Africa: Evaluating the 1999 Election* (Pretória: HSRC Publishers, 1999).

45. Charles Baudelaire, "Le Joueur généreux", *Figaro*, 1864.

46. NM; no trecho inicial da anotação lê-se: "O presidente e os dois vices, os ministros da Defesa e da Segurança e Proteção, os generais Georg Meiring e Van der Merwe deverão ser informados pelo Serviço Nacional de Inteligência o mais rápido possível dos seguintes assuntos". NMPP 2009/8, NMF, Joanesburgo.

47. Constituição da República da África do Sul, 1996, cap.11: Serviços de Proteção, cláusula 198 (a).

48. Sandy Africa, "The Policy Evolution of the South African Civilian Intelligence Services: 1994-2009 and Beyond", *Strategic Review for Southern Africa*, vol.34, n.1, mai 2012, p.103.

49. Barry Gilder, entrevista a Tony Trew, Joanesburgo, 24 nov 2015.

50. Antigo membro do gabinete de Jake Gerwel, em conversa com Tony Trew, Cidade do Cabo, 8 ago 2015.

51. Barry Gilder, *Songs and Secrets*, p.177.

52. Ibid.

53. Siphiwe Nyanda, entrevista a Tony Trew, Joanesburgo, 25 nov 2015.

54. Lansana Gberie, "Mandela's Struggles for Peace and Justice in Africa", *Africa Renewal Online*, dez 2013.

55. Barry Gilder, entrevista a Tony Trew, Joanesburgo, 24 nov 2015.

56. NM, discurso na inauguração oficial da nova sede conjunta das agências de inteligência, 5 dez 1997.

57. Zola Skweyiya, entrevista a Padraig O'Malley, 30 nov 1995, O'Malley Archive.

58. Niël Barnard, entrevista a Tony Trew, Overberg, 17 nov 2015.

59. Jessie Duarte, entrevista a Tony Trew, Joanesburgo, 15 jul 2014.

60. Allister Sparks, *Beyond the Miracle*, p.37.

61. Zola Skweyiya, entrevista de O'Malley, 30 nov 1995.

62. Comissão Nacional de Planejamento, *Institutions and Governance Diagnostic* (Pretória: National Planning Commission, 2015), p.11; e Geraldine Fraser-Molekei, entrevista por telefone a Tony Trew, 29 jul 2016.

63. Comissão do Serviço Público, *State of Representativity in the Public Service – Findings*; Departamento de Serviço e Administração Pública, *A Strategic Framework for Gender Equality Within the Public Service (2006-2015): Consultation Document* (Pretória: Department of Public Service and Administration, 24 nov 2006).

64. NM para Thabo Mbeki, 6 jun 1994, DP Pres. Mbeki, caixa 002, pasta 11/1/1 – presidente, reservado, Nasa, Pretória.

65. Zola Skweyiya, entrevista de O'Malley, 30 nov 1995.

66. Comissão Nacional de Planejamento, *Institutions and Governance Diagnostic*, p.22-3.

67. NM, Discurso à Nação, Congresso Nacional, Cidade do Cabo, 24 mai 1994; NM, debate sobre o orçamento presidencial ("Discurso dos cem dias"), Congresso Nacional, Cidade do Cabo, África do Sul, 18 ago 1994.

68. NM, Discurso à Nação, Congresso Nacional, Cidade do Cabo, 17 fev 1995.

69. NM, Discurso à Nação, Congresso Nacional, Cidade do Cabo, 9 fev 1996.

70. Marion Edmunds, "Skills Crisis Knocks Public Service", *Mail & Guardian*, 15 ago 1997.

71. NM, discurso de abertura da terceira sessão do Congresso, Congresso Nacional, Cidade do Cabo, 9 fev 1996.

10. Reconciliação (p.277-305)

1. Gravações da Fundação Nelson Mandela, BBC Collection M2, NMF, Joanesburgo.

2. James Baldwin, *No Name in the Street*, p.130.

3. Indres Naidoo, *Island in Chains: Ten Years on Robben Island* (Harmondsworth: Penguin Group, 1982).

4. Michael Dingake, "Comrade Madiba", *Nelson Mandela: The Struggle is My Life* (Londres: International Defence and Aid Fund for Southern Africa, 1978), p.223.

5. Mac Maharaj, "Profile", *Reflections in Prison*, p.5.

6. Nkosazana Dlamini-Zuma descreve: "Depois da apresentação do coro do CNA conduzido por Tambo, houve calorosa aclamação da plateia de pé, com o presidente da Zâmbia, Kenneth Kaunda, pedindo bis." In *CNA Today*, vol.6, n.43, 3 nov 2006.

7. "Mandela: The Man, the Image, the Brand", *City Press*, 18 jul 2012.

8. "What Mandela's Critics Could Learn From Him", de Obadias Ndaba, *Huffington Post*, dez 2013.

9. George Bizos, *Odyssey to Freedom*, p.278.

10. NM, *Long Walk to Freedom*, p.441.

11. NM, encontro com a comunidade africâner em Pretória, 15 abr 1999.

12. Carta da Liberdade, adotada no Congresso do Povo, Kliptown, Joanesburgo, 25-26 jun 1955.

13. Zanele Mbeki em conversa com Mandla Langa, *c*.1996.

14. NM, entrevista a Oprah Winfrey, *The Oprah Winfrey Show*, Harpo Productions, 2000.

15. NM, discurso durante a sessão de debate do orçamento presidencial no Senado, Congresso Nacional, Cidade do Cabo, 1º jun 1995.

16. NM, discurso de encerramento da sessão de debate do orçamento presidencial no Senado, 1º jun 1995, Hansard, col.1279.

17. AP Archive, "South Africa: President Mandela Issues Stern Warning to Leaders", matéria n.23868, 8 mar 1996.

18. Alex Marshall, *Republic or Death! Travels in Search of National Anthems* (Londres: Windmill Books, 2015), p.259-60.

19. Atas do Comitê Operacional Nacional ampliado, 7 set 1995, ANCLH, caixa 14, pasta 111, NMF, Joanesburgo.

20. NM, discurso em comício na Cidade do Cabo ao sair da prisão, prefeitura, Cidade do Cabo, 11 fev 1990.

21. Saths Cooper, "The Mandela I Knew: Prof. Saths Cooper", Tributos a Madiba, Fundação Nelson Mandela, 12 set 2013.

22. NM, réplica na sessão de debate do orçamento presidencial no Senado, 14 set 1994, Congresso Nacional, Cidade do Cabo.

23. NM, *Toespraak van president by geleentheid van 'n onthaal deur die Burgemeester van Pretoria*, 26 ago 1994.

24. Gert van der Westhuizen, "Mandela praat met Afrikaners 'Om kommunikasie oop te hou'", *Beeld*, 29 jun 1995; Kevin O'Grady, "Volk Meet Mandela", *Business Day*, 29 jun 1995.

25. NM, durante visita à Associação da Língua e Cultura Africâneres, *Tydens 'n besoek aan die Afrikaanse Taal en Kultuur Vereninging (ATKV)*, 17 ago 1995; *Beeld*, 18 ago 1995.

26. NM, durante participação em comício do Ruiterwag para jovens líderes africâne-res, *Tydens 'n besoek aan die Ruiterwag-Saamtrek vir jong Afrikaner-Leiers*, 13 jan 1996; Willem Pretorius, "Kies SA óf Afrikaner-Nelson", *Beeld*, 15 jan 1996.

27. NM, conferência de abertura da reunião com organizações africâneres, 29 mar 1996.

28. Ibid.

29. Constand Viljoen, entrevista a Tony Trew, Pretória, 19 set 2015.

30. Constituição da República da África do Sul, 1996, cap.4, apêndice 6: Preparativos para a Transição, seção 20, cláusula 5.

31. Peet Kruger, "Geheime gesprek lei tot deurbraak Onderhandelinge oor nuwe grondwet op koers", *Beeld*, 20 abr 1996; Peet Kruger, "NP en VF se pogings het saam tot toegewing oor kultuurkommissie gelei", 24 abr 1996.

32. Thabo Mbeki, discussões com a comunidade africâner, Assembleia Nacional, Congresso Nacional, Cidade do Cabo, 24 mar 1999.

33. NM, "Clear the Obstacles and Confront the Enemy", *Reflections in Prison*, p.17.

34. Ibid.

35. Mandla Langa em conversa com Antjie Krog durante a conferência de escritores Cité de Livre, Aix-en-Provence, 1997.

36. *SA Times*, Londres, 19 jul 1995.

37. Constand Viljoen, entrevista a Tony Trew, Pretória, 19 set 2015.

38. Ibid.

39. Sapa, 13 dez 1996.

40. Niël Barnard, entrevista a Tony Trew, Overberg, 17 nov 2015.

41. NM, entrevista ao programa de televisão *Face the Media*, 14 dez 1997, Sabc, gravação 66676MT, Sabc Archive, Sabc Information Library, Joanesburgo.

42. Niël Barnard, entrevista a Tony Trew, Overberg, 17 nov 2015.

43. *TRC Final Report*, vol.2, cap.1, prefácio, apresentado ao presidente Nelson Mandela, 29 out 1998.

44. Ibid.

45. NM, discurso de abertura da sessão especial de debate sobre o relatório da TRC, Congresso Nacional, Cidade do Cabo, 25 fev 1999.

46. Ibid.

47. Conselho de Pesquisa em Ciências Humanas, *Public Opinion on National Priority Issues* (Pretória: mai 1999), p.55.

48. NM, discurso de abertura na sessão de debate sobre o orçamento presidencial na Assembleia Nacional, Congresso Nacional, Cidade do Cabo, 15 abr 1997.

11. Transformação social e econômica (p.306-38)

1. Programa de Reconstrução e Desenvolvimento (PRD), "Construção da economia", cláusula 4.1.1, 1994.

2. Ibid.

3. Layashi Yaker, *Preliminary Assessment on the Performance of the African Economy in 1994 and the Prospects for 1995 – End of Year Statement*, apresentado à Comissão Econômica das Nações Unidas para a África, Adis Abeba, 15 dez 1994.

4. Atas governamentais, 11 mai 1994.

5. Conferência Nacional do CNA, *Ready to Govern: CNA Policy Guidelines for a Democratic South Africa Adopted at the National Conference*, 28-31 mai 1992 (Joanesburgo: Policy Unit of the CNA, 1992).

6. NM, discurso durante o 75º aniversário do Partido Comunista Sul-Africano, 28 jul 1996, SABC, SABC Archive, SABC Information Library, Joanesburgo.

7. Documento de discussão do Comitê Nacional de Trabalho do CNA: Subconselho do CET sobre Finanças, 27 abr 1993, caixa 14, 112, ANCLH, Joanesburgo.

8. William Smith, entrevista a Tony Trew, Pretória, 11 jul 2014.

9. NM, discurso na Assembleia Nacional, Cidade do Cabo, 28 mar 1996.

10. NM, Discurso à Nação, Congresso Nacional, Cidade do Cabo, 24 mai 1994.

11. NM, "The Presidential Years", p.52.

12. Ibid.

13. *Native Life in South Africa Before and Since the European War and the Boer Rebellion* (1916) (Joanesburgo: Raven's Press, 1982), p.21.

14. NM, "The Presidential Years", p.52.

15. NM, preâmbulo ao *Documento oficial sobre a reconstrução e o desenvolvimento, Government Gazette*, nota n.1954 de 1994, 23 nov 1994.

16. Ibid.

17. NM, discurso ao Congresso, Congresso Nacional, Cidade do Cabo, mai 1994.

18. Trevor Manuel, "Twenty Years of Economic Policymaking – Putting People First", *The Oxford Companion to the Economics of South Africa*, org. Haroon Bhorat, Alan Hirsch, Ravi Kanbur e Mthuli Ncube (Oxford: Oxford University Press, 2014), p.29; Alan Hirsch, *Season of Hope*, p.69.

19. NM, entrevista à BBC, gravações da Fundação Nelson Mandela, Iqbal Meer Collection, #1, NMF, Joanesburgo.

20. Atas governamentais, 26 out 1994, Desenvolvendo o Setor Público: a contribuição do GUN ao PRD, ata 7.4.2, cláusula 1.3.

21. Ibid.

22. NM, preâmbulo ao *Documento oficial sobre a reconstrução e o desenvolvimento, Government Gazette*, nota n.1954 de 1994, 23 nov 1994.

23. Patti Waldmeir, *Anatomy of a Miracle: The End of Apartheid and the Birth of the New South Africa* (Nova York e Londres: W.W. Norton and Company, 1997), p.213.

24. NM, campanha eleitoral, Lenasia, 19 abr 1999, gravação 66772MT, Sabc, Sabc Archive, Sabc Information Library, Joanesburgo.

25. Atas governamentais, 26 out 1994, "Transforming the Public Sector: The GNU's Contribution to the RDP", ata 7.4.2.

26. Christo Volschenk, "Nuwe komitee kom vandeesweek byeen oor mandate vir groeiplan", *Beeld*, 3 ago 1995.

27. Atas governamentais, 6 dez 1995, "Towards a National Growth and Development Strategy", ata 7.1.

28. Sagie Narsiah, "Neoliberalism and Privatisation in South Africa", *GeoJournal*, vol.57, n.1, mai 2002, p.3.

29. CNA, 50ª Conferência Nacional: Resoluções, Desenvolvimento Econômico, Mafikeng, 16-20 dez 1997, artigo 3.2.2.

30. NM, *Southern Africa Into the Next Century*, 16ª palestra de Cingapura, 6 mar 1997, Instituto de Pesquisas do Sudoeste Asiático, Cingapura, 1997.

31. NM, "The Presidential Years", p.47-9.

32. Richard Calland (org.), *The First Five Years: A Review of South Africa's Democratic Parliament* (Cidade do Cabo: Idasa, 1999).

33. NM, "The Presidential Years", p.52-3.

34. NM, "The Presidential Years", p.50-1.

35. *South Africa in Transition, Findings Regarding Households*, imagem 6.1: "Changes in type of housing in which households live between October 1995 and October 1999" (Pretória: Statistics South Africa, 2001).

36. Jessie Duarte, entrevista a Tony Trew, Joanesburgo, 15 jul 2014.

37. Mandla Langa em conversa com Stephen Laufer, Joanesburgo, 16 jul 2016.

38. John Carlin, "CNA Boards the Gravy Train: John Carlin in Johannesburg on the Underdogs Who Have Become Fat Cats in a Few Months", *Independent*, 27 ago 1994.

39. NM, discurso no aniversário da Revolta de Soweto, 16 jun 1994.

40. NM, discurso na abertura oficial dos escritórios da Fundação Mandela Rhodes, Oxford, 13 abr 2000, gravações da Fundação Nelson Mandela, Iqbal Meer Collection, Oxford 1 e 2, NMF, Joanesburgo.

41. NM, discurso na Conferência da Aids, Barcelona, 12 jul 2002, gravações da Fundação Nelson Mandela, Iqbal Meer Collection #8, NMF, Joanesburgo.

42. NM, reuniões com editores, 9 mai 1999, gravações da Fundação Nelson Mandela, BBC Collection, NMF, Joanesburgo.

43. O presidente Mbeki usou a expressão em prece no funeral de Alfred Nzo, 22 jan 2000.

44. NM, Discurso à Nação, Assembleia Nacional, Congresso Nacional, Cidade do Cabo, 5 fev 1999.

45. Anne Kriegler e Mark Shaw, "Facts Show South Africa Has Not Become More Violent Since Democracy", *The Conversation*, 22 jul 2016.

46. Francois Lötter, "'Wit koerante' ignorer misdaadstatistieke – president", *Beeld*, 14 set 1998.

47. NM, "The Presidential Years", p.62.

48. NM, abrindo a Cúpula da Moralidade organizada pelo Fórum Nacional de Líderes Religiosos, 23 out 1998.

49. Ibid.

50. Allister Sparks, *Beyond the Miracle*, p.16.

51. NM, discurso no 5º Congresso do Cosatu, 7 set 1994, Sabc, Sabc Archive, Sabc Information Library, Joanesburgo.

52. NM, Discurso à Nação, Assembleia Nacional, Cidade do Cabo, 5 fev 1999.

53. Ibid.

54. NM, discurso na última sessão do primeiro Congresso democraticamente eleito, Congresso Nacional, Cidade do Cabo, 26 mar 1999.

12. Negociando com os meios de comunicação (p.339-52)

1. Cameron J, *Holomisa v. Argus Newspapers Ltd.*, 1996 (2) S.A. 588 (W).
2. NM, NMPP 2009/8, caixa 1, caderno 5, p.17, NMF, Joanesburgo.
3. Thami Mazwai, entrevista a Tony Trew, Joanesburgo, 7 out 2015.
4. André Odendaal, *The Founders: The Origins of the African National Congress and the Struggle for Democracy* (Joanesburgo: Jacana Media, 2012), p.147.
5. NM, *Long Walk to Freedom*, p.208.
6. Ibid., p.316.
7. Anthony Sampson, *Mandela: The Authorised Biography* (Londres: HarperCollins, 1999), p.147.
8. NM, *Long Walk to Freedom*, p.492 e 502.
9. NM, reuniões com editores e formadores de opinião, Pretória, 10 mai 1999, gravações da Fundação Nelson Mandela, BBC, NMF, Joanesburgo.
10. NM, discurso no Congresso do Instituto Internacional de Imprensa, Cidade do Cabo, 14 fev 1994.
11. Rehanna Rossouw, "Everyone Wants a Piece of the President", *Mail & Guardian*, 15 mar 1996.
12. NM, notas para reunião com editores dos jornais de KwaZulu-Natal, Cidade do Cabo, 2 mar 1995, Arquivo Nacional Sul-Africano, Mensagens/Discursos de Nelson Mandela: mar, abr e mai 1995, Nasa, Pretória; Wyndham Hartley, "'Crackdown' is No Idle Threat", *Natal Witness*, 3 mar 1995.
13. Pamela Dube, "It Takes Two to Tango and Governnment is Learning the Communication Steps", *Sunday Independent*, 8 jul 2001.
14. Thami Mazwai, entrevista a Tony Trew, Joanesburgo, 7 out 2015.
15. NM, anotação sobre conversa sigilosa com o editor de *Die Burger*, NMPP 2009/8, caixa 4, pasta 1, p.1-2, NMF, Joanesburgo.
16. Mandla Langa em conversa com Khulu Sibiya, jun 2017.
17. Jakes Gerwel, "The Day Mandela Was in Hustler", *Rapport*, 9 jun 2012.
18. NM, discurso no lançamento do Fundo dos Amigos Canadenses para as Crianças de Nelson Mandela, SkyDome, Toronto, 25 set 1998.
19. NM, discurso no Congresso do Instituto Internacional de Imprensa, Cidade do Cabo, 14 fev 1994.
20. Khaba Mkhize, "Breakfast with Nelson Mandela", *Natal Witness*, 19 ago 1994; Ray Hartley, "CNA Broadsides Against Press", *Sunday Times*, 4 set 1994; Thami Mazwai, entrevista a Tony Trew, Joanesburgo, 7 out 2015.
21. A entrevista televisionada é mencionada em "Some Black Newsmen Rapped for Secret Agenda", *Business Day*, 3 nov 1996.

22. Guy Berger, "Media and Racism in Mandela's Rainbow Nation", Horário Nobre da Tolerância: Jornalismo e o Desafio do Racismo: Conferência Mundial da Federação Internacional de Jornalistas, Bilbao, Espanha, 2-4 mai 1997.

23. Entrevista televisionada de NM, 11 nov 1996, SABC, SABC Archive, SABC Information Library, Joanesburgo; "Some Black Newsmen Rapped for Secret Agenda", *Business Day*, 3 nov 1996; "Mandela Slams Some Black Journalists", *Citizen*, 13 nov 1996.

24. NM, nota, NMPP 2009/8, caixa 4, arquivo 1, 128-9.

25. NM, discurso para a 50ª Conferência Nacional do CNA, Mafikeng, 16 dez 1997.

26. NM, nota, NMPP 2009/8, caixa 4, p.4, NMF, Joanesburgo.

27. NM, anotação em resposta ao relatório da 50ª Conferência Nacional do CNA, dez 1997, NMPP 2009/8, caixa 4, pasta 1, p.1-2, NMF, Joanesburgo.

28. Ibid.

29. Ibid.

30. NM, discurso na sessão de encerramento da 50ª Conferência Nacional do CNA, 20 dez 1997, Mafikeng.

31. *The Sowetan*, 20 nov 1996; *Financial Mail*, 22 nov 1996.

32. NM, "The Presidential Years", p.33.

13. Na África e no mundo (p.353-74)

1. Harriet Beecher Stowe, *Uncle Tom's Cabin* (Washington, D.C., 1852); Booker T. Washington, *Up from Slavery: An Autobiography* (Nova York: Doubleday and Company, 1901).

2. Cúpula de Chefes de Governo e de Estado da OUA, Declaração sobre a Situação Política e Socioeconômica da África e Importantes Mudanças Globais, 9-11 jul 1990, Adis Abeba.

3. Cúpula de Chefes de Governo e de Estado da OUA, Declaração de Fundação de um Mecanismo para Prevenção, Administração e Resolução de Conflitos da OUA, 28-30 jun 1993.

4. NM, discurso na Cúpula de Chefes de Governo e de Estado da OUA, Túnis, 13 jun 1994.

5. Nkosazana Dlamini-Zuma, entrevista a Tony Trew, Durban, 26 fev 2016.

6. NM, discurso como presidente da CDAA na abertura oficial da Cúpula de Chefes de Governo e de Estado da CDAA, Blantyre, 8 set 1997.

7. Ibid.

8. Cúpula de Chefes de Governo e de Estado da CDAA, Gaborone, 28 jun 1996.

9. NM, Órgão da CDAA, 7 set 1997, notas do NMPP, caixa 5, arquivo 3, 074-86, NMF, Joanesburgo.

10. NM, notas sobre a cúpula da CDAA em Maputo, 2 mar 1998, notas do NMPP, caixa 4, arquivo 2, 055-60, NMF, Joanesburgo.

11. Quett Ketumile Joni Masire, *Very Brave or Very Foolish?: Memoirs of an African Democrat* (Botswana: Macmillan Botswana, 2006), p.279.

12. Vice-presidente Thabo Mbeki, discurso à Assembleia Nacional sobre a situação na República Democrática do Congo, Congresso Nacional, Cidade do Cabo, 21 mai 1997.

13. Ibid.; Aziz Pahad, entrevista a Tony Trew, Joanesburgo, 1º fev 2016.

14. NM, anotações sobre reunião com o camarada Kabila, Genadendal, 15 mai 1997, NMPP 2009/8, caixa 4, arquivo 2, p.1-4, NMF, Joanesburgo.

15. Presidente em exercício Buthelezi, Avanços no Lesoto, Declarações à Assembleia Nacional, 22 set 1998, Hansard, cols.6763-78.

16. Atas governamentais, 23 set 1998.

17. AP Archive, "South Africa: President Mandela Calms Concern Over His Health", 27 set 1998, matéria n.89970.

18. NM, Discurso à Nação, Assembleia Nacional, Congresso Nacional, Cidade do Cabo, 5 fev 1999.

19. NM, na Cúpula Econômica Sul-Africana do Fórum Econômico Mundial, Harare, 21 mai 1997, gravação 71942MT, SABC, SABC Archive, SABC Information Library, Joanesburgo.

20. NM, discurso na Cúpula dos Chefes de Estado do Mercosul, Ushuaia, Argentina, 24 jul 1998.

21. NM, discurso na 49ª Sessão da Assembleia Geral da ONU, Nova York, 10 out 1994.

22. Ibid.

23. NM, discurso na sessão de abertura da 12ª Conferência Internacional dos Países Não Alinhados, Durban, 2 set 1998.

24. Ibid.

25. NM, discurso à Câmara Comum do Congresso norte-americano, Washington, D.C., 6 out 1994.

26. NM, discurso ao Congresso sueco, Estocolmo, 18 mar 1999.

27. "Mandela praises Kadhafi", *Sunday Times* Foreign Desk, 20 mai 1990; Fritz Joubert, "Mense in VSA vies vir Mandela", *Beeld*, 24 mai 1990.

28. Khalil I. Matar e Robert W. Thabit, *Lockerbie and Libya: A study in International Relations* (Londres: McFarland & Company, Inc., 2004).

29. NM, Declaração sobre Lockerbie redigida e apresentada em Túnis, NMPP 2009/8, caixa 6, arquivo 8ª, NMF, Joanesburgo.

30. "SA Calls for Lifting of Sanctions on Libya", *The Star*, 22 out 1997.

31. OUA, Declarações e Decisões Adotadas pela 33ª Cúpula de Chefes de Governo e de Estado da OUA, Harare, 2-4 jun 1997.

32. NM, em visita a Líbia, out 1997, gravação 66786, MT22, SABC, SABC TV Archive, SABC Information Library, Joanesburgo.

33. Ibid.

34. Lyn Boyd-Judson, *Strategic Moral Diplomacy: Understanding the Enemy's Moral Universe* (West Hartford, CT: Kumarian Press, 2011); Khalil I. Matar, Robert W. Thabit, *Lockerbie and Libya*.

35. Lyn Boyd-Judson, *Strategic Diplomacy*.
36. NM, discurso no Congresso Geral do Povo, Líbia, 19 mar 1999.
37. Jakes Gerwel, entrevista a Aziz Pahad, 21 jul 2010.
38. NM, pronunciamento sobre a relação da África do Sul com a Grande China, 27 nov 1996, Sabc, Sabc TV Archive, gravação 25459MT, Sabc Information Library, Joanesburgo.
39. "Taiwan's Minister Fails with Mandela", Arquivo da Associação Internacional de Imprensa, 4 dez 1996.
40. NM, discurso na Universidade de Pequim, Pequim, 6 mai 1999.
41. NM, entrevista a Phil Molefe e Antjie Krog, "Farewell Interview With the SABC", transmissão ao vivo de Qunu, Sabc, 20 mai 1999.

Epílogo (p.375-82)

1. Graça Machel, entrevista a Mandla Langa, 22 set 2016.
2. NM para Winnie Mandela na prisão de Kroonstad, 1 fev 1975.
3. Zelda la Grange, *Good Morning Mr Mandela: A Memoir* (Nova York: Plume, 2015), p.128.
4. Em coletiva à imprensa, foi o que Mandela respondeu a Phil Molefe, que lhe perguntou como se sentia estando prestes a deixar a presidência do CNA. NM, entrevista televisionada ao *Face the Media*, 14 dez 1997, SABC, gravação 66676MT, SABC Archive, SABC Information Library, Joanesburgo.
5. NM, encerramento da 50ª Conferência Nacional do CNA, Mafikeng, 20 dez 1997.
6. NM, campanha eleitoral, 31 mai 1999, gravação 66717MT, SABC, SABC Archive, SABC Information Library, Joanesburgo.
7. NM, discurso na última sessão do primeiro Congresso democraticamente eleito, Congresso Nacional, Cidade do Cabo, 26 mar 1999.

Créditos

Agradecemos pela autorização para reproduzir materiais protegidos por direitos autorais.

p.51-2: excerto do poema "Depressa", de *Sagrada esperança*, de Agostinho Neto, copyright © 1974 Fundação Dr. António Agostinho Neto; p.185: excerto do poema "Justice" [Justiça], de *Scottsboro Limited: Four Poems and a Play in Verse* [Scottsboro limitada: quatro poemas e uma peça em versos], de Langston Hughes, copyright © 1932 Golden Stair Press. Reproduzido com autorização da David Higham Associates; p.194: excerto do poema "Die Kind" [A criança], de Ingrid Jonker.

Caderno de imagens: lâmina 1: Fundação Nelson Mandela, foto de Ardon Bar-Hama; lâmina 2: Chris Ledochowski (no alto); Louise Gubb, cortesia da Fundação Nelson Mandela (abaixo); lâmina 3: AFP/Getty Images; lâmina 4: Frans Esterhuyse (no alto); Tom Stoddart Archive/Getty Images (abaixo); lâmina 5: Denis Farrell/AP (no alto); David Brauchli/AP (abaixo); lâmina 6: Peter Turnley/Getty Images (no alto, à esq.); Paul Weinberg/South Photographs/Africa Media Online (no alto, à dir.); Nanda Soobben/Africa Media Online (abaixo); lâmina 7: Lewis Horwitz, cortesia da Fundação Nelson Mandela (no alto); Alexander Joe/AFP/Getty Images (abaixo); lâmina 8: Foto24/Gallo Images/Getty Images (no alto); desconhecido, cortesia da Fundação Nelson Mandela (abaixo); lâmina 9: Fundação Nelson Mandela, foto de Ardon Bar-Hama; lâmina 10: Paul Weinberg/South Photographs/Africa Media Online (no alto, à esq.); Oryx Media Archive/Gallo Images/Getty Images (no alto, à dir., e no centro, à esq.); Obed Zilwa/AP (no centro, à dir.); Mike Hutchings/Reuters (abaixo); lâmina 11: Fundação Nelson Mandela, foto de Ardon Bar-Hama; lâmina 12: Walter Dhladhla/Getty Images (no alto); Henner Frankenfeld/Picturenet Africa (abaixo, à esq.); Adil Bradlow/Africa Media Online (abaixo, à dir.); lâmina 13: David Goldblatt/South Photographs/Africa Media Online (no alto, à esq.); Guy Tillim/AFP/Getty Images (no alto, à dir.); Clinton Presidential Library (abaixo, à esq.); Yoav Lemmer/Getty Images (abaixo, à dir.); lâmina 14: Fundação Nelson Mandela, foto de Ardon Bar-Hama; lâmina 15: Pool BASSIGNAC/BUU/HIRES/Getty Images (no alto); Eric Miller, cortesia da Fundação Nelson Mandela (no centro, à esq.); Julian Parker/Getty

Images (no centro, à dir., e abaixo, à esq.); Amr Nabil/Getty Images (abaixo, à dir.); lâmina 16: Media 24/Gallo Images/Getty Images; lâmina 17: Str Old/Reuters; lâmina 18: Fundação Nelson Mandela, foto de Ardon Bar-Hama; lâmina 19: Juda Ngwenya (no alto); Paul Grendon/Alamy (abaixo); lâmina 20: Ross Kinnaird/EMPICS/Getty Images; lâmina 21: Oryx Media Archive/Gallo Images/Getty Images (no alto); Walter Dhladhla/Getty Images (abaixo); lâmina 22: Adil Bradlow/Africa Media Online (no alto); Louise Gubb/lugubb@iafrica.com (abaixo); lâmina 23: Louise Gubb/lugubb@ iafrica.com (no alto); Benny Gool (abaixo, à esq.); Eric Miller, cortesia da Fundação Nelson Mandela (abaixo, à dir.); lâmina 24: Eric Miller, cortesia da Fundação Nelson Mandela (no alto); Zapiro (abaixo).

Páginas de abertura: do capítulo 6 das memórias de Nelson Mandela sobre seus anos na presidência, no qual ele reflete sobre seu julgamento pelo Supremo Tribunal. Firme defensor das novas leis democráticas amparadas na Constituição, ele escreve: "na nova África do Sul não há ninguém, nem mesmo o presidente, que esteja acima da lei, que o império da lei em geral e a independência do Judiciário em particular devem ser respeitados" (ver p.170). Fundação Nelson Mandela, foto de Ardon Bar-Hama.

Páginas de fim: do esboço inicial das memórias de Mandela sobre seus anos na presidência, em que ele descreve a reação do mundo às primeiras eleições democráticas da África do Sul em abril de 1994: "O mundo, ciente dos enormes desafios impostos ao novo governo democraticamente eleito, saudou-nos como uma nação miraculosa e abriu portas antes fechadas aos sul-africanos, independentemente de sua etnia e ascendência." Fundação Nelson Mandela, foto de Ardon Bar-Hama.

Agradecimentos

Em 1971, Nelson Mandela escreveu uma carta da prisão da ilha Robben para sua velha amiga Fatima Meer, expondo suas dúvidas sobre o gênero memorialístico – "Que delicado eufemismo para o autoelogio a língua inglesa desenvolveu! Autobiografia". E, no entanto, apenas quatro anos depois ele se entregou ao esboço inicial do que viria a ser sua autobiografia campeã de vendas: *Longa caminhada até a liberdade*.

Como indica *mama* Graça Machel no prólogo deste livro, as contingências do tempo e da luta alimentaram a decisão de Mandela de escrever tanto *Longa caminhada* quanto as partes iniciais do que viria a se tornar este livro. As mesmas contingências determinaram um longo período de gestação para as duas obras – cada livro levou quase vinte anos para ser publicado.

Em vista do tempo de elaboração e da complexidade de sua proveniência, *A cor da liberdade* requer vários agradecimentos. A determinação de *mama* Machel em concluir a obra e sua presença constante ao longo do processo foram-nos de grande inspiração. O escritor Mandla Langa mostrou-se quase bom demais para ser verdade em sua disposição de trabalhar com um grupo exigente. Joel Netshitenzhe e Tony Trew colaboraram com extraordinária capacidade de pesquisa e análise, além de gerarem a formulação narrativa inicial, baseada nos escritos de Mandela e nos materiais do "arquivo". Tony foi incansável em seu trabalho de vasculhar inúmeras fontes documentais. Nisso, teve o competente auxílio de Janet Levy e dos arquivistas da Fundação Nelson Mandela – Razia Saleh, Zanele Riba, Lucia Raadschelders e Sahm Venter. Como sempre, Sahm, o pesquisador-chefe da equipe, foi fonte fidedigna de informações sobre a vida e o tempo de nosso fundador. Nosso diretor executivo, Sello Hatang, foi o unificador das várias partes do projeto, dando-lhe coesão – abriu portas e manteve-as abertas. O apoio dos executores testamentários de Mandela foi essencial. Cabe um especial agradecimento ao juiz Dikgang Moseneke.

Nas fases iniciais do projeto, enquanto Nelson Mandela labutava de caneta em punho, Zelda la Grange foi o dínamo que manteve o projeto em andamento. Ela contou com o dedicado apoio de Vimla Naidoo, Maretha Slabbert e Thoko Mavuso. Zelda também teve papel fundamental na retomada do projeto sob os auspícios da Fundação Nelson Mandela após a morte de Madiba, e sempre esteve disponível para todos os tipos de perguntas e indagações. A assistente de pesquisa Thembeka Mafumadi também participou das fases iniciais.

Foi um prazer trabalhar com nossos parceiros editoriais. Agradecimentos especiais a Geoff Blackwell, Rachel Clare, Kate Cooper, Jonny Geller, Cameron Gibb, Benjamin Harris, Sloan Harris, Ruth Hobday, Jenny Moore, Georgina Morley, Terry Morris e Andrea Nattrass. Entre outras coisas, Andrea contribuiu com uma profunda compreensão dos processos de escrita de Mandla.

A Industrial Development Corporation foi uma generosa e prestimosa parceira de financiamento.

Somos agradecidos às várias pessoas (algumas mencionadas, outras não) que generosamente nos concederam seu tempo e seus conhecimentos em entrevistas. Cabe ainda um reconhecimento aos desenvolvedores e administradores de sites que facilitam o acesso a arquivos históricos, bem como aos arquivistas, que se dedicam discretamente a preservar registros e a torná-los acessíveis sem maiores alardes. E agradecemos também a Chris Williams por compartilhar seu conhecimento de fontes.

Quanto ao trabalho de arquivo que dá sustentação a este projeto, cabe menção especial a algumas instituições e suas equipes:

• Biblioteca do Congresso, Congresso, República da África do Sul (Sadeck Casoojee)
• Presidência, República da África do Sul (Cassius Lubisi, Lusanda Mxenge, William Smith, Busani Ngcaweni, Bongani Ngqulunga, Anande Nothling e Daphne Mhlongo)
• Arquivos do CNA, Casa Luthuli (Zolile Mvunelo e Mandla Khumalo)
• Arquivos do CNA, Centro de Patrimônio Nacional e Estudos Culturais, Universidade de Fort Hare (Mosanku Maamoe)
• Arquivo Nacional da África do Sul (Natalie Skomolo, Zahira Adams e Gerrit Wagener)
• Biblioteca Nacional, Cidade do Cabo
• Unidade de Pesquisa e Desenvolvimento da Bancada Parlamentar do CNA (Mark Sweet)
• Biblioteca da Universidade do Cabo, Coleção de Estudos Africanos
• Empresa Sul-Africana de Radiodifusão (Sias Scott e Moloko Maserumule)

• Documentos Históricos, Biblioteca William Cullen, Universidade de Witwatersrand (Gabriele Mohale)
• Instituto de Estatística da África do Sul (Pali Lehohla e Faizel Mohammed)
• Biblioteca Ipsos (Mari Harris)

Por fim, cabe dizer que, evidentemente, este livro pertence a Nelson Mandela. Sem a permanente inspiração de sua vida e de sua obra, não haveria por que fazê-lo. Não tenho dúvidas de que ele se sentiria orgulhoso com a habilidade de Mandla como narrador.

VERNE HARRIS
Fundação Nelson Mandela

Índice remissivo

Os números de página assinalados com "n" se referem a notas de rodapé. Os números de página em **negrito** se referem aos principais verbetes no Anexo B às páginas 387-411. Os títulos de artigos estão entre aspas e os de livros e periódicos em *itálico*. Nomes comuns, designações habituais e nomes tribais aparecem, sempre que possível, entre parênteses.

landmark in our his

The world, aware of the

challenges facing the

elected government, h

nation, and threw wid

closed doors to all Sou

their ethnicity and ba

This was the day for w

lent history.

~~tulent~~ formidable

ist democratically

ea us as a miracle

open its previously

Africans, irrespective of

ground

ih a succession of

1ª EDIÇÃO [2018] 2 reimpressões

ESTA OBRA FOI COMPOSTA POR MARI TABOADA EM DANTE PRO
E IMPRESSA EM OFSETE PELA GEOGRÁFICA SOBRE PAPEL PÓLEN NATURAL
DA SUZANO S.A. PARA A EDITORA SCHWARCZ EM ABRIL DE 2023